本书由以下项目资助：
中央高校基本科研业务费专项资金资助
北京外国语大学资助
项目名称：图斯克政府时期的波兰多元平衡外交研究
项目号：2023CB018

中等强国身份与图斯克政府时期的波兰多元平衡外交

The Identity of a Middle Power and Poland's Pluralistic Balanced Diplomacy during the Tusk Government Period

王弘毅　著

中国社会科学出版社

图书在版编目（CIP）数据

中等强国身份与图斯克政府时期的波兰多元平衡外交 / 王弘毅著. -- 北京：中国社会科学出版社，2024.12.
ISBN 978-7-5227-4442-1

Ⅰ.D851.3

中国国家版本馆 CIP 数据核字第 2024PW8902 号

出 版 人	赵剑英	
责任编辑	范娟荣	
责任校对	夏慧萍	
责任印制	李寡寡	
出　　版	中国社会科学出版社	
社　　址	北京鼓楼西大街甲 158 号	
邮　　编	100720	
网　　址	http://www.csspw.cn	
发 行 部	010-84083685	
门 市 部	010-84029450	
经　　销	新华书店及其他书店	
印　　刷	北京明恒达印务有限公司	
装　　订	廊坊市广阳区广增装订厂	
版　　次	2024 年 12 月第 1 版	
印　　次	2024 年 12 月第 1 次印刷	
开　　本	710×1000　1/16	
印　　张	18.75	
字　　数	305 千字	
定　　价	108.00 元	

凡购买中国社会科学出版社图书，如有质量问题请与本社营销中心联系调换
电话：010-84083683
版权所有　侵权必究

序　言

　　波兰地处欧洲中部，地势平坦，周围缺乏天然的地理屏障，历史上一直强邻环伺，屡屡成为大国争斗的牺牲品。1795年，波兰被奥地利帝国、普鲁士王国和俄罗斯帝国瓜分，波兰在欧洲版图消失123年之久。1918年复国的波兰夹在德国和苏联两个大国之间，安全环境极为险恶。1933年希特勒在德国上台，他对第一次世界大战（简称"一战"）后形成的凡尔赛秩序充满敌意，立志打破它，扩大德国的生存空间。苏联则希望在欧洲传播共产主义。德国和苏联均视波兰为推行对外战略的障碍。波兰试图在大国夹缝中求生存，分别与两国签署互不侵犯条约。为消除不利的地理位置的祸因，毕苏斯基将军曾提出"海际"（Intermarium）构想，试图与波罗的海、黑海和亚得里亚海之间的波罗的海国家、芬兰、白俄罗斯、乌克兰、匈牙利、罗马尼亚、南斯拉夫和捷克斯洛伐克组建邦联。然而，波兰未能摆脱厄运。1939年8月23日，苏德签署《莫洛托夫—里宾特洛甫条约》，这个协定附有瓜分波兰的秘密议定书。9月1日，德国从西部和北部入侵波兰。9月17日，苏联从东部入侵波兰。在第二次世界大战（简称"二战"）中，波兰承受了巨大的民族牺牲。二战之后，波兰沦为苏联的势力范围，波兰的首部宪法由斯大林钦定，首任国防部部长由苏联元帅担任。1989年由圆桌会议启动的政治进程使波兰获得了真正的主权。伴随着柏林墙倒塌、德国统一、苏联解体等一系列历史事件，欧洲出现了全新的地缘政治形势。波兰第三共和国首任外长斯库比舍夫斯基认为，波兰的位置是一个客观事实，在现代历史上往往使之处在不利地位。他希望"波兰的地缘政治和地缘战略重要性能够和应当转化为波兰自身以及整个欧洲的资产"。波兰成功应对了欧洲地缘政治的剧烈变化，摆脱了俄罗斯的影响，将加入北约和欧盟列为外交政策的优先目标。

35年前，波兰是一个经济濒临破产的国家，如今波兰成为中东欧最为成功的转轨经济和欧洲新兴市场经济国家的翘楚。35年前，波兰为苏联主导的华沙条约组织和经互会成员国，名义上为独立国家，但是独立制定内外政策的空间有限。东欧剧变后，波兰成了真正独立的主权国家，进入了"第三共和国"时期，可以独立自主地决定自己的国内政策和外交政策。坦率而言，能够如愿以偿加入北约和欧盟是波兰外交取得的最重大成就。今年为波兰加入北约25周年和加入欧盟20周年，波兰官方和民间为此举行了一系列纪念活动，庆祝波兰外交的成功。

波兰是中东欧面积最大人口最多的国家，是最具地缘政治抱负的中东欧国家。早在1996年，波兰总统克瓦希涅夫斯基向欧洲推销波兰，强调了波兰的特性：波兰有参与欧洲一体化进程各个方面（包括外交、安全和防务政策）的意愿；波兰熟悉欧洲大陆西部的现实，能够利用东西欧之间的共同点；波兰的地缘政治位置十分重要；波兰具有巨大的市场和经济潜力；波兰具有植根于欧洲的长达1000多年的文化传统。波兰加入北约和欧盟从根本上改变了波兰的国际地位，波兰因此成为西方体系的重要组成部分。波兰的独立、主权和安全获得了新的保障，摆脱了冷战结束后一度存在的安全真空。

自2005年起，伴随着左翼的衰落，波兰政治开始由法律与公正党与公民纲领党两个右翼政党所主导。保守主义的法律与公正党与自由主义的公民纲领党以不同的政治理念塑造波兰的外交政策。2005—2007年，法律与公正党领导的联合政府进行了短暂的建立"第四共和国"的试验，波兰与俄罗斯和德国关系不睦，波兰成为欧盟内部的麻烦制造者。2007年10月21日，波兰举行议会选举。最大的在野党公民纲领党彻底击败了执政的法律与公正党及其盟友。11月16日，公民纲领党领导人图斯克宣誓就任波兰总理。2011年10月9日，波兰举行议会选举。公民纲领党再次赢得大选，成为波兰转轨后唯一成功连任的政党。图斯克连任总理。图斯克政府时期是东欧剧变后波兰外交的辉煌时期，国内尚缺乏对图斯克政府时期外交政策的系统研究，本书的出版填补了国内在该领域研究的空白。

本书由王弘毅博士的博士论文扩充而成，是对2007—2014年图斯克政府外交的案例研究。作者将波兰重新界定为一个中等强国，从中等强国外交理论的视角出发，探究了波兰多元平衡外交形成的动力机制、运作机理、实际成效及其制约因素。本书具有历史厚重感，分析了波兰历史上平衡外交的成败，为深入探究图斯克政府波兰外交提供了历史镜鉴。作者认为，图斯克政府时期的波兰外交最大限度地调动和发挥了波兰所具有的地理、经济、军事等各种资源，在多个与之利益紧密相关的大国或国际行为体之间保持一种动态平衡状态，充分地将波兰身处夹缝地带的地缘劣势转化成了一种相对的地缘优势，从而在欧美和欧俄之间扮演了地区"平衡器"和"调停人"的角色。作者对图斯克政府时期多元平衡外交特点的分析有助于增进对波兰外交政策演化的认识。

有趣的是，在本书付梓之际，波兰再次进入图斯克时期，可称为图斯克政府2.0。2023年10月3日的大选，结束了法律与公正党八年的民族民粹主义试验，波兰组成了图斯克总理领导的联合政府。图斯克政府面临着第二次回归欧洲、重启魏玛三角、加强波美关系、应对俄乌战事的严峻挑战。本书是关于图斯克政府1.0的波兰外交，图斯克政府2.0的波兰外交也将成为学者的研究议题。本书无疑为未来进行图斯克政府1.0与图斯克政府2.0外交政策的比较奠定了基础。俄乌冲突将波兰推到了应对冷战后欧洲最为严峻的地缘政治危机的前台，波兰成了应对危机不可或缺的国家。与图斯克政府1.0相比，图斯克政府2.0面临着不同的地缘政治环境。对波兰作为中等强国在国际秩序变动中的走向，图斯克政府2.0的波兰外交实践及其影响等问题需要持续关注。

孔田平
中国社会科学院欧洲研究所研究员
中国欧洲学会中东欧研究分会会长
2024年7月28日于北京

目　录

绪论 ……………………………………………………………… (1)
　第一节　研究问题与意义 ………………………………………… (1)
　第二节　国内外研究动态 ………………………………………… (5)
　　一　国内研究现状 ……………………………………………… (5)
　　二　国外研究现状 ……………………………………………… (11)
　第三节　研究方法 ………………………………………………… (21)
　第四节　研究创新与不足 ………………………………………… (22)

第一章　概念界定与分析框架 …………………………………… (24)
　第一节　概念界定 ………………………………………………… (24)
　　一　均势外交 …………………………………………………… (24)
　　二　中等强国 …………………………………………………… (26)
　　三　多元平衡外交 ……………………………………………… (33)
　第二节　既有平衡理论的不足 …………………………………… (35)
　　一　权力平衡论 ………………………………………………… (35)
　　二　威胁平衡论 ………………………………………………… (38)
　　三　利益平衡论 ………………………………………………… (40)
　第三节　中等强国多元平衡外交的分析框架 …………………… (43)
　　一　分析视角：多元平衡外交概念的引入 …………………… (43)
　　二　分析路径：国内国际政治的双重互动 …………………… (45)
　　三　外交偏好：在大国之间保持战略平衡 …………………… (49)
　　四　案例检验：图斯克政府的多元平衡外交 ………………… (51)

第四节　研究框架 …………………………………………… (53)
　一　历史背景：从均势制衡到多元平衡 ………………… (53)
　二　案例分析：多元平衡外交的三个阶段 ……………… (54)
　三　政策评估：多元平衡外交的效应 …………………… (55)

第二章　波兰的平衡外交：历史流变与表现特征 ……………… (57)
第一节　波兰—立陶宛联邦时期的均势外交 ……………… (57)
　一　均势外交的背景 ……………………………………… (57)
　二　均势外交的实践 ……………………………………… (60)
　三　均势外交的失败 ……………………………………… (65)
第二节　两次世界大战期间的等距离外交 ………………… (68)
　一　等距离外交的背景 …………………………………… (68)
　二　等距离外交的实践 …………………………………… (73)
　三　等距离外交的失败 …………………………………… (77)
第三节　苏联解体后的波兰睦邻外交 ……………………… (80)
　一　睦邻外交的背景：苏联解体与波兰转型 …………… (80)
　二　睦邻外交的实践：回归西方与东向睦邻 …………… (86)

第三章　重建平衡：在区域主义与大西洋主义
　　　　之间（2007—2010） ……………………………… (102)
第一节　重启波俄关系 ……………………………………… (103)
　一　对俄重启政策的背景 ………………………………… (103)
　二　波俄关系重启的障碍 ………………………………… (106)
　三　对俄重启政策的实践 ………………………………… (109)
　四　俄格冲突对波俄关系的冲击 ………………………… (123)
第二节　对美政策回归理性 ………………………………… (128)
　一　对美政策调整的背景 ………………………………… (128)
　二　对美政策调整的实践 ………………………………… (134)
　三　奥巴马上台对波美关系的冲击 ……………………… (139)
第三节　积极融入欧洲一体化 ……………………………… (143)
　一　融欧问题上的精英共识 ……………………………… (143)

二　参与制定欧盟的能源政策 ………………………………（147）
　　三　塑造欧盟的东部政策 ……………………………………（148）
　　四　重启"魏玛三角"机制 …………………………………（153）

第四章　维持平衡：多边框架下的全方位务实
　　　　　合作（2011—2013） ……………………………………（156）
　第一节　对俄政策：从重启到务实合作 ……………………（157）
　　一　俄罗斯在波兰对外政策中的战略再定位 ………………（157）
　　二　迈入全方位的务实合作与和解进程之中 ………………（159）
　第二节　对美政策：从回归理性到突出主体性地位 ………（166）
　　一　谋求升级波兰的现代化武装力量 ………………………（166）
　　二　倡导建立波美民主战略对话机制 ………………………（169）
　　三　在TTIP谈判中优先关注波兰利益 ……………………（172）
　　四　强化与美国在能源领域的务实合作 ……………………（174）
　第三节　对欧政策：从积极参与者到倡议发起者 …………（177）
　　一　担任欧盟理事会轮值主席国 ……………………………（178）
　　二　依托"魏玛三角"靠近权力中心 ………………………（182）
　　三　积极推动欧盟军事能力建设 ……………………………（184）
　第四节　强化区域和全球范围内的多边务实合作 …………（190）
　　一　增强V4在军事和政治领域的合作 ……………………（190）
　　二　持续推动东部伙伴国家的民主转型 ……………………（194）
　　三　积极响应中国—中东欧国家合作机制 …………………（196）

第五章　走向失衡：克里米亚危机与波兰外交
　　　　　转向（2014—2015） ……………………………………（207）
　第一节　对俄政策：从务实合作转向对立 …………………（207）
　　一　对俄政治转型期待的幻灭 ………………………………（207）
　　二　对俄制裁取代务实合作 …………………………………（209）
　　三　对波俄关系恶化的反思 …………………………………（214）
　第二节　对美政策：重新强化对美国的安全倚重 …………（217）
　　一　寻求扩大美国在波的军事存在 …………………………（217）

二　重启在波部署反导系统谈判 …………………………… (220)
　第三节　对欧政策：协调对俄的一致立场 ……………………… (223)
　　一　呼吁对俄制裁与对乌援助 …………………………………… (223)
　　二　倡导确立欧盟共同能源政策 ……………………………… (228)
　第四节　东部政策：深度介入克里米亚危机之中 ……………… (231)
　　一　克里米亚危机的导火索 …………………………………… (231)
　　二　乌克兰在波兰外交中的战略地位 ………………………… (232)
　　三　波兰在克里米亚事件上的介入 …………………………… (235)
　　四　克里米亚危机中的波兰民情 ……………………………… (239)

第六章　图斯克政府的多元平衡外交评估 …………………… (241)
　第一节　多元平衡外交的积极效应 ……………………………… (241)
　　一　国际地位的提升 …………………………………………… (241)
　　二　中欧国家的赞许 …………………………………………… (243)
　　三　国内社会的认同度高 ……………………………………… (243)
　第二节　多元平衡外交的制约因素 ……………………………… (247)
　　一　精英共识：民族主义与实用主义之争 …………………… (247)
　　二　权力格局：美欧俄三角关系的变化 ……………………… (251)
　　三　地缘环境：中东欧地区的地缘安全态势 ………………… (253)
　第三节　多元平衡外交的特征 …………………………………… (256)
　　一　脆弱性：受到美国欧洲政策连续性的制约 ……………… (256)
　　二　现实性：波欧对俄政策的首要关切不同 ………………… (257)
　　三　波动性：多党制下政府更迭频繁 ………………………… (261)
　　四　敏感性：高度的地缘不安全感 …………………………… (263)

结　语 ………………………………………………………………… (267)

附录　1990年以来波兰历届总统、总理、外长及其所属党派 …… (271)

参考文献 ……………………………………………………………… (274)

后　记 ………………………………………………………………… (285)

绪　　论

第一节　研究问题与意义

人们听到波兰，或许首先会联想起"德国闪击波兰""瓜分波兰"这样的历史事件。长期以来在国际政治舞台被大国把持，小国或处在缓冲地带的中等强国的命运常常是在大国的夹缝之中被动接受命运的安排。因而，我们很少将目光投递到波兰这样的国家，去思考缓冲地带的中等强国是如何做出外交决策的，及其成效如何。譬如波兰缘何屡次被瓜分？辩证唯物主义告诉我们，任何事物都是内外因共同作用下的结果。因此，波兰除了位于缓冲地带的地理位置和遭受大国战略扩张的外部因素之外，其内部的国家实力与外交战略选择亦扮演着重要角色。那么对于波兰这样的中等强国而言，究竟是选择"追随依附"还是"多元平衡"？如何巧妙利用自身的地缘处境化"腹背受敌"为"左右逢源"？这正是本书想要讨论的问题。

翻开历史的画卷，波兰在地缘上一直处在亚欧大陆的心脏地带和大国之间的缓冲地带，在其左右邻国普鲁士（德国）和俄国（俄罗斯）尚未确立地区霸权之前，波兰凭借其心脏地带的地缘优势一度成为欧洲地区最强大的国家之一。17—18世纪末期的波兰—立陶宛联邦达到国家实力的巅峰。然而，就在这一时期，普鲁士和俄国日渐强大，逐渐扩大自身的势力范围，波兰却日渐衰微。实力的此消彼长，使得波兰首当其冲成为传统帝国奥地利与新兴强国普鲁士、俄国的"囊中之物"。这三个国家于1772年、1793年和1795年分三个阶段将波兰瓜分殆尽，从此波兰从欧洲地图上消失长达123年。腹背受敌且易攻难守的地缘处境，命运多舛的历史遭遇使得波兰怀有强烈的地缘不安全感。因此在1918年复国之后第二次世界大战之前，波兰先是追随战后欧洲大陆最强大的法国，联手压制德国，打击苏联。随着德国的东山再起，法西斯势力与扩张政策的登台，英法的绥靖政策使得波兰被迫调整了对德苏的外交政策，在两者之间维持一种"等距离外交"关系。这种外交策略看似两边都不得罪，但随着欧洲局势的变化，对波兰而言主要的威胁首先是来自纳粹德国，而不是苏联。然而，波兰僵化的"等距离外交"策略直到苏德签订了瓜分波兰的协定也没有顺势而变、灵活调整，最终成为其重蹈亡国覆辙的主观原因之一。基于此，本书认为，从波兰的历史进程来看，最为明智的外交选择应该是在多个大国之间建立一种基于实用主义的"多元平衡"关系。这里所提出的多元平衡是指，以国家利益为出发点，审时度势地在多个大国之间有所倚重的去维持一种相对平衡的关系，而不是一成不变的均等距离关系。

本书的研究意义在于苏联解体之后，波兰重新获得国家独立，自此开始了国家政治制度、经济以及外交全面转型的历程。其在经济方面取得的巨大成功引起了广泛关注，为波兰外交雄心的施展提供了一定的硬实力基础。图斯克作为波兰政治转轨以来唯一一个连任两届，在任时间达7年之久，并且成为中东欧国家里第一位担任欧洲理事会主席这一要职的政治家，其倡导的一系列外交理念和外交实践深刻地影响了波兰的外交政策。

从外交作为内政的延续角度来看，图斯克政府时期的实用主义外交理念不仅受到图斯克本人及其所领导的中右翼政党——公民纲领党的理念驱动，同时也受制于国内政党政治之间的精英共识、中东欧地区地缘政治演化和大国博弈态势。通过深入追踪2007—2015年公民纲领党政府时期波兰外交政策制定的背景、过程、影响要素及其结果，我们发现这一时期的波兰外交试图在美、欧、俄之间维持一种相对的战略平衡，以实用主义的理念最大限度地追求波兰的发展利益。好景不长的是，图斯克政府的外交努力随着克里米亚危机的爆发彻底付之东流，导致的直接结果是：波俄关系重回敌对局面，务实的经济合作让位于安全利益，波兰在美欧之间的外交天平明显倒向了美国一方，国内的民族主义势力迅速扩大。2015年之后，图斯克领导的公民纲领党虽然在议会大选中失败，但该党仍然作为波兰现任政府最大的反对党角色活跃在波兰政坛，是观察与比较波兰国内社会思潮、政党极化与外交理念演化与分歧的一面镜子，与现任政府"远交近攻"的单边追随政策形成鲜明对比，值得深入考察。

具体分析而言，本书有以下五个方面的意义：

第一，是观察波兰乃至中东欧地区政党政治的一面镜子。波兰作为一个半总统制国家，同时设有总统和总理两个职位，国家最高元首由总统担任，总理则是最高行政首脑，拥有更多的实际权力，领导着外交和国防等各个部门。但波兰宪法赋予了总统的否决权，从而对总理的权力构成了巨大的掣肘。例如，在图斯克政府的第一任期（2007—2011），波兰总统莱赫·卡钦斯基来自反对党，与总理图斯克在外交和安全政策理念方面分歧不断，导致对外政策很难形成合力，政府通过的各项提案经常被总统否决。直到2010年，波兰新一轮总统大选中与图斯克同属公民纲领党的科莫罗夫斯基获胜，才开启了波兰多元平衡外交的新阶段：波俄和解进程加快，"魏玛三角"展开全方位合作，波美关系更加务实，积极推动欧盟的东部伙伴关系计划，波中关系迈向"战略伙伴关系"。以上政策走向与波兰国内政治精英共识的达成密不可分。

第二，为研究欧洲一体化进程中的问题与前景提供了一个新的视角——波兰视角。在2005—2007年的法律与公正党执政时期，总统和总理两人都属于右翼民族主义者，格外强调国家民族主权的独立性，对俄罗斯持不信任态度，并且波德与波俄之间的历史问题始终被该届政府视作现实的政治议题而严阵以待。这为欧盟首次东扩到东欧国家带来了难以弥合的分歧。这种分歧来源于东西之间的历史隔阂、地缘环境差异、现实利益分歧及对主权问题的不同看法。2007年，图斯克领导的公民纲领党与波兰人民党联手在议会选举中获胜，并组建了"波兰公民纲领党—人民党"联合政府。新一届政府秉持积极的融欧主义理念，重启了波—德—法三国之间被上届政府搁置了的魏玛三角机制，积极推动欧盟持续东扩与欧洲一体化。例如，在2009年，波兰与瑞典联合提出了"欧盟东部伙伴关系计划"。一言以蔽之，图斯克政府时期的融欧主义外交既体现了波兰一种务实合作的外交理念，也为洞察欧盟东扩战略和欧盟伙伴关系政策提出的背景、动因、演进及其效用提供了一个独特的案例。

第三，丰富中等强国外交研究的理论成果。自冷战结束以来，美国领导下的北约不断向东扩大，以波兰为代表的多个中东欧国家成功加入北约，获得了集体安全防御的保证。但波兰地缘位置并未就此改变，依然处在西欧与俄罗斯之间的缓冲地带，并成为北约东部的前沿阵线国家和美、欧、俄多方利益博弈的交汇之处。基于此，波兰制定对外政策时不得不在美、欧、俄三方之间寻求一种战略平衡。这种平衡外交与当前国际上的一些中等强国，诸如澳大利亚、加拿大等国所实施的外交战略相比，更加突出了"缓冲地带"这一地缘困境。反观澳大利亚的外交战略具有独守一隅的地缘优势。较之而言，从历史纵深、现实利益，以及地缘环境等多个维度综合探究波兰如何在这一特殊地缘背景下施展"多元平衡外交"具有一定的理论意义。

第四，弥补国内波兰外交政策研究成果的不足。本书通过梳理当前学术界对转型以来波兰外交的研究文献发现，国内尚未出版一本系统论述波兰外交的专著。绝大多数研究成果都集中在转型时期的波兰政治和经济领域，而在外交领域的研究成果大都将波兰作为一个政策的客体，而不是将其作为一个政策制定的主体。基于此，将波兰作为研究中心，从主体出发系统地探究波兰外交政策的偏好与规律，对于丰富国内学术界关于波兰外交的研究成果具有一定的现实意义。

第五，增进中国对波兰国内社会、政党政治及其外交政策制定的政治认知。图斯克政府时期是推动中波关系迈向战略伙伴关系的关键时期。在此期间，高层互访级别与频率达到苏联解体以来的历任政府之最。2008年，图斯克作为继1994年帕夫拉克访华之后第二位访问中国的波兰总理，开启了中波务实合作的新阶段。2011年12月，波兰总统科莫罗夫斯基继图斯克之后访问了中国。第二年，国家总理温家宝访问了波兰，并出席了2012年首届中国中东欧国家领导人峰会即中国—中东欧国家合作。在图斯克政府的第二任期，中波两国关系主要在中国—中东欧国家合作机制和"一带一路"倡议的框架下开展双边合作。过去几年中波不仅高层互访正常化，而且确立了战略伙伴关系。务实的图斯克政府对中国政府提出的多个多边合作倡议给予了积极回应与支持，如2012年4月，波兰承办了"首届中国—中东欧国家领导人会晤"会议，17国共同发表了《中国与中东欧国家领导人会晤新闻公报》，标志着中国—中东欧国家合作机制的正式创立。2015年,波兰申请加入亚洲基础设施投资银行(简称"亚投行"),成为中东欧地区第一个加入亚投行的国家,也是这一国际组织的创始成员国之一。因此,对于图斯克政府时期外交政策的系统性研究,有利于增进中国对波兰外交政策制定的过程与目标认知。

第二节 国内外研究动态

一 国内研究现状

国内学术界对于波兰外交的研究成果绝大多数散见在中东欧国家政治与经济制度转轨成果之中。其中专门以波兰为主体,系统论述入盟以来的波兰外交,且已经出版的专著尚未发现。仅有几篇硕博论文从波兰角度出发论述了波兰与美、欧、俄等国的外交关系;且多数聚焦在波俄和波美关系上。少量学术期刊文章直接论及了波兰的外交战略,但因限于篇幅和文献收集不足,未能系统地挖掘和展现出图斯克政府时期外交政策的演进过程。基于此,本书对现有文献做了较为细致的梳理。

第一类观点直接论及波兰整体外交战略或图斯克政府时期的外交政策趋向。

郭洁在《近二十年波兰外交转型刍议》一文中对1989—2011年波兰转型以来在不同阶段里制定外交政策的背景、动因及变化趋势进行了全景式考察,着重分析了波兰与美国、俄罗斯、德国等国家之间的双边关系。具体对应到2007年上台的图斯克政府,作者认为较之于前任政府,以图斯克为首的公民纲领党一改对欧盟和德国的态度,践行积极的融欧主义,对德政策也随之做出调整。不过,限于该文的篇幅和时间跨度,图斯克政府时期的外交政策并未成为作者的主要聚焦点,因而尚不能概括和反映图斯克政府时期的波兰外交规律。[①] 朱晓中认为,波兰近年来对外政策的核心主要体现在三组关系中:龃龉不断的波欧关系、不断强化的波美关系、长期低水平维持的波俄关系。在论及2007年图斯克执政时

---

① 郭洁:《近二十年波兰外交转型刍议》,《俄罗斯研究》2012年第1期。

期的波兰外交时，作者也同样认为，公民纲领党政府奉行紧密的亲欧政策。① 持同样观点的熊昊在《变与不变间的波兰——图斯克新政府外交政策走向》一文中指出，新上台的图斯克政府将在波美关系中更加凸显国家利益的现实性，对欧盟采取亲近的态度，改善波俄关系，总体上看，波兰的对外政策更加务实灵活。② 该学者在另一篇题为《空难事件后波兰对美欧俄政策走向》文章中提到，由于空难事件的发生，使得卡钦斯基所在的政党阵营实力大为削弱，无形中促使图斯克所在的公民纲领党阵营得以增强。因此，波兰的亲欧融欧基调仍然不会改变，对于改善波俄关系的努力仍不会停滞。③ 两位学者的研究成果重点阐释了波兰外交的制约因素及主要目标，具有重要的参考价值。

尤其是熊昊博士的研究方向聚焦在波兰外交政策上，其在2011年撰写完成博士学位论文《入盟后波兰对美欧俄外交政策演变——基本政策与主要难题》，论文历史跨度相当之大，历史背景部分回顾了波兰对德俄外交政策的演进历程。文章的核心部分主要考察了贝尔卡、卡钦斯基和图斯克（第一任期）三任波兰政府对美欧俄外交政策的演进历程。总体上看，作者得出的结论与之前发表的文章观点一致。由于论文完稿时间尚在图斯克第二任期刚刚开始，仍然无法窥探出图斯克政府外交政策的全貌。④ 更重要的是，该文的主要分析路径是基于对波兰外交政策的梳理，缺乏理论升华。

对于波兰而言，安全政策是其对外政策的核心利益所在。佟巍开创性地从层次分析法的维度考察了中东欧国家的多元安全选择，分别是北约、欧盟和次区域安全机制。⑤ 毫无疑问，波兰也同样面临这样的安全选择，并且安全政策是波兰对外政策中的首要关切。然而，如果当我们将中东欧国家视作一个整体来考察安全政策的话，时常会选择性避开或忽

---

① 朱晓中：《波兰：在三组关系中塑造国家形象》，《世界知识》2017年第16期。
② 熊昊：《变与不变间的波兰——图斯克新政府外交政策走向》，《俄罗斯中亚东欧研究》2008年第4期。
③ 熊昊：《空难事件后波兰对美欧俄政策走向》，《现代国际关系》2010年第4期。
④ 熊昊：《入盟后波兰对美欧俄外交政策演变——基本政策与主要难题》，博士学位论文，中国人民大学，2011年。
⑤ 佟巍：《中东欧国家的多元安全选择：北约、欧盟与次区域安全机制》，博士学位论文，外交学院，2017年。

视中东欧国家之间的差异性。这种差异性首先表现在地域上,中欧地区、波罗的海地区和西巴尔干地区的国家之间在历史境遇、宗教信仰和种族结构等多个方面存在明显差异。例如,对于西巴尔干国家而言,他们在历史上主要受到的是奥斯曼土耳其帝国的影响,而对于波罗的海和波兰而言,沙俄和苏联则是他们挥之不去的梦魇。在宗教上也有差异,前者主要信仰东正教,后者多信仰天主教。此外,以上国家与当前俄罗斯的地缘距离也存在较大差异,这直接导致处在不同地区的中东欧国家对来自俄罗斯方面的地缘威胁感知的不同。以上差异导致的一个直接结果是,波兰对安全保证的需求要远远大于西巴尔干国家。需求不同,安全政策的选择也就自然会有不同。孙友晋从民族主义视角探究了波兰对外政策制定的动力要素。该研究的主要贡献在于抓住了塑造波兰外交政策的一个主要方面,并作了一定的历史梳理与现实论证。[①] 不过,该研究主要停留在单一维度上的波兰政策分析,无法把握波兰外交的整体规律性和制约因素。

第二类研究成果主要集中在波俄、波美、波欧等双边关系上。

首先是波俄关系,鉴于波兰与俄罗斯"剪不断,理还乱"的历史宿怨、地缘攻守态势和现实利益冲突,使得波俄关系成为苏联解体以来中东欧学界较为热门的关注议题。譬如,赵艳霞等指出,"随着波兰'入约加盟',东部问题开始凸显,积极活跃的东部政策遂成为波兰的优先外交政策。波兰东部政策的主要战略意图就是防范俄罗斯对波兰的威胁,同时保持与俄罗斯的建设性关系"[②]。杨娜的论文《冷战结束以来的波俄关系研究》主要对波俄关系的发展作了一个粗略的历史梳理,并剖析了制约波俄关系的主要因素。该文的主要缺陷在于文献资料的使用上,主体的论证资料大都来自中文的二手,甚至三手文献,英文文献也较少使用,波兰方面的资料基本没有。[③] 王一诺从整体角度研究了冷战后中东欧国家与俄罗斯之间的关系。在苏联时期中东欧是俄罗斯的传统势力范围,冷

---

① 孙友晋:《民族主义视角下的波兰对外政策探析》,硕士学位论文,华东师范大学,2006年。

② 赵艳霞、唐更田:《21世纪初波兰的东方政策及其制约因素》,《俄罗斯学刊》2013年第4期。

③ 杨娜:《冷战结束以来的波俄关系研究》,硕士学位论文,中共中央党校,2012年。

战后俄罗斯仍然在该地区有着广泛的利益存在。作者在分析框架上将历史与现实维度相结合，同时着重以波俄关系为个案透视了中东欧与俄罗斯关系的演进历程及影响因素，文中较多地使用了一手的俄文资料，对了解俄罗斯方面的对波政策认知具有一定的参考价值。① 该文不足之处在于几乎没有出现一手的波兰文献。

其次，在波美关系层面。赵艳霞在《波美特殊关系及其制约因素探析》一文中指出，深厚的历史纽带和国家利益需要推动波美两国形成了一种"特殊关系"，这种特殊关系是美国冷战后欧洲战略重心东移的动因之一。② 作者将波美关系界定为"特殊关系"具有一定的独到性。但需要指出的是，由于该文的发表时间在2007年，统治波兰的卡钦斯基兄弟恰好来自法律与公正党，在外交上奉行疑欧追美政策，并不适用于解释公民纲领党政府期间的波兰外交规律。朱晓中则从整体视角讨论了冷战后的中东欧与美国关系。该学者高屋建瓴地对转型以来的中东欧国家与美国关系作了阶段性划分，分别是"浪漫、成为新欧洲、失落和要求再保证"等几个时期，③ 对本书的开展具有重要的启发意义。尤其是该学者在文中选取了多个与波兰相关的外交案例，如2003年伊拉克战争中的波兰外交取向以及波美的导弹防御系统合作等。

最后，在波欧关系层面。汪红英在《欧盟东扩背景下的波兰外交政策》一文中较为深入地探讨了在入盟初期波兰对欧盟的政策趋向，及其国内外动因。该文将民族认同和外交传统作为文章的主要分析工具，试图为分析波兰外交的动力机制提供一种新视角。④ 杨烨在《欧盟东扩中的"波兰现象"评析》一文中着重对波兰入欧进程中与欧盟的利益博弈、政策立场、目标和动因进行了较为深刻的探究。在作者看来，波兰时常在欧盟的一些重大问题上扮演一个"搅局者"的角色，其背后原因在于波兰既是欧盟东扩第一大国的体量支撑，同时也与其国内对于入盟所带来的负面冲击的担忧有关。该研究为我们观察入盟前后波兰外交的变化及

---

① 王一诺：《冷战后中东欧国家与俄罗斯关系研究》，博士学位论文，中国社会科学院研究生院，2012年。
② 赵艳霞：《波美特殊关系及其制约因素探析》，《天中学刊》2008年第3期。
③ 朱晓中：《冷战后中东欧与美国关系》，《俄罗斯学刊》2014年第6期。
④ 汪红英：《欧盟东扩背景下的波兰外交政策》，硕士学位论文，华东师范大学，2007年。

其动因提供了有价值的参考。① 从同一视角出发的研究成果还有姚勤华等人撰写的《从"魏玛三角"到"波兰现象"——欧盟东扩与整合中的利益博弈》一文。稍有不同的是，该文将关注重点放在对于欧盟一体化进程中新、老成员国之间的利益博弈问题上。② 再如熊昊在《入盟三年后的波兰对欧盟共同外交政策的影响》一文中指出波兰外交"亲美、疑欧、压俄"的基本特征，并在此基础上分析了波兰入盟之后在欧盟中的地位，及其如何对欧盟的共同外交与安全政策产生影响。为此，作者主要引用了 2004 年欧盟理事会中的波兰的投票权重（27 票），仅次于德法意英的 29 票。不过，2007 年《里斯本条约》签署之后，这一投票权重发生了变化。这也是本书的局限性所在。③

第三类是与波兰对外政策间接相关的学术成果，主要包括转型系列著作，将波兰视作客体的外交研究成果，以及与之相关的历史和政治研究著作。这类成果要么对波兰外交一笔带过，要么仅仅将其作为政策承受的客体，缺乏对波兰外交本体动力的探究。

比较有代表性的论述是刘敏茹撰写的《转型国家的政党制度变迁——俄罗斯与波兰的比较分析》，该著作主要聚焦在波兰的政党政治转型研究上，对波兰外交一笔带过。④ 马细谱与李少捷主编的《中东欧转轨 25 年观察与思考》一书中专门对转型以来的波兰外交作了大致的历史回顾，并有论及图斯克政府之后的波兰外交特征。在作者看来，卡钦斯基兄弟时期的波兰外交可以称之为"欧盟的麻烦制造者"。但这种状况的明显转变是从图斯克政府时期开始的，该届政府在延续上任政府将安全利益置于首位的基础上，重新调整了对美、对欧、对俄关系，强调对美政策的务实性以凸显国家利益；放弃疑欧立场；谋求与俄罗斯改善关系，并建立务实灵活的双边关系。值得一提的是，该文还部分引述了波兰外长西科尔斯基于 2012 年 3 月在议会上发表的《波兰 2012—2016 年外交政

---

① 杨烨：《欧盟东扩中的"波兰现象"评析》，《俄罗斯中亚东欧研究》2004 年第 4 期。
② 姚勤华、戴轶尘、朱雯霞：《从"魏玛三角"到"波兰现象"——欧盟东扩与整合中的利益博弈》，《现代国际关系》2004 年第 5 期。
③ 熊昊：《入盟三年后的波兰对欧盟共同外交政策的影响》，《欧洲研究》2007 年第 4 期。
④ 刘敏茹：《转型国家的政党制度变迁——俄罗斯与波兰的比较分析》，中央编译出版社 2013 年版，第 153—180 页。

策优先目标》一手文献进行论证。更重要的是,作者认为图斯克政府的外交具有"多元平衡"的特征,无疑对笔者文章立论的合理性提供了较有说服力的论断。不过,该著作仅对波兰外交作了一个简短的历史梳理,并没有细致展开,也无法管窥波兰外交的历史细节和决策过程。[1] 朱晓中主编的《中东欧转型 20 年》一书大体包括三部分内容:第一部分介绍了中东欧国家转轨的过程和特点,欧盟东扩及其影响,以及中国与中东欧、欧盟关系的发展等问题;第二部分叙述中东欧国家的转轨进程和存在的问题;第三部分重点分析西巴尔干国家融入欧洲一体化的艰难道路和未来发展前景。[2] 除此之外,孔寒冰在其代表作《东欧史》中,从中东欧国家演进史的角度集中探讨了东欧(包括波兰)为什么自己当家作主的时候少,而受制于人或任人宰割的时候多?东欧有没有不间断的社会发展?影响东欧社会发展的主要因素又是什么等问题。[3] 刘祖熙在其著作《波兰通史》[4] 中,考察了波兰整个历史时期到现当代的政治和外交演进历程。以上学者的历史与转型系列专著为深入研究波兰外交的历史动力与国内外政治背景提供了极具价值的参考资料。不过,外交战略分析并不是他们的重心,这也为中东欧研究领域的后辈们留下了可供挖掘与开拓的学术空间。值得一提的是孔田平在《冷战后俄罗斯的中东欧政策及其影响》一书中,从国家现实性利益角度分析了冷战之后影响俄罗斯与中东欧国家之间外交关系的影响因素,以及俄罗斯对中东欧国家的政策目标。[5] 但该著作仍然是将波兰作为一个政策的承受客体。

此外,高歌从中东欧整体的角度探讨了夹在美苏到美欧俄之间的中东欧国家的外交选择问题。该文主要分析了 1989 年后中东欧国家的外交战略选择及其与相关大国的外交关系互动[6],未对波兰外交战略进行专门

---

[1] 马细谱、李少捷主编:《中东欧转轨 25 年:观察与思考》,中央编译出版社 2014 年版,第 177—189 页。
[2] 朱晓中主编:《中东欧转型 20 年》,社会科学文献出版社 2013 年版,第 1—25 页。
[3] 孔寒冰:《东欧史》,上海人民出版社 2010 年版,第 1—21 页。
[4] 刘祖熙:《波兰通史》,商务印书馆 2006 年版,第 553—603 页。
[5] 孔田平:《冷战后俄罗斯的中东欧政策及其影响》,社会科学文献出版社 2018 年版,第 1—3 页。
[6] 高歌:《从美苏之间到美欧俄之间——1989 年后中东欧国家的外交战略与大国关系的互动》,《国际政治研究》2010 年第 4 期。

论及。李斌立足整体层面将中东欧国家视作政策接受的客体,讨论了新世纪以来俄罗斯与中东欧国家关系的变化及其原因。[①] 虽然文中也论及波兰外交,但缺陷在于忽视了波兰外交的主体性和特殊性。

二 国外研究现状

与国内相比,国外学界对波兰外交的研究深度、广度、重视度都要更高。另外在学术成果方面,国外学界在该领域的学术专著、政策报告和期刊文章也要丰硕得多。通过梳理,本书发现国外学界对于波兰外交的研究大致呈现以下特点:其一,在国别分布上,首先波兰学者对本国外交的研究成果当属最全面、最前沿,产出也是最多的,这一点毋庸置疑。其次就是与波兰历史、政治和现实利益紧密相关的欧美学界,尤以俄罗斯、德国、英国和美国居多。其二,从笔者检索和可获取的文献主题来看,聚焦点与国内学者较为相似,主要包括波兰外交战略,波兰与俄罗斯、欧盟(德国)、美国的双边关系,以及波兰的东部政策等。其三,国外学者对于波兰外交的理论研究水平要明显高于国内,比如有几位波兰学者分别从战略文化和中等强国概念搭建分析框架,揭示波兰外交的动力机制。本书将从研究主题出发,对国外学界的研究成果进行梳理与分析。

(一)图斯克政府时期的宏观外交战略层面

1. 政策型研究

有波兰学者认为,图斯克政府上台之后的外交目标旨在跨大西洋同盟关系之间保持平衡,成为这一联盟关系的积极建设者,而不是上届政府的破坏者。例如,波兰学者达里乌什·米尔恰雷克(Dariusz Milczarek)指出:"当下波兰外交应通过与大西洋两岸的盟国维持更平衡的合作(zrównoważonej współpracy),以此确保其战略利益得到适当保障。"[②] 安杰伊·波德拉扎(Andrzej Podraza)等人[③]认为,新的政党联盟领袖图斯克

[①] 李斌:《新世纪俄罗斯与中东欧国家关系探析》,《西伯利亚研究》2012年第4期。

[②] Dariusz Milczarek, "Stosunki transatlantyckie w sferze polityki zagranicznej i bezpieczeństwa: kontynuacja czy przełom? Polski punkt widzenia," *Studia Europejskie*, nr. 2, 2008, s. 56.

[③] 本书中出现的波兰语译名统一遵照"波汉音译对照表",并结合国内主流的使用习惯或译法。

上任之后意识到与美国合作的重要性，但同时也明白从美国那里获得的利益是相对有限的。这意味着波兰不得不仔细地去平衡与美国和欧盟之间安全政策的关系。①

在波兰外交研究学界声誉颇高的一位学者是雷沙尔德·济恩巴（Ryszard Zięba），其 2020 年出版的最新著作《波兰的外交与安全政策：不断变化的国际秩序的适应性问题》《Poland's Foreign and Security Policy：Problems of Compatibility with the Changing International Order》，从世界秩序重构的角度探讨了波兰这个处在中欧的中等国家的外交与安全政策问题。在作者看来，21 世纪波兰的外交和安全政策是由历史因素和政治不稳定因素决定的，忽视了基于西方体系分化和新兴大国出现的国际秩序的深刻变化。波兰努力用传统的方法促进自己的国家利益最大化，将与美国和北约的合作放在首位，以确保可以抵御来自俄罗斯的安全威胁。作者还指出，对波兰外交影响至深的一个重要因素是民族主义和对其独特性的信念，特别是对俄罗斯和其他东欧国家所怀有的特殊使命感。这种基于历史传承下来的非理性因素严重削弱了波兰所扮演的国际角色的效力，阻碍了与盟友和伙伴的合作，并导致波兰难以适应不断变化的国际秩序。② 值得一提的是，笔者 2019—2020 年在波兰华沙大学访学期间有幸当面拜会了雷沙尔德·津巴教授，并与其探讨了从图斯克到当前的波兰外交。教授直言法律与公正党政府的外交极其愚蠢，除了讨好美国之外，与其他的包括德国与俄罗斯在内的周边大国的关系都变差了。相反，津巴教授对图斯克政府时期的波兰外交持赞同态度，认为该届政府的外交非常务实，改善了波兰的周边地缘环境，提高了其在欧洲的国际地位。这为本书的研究提供了一个较有说服力的事实支撑。

另一位同样重要的学者是华沙大学教授罗曼·库伊尼阿尔（Roman Kuźniar），历任波兰外交部政策规划主任、波兰国际事务研究所主任。该学者在 2009 年出版了波兰首部聚焦于 1989 年之后波兰外交的专著。作者着重探

---

① Andrzej Podraza, Beata Piskorska, Józef M. Fiszer et al., *Współpraca transatlantycka. Aspekty polityczne, ekonomiczne i społeczne*, Instytut Studiów Politycznych PAN, Konrad Adenauer Stiftung, Warszawa, 2014, p. 159.

② Ryszard Zięba, *Poland's Foreign and Security Policy：Problems of Compatibility with the Changing International Order*, Basel：Springer NatureSwitzerland AG, 2020.

讨了波兰外交在重新获得主权、建立坚实的安全根基，以及推动社会和经济发展过程中的主要挑战。该著作将波兰分为五个阶段展开论述，分别是1989年之前的波兰外交、重新获得主权之后的外交（1989—1992）、全力以赴加入北约（1993—1998）、加入欧盟的准备阶段（1998—2002）、巩固在欧盟的地位（2003—2007）。毫无疑问，该著作为研究2008年之前的波兰外交政策的演进过程、目标以及挑战提供了一手的权威参考文献。然而，该著作的研究范围聚焦在图斯克政府上任之前的波兰外交政策，这也是其与本书的主要区别之处。[①] 还有一本编著是《21世纪波兰的外交政策》，主编是华沙大学教授斯塔尼斯瓦夫·别莱恩（StanisŁaw Bieleń）。该著作收录了20多位波兰学者撰写的关于波兰外交的文章，按照不同主题分为四大部分，分别是：波兰在国际关系中的身份认同、入盟之后波兰外交政策的适应性问题、影响波兰外交决策的因素、波兰外交活动的方向和领域。书中的分析视角和维度相当广泛，具有重要的参考价值。[②]

与本书最直接相关的一本著作是《唐纳德·图斯克政府2007—2011年外交政策的主要方向》（*Główne kierunki polityki zagranicznej rządu Donalda Tuska w latach 2007 - 2011*），作者是帕弗瓦·穆锡阿乌卡（Pawła Musiałka）。该书主要梳理了图斯克第一任期（2007—2011）波兰的主要外交政策，在分析框架上主要以年代和问题为叙事线索，分为四个部分展开。第一部分主要介绍了公民纲领党的执政理念与主要设想。第二部分主要分析了波兰外交环境的内外部变化对外交立场与政策制定产生的影响。第三部分的内容主要论述了波兰在欧盟、北大西洋公约组织（简称"北约"）、欧洲安全与合作组织（简称"欧安组织"）、联合国、维谢格拉德集团（Visegrad Group，简称V4）等多边机制中的外交政策，其中包括与捷克、匈牙利等国的双边外交关系。第四部分则重点介绍了对波兰国家利益最重要的几个国家及其与波兰的双边关系，这些国家包括德国、俄罗斯、美国、立陶宛、白俄罗斯和乌克兰。[③] 由于该著作的作者来

---

① Roman Kuźniar, *Poland's Foreign Policy after 1989*, Warsaw: Wydawnictwo Naukowe Scholar, 2009.
② StanisŁaw Bieleń, *Poland's Foreign Policy in the 21st Century*, Warsaw: Difin SA, 2011.
③ Pawła Musiałka, *Główne kierunki polityki zagranicznej rządu Donalda Tuska w latach 2007 - 2011*, Kraków: Wydawnictwo eSPe, 2012, s. 5 - 6.

自波兰，其最大贡献在于提供了更为丰富和权威的一手波兰语资料。但有所缺憾的是，该研究的时间跨度仅停留在了 2011 年，对之后图斯克政府的第二任期外交缺乏一个长时间段的连贯性考察。

2. 政策与理论结合型

安全议题作为波兰外交的首要关切通常是国内外学者把握波兰外交主要脉搏的一个核心抓手。如波兰学者尤斯蒂娜·扎水茨（Justyna Zając）在其著作《波兰的安全政策：西方、俄罗斯和国际秩序的变化》《Poland's Security Policy: The West, Russia, and the Changing International Order》着重分析了波兰所处的地缘环境以及不断变化着的国际秩序（如大国权力分配的变化）对波兰安全造成的影响。作者指出波兰外交的基本原则仍然是建立在现实主义的逻辑之上，主权独立、领土完整以及边界的不可侵犯性始终是波兰安全政策的本质。而对波兰安全政策影响最大的三个因素分别是德国和俄罗斯，以及不断变化的国际秩序。事实上，夹在德俄之间的地缘环境和历史记忆代表了前两个因素。关于国际秩序的变化，作者将冷战之后的国际秩序划分为三个阶段：20 世纪 80 年代两极秩序行将瓦解的转型时期，冷战后的单极秩序，以及 21 世纪以来的多极化秩序。另一个学术贡献在于对波兰作为一个"中等强国"的现实依据，作者给出了具有说服力的论证。[1] 持相似观点的还有美国学者约书亚·B. 斯佩罗（Joshua B. Spero），他认为波兰作为一个中等强国，其扮演的主要角色就是弥合东西欧之间长久以来分歧的桥梁，即调停者。该学者对于波兰外交研究的主要贡献在于对于波兰中等强国外交理论的构建与检验。但需要指出的是，该学者将研究范围仅仅聚焦在 1989—1991 年波兰在东西欧之间所扮演的桥梁建设者角色，并避免了地区政治动荡或冲突事件的发生，以此试图证明波兰作为一个中等强国角色所具有的外交偏好。但该著作最大的问题在于过度地放大了波兰在国际社会中的外交行为或角色在塑造其中等强国地位中的份量，而缺乏对于波兰中等强国地位的实证性建构，如经济实力、军事能力等衡量维度。另外，该文的研究时段太短，且处在一个非常特殊的历史时期，来自地缘环境的外

---

[1] Justyna Zając, *Poland's Security Policy: The West, Russia, and the Changing International Order*, London: Palgrave Macmillan, 2016.

部压力在这一时期对波兰外交的影响几乎占据了主导性地位。①

此外，波兰学者莫尔雷·克拉斯诺登布斯卡（Molly Krasnodębska）借鉴社会学的概念"污名化"（Stigmatization）搭建了对于波兰外交的分析框架。其著作《"污名化"的政治：波兰作为欧盟的"晚来者"》《*Politics of Stigmatization：Poland as a 'Latecomer' in the European Union*》探讨了身处欧洲地缘和身份认同上的波兰，虽然在苏联解体后重新融入到了欧洲，但始终难以改变的是西欧大国或传统的欧洲国家对波兰身份的不认同甚至是歧视，这种歧视一方面源于波兰特殊的地缘位置，另一方面也受到了东欧地区独特的文化特征的影响。在此基础上，本书主要探究一国在一个国家共同体（如欧盟）中为了克服"污名化"了的政治身份并寻求国际社会的承认对于其外交政策的塑造作用。为此，作者将波兰外交作为研究案例，并对比了波兰在伊拉克战争、俄格冲突和克里米亚危机中的不同政策反应，揭示了波兰通过对以上几场危机的介入逐步重塑或改变其政治身份的过程。② 概而言之，该著作分析视角新颖，使用并发展了本体安全、战略文化和身份污名化等概念，为审视波兰外交提供了独特的视角，对笔者在本书中的案例实证分析具有重要的启发作用。

（二）在双边关系层面

1. 在波俄关系方面

波俄关系仍然是国外学界讨论的热点议题。在波兰对俄政策方面，普遍认为图斯克寻求与俄罗斯建立更好的关系，同时更加注重加强波兰在欧盟内部的地位，并尽其所能将乌克兰、白俄罗斯、摩尔多瓦甚至格鲁吉亚和亚美尼亚纳入欧洲一体化。但更多的研究成果聚焦在影响波兰对俄政策的因素上。国外学者（主要来自波俄两国学者）认为影响波兰对俄政策的因素是综合性的，包含历史纠葛、主权独立、中间地带竞争、军事安全以及波兰的大国梦想等多重因素，其中历史和地缘安全因素最为敏感。对波俄关系的看法主要集中在历史纠葛方面，其次是地缘担忧，

---

① Joshua B. Spero, *Middle Powers and Regional Influence：Critical Foreign Policy Junctures for Poland, and Bolivia*, Lanham：Rowman & Littlefield International, Ltd, 2019.

② Molly Krasnodębska, *Politics of Stigmatization：Poland as a 'Latecomer' in the European Union*, Warsaw：Palgrave Macmillan, 2021.

最后是乌克兰问题和其他现实性利益纠纷问题。

第一，俄罗斯作为一个多次侵略者这一刻板印象的历史性记忆，以及波兰曾经作为一个欧洲强国的大国情结长久地存在于波兰人的心中。莫斯科国际关系学院的安娜·切尔诺娃（Чернова Анна）在论文《波兰的东方政策：从"乌立白"概念到"东方伙伴"》中指出，现代波兰的外交仍然受到历史上立陶宛波兰联邦、俄罗斯帝国和苏联时代刻板印象的影响。[①] 罗蒙诺索夫北方（北极）联邦大学的米哈伊尔·苏普鲁恩（Супрун Михаил）在《波兰与俄罗斯：地区安全方面》中分析，波兰对外政策呈现出这样的特点：一方面积极参与欧洲一体化进程，另一方面表现出了在中欧和东欧次区域的野心。波兰的"东方伙伴"战略将俄罗斯排除在外，对俄罗斯总是怀有警惕之心。此外，俄罗斯国立旅游服务大学的波斯特尼科夫（Постников Н. Д.）在《民族中心主义作为波兰与东方邻国关系的历史必然性》一文中认为，在波兰的东方政策中，民族中心主义占了极大的比重。波兰总梦想成为东欧区域大国，其中立陶宛、白俄罗斯和乌克兰被其视为这一地缘抱负中的重要利益区和政治伙伴。而俄方认为，波兰时常将俄罗斯视作阻碍其实现这一地缘梦想的敌人。[②] 持相同观点的下诺夫哥罗德国立大学维尔施尼（Вершинин А. О.）分析了现代波俄关系中的历史因素，其认为改善波俄关系的一个阻碍就是波兰民众普遍认为他们自己是苏联专制历史的牺牲品。[③] 最后，美国杜兰大学政治系教授雷蒙德·塔拉斯（Ramond Tarus）指出，影响波俄关系的核心因素之一来自波兰的"恐俄症"。[④]

第二，地缘政治博弈引发了波兰对于俄罗斯可能复活的帝国主义的担忧。俄罗斯高等经济大学的奥菲采洛夫·别里斯基（Офицеров-бельский）教授在论文《俄罗斯和波兰：逃不掉的邻邦》中指出，波兰

---

① Чернова Анна,《"Восточная политика" Польши: от концепции《УЛБ》до "Восточного партнерства"》, Вестник МГИМО Университета, Vol. 33, No. 6, 2013, С. 15 – 24.

② Постников Н. Д.,《Этноцентризм как исторический императив Польши в отношении с восточными соседями》Вестник ассоциации вузов туризма и сервиса, No. 3, 2009, С. 16 – 25.

③ Вершинин А. О.,《Исторические и политические проблемы в современном аспекте взаимоотношений России и Польши》, Символ науки, No. 9, 2016, С. 172 – 175.

④ [美]雷蒙德·塔拉斯：《波兰的长期恐俄症？精英和大众态度的比较》，孙超译，《俄罗斯研究》2014年第1期。

和俄罗斯的命运总是互相羁绊,外部影响因素层出不穷。诸如美国9·11恐怖袭击事件、乌克兰橙色革命、俄罗斯与格鲁吉亚的武装冲突、克里米亚危机等都对波兰与俄罗斯的关系造成了重大影响——其中大部分增加了双方的不信任和警惕情绪。①

第三,克里米亚危机重新唤醒波兰的"恐俄症"。格达尼综合技术大学学者克里斯汀娜·柯木尔卡(Гомулка Кристина)撰写的《波兰媒体关于俄乌关系与克里米亚事件的看法》一文中的统计数据反映出,群众普遍十分关心波兰自身的经济、政治和领土安全。媒体则大多十分担忧俄罗斯的强势扩张对乌克兰造成的打击会殃及波兰。② 别尔哥罗德大学的叶尔菲莫娃(Елфимова М. С.)分析了乌克兰局势对俄罗斯和波兰经济的影响。由于俄乌关系的恶化,乌克兰面临制裁,波兰的能源、旅游业、边境安全等有可能受到波及。③

2. 在波美关系方面

学界普遍认为维持波美特殊关系是波兰转型以来对外政策的重中之重,但随着奥巴马政府的战略重心转移以及公民纲领党领袖图斯克的上台,波兰的外交政策重回欧洲主义。史蒂文·杜布里斯克(Steven D. Dubriske)认为,图斯克比卡钦斯基更加注重现实国家利益。美国小布什总统在2007年推出"弹道导弹防御"(Ballistic Missile Defense,BMD)计划之后,得到波兰时任总理卡钦斯基毫无保留地积极配合。然而,新总理唐纳德·图斯克对拟议的BMD项目更为谨慎,他明确表示,新政府将仔细权衡BMD计划的成本和收益,并积极地进行讨价还价。也有学者认为,由卡钦斯基兄弟领导的政府似乎只关心通过BMD计划加强波兰的安全,但图斯克政府重点关注波兰的两个国家利益:军事现代化和美国持续的经济支持。鉴于来自东部俄罗斯威胁感的不断增强,波兰与北约

---

① Офицеров-бельский, "Россия и Польша: неизбежное соседство?" Вестник МГИМО Университета, Vol. 39, No. 6, 2014, С. 18–28.

② Гомулка Кристина., "Польская пресса о российско-украинских отношениях и событиях в Крыму," Историческая и социально-образовательная мысль, No. 2, 2014, С. 13–24.

③ Елфимова М. С., "Влияние ситуации на украине на экономику России и Польши В сборнике: Молодежь и научно-технический прогресс Международная научно-практическая конференция студентов," аспирантов и молодых ученых. 2014. С. 172–176.

加强集体防御合作的同时,还进一步加深了波美之间的政治和军事关系。其中一个因素就是2008年格俄战争加速了波兰与美国达成的关于在波兰本土部署反导系统的协定。①

波兰东方研究中心(OSW)维托尔德·罗德凯维奇(Witold Rodkiewicz)指出,在2008年8月关于部署在波兰的反导系统位置协议达成之前,波美之间的讨价还价展现出了波美同盟关系的另一个显著特征。那就是,波兰基于其领土规模、人口和历史等因素,渴望成为一个能够在联盟内阐明和捍卫其国家利益的"中等强国"(Middle Power)。图斯克政府试图表达自己对联盟的愿景,并希望盟友能够听到并考虑到自己的诉求,尤其与其东部安全相关联的事务,而不再是对美国鞍前马后的一味顺从。②

3. 在波兰对欧政策方面

波兰一方面积极参与到欧洲一体化进程之中,另一方面积极推行东部睦邻政策,在中东欧地区扮演领导者角色。罗蒙诺索夫北方(北极)联邦大学的米哈伊尔·苏普鲁恩(Супрун Михаил)在《波兰与俄罗斯:地区安全方面》中分析,波兰对外政策呈现出这样的特点:一方面积极参与欧洲一体化进程;另一方面也表现出了在中欧和东欧次区域的野心。波兰的"东方伙伴"战略将俄罗斯排除在外,对俄罗斯总是怀有警惕之心。莫斯科国际关系学院苏联研究中心顾问、波兰政治学者亚库布·科雷伊巴(Jakub Korejba,俄文名:Корэйба Якуб Войчехович)通过对《波兰对欧洲后苏联国家政策的理念基础》这一官方文件的分析,总结出了波兰人对欧洲和苏联国家地区战略形势看法的几个特点:害怕俄罗斯的新帝国主义政策、否认中欧和东欧国家作为权力政策对象、对西方邻国与俄罗斯可能达成的秘密协议感到担忧、希望尽快融入西方军事同盟一体化结构之中以及追求在中东欧次区域的领导者地位。③ 专于苏联东欧

---

① Justyna Zając, *Poland's Security Policy: The West, Russia, and the Changing International Order*, London: Macmillan Publishers Ltd., 2016. p. 114.

② Witold Rodkiewicz, *Comparing US Alliances in the 21st Century*, Australia: ANU Press, 2017, p. 138.

③ Корэйба Якуб Войчехович, "Концептуальные основы внешней политики Польши в отношении европейских стран постсоветского пространства," *Вестник МГИМО-Университета*, 2011, Vol. 21, No. 6, С. 234–240.

问题的澳大利亚国立大学约翰·代塞梅雷斯（John Desemeres）博士在其编著中指出，图斯克政府寻求与俄罗斯建立更好的关系，但其更加注重加强波兰在欧盟内部的地位，并尽其所能将乌克兰、白俄罗斯、摩尔多瓦甚至格鲁吉亚和亚美尼亚纳入欧洲一体化。[1]

（三）在东部政策方面

波兰的东部政策主要涉及两个维度，一个是指对俄罗斯的政策，另一个则指对夹在波俄之间的东部六国的政策。可以说，波兰融入西方之后，赢得了一个相对稳定的西部安全环境。东部政策是波兰外交与安全政策的重中之重，波兰国内学者对该议题的关注度也与此相对应。波兰历史学家卡罗尔·亚诺夫斯基（Karol B. Janowski）在论文《波兰东部政策的困境：从动态平衡到不平衡》中回溯了自1989年之后波兰东部安全环境及其东部政策的演进态势，强调了"俄罗斯恐惧症"在波兰东部政策中扮演的非理性因素，并成为导致波兰东部政策走向不平衡的主要动因。值得关注的是，作者将波兰1989—2014年的东部政策变化特征概括为从"动态平衡"到"不平衡"，文中突出了图斯克政府的实用主义政策扮演的积极角色，实用主义外交在作者看来要比单边式地屈从美国利益对波兰更有益处。[2] 这一点恰好印证了本书的核心论点：图斯克政府的多元平衡外交。

波兰学者克蕾斯蒂娜·戈穆乌卡（Krystyna Gomółka）等人在其专著《20世纪和21世纪之交：波兰与亚美尼亚，阿塞拜疆和格鲁吉亚的关系》中对波兰的南高加索政策进行了非常翔实的梳理。在作者看来，由于亚美尼亚、阿塞拜疆和格鲁吉亚地处亚洲和欧洲的交汇点上，战略位置突出，因此成为推动双边政治、经济和文化关系的重要动力。波兰对以上三国的外交政策大致可分为两个阶段，第一个阶段在1990—2004年之间，波兰在此期间的外交重心是"欧洲—大西洋一体化"，与南高加索三国的外交紧密度低。但在入盟之后，尤其是2009年波兰作为倡导者提出了东

---

[1] John Desemeres, "Heading West, Heading East: Impressions from Warsaw and Moscow," in *A Difficult Neighbourhood: Essays on Russia and East-Central Europe since World War II*, Australia: ANU Press, 2016, p. 114.

[2] Karol B. Janowski, "The Dilemmas of the Eastern Policy of the Republic of Poland: From Dynamic Equilibrium to Imbalance," *Przegląd Politologiczny*, Vol. 3, 2014, pp. 119 – 134.

部伙伴关系计划之后，与以上国家的政治与经贸关系迎来了黄金期。这从 2008 年波兰总统对格鲁吉亚危机的反应便可窥见一二。① 弗罗茨瓦夫大学国际研究所研究员米罗斯瓦夫·哈博夫斯基（Mirosław Habowski）在《唐纳德·图斯克政府的东方政策》一文中指出了"波兰东部政策"（polska polityka wschodnia）的思想起源、发展阶段和主要目标。在他看来，波兰东部政策是由毕苏斯基思想的继承者尤利乌什·米埃罗谢夫斯基（Juliusz Mieroszewski）② 和耶日·吉埃德罗厄茨（Jerzy Giedroyc）③ 提出来的，这是与西欧的德国和法国截然不同的战略思想，与俄罗斯在东部问题上建立合作关系是德法两国的政治目标。对于波兰而言，保持东部地区国家的主权独立，并且能够拉拢他们与其建立一个共同的反俄罗斯联盟是波兰的主要外交目标。还有一个传统就是，让东部伙伴不断接近欧盟的标准，即推动东部国家的经济与制度转型。④ 该文指出的波兰东部政策的历史动力与现实利益的本质，为本书研究提供了诸多一手素材。

---

① Krystyna Gomółka, Izabela Borucińska-Dereszkiewicz, *Stosunki Polski z Armenią, Azerbejdżanem i Gruzją na przełomie XX i XXI wieku*, Toruń：Wydawnictwo Adam Marszałek, 2015, s. 5.

② 尤利乌什·米埃罗谢夫斯基对于波兰、立陶宛、白俄罗斯与乌克兰的未来，并未以过往的传统关系来看待，而是以未来波兰国家的利益与安全作考量。出于波兰国家的地缘政治，尤利乌什·米埃罗谢夫斯基预期独立的波兰国家将面临两个威胁：（1）独立的俄罗斯；（2）波兰帝国主义民族主义。尤利乌什·米埃罗谢夫斯基不认为立陶宛、白俄罗斯与乌克兰是独立后波兰的威胁，而是视之为与俄罗斯国家间的缓冲，因此他极力主张维持现有国界线。尤利乌什·米埃罗谢夫斯基视乌克兰、立陶宛与白俄罗斯为保障未来波兰国家主权的关键。如果独立的乌克兰、白俄罗斯和立陶宛国家有能力保全自身，它们就能使古老的波兰—俄国之争变得毫无意义。因此波兰的利益正在于提高这些国家幸存的可能性。参见［美］蒂莫西·斯奈德（Timothy Snyder）《民族的重建：波兰、乌克兰、立陶宛、白俄罗斯，1569—1999》，潘梦琦译，南京大学出版社 2020 年版。

③ 耶日·吉埃德罗厄茨是一名出身立陶宛的波兰贵族后代，他经历了两次世界大战的变局，并与乌克兰民族主义者有过深切的接触。与毕苏斯基一样，他也是一个实用主义者，力求将波兰的民族与主权独立与民族主义情绪分开。在他看来，波兰在东部失去的领土只有在国家实现主权独立之后才是重要的。因此，他在担任"文化"（Kultura）刊物编辑时，勾勒出波兰的东部政策边界，并将东部地区视为未来波兰国家主权的东部前线。参见［美］蒂莫西·斯奈德（Timothy Snyder）：《民族的重建：波兰、乌克兰、立陶宛、白俄罗斯，1569—1999》，潘梦琦译，南京大学出版社 2020 年版。

④ Mirosław Habowski, "Polityka wschodnia rządu Donalda Tuska", *Wschodnioznawstwo*, 2011, tom 5, s. 89-91.

第三节 研究方法

在研究方法方面，本书主要运用了案例分析、过程追踪和比较分析等研究方法。

首先，本书作为一个典型的国别研究论文，就整体角度而言，本书的研究对象是"波兰外交"，并将对波兰外交的研究考察限定在2007—2014年的图斯克政府时期，这本身就是波兰外交史中的一个典型案例。透过这一案例的深入追踪，本书试图揭示出波兰外交的历史背景、内生动力、外部制约因素，进而探究与讨论缓冲地带的中等强国"波兰"外交的生存之道。就文章内容而言，本书在多个章节选取了这一时期影响外交的标志性事件作为一个个具象化的研究案例，例如2008年"俄格战争""2010年斯摩棱斯克空难事件""2014年克里米亚危机"，以上事件对这一时期的波兰外交产生了重大影响，甚至导致了图斯克政府构筑起来的"多元平衡外交"体系的最终转型。在社会历史学家的视角下，导致历史中的社会结构转型的往往是个别的重大历史事件，如法国封建王朝崩塌的直接推动因素就是法国大革命。

其次，本书是一篇定性研究类文章，过程追踪法作为定性研究方法的一个重要子集，有三个不同的研究目的，分别是用于检验个案中是否存在因果机制、建构理论机制以及对特定结果给出解释。其中，前两者是以理论为中心，分属于理论检验型的过程追踪和理论建构型的过程追踪。理论检验型的过程追踪旨在检验个案中的因果机制是否存在，并像理论化那样起作用。理论建构型的过程追踪旨在探究X与Y之间的因果机制是什么。后者属于解释结果型过程追踪，主要以个案为研究中心，论证什么样的机制解释可以说明结果。[1] 厘清以上的基本概念和研究方法类型之后，有助于明确本书所属的过程追踪方法的性质。本书的分析框架核心是立足"中等强国"理论视角，检验波兰作为一个中等强国的外交行为是否存在像中等强国理论中的因果机制，即获得中等强国身份的

---

[1] [丹麦]德里克·比奇、拉斯穆斯·布伦·佩德森：《过程追踪法：基本原理与指导方针》，汪卫华译，格致出版社、上海人民出版社2020年版，第11页。

国家通常偏向于在国际多边机制或论坛中采取多边主义外交。概而言之，过程追踪法正是通过对研究过程的历史阐述来验证假设或理论。[①] 过程追踪法在本书中使用的主要目的是追踪图斯克政府在多元平衡外交的重建、维持以及走向失衡过程中分别扮演的不同角色，反过来通过角色的扮演及变化也可检验理论的适应性。本书则是通过这一方法检验了地处缓冲地带的"中等强国"理论中的外交偏好及行为逻辑。这有利于我们更好地把握波兰的身份定位、地缘处境与其外交决策之间的关联性和规律性。

第四节　研究创新与不足

波兰外交作为一个较为小众的研究领域，受到的关注较少，国内现有研究对此着墨甚少。这恰恰为本书在选题、研究内容以及研究视角方面的创新留下了较大的探索空间。

第一，立论与分析框架。通过对国内外相关研究成果的梳理，本书认为现有的对于波兰外交的研究成果仍然停留在政策性梳理上，未能从学理角度搭建起理论分析框架，将传统的政策研究升华到规律性的理论高度。本书通过将波兰界定为一个中等强国，进而从中等强国外交理论的视角出发，搭建了多元平衡外交的分析框架。在该分析框架的影响因素中，本书融合国际关系理论中现实主义几大流派对于小国外交行为的分析变量，如摩根索创立的"权力平衡论"中的大国均势格局，即权力格局；沃尔特创立的"威胁平衡论"中的威胁程度；以及施韦乐提出的"利益平衡论"中的精英共识分析变量。本书以此作为分析因素，试图搭建起波兰的中等强国身份与其外交偏好（如图斯克政府时期多元平衡外交）的桥梁。反之，透过图斯克政府时期的多元平衡外交案例也可检验中等强国外交理论的解释力。

第二，论文选题。当前国内尚无系统性论述苏联解体以来波兰外交的专著，对于波兰外交的关注也主要聚焦在一些热点事件追踪上，如对斯摩棱斯克事件、波俄关系的新矛盾、波兰在克里米亚危机上的反应等议题。事实上，入欧以来的波兰已经逐渐成了中东欧地区的领头羊，甚

---

① 曲博：《因果机制与过程追踪法》，《世界经济与政治》2010年第4期。

至是欧盟内部举足轻重的国家之一。比如,2009年,波兰与瑞典联合提出了"欧盟东部伙伴关系计划",积极推动欧洲共同外交与安全政策等。因此,将图斯克政府时期的波兰外交作为案例研究,追踪这一时期波兰外交制定的背景、过程及其效果,可为深度把握波兰外交规律,反思欧洲一体化进程的问题,以及中东欧地区的大国利益博弈提供一个"以小见大"的新视角。传统意义上,国际政治舞台的角色主要由大国演绎,但第一次世界大战与第二次世界大战的爆发揭示了一个不可忽视的问题,即那些处在大国博弈缓冲地带上的国家或民族往往会成为地区冲突甚至战争起源的导火索,这也是研究波兰的重要意义之一。

第三,文献材料方面。本书在撰写过程中尽量多地使用了波兰官方的一手外交文献,包括波兰2007—2014年的外交年鉴、前任外长西科尔斯基回忆录、西科尔斯基在下议院的年度外交述职报告、图斯克在公开场合的演讲等。除此之外,波兰学者出版或发表的论文、著作,以及波兰主流媒体的历史新闻资料也广泛地见诸本书的论证之中。尤其是西科尔斯基回忆录(2007—2015)和波兰外交年鉴为本书研究的科学性提供了十分宝贵的佐证材料。

第四,观点创新。本书首次将图斯克时期的外交政策界定为"多元平衡外交"。为了系统探究波兰平衡外交的历史和地缘动力,本书从长历史周期的角度整体考察了历史上波兰施展平衡外交的背景、过程、结果以及效应,又着重选取入欧之后的图斯克政府作为个案进行过程性追踪,试图以此揭示出波兰外交的表征,及其决策行为的深层逻辑。另外,本书提出的波兰"多元平衡外交"概念也是对学界长期以来将波兰作为一个追随者的刻板印象的重新解读,以期提高国内学界对波兰外交的全面性认知。

本书存在的不足主要体现在语言方面。限于笔者当前的波兰语能力,阅读波兰语文献的速度和准确度方面还存在一些问题,需要借助机器辅助完成相关文献翻译与阅读。因而笔者在文献的整理和引用过程中可能会存在细微偏差。同时,囿于硕博连读学制的短暂性,本书未能穷尽波兰国内关于外交政策研究的所有一手文献,这是本书的一大缺憾,也是在毕业之后需要加以深化和弥补的地方;在此专门作以陈述,亦当作对自己毕业之后继续深化波兰问题研究的一种鞭策。

第一章

概念界定与分析框架

第一节 概念界定

一 均势外交

"均势外交"（Balance-of-Power Diplomacy）自威斯特伐利亚体系建立以来就成了大国制衡对手、维持其相对优势地位的一种外交战略。1618—1648年，持续三十年的战争重塑了国际关系的历史进程。"民族国家，利益至上"的原则逐渐被欧洲国家所接纳，宗教利益开始让位于主权国家利益。三十年战争之后欧洲的两大阵营之间达成了利益的妥协，签署了《威斯特伐利亚和约》。该条约加速了德意志神圣罗马帝国的衰落，削弱了几乎主宰了整个欧洲的哈布斯堡王朝的势力，导致欧洲进入一个更加分裂的多元政治格局。[1]

在跌宕起伏的国际关系史中，不同时期的霸权国都曾利用均势外交巩固和维持本国的相对优势地位。威斯特伐利亚体系的本质正是基于"均势原则"之上的权力与利益妥协的产物。以法国为代表的战胜国一方重新划分领土势力范围，例如荷兰和瑞士取得了独立地位，奥地利和西班牙的势力范围遭到削弱，法国获得了阿尔萨斯和洛林，瑞典获得了德国奥得河、威悉河的入海口，同时占据了北海沿岸和波罗的海的重要海港。而在帝国内部，勃兰登堡的势力范围得到扩大，为日后普鲁士的崛起奠定了基础。[2] 其中最能体现法国均势外交胜利的成果是《威斯特伐利

---

[1] 刘德斌主编：《国际关系史》，高等教育出版社2003年版，第44—45页。
[2] 刘德斌主编：《国际关系史》，高等教育出版社2003年版，第51—52页。

亚和约》，该条约确认了各诸侯国自由行使领土权的权利，标志着德意志帝国从法律上被历史性地分解了。由此欧洲大陆上形成了法国与瑞典、西班牙和奥地利并举的多元均势格局。

英国则是在18—19世纪通过"离岸平衡"的均势外交战略实现了对欧洲大陆的相对优势地位。这一外交的具体施展主要体现在拿破仑称霸时期，在英国倡导下共组建了七次反法同盟战争，直到溃败拿破仑之后，建立了以遏制法国东方再起为目的的新的欧陆均势，而这一均势是在英国"离岸平衡"的均势外交下实现的。"光辉孤立"政策是其均势外交最为重要的表现形式。正如英国前首相丘吉尔在解释英国的传统联盟外交时所称："英国四百年来的外交基调就是防止和反对在欧洲大陆上出现任何一个强大的、富有侵略性的国家主导欧洲大陆。"[①]

这一时期的均势具有以下特征：欧洲大陆的几大国基本上维持着一种势均力敌的稳定状态。隔海相望的英国通过牺牲战败国和小国利益，以协调大国之间的矛盾，确保各自实力的发展与巩固，进而达到一种相互制约的格局。从本质上看，这种均势原则只适用于欧洲大国，即"均势"格局也只是大国间权力结构的一种体现，"均势外交"则是某个占据相对优势的大国通过联盟制衡的手段，遏制对手崛起，维持和巩固自身主导地位的外交战略。"均势外交"的代表人物是18世纪奥地利著名的外交家梅特涅，其在奥地利帝国实力不断转衰的背景下，一手构建起"欧洲协调机制"重建了欧洲均势，最大限度地维持了奥地利的大国地位。

随后的霸权国德国和当前的美国也都曾使用过"均势外交"这一战略。比如，德国威廉一世时期，由德国宰相俾斯麦倡导建立起来的"大陆同盟体系"，该体系旨在利用欧洲大国之间的矛盾，构建起以"反法、抑俄、拉英、联奥"为主导思想的多重同盟关系，成功化解了崛起之后的德国在中欧地带所面临的来自左右强邻的威胁，维持了德国在欧洲大陆相对的优势地位。回到现当代国际关系，从冷战时期美国的"遏制战略"到奥巴马政府时期出台的"亚太再平衡"战略，"均势外交"从未

---

① Winston S. Churchill, *The Second World War. Volume 1: The Gathering Storm*, Boston: Cassell & Co., 1948, pp. 207–208.

缺席，仍然具有旺盛的生命力，活跃在大国主导下的国际关系结构之中。

然而，有所变化的是，贯穿几个世纪的以权力大小作为唯一法则的大国均势格局，在不断深化的多极化背景下，对整个国际体系具有颠覆性的影响。随着一批新兴经济体的崛起，他们在规模上属于中等强国。鉴于无法改变的大国权力格局，此类国家倾向于在多个大国之间维持一种相对的战略平衡，以实现自身利益最大化。

二　中等强国

学界对中等强国的概念界定不尽相同。本书通过文献梳理之后发现，国内学界对中等强国的概念界定和表述上存在含混不清的情况。首先，国内学界大多将中等国家和中等强国不做区别地任意使用。[①] 国际学术界对该词的使用大致有三类：Middle Power、Middle-Sized State、Middle Rank Country，但使用最为普遍的是 Middle Power。根据牛津词典释义：Power 翻译为国家时，通常指有影响力的大国或军事强国，因此本书认为应该将 Middle Power 理解为中等强国，即指在国际社会的次序中处在中间位置，且通常作为次地区或地区领导者的国家。

中等强国这一概念最早可以追溯到 16 世纪，意大利哲学家乔瓦尼·博特罗（Giovanni Botero）将世界分为帝国、中等强国和小国三种类型。不过，中等强国正式获得国际承认并发挥与之地位相当的作用是在 1815 年巴黎会议上。在此次会议上，中等强国首次正式成为一个国家类别，当时一些中等大国参加了所有的委员会，一些参加了一个或多个委员会。[②] 博特罗对于国家类型划分的标准主要是基于物质实力的维度。自 16 世纪以来，一些政治学家少有论及中等强国，仅仅是将中等

[①] 国际学术界有关"中等国家"的表述不尽相同，包括 middle power 中等国家、middle-size state 中等规模国家、secondary power 二等国家、second-class state 二等国家、intermediary state 居于中间等级的国家、medium power 等。近年来，middle power 一词基本上得到了国际学术界的认可，使用的频率最高。中国学者对"中等国家"一词也有不同的表述，如中等力量国家、中等规模国家、中等强国等。参见潘迎春《"中等国家"理论的缘起》，《世界经济与政治论坛》2009 年第 5 期。

[②] Giovanni Botero, *The Reason of State*, Translated by Daniel Philip & Pamela Joan, London: Routledge & Kegan Paul, 1956, pp. 3–15.

强国看作大国博弈的缓冲地带，并未跳出大国政治理念的窠臼。① 直到19世纪，国际政治舞台上仍然主要是大国的俱乐部，国家的划分标准依然是非大即小的二分法原则，致使中等强国的存在往往被忽视。中等强国正式成为国际社会的第三类群体被认可，以及作为一个相对成熟的学术概念，最早是由加拿大学者创立的。从战后初期直到20世纪60年代末，加拿大学者首创性地提出了新型中等强国概念，并将其与本国的外交实践相结合。这一时期对于中等强国理论的研究群体主要是加拿大学者。②

从国外学界研究现状来看，多数学者认为，中等强国身份主要取决于国家在国际社会中的表现，而不只是其物质基础。中等强国在国际关系理论中，通常被用来特指那些不具备大国地位，但却有着一定国际影响力的国家。罗伯特·基欧汉（Robert Keohane）将中等强国定义为那些无法单独发挥作用，但能够借助一个小集团或一个国际机制产生系统性影响的国家。③ 另有学者指出，中等强国只不过是一个身份追求者：他们不具备入围大国行列的资格，但是他们又不愿意将自己归类为"安于现状的国家"，需要扮演多边机制或论坛的建设者角色来施展影响力。因此，中等强国"乐于扮演'调解人'的角色"，通常是出于增强其影响力和声望的渴望。④ 本书认为，中等强国的衡量标准包括以下三个方面：第一，中等强国在世界力量格局中位居中间地位，即国家实力位居中等位次；第二，中等强国一般是新的经济增长中心，也是潜在的地区领导者；第三，该类国家占据重要的战略位置或对地区局势具有重要的影响力。

对于中等强国的研究成果也主要集中在这类国家在国际事务中的行为动机与外交偏好方面。例如，基欧汉强调了中国强国作为一种特殊的

---

① 潘迎春：《"中等国家"理论的缘起》，《世界经济与政治论坛》2009年第5期。

② Jennifer M. Welsh, "Canada in the 21st Century: Beyond Dominion and Middle Power," *The Commonwealth Journal of International Affairs*, Vol. 93, No. 376, 2004, p. 583.

③ Robert Keohane, "'Lilliputians' Dilemmas: Small States in International Politics," *International Organization*, Vol. 23, No. 2, 1969, p. 296.

④ Saadia Touval, Zartman William, *International Mediation in Theory and Practice* (*SAIS Papers in International Affairs*), London: Routledge, 1985, pp. 252-253.

身份或地位资本对一个国家的外交政策的塑造作用，并指出了该类国家行为偏好的形成动机。还有学者认为中等强国乐于扮演调停角色的动机是出于增强其影响力和声望的渴望。[1] 原因是中等强国通常也是地区性大国，通过在国际冲突中扮演调停者角色，为他们提供一个难得的介入机会，并能将自己在地区事务中所积累的传统经验和资源优势转换为一种国际声誉。例如，图斯克政府在克里米亚危机中扮演了重要的调停者角色，使得波兰在地区事务中的国际地位明显增强。在全球多边治理领域，中等强国的优势和相对专业的能力最能得以发挥，如在全球或地区海洋治理中享有国际公认地位的挪威，在核不扩散治理领域扮演重要角色的地区大国伊朗。再如加拿大通常被视为中等强国的典范，不仅在于它的物质实力，还在于加拿大在国际上扮演的角色和影响力。在过去半个多世纪里，加拿大几乎参与了自第二次世界大战之后的每一项联合国维和行动，累计超过10万加拿大军人参加了全球范围内的32次行动。这在很大程度上提升了加拿大在国际影响力和国际接受度层面作为一个中等强国的地位。[2]

一言以蔽之，中等强国外交的一个重要特征就是通过多边主义来实现其在国际事务中的政策目标。该类国家通常充当调解人、多边倡议推动者或桥梁建设者等角色，并充当大国与小国之间的中介。他们倾向于在特定议题上通过与其他国家在多边论坛或机制中的合作发挥领导力。这种外交策略是为了弥补他们有限的人力和财力资源，同时又能得到那些与其具有相似利益和立场的其他国家的支持。[3]

塑造波兰外交能力与政策偏好的一个重要变量是其在国际社会中的国际身份，国际身份又取决于该国在国际社会中所处的国际地位，不同的国际地位对一国在国际舞台上扮演的角色产生直接影响。国际地位在

---

[1] Saadia Touval and I. William Zartman, eds, *International Mediation in Theory and Practice*, Boulder: Westview Press, 1985, pp. 252 – 253.

[2] Geoffrey Hayes, "Canada as a Middle Power: The Case of Peacekeeping," in Andrew F. Cooper Ed., *Niche Diplomacy: Middle Powers after the Cold War*, London: Palgrave Macmillan, 1997, pp. 73 – 89.

[3] Amine Bennis, "Middle Power Diplomacy: From State to Thematic Diplomacy," Global Policy Journal, April 6, 2020, https://www.globalpolicyjournal.com/blog/06/04/2020/middle-power-diplomacy-state-thematic-diplomacy.

国际社会中既代表一种次序，也反映了该国在国际社会中的认可度的高低。按照不同国家在国际社会中的次序，以及国际社会的认可度，国家可以大致被分为大国、中等国家和小国三大类。中等国家则可分为中等强国和一般中等国家。通常情况下，不同身份的国家在国际社会中有着不同的外交抱负和政策偏好。波兰转型以来取得的巨大经济成就、国内政治精英的地区大国认知，以及国际社会认可度的提升等要素，共同塑造了其中等强国的身份。中等强国身份的确立，建构了波兰中等强国的角色期望，驱动波兰自苏联解体以来在国际社会中扮演了"东西欧之间的调停者"、"跨大西洋关系的坚定盟友"和"欧洲地区的大国地位追求者"等角色。[1]

关于中等强国的身份界定，学术界有不同的衡量指标。本书在综合了定性与定量的指标之上通过"物质能力、自我认知和国际社会他者认知"三个维度来建构波兰的中等强国身份。

首先，在物质能力方面。衡量中等强国物质基础的要素，主要包括人口规模、国土面积、GDP和军费开支。本书将据此对波兰的基本物质能力进行衡量。其一，人口规模和国土面积。截至2017年，波兰国土面积为31万平方千米，在197个被纳入排名的国家中位列第69位，位居前35%，被划分到了中等国家之列。人口规模约为3798万，在196个被纳入世界人口排名的国家中位列第37位[2]，位居前19%。其二，GDP和军费开支。据国际货币基金组织发布的世界经济报告，截至2018年，波兰的GDP指标位列在3000亿—2万亿美元之间的中等国家序列。在欧盟28个成员国中排在第7位，英国脱欧后波兰已跻身欧盟第六大经济体。另据世界银行发布的2018年世界各国GDP统计数据，波兰位列第23位，位居全球GDP排名的前13%[3]，远远高于中等位次，有望冲击世界前二十大经济体。在世界银行发布的世界各国收入群体划分中，波兰被划在

---

[1] 王弘毅：《波兰的中等强国外交——身份定位、角色期望与外交偏好》，《俄罗斯研究》2020年第2期。

[2] "Population Estimates and Projections," The World Bank, March 19, 2019, https：//data. world bank. org. cn/country/poland? view = chart.

[3] "World Development Indicators：Structure of Output," World Bank, http：//wdi. worldbank. org/table/4. 2.

高收入国家之列。在军事实力排名方面，根据全球火力网数据，波兰在137个被纳入排名的国家中位列第24位，位居前17%。①

其次，在自我认知方面，一国的政治精英倾向于结合该国的历史经验，建构本国在国际社会中的相对身份。波兰谋求中等强国身份的内在动力，植根于波兰曾经作为欧洲大陆最强大国家之一的历史记忆。正如波兰学者维托尔德·罗德凯维奇（Witold Rodkiewicz）所指："波兰基于其领土规模，人口和历史等因素，渴望成为一个能够在联盟内阐明和捍卫其国家利益的'中等强国'。"② 作为东欧地区最大的国家，波兰在中世纪时期曾经拥有过辉煌的历史，先后击败过日耳曼条顿骑士团、奥斯曼帝国和莫斯科大公国，甚至连普鲁士也对其俯首称臣。③ 1569—1795年，波兰有着一个属于自己的广阔的东方帝国：波兰—立陶宛联邦，该联邦囊括了当今的白俄罗斯、爱沙尼亚、拉脱维亚、立陶宛和乌克兰。④ 在16世纪，波兰—立陶宛联邦曾一度是个强国，比俄国或任何德意志公国都要强大。⑤ 波兰和立陶宛的联盟在16—17世纪可谓所向披靡，战无不胜。它庇护着不同的民族，面对德国人和鞑靼人的威胁，他们精诚团结，信心满满。在弗瓦迪斯瓦夫二世—雅盖沃（1386—1434年在位）统治期间，波兰取得诸多辉煌战果。⑥ 这些大国时期的辉煌已然成为激发波兰区域大国雄心的历史记忆。1795年之后，波兰一度被从欧洲的版图上抹去，直至1918年才重获新生。独立初期，波兰元帅毕苏斯基就在外交上倡导，在波兰、波罗的海国家、白俄罗斯以及乌克兰之间建立一个统一的联邦体（称为"Międzymorze"，在波兰语中译为"大海之

---

① "2019 Military Strength Ranking（BETA），" https：//www.globalfirepower.com/countries-list ing.asp.

② Witold Rodkiewicz, *Comparing US Alliances in the 21st Century*, Australia：ANU Press, 2017，p.138.

③ 孔寒冰：《东欧史》，上海人民出版社2010年版，第116页。

④ Mitchell A. Orenstein, "Poland：From Tragedy to Triumph," *Foreign Affairs*, Vol. 93, No. 1, 2014, pp. 23 – 27.

⑤ [美] 伊塞·沃洛克、格雷戈里·布朗：《现代欧洲史. 卷三，18世纪的欧洲：传统与进步：1715—1789》，陈蕾译，中信出版集团2016年版，第44—45页。

⑥ [法] 安德烈·瑟利耶、让·瑟利耶：《中欧人文图志》，王又新译，中国人民大学出版社2008年版，第138页。

间",也被拉丁语称作"Intermarum",即从波罗的海延伸至黑海的联邦)。① 基于此,波兰当前的执政者和政治精英一直怀揣着复兴波兰的大国雄心之梦。

另外,波兰的中等强国身份,在本国学者群体中也有一定的共识。最具代表性的是华沙大学教授雷沙尔德·济恩巴,他认为按照新现实主义者的假设,对国际体系影响最大的行为体是最强大的、也是最重要的参与者,因此国际反恐行动的首要参与者,也应该是这类大国,如美、俄、英、法、德等,其次是作为中等强国的波兰等国和国际组织。②

最后,波兰的中等强国身份不仅需要物质基础的支撑、本国政治精英的认知,更需要来自国际社会的认可和接受。通常情况下,中等强国都是地区性大国,在所在地区一般具有广泛的影响力。通过以下几个方面大致可以看出波兰在次区域、区域和全球层面的国际认可度:

其一,波兰的中等强国身份在中东欧地区具有一定的认可度。比如2015年波兰和克罗地亚联合提出的"三海倡议",得到了其他11个中东欧国家的响应和支持,并且"三海倡议"领导人首届峰会在波兰举行。捷克学者认为,波兰在美国支持下,通过发起三海倡议扮演地区领导者的角色。③ 另一位来自匈牙利中欧大学的学者认为,波兰在1989年政权更迭和2004年加入欧盟之后,克服了地缘政治劣势,使其在中东欧地区发展成为一个中等强国。④

其二,从欧盟方面来看,来自德国的学者认为,波兰既是维谢格拉德集团体量最大的国家,又是与法德联合发起的"魏玛三角"成员国,具有独特的地位。这使得波兰可以在英国脱欧后欧盟领导权的重新调整

---

① [波] 耶日·卢克瓦斯基、赫伯特·扎瓦德斯基:《波兰史》,常程译,东方出版中心2011年版,第218页。

② 该学者在其著作中明确使用"Middle Power, a Mid-size and Middle Rank Country"来描述波兰的国家类别。参见 Ryszard Zięba, "The Security Concepts of Participants in the Euro-Atlantic Security System," in *The Euro-Atlantic Security System in the 21st Century*, New York: Springer International Publishing AG, 2018, p. 87。

③ Viktória Jančošeková, "Regional Cooperation in Central and Eastern Europe and Its Implications for the EU," *European View*, Vol. 16, 2017, p. 232.

④ Wyatt Nagorski, "The Quest for Leadership in Post – 1989 Central Eastern Europe: Poland's Rise to the Middle," Master's Thesis, Central Europe University, 2007, p. 2.

中扮演战略性角色。① 2018年3月,德国外长海科·马斯(Heiko Maas)寻求改革德国、波兰和法国三者之间的"魏玛三角"机制,并呼吁波兰承担起作为欧盟决策制定者之一的领导者角色。② 法国方面也对波兰在欧盟中的地位予以高度认可,其负责欧洲事务的国务秘书蒙特查林(Amélie de Montchalin)于2020年1月在"魏玛三角"机制的一次会议上指出,"在英国脱欧后,法国、德国和波兰的人口占欧盟的近半数,与GDP(不含英国)和人口都排在欧盟第六位的波兰展开更多合作意义非凡。"③

其三,美国著名的地缘政治专家乔治·弗里德曼(George Friedman)教授将波兰视为一个新兴的地区大国。他认为波兰能够成为一个地区大国的三个关键要素是:处在俄德之间的地缘位置、经济竞争力以及与美国之间的战略同盟关系。其中第三个是关键因素。④ 同样来自美国的菲奇堡州立大学国际政治学教授约书亚·斯佩罗(Joshua B. Spero),将波兰界定为一个中等强国,并指出波兰在中东欧地区拥有重要影响力。⑤ 加拿大女王大学教授布鲁斯·吉利(Bruce Gilley)在一篇公开刊物中提及,波兰和中国、土耳其、韩国、印度以及巴西等国,作为新兴强国(Emergent Powers),正在使加拿大的外交在国际舞台上黯然失色。⑥ 该学者在文中将波兰定位成一个处在关键地带、可以对大国产生一定影响力的中等强国。另有学者安德鲁·库珀(Andrew Cooper)认为,普遍接受的中等强国包括:加拿大、荷兰、澳大利亚、挪威、瑞典、巴西、墨西哥、印度、印度尼西亚、阿尔及利亚和尼日利亚。20世纪90年代和21世纪初,韩

---

① "Berlin and the V4 in a Post-Brexit Europe," June 27, 2018, http://wise-europa.eu/en/2018/06/27/berlin-and-the-v4-in-a-post-brexit-europe/.

② Deutsche Welle, "Germany's Top Diplomat Heiko Maas to Revive Trilateral Talks with Poland and France," March 16, 2018, https://www.dw.com/en/germanys-top-diplomat-heiko-maas-to-revive-trilateral-talks-with-poland-and-france/a-43016326.

③ "Macron Launches Charm Offensive to Win over Poland," Euractiv, January 29, 2020, https://www.euractiv.com/section/politics/news/macron-launches-charm-offensive-to-win-over-poland/.

④ "Geopolitics Guru: Poland is a Rising Power," October 3, 2018, https://polandin.com/39304593/geopolitics-guru-poland-is-a-rising-power.

⑤ Joshua B. Spero, "Great Power Security Dilemmas for Pivotal Middle Power Bridging," *Contemporary Security Policy*, Vol. 30, No. 1, 2009, p. 147.

⑥ Bruce Gilley, "Reawakening Canada's China Policy," *Canadian Foreign Policy Journal*, Vol. 14, 2008, p. 121.

国、阿根廷、马来西亚、波兰和土耳其被列入这个名单,这些国家都在追求适合中等地位的外交。① 由此来看,波兰在国际上被视为一个中等强国具有合理性。

三 多元平衡外交

商务印书馆出版的第七版《现代汉语词典》对平衡的解释有以下几类:第一类,指对立的各方面在数量或质量上相等或相抵,如产销平衡与收支平衡。第二类,指几个力同时作用在一个物体上,各个力相互抵消,物体保持相对静止状态、匀速直线运动状态或绕轴匀速转动状态。第三类,作为动词使用时,表示使平衡,如平衡各方之间的利益。② 美国权威的词典出版机构梅里厄姆—韦伯斯特(Merriam-Webster)对平衡的定义更为丰富一些,包括:"维持身体的物理平衡""在对立或相互作用的元素之间保持平衡"。如,在平等与效率之间取得平衡,"心理与情绪的稳定","一种力量或影响力相等地抵消了另一种力量或影响力"。③ 在结合两者定义的基础之上,再引入到国际关系场域之中,本书认为"平衡外交"应该包括两种内涵。一是强调"一种力量或影响力相等地抵消了另一种力量或影响力",即"均势外交"或"制衡外交",在国际关系中常见的现象是一个大国通过结盟行为对冲或制衡另一个大国的权力,从而维持自身的相对优势地位。另一种内涵则是指"在对立或相互作用的元素之间保持平衡",引入到国际关系话语之中的话,则指一个国家在多个与之利益相关的大国之间维持一种相对稳定的发展状态。这包括对不同大国在亲疏关系、利益和外交优先事项等多个方面维持良好的合作关系。通常情况下,选择这种外交策略的国家主要是处在夹缝地带或同时受制于多个利益相关的大国影响的小国或中等强国。为了区别于大国的

---

① Andrew Cooper ed., *Niche Diplomacy: Middle Powers after the Cold War*, UK: Macmillan Press, 1997, pp. 14 – 16; Pierre G. Goad, "Middle Powers to the Rescue?" *Far Eastern Economic Review*, Vol. 163, No. 24, 2000, p. 69.

② 中国社会科学院语言研究所词典编辑室编:《现代汉语词典》(第七版),商务印书馆2016年版,第1006页。

③ Merriam-Webster, "Definition of Balance," https://www.merriam-webster.com/dictionary/balance.

均势外交，本书认为可以将小国或中等强国的平衡外交翻译为"Balanced Diplomacy"。

对中小国家的平衡外交研究在国内学界逐渐受到了重视。例如，李意将埃及塞西政府的外交政策界定为平衡外交，认为埃及政府自2014年以来努力寻求外交多元化，积极谋求在中、美、俄之间保持战略平衡，以实现国家利益的最大化。① 另外，澳大利亚作为一个中等强国在学界享有较高共识。赵昌则将霍华德政府时期的澳大利亚外交政策表现概括为"平衡外交"，认为其在美、中、日、印（尼）等多个国家之间维持战略平衡。② 另外，东南亚地区的中等强国印度尼西亚的对外战略仍然具有平衡外交的特征。孙西辉指出印度尼西亚的平衡外交主要体现在中美两个大国之间。③ 美国学者瑞秋·范德希尔（Rachel Vanderhill）等人在国际顶级期刊《国际事务》发表了《龙与熊之间：中等强国外交的典范——哈萨克斯坦多元平衡外交战略》一文，该文将哈萨克斯坦界定为中等强国，并深入分析了同样处在多个大国利益交汇之处的中等强国如何施展多元平衡外交，谋求实现自身利益最大化的路径。④ 除了中等强国之外，个别资源（政治、地缘和经济）禀赋突出的小国也倾向于通过平衡外交，在多个大国之间谋求发展利益最大化，如新加坡。但总体而言，较之于小国，中等强国的综合实力更为重要，更容易成为大国竞相拉拢的对象，这恰恰赋予了这类国家施展平衡外交的条件。

同样在国际社会中奉行与图斯克政府相类似的多元平衡外交的国家还有印度尼西亚和两次世界大战期间的罗马尼亚。本书在此稍作比较以佐证这一外交路径的积极效应。自从印度尼西亚在2011年担任东盟轮值主席国以来，"动态平衡"（Dynamic Equilibrium）一词在印尼官员和美国对话者中频频出现。印尼作为新兴的中等强国，试图增强其在亚太

---

① 李意：《埃及塞西政府的平衡外交政策述评》，《西亚非洲》2019年第5期。
② 赵昌：《约翰·霍华德政府的"平衡外交"研究》，博士学位论文，华东师范大学，2018年。
③ 孙西辉：《中等强国的"大国平衡外交"——以印度尼西亚的中美"平衡外交"为例》，《印度洋经济体研究》2019年第6期。
④ Rachel Vanderhill, Sandra F Joireman, Roza Tulepbayeva, "Between the Bear and the Dragon: Multivectorism in Kazakhstan as a Model Strategy for Secondary Powers," *International Affairs*, Vol. 96, No. 4, 2020, pp. 975 – 993.

地区的中等强国角色，以此避免成为大国和超级大国之间的地区性冲突和共管地带（Condominium）。印度尼西亚并不希望在亚太地区与美国、中国、印度、澳大利亚、日本、韩国和俄罗斯任何一个国家产生冲突，而是通过自身力量或联合力量的平衡来避免冲突。美国和中国的权力优势地位使得传统意义上的权力平衡途径对印度尼西亚是不可能的。相反，印度尼西亚及其志同道合的邻国将目光投向了建立由中等强国驱动的一系列区域机制，在这些机制中，没有一个国家占主导地位，也没有一个国家被排除在外。这是"动态平衡"理念的核心，即创建和维护一个在所有参与方之间建立信任和规范的系统。该体系的核心是扩大的东盟机构，包括东亚峰会（EAS），东盟国防部部长会议增强版（ADMM+）和扩大的东盟海事论坛（AMF）以及与周边地区蓬勃发展的双边和三边关系网。①

反观中东欧地区，两次世界大战期间的罗马尼亚在国际事务中扮演了一个远超其实际力量的角色。作为一个小国能够在大国夹缝之中纵横捭阖，主要依托的是其外长蒂图列斯库出众的外交智慧。作为罗马尼亚出色的政治家，蒂图列斯库在1927—1936年担任外长期间，积极拥护法国倡导的集体安全体系，同时作为倡议者之一，与捷克斯洛伐克和南斯拉夫组建了小协约国集团。另一个小国案例是比利时，夹在大国之间俯仰由人，却能在19世纪显示出超常的国际影响力，很大程度上得益于列奥波德一世和列奥波德二世——两位机智、活跃的国王。

第二节　既有平衡理论的不足

一　权力平衡论

权力平衡论最具代表性的人物是汉斯·摩根索，其扛鼎之作《国家间政治：权力斗争与和平》对国家权力的来源与国际体系的平衡关系进行了详尽的论述。摩根索认为："国家政治一如其他一切政治，也是一种

---

① Gregory Poling, "Dynamic Equilibrium: Indonesia's Blueprint for a 21st-Century Asia Pacific," *CSIS*, Vol. 4, No. 5, 2013, pp. 1-3.

权力斗争。"① 所谓权力，是指一个人对他人的思想和行动可以施加影响的力量。因而国家权力则是指一个国家影响他国思想和行为的力量。② 国家权力的构成是一个庞杂的集合体，包括地理条件、自然资源、工业能力、战备情况、人口、民族性格、民族士气、外交的巧拙、政府英明程度九个方面。事实上，一些基本的物质条件显而易见，值得重点关注的是在那些非物质性因素方面的差异。比如在民族性格方面，作者专门比较了法国、德国、俄国和美国民族性格的差异性与其对权力倾向的关系。③ 外交巧拙和政府英明与否对一国外交地位具有重大影响。其中构成国家权力大小的物质能力与其外交政策效力之间的平衡是衡量政府是否英明的一个重要标志。换句话说，一个国家想要设法扮演大国角色，但却缺乏这样的物质能力，反而会招致灾难，两次世界大战期间的波兰就是一个例证。④ 可以看出，即使两个国家在人口、自然资源、工业能力和战备情况相当的情况下，其他非物质性因素也可以直接影响双方较量的输赢，尤其是决策精英对外交形势的估计和战略选择至关重要。

"平衡"在众多学科中一般被当作"均衡"的同义词来看待，物理学、生物学、经济学、社会学和政治学均如此。例如生物学中的"生态平衡"，经济学中的"纳什均衡"等。平衡是指一个体系的稳定状态，而这个体系的构成包含了多种能动力量。影响体系平衡的因素主要来自体系外部力量作用和内部组成部分的变化。一旦体系的平衡遭到干扰或打破，失衡之后的体系通常会依靠自我恢复到原来的平衡，或重新建立一

---

① ［美］汉斯·摩根索：《国家间政治：权力斗争与和平》，徐昕、郝望、李保平译，北京大学出版社 2005 年版，第 45 页。

② ［美］汉斯·摩根索：《国家间政治：权力斗争与和平》，徐昕、郝望、李保平译，北京大学出版社 2005 年版，第 140 页。

③ 比如俄国人的坚毅精神，美国人的个人主动和善于创造，英国人的不重教条和讲求实际，德国人的纪律严格和一丝不苟。映射在外交政策方面，反对军国主义、厌恶常备军和义务兵役制，是美英民族性格中的永久特点。但是这些制度和活动却从历史上一以贯之被普鲁士当作极高的荣耀，这种荣耀甚至被后来的德国完全继承下来。俄国则具有顺从政府权威和惧怕外国人的历史传统，这使得民众更容易接受大规模的常备军体制。参见 ［美］汉斯·摩根索《国家间政治：权力斗争与和平》，徐昕、郝望、李保平译，北京大学出版社 2005 年版，第 178—181 页。

④ ［美］汉斯·摩根索：《国家间政治：权力斗争与和平》，徐昕、郝望、李保平译，北京大学出版社 2005 年版，第 197—198 页。

种新的平衡。①

不论是生态体系还是经济体系，平衡的目的是防止一个因素占据优势地位，进而侵犯其他因素的权益，最终导致其他因素的毁灭。② 比如在生态体系中，我们常常会看到这种现象，蝗灾的发生，就是由于蝗虫占据优势之后，打破了原本平衡的生物链体系，进而威胁到其他生物的生存，当然这种现象发生的主要原因是来自人类的外部因素的干扰。国内政治体系中，权力之间的平衡也同样存在，例如美国行政权力、立法机构和司法机构之间的"三权分立"状态，正是基于权力的相互制约而达成的平衡状态。事实上，不管是国内政治还是国际政治，促成均势格局的动力是相同的。

概而言之，摩根索所强调的均势，是以权力制约权力，进而达成一种相互制约的稳定状态。而大国之间达成这种均势的途径是通过"补偿原则"肢解和瓜分弱小国家来满足权力欲望，最终在彼此之间达成权力的妥协。之所以未能有一个国家独霸世界，原因是受到均势权力的制约，一国试图称霸世界的行为势必将受到其他反制联盟的反对。例如，1648年和1815年形成的两个均势格局，都是在大国通过"补偿原则"大规模地消灭了诸多弱小国家之后才出现的。③ 被肢解和瓜分的波兰就是一个例证。

回到对于波兰问题的解释上，摩根索对此着墨较多，多次通过瓜分波兰这一案例，揭示这一时期均势体系的本质。在作者看来，均势原则是近代国际关系体系的基本原则，也是维护各国独立的基本原则。但是，权力均势并不能保证波兰的生存与独立，其根本原因在于均势体系下任何一个成员国的扩张，都不得不对体系内其他成员国做出领土补偿。④ 波兰的毁灭正是在大国均势原则的驱动下发生的。从18世纪俄普奥三次瓜

---

① [美] 汉斯·摩根索：《国家间政治：权力斗争与和平》，徐昕、郝望、李保平译，北京大学出版社2005年版，第222页。

② [美] 汉斯·摩根索：《国家间政治：权力斗争与和平》，徐昕、郝望、李保平译，北京大学出版社2005年版，第223页。

③ [美] 汉斯·摩根索：《国家间政治：权力斗争与和平》，徐昕、郝望、李保平译，北京大学出版社2005年版，第266页。

④ [美] 汉斯·摩根索：《国家间政治：权力斗争与和平》，徐昕、郝望、李保平译，北京大学出版社2005年版，第266页。

分波兰，到 20 世纪德苏肢解波兰，都将这一原则表现得淋漓尽致。但时过境迁的是，当前的国际关系格局与 17、18 世纪时期的欧洲国际关系格局相比发生了重大变化。如果说从威斯特伐利亚体系到维也纳体系的本质依然是大国均势原则的话，而从凡尔赛—华盛顿体系到二战后的雅尔塔体系中联合国的创立，这一历史趋势则反映了国际多边协调机制在协调大国利益中开始扮演重要角色。尤其在冷战结束之后，国际格局又经历了从两极到一超多强的单极，再到 21 世纪以来的多极化趋势，其中一个明显变化就是一批作为地区大国的新兴经济体的群体性崛起，如印度、巴西、南非、波兰等国。以上国家实力的迅猛增长都在不同程度上削弱了单个大国在国际社会中的独断权。这些国家通常也被称为中等强国。然而，权力平衡论更多的是聚焦于国际社会大国之间的权力游戏之中，即外交战略互动上，而不是小国，也不是所谓的中等强国身上。

二 威胁平衡论

威胁平衡论认为，一国在面对外部威胁时，有两种策略可供选择，一种是采取制衡行为，另一种是追随强者。所谓制衡，指与其他国家结盟来回应占据优势的外部威胁。追随强者是指与威胁发出者结盟。这两种假设导致的国际格局完全不同。如果大多数国家采取制衡行为，那么侵略者将遭受联盟的制衡，安全也更可能得到保证。反之，如果多数国家选择追随强者，那么安全很可能就变得稀缺了，因为侵略者将通过发出威胁，诱逼其他国家与自己结盟，进而壮大自身的实力，削弱敌手的实力。[①] 第二次世界大战期间的纳粹德国对欧洲国家逐个击破，施加威胁，而一些小国被迫加入法西斯阵营就是一个例证。1939 年苏联与德国达成了互不侵犯条约，肢解了波兰，也使纳粹德国的侵略野心暂时转向了西方。就此意义而言，苏联通过追随德国获得了相对的准备时间和领土补偿。而推使苏联做出追随策略的动力要素是来自德国的严重威胁，换句话说，外部威胁是推动国家选择结盟或对抗的主导因素。考虑到不同的威胁程度对国家的外交选择极其重要，斯蒂芬·沃尔特提出了影响

---

① [美] 斯蒂芬·沃尔特：《联盟的起源》，周丕启译，北京大学出版社 2007 年版，第 16 页。

威胁程度的四个核心变量：综合实力、地缘毗邻性、进攻实力和侵略意图等。①

综合实力指国家总体资源（包括人口、经济实力、军事实力等），总体资源越强大，对他国的威胁度就越高。地缘远近程度直接影响到国家战备力量的投送能力。因此，距离威胁源越近的国家比距离远的国家对威胁的感知程度越高。比如，18世纪的波兰对英国和法国的威胁感知势必要低于对来自俄国和普鲁士方面的威胁感知，尽管在此期间，英国和法国在欧洲的权力地位相对占据优势。威胁平衡论认为基于地缘的毗邻性，与大国接壤的小国极易选择追随强者而不是制衡，尤其在一个强大的邻国展示出压制性服从的实力时。② 但在解释波兰外交的选择时，似乎并不能起效。因为，历史上的波兰面对相邻两个大国——德国（普鲁士）和俄国（苏联）威胁时，并没有采取过追随的外交政策。这就出现了一个有意义的问题，如果身处缓冲地带，同时遭受左右强邻威胁的中等强国，其外交倾向是什么呢？这恰恰是本书所试图探究和回应的问题。至于进攻实力，则和综合实力有所不同。虽然进攻实力和地缘临近性及综合实力直接相关，但前者强调的是一国总体资源可以快速转化成进攻资源的能力，如军事动员能力。进攻实力带来的威胁是受威胁国采取制衡策略的直接动因。进攻意图最易引发受威胁国家采取制衡行为以抵抗侵略性意图明显的国家。比如纳粹德国不仅具有强大的综合国力和进攻实力，同时还表现出了极其明显的侵略意图，最终迫使一味采取绥靖政策的英法和追随政策的苏联转向组建反法西斯同盟，对纳粹德国几近疯狂的危险性行动采取集体制衡。

虽然沃尔特没有明确对中等强国和小国的外交行为做出界定和解释。但其将国家类别分成了强弱两种类型。显然，相对于对国际体系具有重大影响力的强国而言，波兰尚属于弱国范畴。在论及弱国的外交选择时，沃尔特指出，弱国对邻近大国极为敏感，当弱国遭受与之实力相当的国

---

① ［美］斯蒂芬·沃尔特：《联盟的起源》，周丕启译，北京大学出版社2007年版，第20—21页。

② ［美］斯蒂芬·沃尔特：《联盟的起源》，周丕启译，北京大学出版社2007年版，第22页。

家威胁,可能会采取制衡策略,但当威胁发出者是大国时,通常他们会追随强者。[①] 虽然,这个理论对"法律与公正党"政府(2015—2023)(2015年之后)追美反俄外交具有一定解释力,但由于该理论仍然将分析变量放在来自外部结构性压力的国际体系层面,而不是国内决策层面,因而,该理论无法解释图斯克政府时期(2007—2014)在美欧俄之间的多元平衡外交的形成动因。

三　利益平衡论

兰德尔·施韦勒(Randall L. Schweller)作为新古典现实主义的代表,提出了"利益—平衡"论。该理论重心放在国内政治层面,即从体系回归单元。作者的核心问题是为什么普遍存在国家制衡不足的现象?他认为"平衡是指通过内部动员或结成联盟,创造或聚集军事力量,以防止或阻止外国势力或联盟对国家的领土占领或政治、军事统治。"[②] 事实上,施韦勒对于平衡的界定仍未脱离现实主义流派的基本逻辑,即从"以权力制衡权力"的角度去定义平衡,与本书所讨论的在多个行为体之间以维持战略稳定的"平衡外交"迥然不同。这同时也表明,施韦勒所提出的利益平衡理论仍然只能适用于分析某大国或中小国家结盟与制衡行为的生成逻辑。然而,需要注意的是,从现实国际体系中来看,中小国家的外交策略选择并非只有"追随或制衡"两种选项。尤其是对诸如波兰这样同时与多个大国利益紧密交织的国家,单向度的追随或制衡并不利于国家利益的最大化的实现。

施韦勒认为,为了回应外部威胁,而进行战争动员和作战的制衡行为属于集体事业。如此一来,国内执政精英通常会审慎权衡与制衡行为相反的可供替代的战略选择(如追随、不作为、绥靖和推诿等策略)的国内成本和采取制衡行为以恢复均势的预期收益,即评估哪一种策略会

---

① [美]斯蒂芬·沃尔特:《联盟的起源》,周丕启译,北京大学出版社2007年版,第28页。

② Randall L. Schweller, "Unanswered Threats: A Neoclassical Realist Theory of Underbalancing," *International Security*, Vol. 29, No. 2, 2004, p. 166.

为本国带来更大收益或降低战争造成的损失。① 例如，二战期间英法对纳粹德国的绥靖政策。他认为通常情况下，国家采取制衡的可能是基于政治精英和社会团体的功能性偏好，而对于相对权力的危险性转移反应不足是基于以下两点原因中的一个：行为体偏好，其受国内因素的影响大于对国际关注的影响。因而，第一个原因涉及的是行为体的制衡意愿（Willingness）。考虑到必须克服的政治和物质阻碍，行为体的制衡能力（Ability）成为影响国家采取制衡策略的另一个重要原因。② 这种分析框架建立在精英对成本和风险的计算基础之上。其影响因素主要包括四个方面：其一，精英对外部环境的偏好和看法；其二，精英在决策过程中的偏好和看法；其三，与某些外交政策选择相关的国内政治风险；其四，精英的冒险倾向。一旦这些"单元层面"的因素被建立，接下来这些单元因素将被视为结构系统层面的一个输入性要素（国家战略和偏好），以解释单元层面和结构层面如何相互作用以产生系统结果。

进而，作者提出了四个单元层面的变量，用以在时间和空间上综合解释国家对于威胁的回应：第一，精英共识，精英是否达成共识是一个国家是否回应外部威胁的最可能的影响因素。原因是国家政策的制定都是经由政府的领导者做出的，因此当政治精英对于制衡政策达成共识的时候，国家将会采取制衡政策，反之则不会。而影响政治精英共识并采取制衡政策的关键性问题在于四个方面：其一，政治精英是否认为外部威胁的存在；其二，他们如何看待威胁的本质和程度；其三，精英们认为，政策补救措施是否会有效解决和保护国家战略利益；其四，他们是否能够就与制衡威胁的一系列政策选择相关的国内政治风险和成本达成一致。③ 制衡政策需要很强的精英共识，这是国家采取制衡政策最重要的因素。如果没有精英共识，那么制衡不足的情况就会发生。

第二，精英凝聚力关注的是统治精英内部的分裂程度。由于国家内

---

① ［美］兰德尔·施韦勒：《没有应答的威胁：均势的政治制约》，刘丰、陈永译，北京大学出版社2015年版，第7页。
② Randall L. Schweller, *Unanswered Threats: Political Constraints on the Balance of Power*, New Jersey: Princeton University Press, 2006, p. 46.
③ Randall L. Schweller, *Unanswered Threats: Political Constraints on the Balance of Power*, New Jersey: Princeton University Press, 2006, p. 48.

部存在不同的部门、党派和阶层等方面的差异,因而可能出现不同程度的精英分化。当精英四分五裂时,国家极不可能建立一个连贯而有效的平衡战略。国内不同的精英群体有着不同的政治利益,进而对外部威胁的评估及制衡策略的选择也就有所不同。[1]

第三,政权/政府脆弱性。这与精英—大众间的关系密切度相关,即统治者与被统治者之间的关系,统治精英的合法性来自大众的普遍支持与忠诚。合法性越强的政府具有更强的社会资源动员能力和政策解释能力。合法性越弱(越脆弱的政权)的政府反而对动员全社会力量投入到对外部威胁的制衡感到担忧。因为,一旦大众被动员起来投入到制衡外部威胁的战争中,他们的统治地位很可能被煽动起来的民族主义者所剥夺。如此一来,越脆弱的政府采取制衡策略的可能性越低。[2]

第四,社会凝聚力。社会凝聚力及其对立的社会分裂,描述了将个人和群体绑定到社会核心纽带的相对强度。社会凝聚力并不意味着政治上的一致或社会内部没有深刻的政治分歧。社会凝聚力的关键是社会所有成员都接受相同的游戏规则;也就是说,无论他们之间的分歧或不满有多深(忠实的反对派),他们都将社会机构作为解决争端的合法和适当的机制予以支持。社会凝聚力不仅是制度上的合法性,还是关于社会内部的团结心理。当社会的所有成员"相互联系并融入组成社会的众多网络中时,就有可能实现良好的社会凝聚力"[3]。

概而言之,以上四个变量综合起来构成国家的一致性。国家的一致性越强,越可能采取制衡策略,且制衡的动力越大。对于制衡不足的问题,由于外交决策通常是由统治阶层做出的,该精英群体的行动能力和意愿是国家外交战略选择的关键性因素。其中,精英共识和精英凝聚力直接决定了一国通过制衡策略应对威胁的意愿。而社会凝聚力和政府/政

---

[1] Randall L. Schweller, *Unanswered Threats: Political Constraints on the Balance of Power*, New Jersey: Princeton University Press, 2006, p. 55.

[2] Randall L. Schweller, *Unanswered Threats: Political Constraints on the Balance of Power*, New Jersey: Princeton University Press, 2006, pp. 49 – 50.

[3] Randall L. Schweller, *Unanswered Threats: Political Constraints on the Balance of Power*, New Jersey: Princeton University Press, 2006, p. 51.

权脆弱性反映了统治精英动员社会资源进行制衡的能力。虽然"利益—平衡"论并不能解释波兰图斯克政府期间的多元平衡外交的生成逻辑,但其著作中所设定的四个核心干预性变量对本书搭建多元平衡外交的分析框架具有重要的启发意义。

第三节 中等强国多元平衡外交的分析框架

一 分析视角：多元平衡外交概念的引入

在传统的大国均势体系中，中等强国的存在感非常低，外交选择的空间很小，常常陷入非此即彼的被动选择境地。按照现实主义理论的平衡外交逻辑，平衡策略通常是大国的外交选项，追随才是中小国家的常态。然而，冷战结束之后，随着国际格局朝着日益多元化的趋势发展，虽然大国仍然作为左右世界格局的主导性力量，但权力多极化使得中等强国成为大国拉拢的重要资源，尤其是那些处在关键地带的中等强国，可对地区安全局势走向产生重大影响，因而也就成为大国在全球层面施展大国均势外交的关键支点。当前的美波同盟关系就是一个例证，正如布热津斯基在《大棋局》中所述，乌克兰可作为美国在欧亚地区牵制大国的一个重要战略支轴，同时又强调，一旦"乌克兰丧失独立，将立即影响到中欧，使波兰变为一体化欧洲东部前沿的地缘政治支轴国家。"[①]

上文中的结盟理论（或称平衡理论）主要探讨了国家间结盟行为的逻辑，包括对中小国家制衡与追随行为的解释。在现实主义理论谱系中，关于结盟理论主要有三种不同的理论假定，分别是结构性现实主义"权力平衡论"、防御性现实主义"威胁平衡论"和新古典现实主义"利益平衡论"。"权力平衡论"尤为强调物质能力，国家主要被分为大国和小国两个类别。小国在无政府秩序中通常采取的外交偏好是追随强者，而不是制衡。防御性现实主义的代表人物斯蒂芬·沃尔特（Stephen Walt）在权力平衡论的基础上提出了"威胁平衡论"，即国家结盟的目的是制衡对

---

① [美] 兹比格纽·布热津斯基：《大棋局：美国的首要地位及其地缘战略》，中国国际问题研究所译，上海人民出版社2007年版，第39页。

自己构成最大威胁的国家，而不一定是实力最强大的国家。[①] 同属现实主义派别的新古典现实主义代表人物兰德尔·施韦勒，在《没有应答的威胁：均势的政治制约》一书中提出了"利益平衡论"。该理论认为，一国选择制衡还是选择追随策略，取决于国家内部精英统治集团是否认为制衡行动符合本国的切身利益。[②] 现实主义的平衡理论对波美同盟关系的不断强化具有较强的解释力。但是，波兰在加入欧盟和北约之后，其外交重点开始转为寻求在次地区和地区的国际影响力，追求地区大国地位。显然，传统的结盟理论对此解释乏力。[③]

基于此，本书试图引入"多元平衡外交"这一概念搭建起"中等强国"这一身份与"（多元）平衡外交"之间的桥梁，进而为中等强国外交行为偏好提供一个新的分析视角，对波兰这样一个新兴中等强国的外交行为作出规律性阐释。多元平衡外交立足于对国际社会中国家类别重新界分的基础之上，强调对于那些在国际社会中位于中等位次的国家，即中等强国行为偏好的关注。根据中等强国外交理论，国家大小的界定不应该仅仅关注一国的物质基础（经济总量、军事实力等），同时也应关注该国在国际社会中扮演的角色以及能够发挥的国际影响力有多大。学界对于中等强国行为模式的研究可归纳为以下三类：功能模式（The Functional Model），行为模式（The Behavioural Model）和等级模式（The Hierarchical Model）。功能模式强调的是中等强国在国际社会中所能够发挥的功效和能力大小。例如，1942年，加拿大外交官休姆·赖格阐述了加拿大参与国际事务的理念，并将他的观点称为功能原则。在讨论加拿大在盟国战争会议中的发言权时，他认为加拿大的影响力应基于三个功能标准：参与程度、利益以及对有关局势的贡献能力。[④] 行为模式主要关注的是中等强国在国际事务中扮演的国际角色。尺有所短，寸有所长。国家的综合实力、资源禀赋不同，其

---

① [美]斯蒂芬·沃尔特：《联盟的起源》，周丕启译，北京大学出版社2007年版，第16页。

② Randall L. Schweller, "Unanswered Threats: A Neoclassical Realist Theory of Underbalancing," *International Security*, Vol. 2, 2004, pp. 159–165.

③ 王弘毅：《波兰的中等强国外交：身份定位、角色期望与外交偏好》，《俄罗斯研究》2020年第2期。

④ Adam Chapnick, "The Middle Power," *Canadian Foreign Policy Journal*, Vol. 7, No. 2, 1999, pp. 73–82.

在国际社会中所扮演的相应角色也就不同。因此，一国在国际事务中所扮演的主要角色及角色偏好，可作为中等强国国际地位的参考标准。根据行为模式，中等强国在国际社会中更倾向于通过多边主义路径解决国际问题。这类国家通常也是国际道德与机制规范的积极遵守者、国际冲突的调停者。① 行为模式还根据中等强国对提高国际地位的明确愿望来确定它们的身份。例如，有学者将中等强国描述为区域领导者、冲突管理者、国际道德遵守者和地位追求者。② 等级模式将国际社会视为一个等级体系，不同国家根据自我等级认知和他者的认知被归类为不同等级的国家。在等级模式下，衡量中等强国地位的主要指标有三个：客观能力、国家的地位主张和国际社会对于其地位的认可。③

事实上，在中等强国外交理论研究中，受到广泛认可的是"行为模式"，即关注该国在国际事务中所扮演的主要角色及角色偏好。并且，行为模式将中等强国的地位与身份同该国的行为偏好有机地结合了起来，从而为我们考察该类国家的行为动机和决策偏好提供了一个中观层面的理论视角。需要指出的是，本书对于波兰中等强国的外交偏好考察也是基于中等强国外交中的"行为模式"，并试图将研究对象置于中等强国"（多元）平衡外交"政策偏好的视角之下，探究其在外交领域的行为偏好是否符合中等强国的一般性外交偏好，即通过在与其利益紧密相关的大国之间保持战略平衡，倾向于通过多边主义路径解决国际冲突，在国际多边机制或框架内扮演正面的"调停者""和平建设者"和"倡议者"等角色。

二　分析路径：国内国际政治的双重互动

（一）国内层面

1. 身份定位

借鉴对身份和角色的社会学理解，国际关系领域通常将"身份"定

---

① Adam Chapnick, "The Middle Power," *Canadian Foreign Policy Journal*, Vol. 7, No. 2, 1999, p. 76.

② Adam Chapnick, "The Middle Power," *Canadian Foreign Policy Journal*, Vol. 7, No. 2, 1999, p. 76.

③ Adam Chapnick, "The Middle Power," *Canadian Foreign Policy Journal*, Vol. 7, No. 2, 1999, p. 76.

义为"关于特定国家对有价值属性（财富、强制能力、文化、人口、社会政治组织和外交影响力）排名的集体信念"。[1] 身份定位是一个国家制定对外政策的内驱动力，在国际社会中享有不同身份的国家具有不同的财富等级、人口规模、国际声誉、影响力以及相对于他者的支配性权力，进而塑造了他们不同的身份偏好。国际社会同人际社会相类似，存在着多元性，不仅体现在国土面积、财富数量、人口规模等方面，也表现在文化软实力和国际声誉等方面。因此，现实主义理论对于国家以"大小等级"的简单二分法存在明显的缺陷。为了更好地研究在国际社会中处在享有不同身份的国家外交政策的差异性及其内驱动力，本书按照基础维度（国土面积和人口规模）、实力维度（GDP 总量和军事能力）、认知维度（自我定位与他者认知）三个维度、六个指标将国家划分为三大类身份：大国、中等强国和小国。

在中等强国外交理论中，国家的身份一旦确立，就会产生相应的身份偏好。比如，大国和中等强国这两个不同的身份定位，将驱使这两类国家在国际舞台上扮演不同的国际角色。大国通常在国际多边治理体系中扮演倡导者和公共产品提供者等角色。而中等强国[2]的外交舞台通常在地区性的多边机制中，扮演的国际角色通常是多边机制的积极建设者和参与者。这类国家通常在次区域或区域内扮演领导者角色或具有担任领导者的实力。如位于大洋洲的澳大利亚、南亚地区的印度、非洲南部地区的南非、中东地区的伊朗、南美地区的巴西。从这个维度来看，作为中东欧地区的领头羊——波兰，也可视为地区大国，享有中等强国的身份。

2. 精英共识

精英共识作为影响国家外交决策的国内因素，强调的是一国政治精英的意识形态及其对国家地缘环境、大国权力格局和国家利益的集中看法。由于西方国家多数都属于竞争性政党制度，通常由两个政党或多个政党角逐执政党地位，因而不可避免地出现政党交替执政的现象。与之

---

[1] Moch Faisal Karim, "Middle Power, Status-seeking and Role Conceptions: the Cases of Indonesia and South Korea," *Australian Journal of International Affairs*, Vol. 72, No. 4, 2018, pp. 343 – 363.

[2] 本书中定义的中等强国，通常情况下也享有次地区或地区的大国身份，如波兰在中东欧次地区的大国身份，哈萨克斯坦在中亚地区的大国身份。

伴随的问题是，政党的更迭往往会导致国家外交政策的重大转向。比如在意识形态上，偏自由主义的政党通常奉行实用主义，注重国家外交行为的现实利益，积极通过多边合作实现国家利益。而偏保守主义的政党通常重视"民族利益和传统社会/种族观点"。比如，匈牙利的青年民主主义者联盟和波兰的法律与公正党都属于民族保守主义政党，在外交倾向上具有明显的疑欧主义特征。

（二）国际层面

1. 威胁程度：地缘安全局势

自古至今以来，主导波兰外交政策的国际因素无疑是其外部地缘安全环境，在某种程度上，地缘安全环境一度成为左右波兰外交的决定性因素。沃尔特在对于影响一国威胁程度因素的分析中，将地缘毗邻性作为一个分析变量。放之于当前波兰外交决策的分析框架下，该变量发挥的作用仍然非常显著。对于波兰而言，处在大国夹缝之中的地缘环境致使波兰人怀有一种强烈的不安全感，这种不安全感是塑造波兰外交的一个不可忽视的关键性因素。这使得中东欧地区安全局势的任何风吹草动都会拨动波兰敏感的神经，进而对其外交决策产生重要影响。不论是麦金德提出的"心脏地带论"[①]，还是斯皮克曼提出的"边缘地带论"[②]，毫无疑问都揭示了地缘位置对国家攻守战略的重要意义。比如，17—18世纪英国以岛国的优势地缘位置，对欧洲大陆施展的"离岸平衡"外交战略。英国之所以能够在第二次世界大战期间免受沦亡之苦，一方面由于国内士气的鼓舞和联军的胜利等因素；另一方面英吉利海峡作为一个天然屏障大大延缓了德军的进攻速度。19世纪末期，德国建立的大陆联盟体系，也因其所处的中欧地带而腹背受敌。如果说地理决定大国称霸战

[①] "心脏地带论"将欧亚大陆中心地带称为"心脏地带"，把欧、亚、非三大陆称为"世界岛"，从而得到了著名的论断，谁统治了东欧谁便控制了"心脏地带"，谁统治了"心脏地带"谁便控制了"世界岛"，谁统治了"世界岛"谁便控制了世界。陆权论的本质是从中心向边缘地带扩张的战略，先占据最核心的地理位置，然后向周边进行扩张，最终控制整个世界。参见［英］麦金德《陆权论》，徐枫译，群言出版社2015年版，第119页。

[②] "边缘地带理论"认为谁统一或整合欧亚大陆东西两端的边缘地带，谁就掌握了世界最具潜质的地区；谁掌握了世界最具潜质的地区，谁就能成为欧亚大陆上的世界强国。参见［美］尼古拉斯·斯皮克曼《和平地理学：边缘地带的战略》，俞海杰译，上海人民出版社2016年版，第57—60页。

略的话,那么对于中小国家而言,甚至可以说"地理决定命运",即生存与否。波兰历史上的数次沦亡就是一个显著的例证。

2. 权力格局:大国博弈态势

除了地缘安全局势这一影响因素之外,对波兰外交可以产生重要影响的其他因素还包括获得双边或多边安全保证的可靠性、与其利益紧密相关的大国间关系好坏,这一系列因素可以归结为"大国博弈态势"的变化。大国博弈态势的变化可以直接引发处在大国缓冲地带的中等强国的安全感知的变化。

以波兰为例,其面临的主要威胁来自俄罗斯方面,按照威胁—平衡理论的逻辑,如果俄罗斯在东欧地区采取了进攻性政策时,就增加了对波兰的威胁程度,因而波兰更多地会采取追随强者(美国)以回应外部威胁。但如果来自美国的双边安全保证遭到削弱,或者说美国正在逐步减少在波兰的军事存在,波兰还会坚定地将国家安全寄托于美国一方吗?答案应该是否定的。面对这样的变化,波兰只能在继续维持与美国双边关系的基础上,寻求扩大在欧盟层面的安全合作,这包括与欧盟中的主要大国德国和法国的双边安全合作,以对冲其在波美关系上不断下降的安全保证的可信赖性。事实上,图斯克政府在安全上秉持的多元安全观,在保持与美国同盟关系的同时,紧密地融入欧盟,争取获得德国和法国的支持,以谋求建立和扩大欧盟的自主防务能力。这充分证明仅仅将威胁程度这一变量用来分析图斯克政府多元平衡外交形成的动力机制是不充分的。

鉴于不同的中等强国所处的地区不同,对其外交选择的主要影响力也不尽相同。比如,澳大利亚的外交选择主要受到中美两个大国力量的影响,加拿大的外交则主要受到美国的制约,印度尼西亚的外交也不得不在中美两国之间做出权衡。波兰外交受到的制约因素较为复杂,除了受到欧盟和俄罗斯的影响之外,波美同盟关系又是波兰外交的又一个重心。通常情况下,受到越多大国力量影响的中等强国,其所处地区的权力格局也就越复杂,外交选择需要权衡的利益也就越多元,从而构成多元平衡外交的一个重要动因。需要指出的是,由于国际关系的风云变幻,大国关系的竞合交替出现,这就需要处在大国格局支配下的中等强国在多元力量的此起彼伏之下,动态地调整与影响其外交决策的大国间双边关系的亲疏远近。

三 外交偏好：在大国之间保持战略平衡

多元平衡外交是建立在现实主义理论的基础之上，借鉴了新古典主义"利益—平衡"论的因果机制，仍然将国际政治层面的外部压力作为自变量作为核心变量。区别之处在于不论是"权力—平衡"论、"威胁—平衡"论还是"利益—平衡"论最终导向的政策选项只有两种选项，即制衡或追随。并且，以上理论对于国家的划分也是非大即小的界分标准，故而诸如澳大利亚、加拿大、印度尼西亚、哈萨克斯坦，以及波兰等在次地区或地区崛起的新兴中等强国的外交选择也理所当然地被划定到制衡或追随的政策选项中。事实上并不是如此，以上国家虽然并不具备单独制衡大国的实力，但在国际格局日益多元化的今天，在与其利益紧密相关的两个大国或多个大国之间保持战略平衡性，逐渐成为此类国家外交决策选项的一个重要方向。

中等强国的平衡外交的目标是谋求在经济、外交和安全利益等多个维度的平衡发展，施展途径是积极践行多边主义，在次地区、地区和全球领域开展多边合作，争取实现国家利益最大化。本书对于波兰多元平衡外交实施路径的研究是立足于将波兰界定为一个中等强国身份之上的，因而其外交定位与行为偏好都与之紧密相关。①

通常情况下，中等强国因其所处地缘位置、经济规模和军事实力的相对局限性，可以在大国之间、地区及国际多边舞台上扮演"联盟建设者、调停者、沟通者、参与者和倡议者"等角色。其外交偏好倾向于奉行多边主义外交理念，通过在区域和次区域发挥领导力，积极参加国际多边机制和全球治理事务，谋求更多的话语权，以此来巩固和提高自身的中等强国身份。但基于经济能力、军事实力、地缘位置和历史记忆等

---

① 也有不少学者直接将国家分为两类，即大国和小国，诸如中国、美国、俄罗斯、日本、印度、德国、英国等都属于传统意义上的被国际社会所普遍接受的大国。而其他包括波兰在内的绝大多数国家都被划分到了小国的范畴。

因素的差异，使得不同类型的中等强国在国际社会中扮演的角色有所不同。[①] 譬如，韩国面临的外部威胁主要来自朝鲜，而不是国际霸权国或地区大国。其地缘位置处在半岛上，周边陆地邻国仅有朝鲜一国，地缘安全形势也要优于波兰。两者相似之处在于韩国身处亚太地区，在经济方面对中国依存度很高，但在安全上又依赖于美国，因此韩国不得不在东北亚地区扮演"经济和政治纽带"以及"平衡器"的角色，以缓解地区紧张局势。[②]

与韩国有所不同的是，作为缓冲地带的中等强国，波兰多元平衡外交的施展受到了其所处地区地缘环境的塑造，具有相当独特的外交特点。正如波兰学者雷沙尔德·济恩巴所论述的，波兰中等主要是通过扮演以下五个角色树立强国身份："其一，作为一个成功的转型经济体；其二，发挥抵制俄罗斯扩张雄心的作用；其三，追随美国并作为美国的青睐者；其四，欧洲一体化的制动器；其五，欧洲一体化的务实参与者。"[③]

波兰所处的地缘位置和历史遭遇更为敏感，因而其角色期望的内驱动力也与其他国家有所不同。这主要体现在：第一，波兰多次遭受邻国的瓜分，具有极强的地缘不安全感；第二，波兰曾经作为欧洲大陆上最强盛的国家之一，历史上的大国荣光，重新唤醒了其在中东欧地区的大国雄心；第三，冷战时期作为东欧社会主义阵营的一员，使其在苏联解体后仍然与传统的西欧国家在历史文化和身份认同上，存在着较大差异。以上因素直接影响和传导给了波兰的统治精英。以当前的保守主义执政党——法律与公正党为例，其政治理念具有明显的右翼民族主义倾向。该党将安全视为外交政策的首要目标，在外交上奉行"追美、制俄、疑欧"的理念。与之相反的是，前任公民纲领党政府却奉行实用主义政治理念，践行积极的地区多边主义外交，在美欧俄之间维持一种多元平衡

---

① Cameron Thies, "International Socialization Processes vs. Israeli National Role Conceptions: Can Role Theory Integrate IR Theory and Foreign Policy Analysis?" *Foreign Policy Analysis*, Vol. 8, No. 1, 2012, pp. 25–46.

② "President Roh Moo-hyun's Address at the 40th Commencement and Commissioning Ceremony of the Korea Third Military Academy," Seoul, March 22, 2005, http://english.president.go.kr.

③ Ryszard Zięba, "The Search for An International Role for Poland: Conceptualizing the Role of a 'Middle-ranking' State," in Stanisław Bieleń ed., *Poland's Foreign Policy in the 21st Century*, Warsaw: Difin Publisher, 2011, pp. 72–76.

的状态。

四 案例检验：图斯克政府的多元平衡外交

本书认为多元平衡外交是相对于单边主义外交而言的，强调的是在多个利益紧密相关的行为体之间保持战略的平衡性，维持一种有利于维护本国利益的稳定状态。较之一般中小国家实施的平衡外交而言，图斯克政府时期的波兰多元平衡外交具有以下几点特征：第一，强调在两个以上的行为体之间；第二，突出外交政策调整的动态性与灵活性；第三，外交策略的主导思想是实用主义；第四，基本路径是多边主义；第五，基本原则是因利而为，因势而变。传统的国际关系理论将目光主要聚焦在国际社会中的大国行为体上，故而对于"平衡"（Balance）的阐释也主要是从权力分布和体系结构层面进行理论建构的。因此，"平衡外交"通常会让人联想起大国的"均势政策"。对于中小国家而言，其显然没有能力实施"均势外交"，但却可以巧妙地利用多个行为体之间的复杂关系，在关系距离和经济政治等利益上同时与多个大国保持良好合作关系，以谋求自身发展利益的最大化，避免依附于某个单一大国而丧失外交的主动权。

从大国"均势外交"到中等强国推崇的在大国之间的"平衡外交"，体现了不同层级的国家行为体在国际体系中扮演的相对角色。前者的实施行为体只能是全球性或地区性大国，制衡的场域可分为全球性和区域性的双层均势。后者的实施行为体主要是中等强国，实施场域主要体现在与利益相关的大国关系之间。

一般的中等强国面临在两个主要大国之间做选择的国境。比如韩国、澳大利亚、印度尼西亚等国。韩国作为一个亚洲国家，其在经济上对中国依赖程度高，而在安全方面又不得不依赖美国，在中美之间寻求一种微妙的平衡是韩国中等强国外交的主要特征之一。澳大利亚与韩国的外交态势颇为相似。中澳之间的双边贸易关系非常密切，中国是澳大利亚最大的贸易伙伴，澳大利亚则是中国第八大贸易伙伴。与此同时，澳大利亚又是美国亚太军事同盟体系中的重要支点，不论是政治制度、意识形态还是安全方面，澳大利亚都是倒向美国的。一边是实际的经济利益，一边是政治和安全利益，澳大利亚也面临着同样的外交选择。印度尼西亚作为东南亚首屈一指的地区大国，无论在人口规模、国土面积或经济体量上都位居首位。另外，其北接马来西亚，南接澳大利亚，东西联通太平洋和印度洋，突出的地缘位置使其成为大国拉拢与争取的重要对象。因此，对于印度尼西亚而言，最优的外交选项就是平衡与中美的亲疏关系。国内有学者认为印度尼西亚自 1998 年以来，在中美之间同时采取了有限追随和对冲的平衡外交策略。[1]

对于缓冲地带的中等强国——波兰而言，其面临的外交选择颇为复杂。在经济和身份认同方面，波兰自苏联解体之后就已经全面转向西欧，融入到欧洲一体化的进程中。但其东部的俄罗斯却是波兰安全上一直以来的梦魇。波兰外交转型三十年以来的主要特征是"欧洲化"和"北约化"，[2] 总体而言，波兰东部政策的核心就是防止历史上俄罗斯帝国主义行为的死灰复燃。为此，波兰除了同欧盟保持紧密关系外，还一直作为跨大西洋同盟关系的坚定支持者，尤其在安全上追随美国的外交取向也是其地缘不安全感的重要体现。

在 2007—2015 年，波兰公民纲领党执政时期，波兰总理图斯克秉持实用主义的政治理念，积极改善对俄关系，将国家现实利益置于波俄关系的首要位置。波兰在欧盟东部关系上扮演了一个积极的协调者角色。在安全方面，波美同盟关系的主基调仍然没有变化。因此，图斯克政府时期的波兰外交从总体上实现了在美、欧、俄三个主要行为体之间的微妙平衡，避免了与任何一方的敌对或矛盾状态，最大限度地实现并扩大了自身的经济、安全和外交利益。概言之，本书所要研究的多元平衡外交强调的是，波兰作为一个中等强国如何在两个以上的主要行为体之间，根据实用主义原则，动态地调整与大国之间的双边关系，达到一种相对稳定的平衡状态，进而确保其经济、外交和安全利益的相对最大化。

---

[1] 孙西辉：《中等强国的"大国平衡外交"——以印度尼西亚的中美"平衡外交"为例》，《印度洋经济体研究》2019 年第 6 期。

[2] 国内学者姬文刚指出，波兰外交转型三十年来的两个主要特征就是实现"欧洲化"和"北约化"。参见姬文刚《东欧剧变 30 年来波兰的外交与安全转型》，《山西大学学报》（哲学社会科学版）2019 年第 2 期。

第四节 研究框架

一 历史背景：从均势制衡到多元平衡

波兰作为一个命运多舛且处在缓冲地带的国家，历史记忆与地缘位置深刻地塑造了其对外战略叙事，进而影响波兰对俄罗斯和德国乃至欧盟的外交政策趋向。因此，要深入考察21世纪以来的波兰外交，离不开对波兰历史和地缘环境的剖析。

基于此，本书的第一部分系统梳理了自波兰—立陶宛联邦至图斯克政府之前的时期里波兰所施行的平衡/制衡外交。按照不同的历史阶段，本书选取了"波兰—立陶宛"联邦、两次世界大战期间以及苏联解体初期三个阶段。值得关注的是，从第一阶段到第二阶段，波兰最大的变化在于国家实力的衰落，其在遭遇左右强邻的三次瓜分之后，一战后得以重生的波兰国土面积仅为被瓜分前的1/3。与之相伴随的是人口、军事能力等都无法与往日相提并论。17—18世纪中期，波兰与立陶宛结成联邦王国，成为欧洲最强大的国家之一。在此阶段，虽然位于其西部的普鲁士和东部的俄国实力相对较弱，凭借一己之力尚不能威胁波兰的生存，但波兰仍然面临着西南部奥斯曼帝国和北部瑞典的威胁，其通常采取的策略是以权力制约权力的"均势外交"。随着普鲁士的崛起和俄国的逐渐强大，以及波兰实力的相对衰落，最终其成为左右强邻的囊中之物。值得思考的是，1871年普鲁士通过三次王朝战争之后完成了德意志的统一，成为中欧地区的霸权国。与曾经中欧大国波兰相比，德国同样面临着西部法国和东部俄国的虎视眈眈。尤其是统一之初，其面临的外部地缘安全环境要比18世纪的波兰更为严峻，但命运却大相径庭。其中关键因素之一是德国宰相俾斯麦以高超的外交智慧构建了一套复杂的大陆联盟体系，为德国争取了统一后较长时间的缓冲期。这证明了外交的巧拙可以导致处在同一地缘环境的国家的不同命运。

第二阶段是一战到二战之间，一战的爆发打破了欧洲各个帝国之间的权力制约关系，战后重生的波兰面临的外部安全环境不仅没有改变，反而变本加厉。对于刚刚独立的波兰而言，国力与德国和俄国相比不堪一击。为了避免重蹈历史覆辙，波兰的政治精英试图与法国和罗马尼亚等国建立军事同盟关系，以集体安全的途径维护自身安全。与此同时，作为一个中等规模且仍然处在缓冲地带的国家，波兰试图在德国和俄国（苏联）之间采取一种不偏不倚的战略平衡，以维护主权的独立性。值得反思的是，当时的波兰同样对大国的安全保证承诺或双边安全协定抱有幻想。如二战爆发后，波兰渴望得到与其签署同盟协定的法国的救援，但出于恐惧和自保的考虑，法国并未真正履行对波兰的安全保证协定。这一历史教训也对波兰当前的外交具有警示意义。

本书将第三阶段聚焦在苏联解体初期的波兰外交，选取这一历史阶段的重要原因之一是，在此时期的波兰外交同样显现出了在东西欧之间动态地保持战略平衡的特征。塑造波兰外交的主要因素仍然是地缘安全环境及其相应的国家身份。较之于图斯克政府时期的多元平衡外交，这一时期波兰外交的最大区别在于波兰尚未获得北约和欧盟成员国的身份，国家综合实力相对较弱，在跨大西洋关系中的战略地位较低，暂不具备作为一个中等强国的资质。在此期间的波兰平衡外交仅仅是在东西欧之间的战略平衡，而不是在东西欧以及跨大西洋关系之间的战略平衡。另外一个显著区别在于波兰的国家抱负，图斯克政府力求通过融入欧盟，紧密与德法的大国关系，巩固波美同盟，推动欧盟东部政策等多边主义举措提高其在欧洲国际事务中的话语权，塑造其区域大国身份。

二 案例分析：多元平衡外交的三个阶段

自 2004 年波兰入欧以来，其在对欧盟和俄罗斯的政策趋向上受到执政精英对外部地缘安全环境变化的认知影响。秉持不同执政理念的执政党或国家元首对波兰所面临的外部威胁程度、威胁来源以及回应方式大相径庭。在公民纲领党执掌波兰政府的 8 年里（2007—2015），前四年（2007—2011）中担任总理的图斯克试图扭转上届反对党政府的对美、欧、俄政策倾向，突出波兰外交决策的主动权和自主性，但由于国家总统职位仍然由来自反对党的莱赫·卡钦斯基掌控，导致图斯克政府的政府提案经常遭到总统的否决，给政府的外交政策带来了很大掣肘。波兰政治精英共识的缺失导致外交政策的分歧，甚至是混乱局面的出现。例如，波兰总统卡钦斯基和总理图斯克在 2008 年格鲁吉亚危机中发表的官方辞令相互抵触,图斯克政府一度宣称卡钦斯基总统的讲话不能完全代表波兰政府的看法。这也是本书将2007—2011年作为图斯克政府对外政策的第一阶段划分的依据。2010年,一个重要的转折点出现,斯摩棱斯克空难事件的发生导致卡钦斯基总统不幸身亡,拉开了2011年波兰总统大选的序幕。大选中,与图斯克来自同一党派的科莫罗夫斯基成功当选为波兰总统,自此波兰的执政精英在对外政策上达成了一致,秉持同一个外交立场。直至2014年克里米亚危机的爆发,波兰将图斯克政府一手经营起来的多元平衡外交格局彻底打破,由此该国外交再次走向失衡,不得不通过强化对于美国的安全依赖来对冲来自俄罗斯的安全威胁,致使波兰的外交主动权遭到削弱。

三 政策评估：多元平衡外交的效应

本书的主要研究案例聚焦图斯克政府时期的波兰外交政策,包括外交理念、外交定位、政策实施及其结果。本书旨在将图斯克政府时期的波兰外交作为一个典型案例,探究处在大国夹缝中的中等强国的外交决策逻辑。本书结论认为,图斯克政府时期的波兰外交最大限度地调动和发挥了波兰所具有的地理、经济、军事等各种资源,在多个与之利益紧密相关的大国或国际行为体之间保持一种动态的平衡关系,将身处夹缝地带的地缘劣势转化成了一种相对的地缘优势,从而在欧美和欧俄之间扮演地区"平衡器"和"调停人"的角色。以上角色的扮演缓和了波俄之间长久以来的敌对气氛,推动了两个国家和两个民族之间的和解进程。譬如,图斯克政府积极的东部政策（包括对俄和对东部六个伙伴国家）提高了其在地区安全局势以及欧俄关系中的重要地位,进而使其在欧盟框架下获得了更多更大的权力,如2009年波兰作为首要倡导者之一在德国的强力支持下成功地发起了"欧盟东部伙伴关系计划"。可以说,这是东欧国家自入盟以来的一个里程碑式倡议,反映了波兰在欧盟内部国际地位的巨大变化。反过来看,波兰对于塑造欧盟政策的能力的提升,也提高了波兰在改善对俄关系中的议价地位和谈判筹码。毫无疑问,以上两者呈现出相辅相成的平衡关系。更重要的是,波兰在中东欧安全局势和欧盟中地位提升的同时,也增强了在对美关系中的战略自主性。因为,波俄关系的改善将很大程度上改善波兰的安全环境,从而降低波兰对于美国的安全依赖程度。如此一来，游刃于欧、美、俄之间的波兰，在图斯克政府实用主义理念指引以及执政精英的外交智慧下，显著地提高了波兰在欧洲和跨大西洋关系之间的国际地位。

第 二 章

波兰的平衡外交：
历史流变与表现特征

纵观波兰外交的演进历程，在平衡与失衡之间徘徊成为其对外政策的主要特征之一。16—17世纪时期的波兰—立陶宛联邦一度可与瑞典、普鲁士、法国、奥地利和英国等国比肩，在面对外部威胁时，采取结盟制衡手段是其平衡外交的主要特征。18世纪下半叶，由于波兰国力的衰微，国内精英共识的缺失，外交决策的失误，以及周遭大国强力崛起等因素的叠加，导致波兰—立陶宛联邦构筑起来的均势格局走向失衡，最终落入亡国之境。一战后重新复国的波兰，面对苏联和纳粹德国野心勃勃的攻势，恪守不偏不倚的等距离外交政策，但仍旧未能逃离历史的宿命。苏联解体初期，中东欧地区一度出现安全真空，处在安全忧患之中的波兰秉持务实的态度，在采取双轨制外交策略的同时，发展与西欧主要大国以及俄罗斯的友好合作关系，呈现了睦邻友好的平衡外交特征。以上历史镜鉴为21世纪以来图斯克政府的多元平衡外交提供了充足的实践经验。

第一节 波兰—立陶宛联邦时期的均势外交

一 均势外交的背景

（一）权力格局与地缘环境的变化

14世纪的波兰几乎处在一个群敌环伺的地缘环境之中。条顿骑士团在北部与处在南部的捷克相互联结，对波兰南北两翼构成了严重威胁。

其中主要的敌人是条顿骑士团,该军团占据了波罗的海出海口。而西部的勃兰登堡侯国则占领了西波莫瑞和卢布林地区。到了14世纪末期,波兰的东邻莫斯科大公国正在逐步摆脱鞑靼蒙古的统治,罗斯的统一进程已然提上进程,进而成为波兰的潜在敌手。此外,崛起于欧洲东南部的奥斯曼帝国,相继征服了东南欧的保加利亚和塞尔维亚,并在1453年攻陷了君士坦丁堡,对波兰乃至整个欧洲国家的文明与独立都带来了巨大威胁。波兰的统治者意识到单靠自身的力量显然无法战胜强邻,难以摆脱不利的地缘安全困境,因而寻求与匈牙利和立陶宛结盟成了"波兰—立陶宛"联邦时期的关键性外交策略。①

16世纪初,卡奇梅日四世·雅盖洛奇克(Kazimierz IV Jagiellończyk)的三个儿子分别就任捷克和匈牙利国王(瓦迪斯瓦夫)、波兰国王(杨·奥尔布拉赫拉)和立陶宛大公(亚历山大)。虽然这一时期的波兰已经成为名副其实的欧洲大国,但其险恶的地缘环境态势并未有所改善,周边国家对波兰充满着敌视。西部的哈布斯堡家族图谋得到捷克和匈牙利的王位,重新恢复德意志神圣罗马帝国对欧洲的统治地位。奥斯曼帝国从东南方向对波兰的安全构成了严重的挑战。北部的条顿骑士团虽然被征服了,但因未能彻底铲除,依然是波兰的安全隐患。西部的勃兰登堡侯国对波兰的威胁态势也在加剧。此外,立陶宛大公国遭受到莫斯科大公国(不久后的俄罗斯沙皇)严重的扩张威胁。②而此时的立陶宛和波兰最高统治权都归属于波兰国王,这就使得波兰卷入了莫斯科大公国与立陶宛大公国之间的战争。③

(二)大国身份与联邦统治精英的分化

16世纪末期,原本松散的波兰—立陶宛联盟正在面临雅盖隆王朝绝嗣这一重大危机,这迫使波兰和立陶宛不得不下定决心联合发展,改变各自为政一方的国家形态。1572年,国王齐格蒙特·奥古斯特去世。次年,议会以"华沙联盟"的名义召集会议,以商谈波兰的未来方向。波

---

① 刘祖熙:《波兰通史》,商务印书馆2006年版,第48页。
② [波]斯坦尼斯瓦夫·阿尔诺耳德、马里安·瑞霍夫斯基:《波兰简史》,史波译,商务印书馆1974年版,第60页。
③ 刘祖熙:《波兰通史》,商务印书馆2006年版,第105页。

兰和立陶宛双方最终达成了一项盟约,该盟约对塑造波兰未来的国家形态和政治架构意义深远。①

然而,在雅盖隆王朝时期的波兰—立陶宛联邦,其国土上的风俗、民族和政府形式彼此迥然不同。这些不同民族并不是依托行政管理、封建分封、军事盟约或法律制度结合,而仅仅是以两个国家所拥戴的共同国王为纽带。② 在欧洲的历史演进中,联姻式结盟往往是国家寻求壮大实力或联合制衡威胁的均势外交手段,但这种方式潜藏的危机贯穿在整个中世纪欧洲的王朝战争之中,这种危机的导火索就是王位继承问题。此时波兰的雅盖隆王朝国王齐格蒙特·奥古斯特二世膝下没有子嗣,波兰即将面临的问题不只是王位继承问题,更重要的是波兰—立陶宛联邦是否能够存续下去。

事实上,在这个联合体的内部,来自两个国家的贵族阶层构成了联合的实质性形式。到 16 世纪中叶,王国的内部贵族非常多元,主要有波兰贵族、立陶宛贵族、罗斯的波雅尔、普鲁士以及日耳曼裔贵族(波罗的海地区)等。贵族阶层比例已经达到总人口的 7%。他们虽然财富差距很大,但却享有平等的选举权。贵族们的集合在很大程度上代表了波兰人民,堪称整个国家的代表。③

作为影响国家政治架构的精英阶层,波兰贵族很大程度上左右了波兰的政治决策。原因是贵族内部基本分为两派,一派是财富和权势雄厚的大贵族,另一派则是实力较弱的中小贵族,他们对是否强化王权和议会权力有着完全不同的看法。其中,中小阶层贵族们作为执行法律运动的推动者,普遍拥护王权,并要求将国王和大臣们的权力界限明晰化。但此举遭到大贵族们的强烈反对,他们反倒希望可以伺机掌控整个国家。④

---

① [英]亚当·扎莫伊斯基:《波兰史》,郭大成译,中国友谊出版公司 2019 年版,第 84—85 页。
② [英]亚当·扎莫伊斯基:《波兰史》,郭大成译,中国友谊出版公司 2019 年版,第 88 页。
③ [英]亚当·扎莫伊斯基:《波兰史》,郭大成译,中国友谊出版公司 2019 年版,第 88—89 页。
④ [英]亚当·扎莫伊斯基:《波兰史》,郭大成译,中国友谊出版公司 2019 年版,第 89 页。

另一个让波兰内部产生分化的重要问题是波兰—立陶宛联邦的合作形式。此前，波兰和立陶宛是以王朝的形式维系着松散的联盟关系，需要用法律制度来强化他们的联合。然而，在此期间立陶宛获准建立自己的独立议会，但议会中的多数要职却被国内的大贵族掌控，这些贵族借着雅盖隆王朝出现绝嗣的机会，伺机解除波兰—立陶宛的联合，进而将立陶宛纳入自己的封地。未料，1547年，莫斯科大公国的统治者沙皇伊凡四世开始在东欧地区猛烈扩张，号称要将所有的罗斯国家都纳入到他的王冠之下。很快，莫斯科大公国就征服了立陶宛，斯摩棱斯克遭到吞并，此时的立陶宛比任何时候都需要波兰的支援。

莫斯科大公国的扩张行径无疑也给波兰带来了巨大威胁，在隶属于立陶宛的斯摩棱斯克被吞并之后，波兰很快将乌克兰从立陶宛剥离出来，并入到了波兰王国。不久后，波兰和立陶宛两国在波兰的卢布林举行了联席议会，最终于1569年两国达成了新的联盟协议，史称"卢布林联合"。此次联合从法律上将两个国家联结在了一起，他们将拥有共同的统治者。但留给联邦未来的潜在隐患在于，联盟协议仍然保留了立陶宛的法律、财政和军事独立权，尤其是立陶宛的军队仍然由本国的将军统帅。在这个新的联邦体内部存在一个明显的权力与决策悖论，那就是同时存在的君主独裁和贵族共和体制。这种精英共识的缺失为联邦后来在军事上和制度改革上的衰朽埋下了伏笔。①

二 均势外交的实践

（一）波兰—立陶宛联邦

14—17世纪，波兰曾作为欧洲最强大的国家之一屹立在中欧地区。联邦走向强盛的巅峰始于波兰王国与立陶宛大公国的联盟。在地缘上，该联盟处在西方（拉丁世界）与东方（拜占庭世界）之间的巨大文明鸿沟的相对两侧。② 波兰—立陶宛联盟的最初计划诞生于波兰的皮亚斯特王

---

① ［英］亚当·扎莫伊斯基：《波兰史》，郭大成译，中国友谊出版公司2019年版，第90—91页。
② Krzysztof Baczkowski, *Dzieje Polski późnośredniowiecznej (1370 – 1506)* [*History of Late Medieval Poland (1370 – 1506)*], Kraków：Fogra Oficyna Wydawnicza, 1999, s. 55.

朝末期，国王卡齐米日考虑到与其邻国立陶宛长期以来的竞争关系，以及两国面临的共同威胁，遂提出通过王室联姻的方式，促使两国达成联合。① 对于立陶宛而言，其在建国伊始，就备受条顿骑士团的侵略困扰，而后在17世纪末18世纪初，来自沙皇俄国的威胁又日渐上升，同时其在北部也与波兰一样面临着北欧霸权国瑞典的威胁。

联邦合并的过程始于1385年，波兰王后贾德维加（Jadwiga）与欧洲最后一个异教国家立陶宛大公瓦迪斯瓦夫二世·雅盖沃（波兰语：Władysław II Jagiełło）之间签署了克雷沃联合。该联盟使得立陶宛大公国接受了天主教的洗礼，并归附于波兰的统领之下。此次联合强化了两国对条顿骑士团和日渐强大的莫斯科大公国的抵抗能力，对两国未来近四个世纪的历史发展起到了决定性作用。事实上，14—15世纪，波兰—立陶宛的联合比较松散，仅仅依靠王室的个人联姻方式形成联合。而联邦体的政治架构形成是在1569年《卢布林合并条约》签订之后，波兰和立陶宛的议会合二为一，正式开启了波兰联邦外交的新时期。16—17世纪的波兰—立陶宛联邦达到鼎盛时期。此时的波兰一度成为欧洲最强盛的国家之一，国土面积达到100万平方千米。

自14世纪开始，波兰—立陶宛联邦的外交扩张与实践已然显示出了两国联合的力量。首先，在1410年，波兰—立陶宛联军共同参与了对条顿骑士团的"格伦瓦尔德战役"（Battle of Grunwald），使条顿骑士团的军队几乎全军覆灭，粉碎了条顿骑士团企图建立的跨德意志帝国到芬兰湾的宏伟计划，但最终因欧洲其他国家君主的从中调停而未能铲除这一祸患。② 18世纪之后的历史清楚地证明了这一点，条顿骑士团作为普鲁士的重要军事力量对波兰造成了致命打击。其次，波兰—立陶宛联邦还曾于17世纪初期，一度攻占莫斯科。此外，遭受土耳其入侵的摩尔多瓦，为了摆脱土耳其的占领，转而寻求波兰救援，主动向波兰纳贡称臣。③

---

① W. F. Reddaway et al., eds., *The Cambridge History of Poland: From Augustus II to Pilsudski (1697–1935)*, Cambridge: Cambridge University Press, 2016, pp. 188–189.
② 刘祖熙：《波兰通史》，商务印书馆2006年版，第57页。
③ 刘祖熙：《波兰通史》，商务印书馆2006年版，第55页。

然而，自17世纪末期开始，波兰—立陶宛联邦的外部地缘环境日益恶化，遭受的威胁不断扩大。其面临的外部威胁主要来自四个方向：北部的北欧霸权国瑞典，东北部的莫斯科大公国（后来的沙皇俄国），西部的奥地利和后来逐渐强大的勃兰登堡—普鲁士，以及南部的奥斯曼帝国。尤其是在北方大战之后，俄国取代瑞典成为东北欧地区的霸权国。

（二）波兰—匈牙利联盟

波兰与匈牙利的联盟起始于波兰皮亚斯特王朝的国王卡齐米日去世之后。1370年，卡齐米日病逝，且膝下无男嗣。按照1339年《维谢格拉德条约》的规定，波兰王位将由卡齐米日国王的外甥，即安茹王朝的匈牙利国王拉约什一世继承。卡齐米日主要考虑到两点因素：一方面是拉约什一世卓越的人格品质；另一方面是基于波匈之间的共同利益，这是构成同盟的基石。因为卡齐米日意识到，波兰处在被强邻环绕的地缘威胁之下，如果能够得到另一个国家（立陶宛之外）的支持将对波兰更为有利。[①]

事实证明，这个联盟对波兰的外交产生了重要影响。面对15世纪来自东方奥斯曼帝国的威胁，波兰和匈牙利联盟成功抵抗了土耳其的多次进攻性威胁。比如，1439年之后，奥斯曼帝国的穆罕默德二世（Fatih Sultan Mehmet）试图在巴尔干半岛展开军事和政治扩张，对匈牙利和拜占庭帝国残余地区构成的威胁越来越大，波匈联盟在此次反抗土耳其东征的战争中发挥了非常重要的作用。另外，在曾属于匈牙利统治下的瓦拉几亚被土耳其征服之后，[②] 土耳其还计划将其霸主地位强加给莫尔达维亚公国[③]，而这一公国曾隶属于波兰和匈牙利有争议的统治地带。[④] 但不可否认的是，波兰和匈牙利的联合也是建立在两国面临共同威胁的基础

---

① W. F. Reddaway et al., eds., *The Cambridge History of Poland: From Augustus II to Pilsudski (1697-1935)*, Cambridge: Cambridge University Press, 2016, pp. 189-192.

② 1330年，瓦拉几亚击退入侵的匈牙利军队，成为一个独立的大公国。1417年，瓦拉几亚接受奥斯曼的宗主权，成为奥斯曼的一个附庸国。

③ 摩尔达维亚公国是罗马尼亚历史上的一个公国，形成于14世纪，1859年与瓦拉几亚公国合并，成为现代罗马尼亚的前身。

④ Diplomatic Academy of the Ministry of Foreign Affairs of the Republic of Poland, *The History of Polish Diplomacy X-XX c.*, Warsaw: Sejm Publishing Office, 2005, p. 90.

之上。①

（三）波兰—萨克森联盟

奥古斯特二世当选波兰国王改变了中东欧地区的均势格局。17世纪末，无论是历经多年战争消耗的波兰—立陶宛联邦，还是萨克森公国都无法单独凭借自身力量取得地区的主导地位。但是，双方共有统治者这一纽带为两国联盟提供了一个契机，这种基于共有国王的联盟为两国创造了巨大潜力，增强了他们在国际政治中的地位。②

三十年战争之后，神圣罗马帝国分裂成了300多个诸侯国。萨克森作为神圣罗马帝国的强邦，其人口与勃兰登堡互成竞争之势。在霍亨洛沦家族完成对勃兰登堡和普鲁士的合并之后，勃兰登堡—普鲁士（Brandenburg-Prussia）开始成为波兰潜在的敌人，威胁着波兰北部的安全。③

此时，该地区的均势仍然处在一个相对起伏不定的状态。由于战胜了土耳其，并占有了几乎整个匈牙利，哈布斯堡王朝的君主制的地位得到进一步强化。尽管哈布斯堡王朝为此付出巨大财力和军力，但其仍然期望平等地去争取西班牙哈布斯堡王朝的遗产。由于腓特烈·威廉一世（Frederick William I）推行的改革，勃兰登堡—普鲁士在经历了一段时期的实力削减之后，重新恢复了实力。④

与此类似的是致力于成为一个欧洲大国的俄国，17世纪末期仅仅是彼得一世在东欧地区扩张的开端。与此同时，奥斯曼帝国正在不断走向衰落。至于瑞典，其在17世纪上半叶尚且能够在北欧地区扮演霸权角

---

① 时至当下，波兰和匈牙利领导人时常在互访时提及两国传统的盟友情谊。比如，在欧洲难民问题上，匈牙利与波兰再次团结在了一起，欧尔班曾直言："我们以与500年前完全相同的方式捍卫欧洲免受伊斯兰入侵。不幸的是，西方以与以往相同的方式保持沉默。"甚至还指出"没有匈牙利和波兰的合作，基督教欧洲会灭亡。"参见"Poland and Hungary's Defiant Friendship," Politico, August 1, 2016, https://www.politico.eu/article/poland-and-hungarys-defiant-friendship-kaczynski-orban-pis-migration/。

② Diplomatic Academy of the Ministry of Foreign Affairs of the Republic of Poland, *The History of Polish Diplomacy X-XX c.*, Warsaw: Sejm Publishing Office, 2005, p.225.

③ 刘祖熙：《波兰通史》，商务印书馆2006年版，第118页。

④ 1648年，三十年战争结束之后签订了《威斯特伐利亚和约》，勃兰登堡获得明登和哈尔伯施塔特，也继承了更远的波美拉尼亚（1653年成立）和马格德堡公国（1680年成立）。随着在第二次北方战争期间缔结的《布罗姆伯格条约》（1657年）使选民摆脱了普鲁士公国的波兰附庸，并获得了劳恩堡—布托和德拉海姆。

色，17世纪下半叶之后也同样走向了下坡路。加之西班牙哈布斯堡王室绝嗣之后，欧洲大国权力的矛盾不断加剧。波兰的未来发展很大程度上取决于波兰—立陶宛联邦和萨克森公国联盟的凝聚力与国王的个人品性，以及是否可以将高效的外交效力、强大的军事力量归属到奥古斯特二世的王权之下。

遗憾的是，尽管波兰—萨克森联盟从1697年持续到了1763年，但两国之间的分歧却不断加大，比如不同的国家特性和发展雄心，不同的社会、民族和宗教信仰。以上分歧严重影响了联盟决策的效率和政策的执行力。而后在联盟内部出现了不同的理念，其中以韦廷家族为代表的一派认同联盟给国家带来了巨大的正面利益，其目标旨在促进波兰的现代化，并增强波兰的实力。而霍亨索伦家族则一直计划削弱和分解波兰。事实上，瓜分波兰的想法最早也是由霍亨索伦家族倡导的。最后，波兰为了感激韦廷家族在抵制霍亨索伦家族分解波兰的协商中扮演的反对者角色，在之后依据1791年波兰宪法让其继承了王位。①

然而，波兰的邻国都对波兰—萨克森联盟抱有敌意，将之视为一个危险的存在，因而通过系列战争和外交手段试图打破和拆散联盟。最先出手的是瑞典国王查理十二世，其通过发动纳尔瓦之役（Battle of Narva）②击败了沙皇彼得一世的大军。纳尔瓦之役之后，瑞典军队并没有进一步向俄罗斯进军；相反，查理十二世向南转向，将波兰萨克森军队驱赶出了利沃尼亚。于是，波兰方面提出了和平提案，但瑞典提出和平提案必须建立在以萨克森的韦廷家族放弃波兰王位的基础上。此举可破除波兰—萨克森的联盟。俄国方面也企图在奥古斯特二世去世之后，将持续的波兰—萨克森联盟予以铲除。最终于1764年，在俄国军队的迫使下，波兰—萨克森联盟走向瓦解。③并且，勃兰登堡—普鲁士方面对波兰—萨克森联盟的态度受到了争夺普鲁士王国内部影响力的影响。韦廷家族成

---

① Diplomatic Academy of the Ministry of Foreign Affairs of the Republic of Poland, *The History of Polish diplomacy X-XX c.*, Warsaw: Sejm Publishing Office, 2005, p.226.

② 纳尔瓦之役发生于1700年11月30日，沙皇俄国入侵瑞典领土。最终瑞典国王查理十二世以一流的战术大败沙皇彼得大帝的大军。这场战役是大北方战争的开端。

③ Diplomatic Academy of the Ministry of Foreign Affairs of the Republic of Poland, *The History of Polish Diplomacy X-XX c.*, Warsaw: Sejm Publishing Office, 2005, p.227.

员当选为波兰国王打破了先前存在于萨克森和勃兰登堡—普鲁士方面的权力均势。显然，波兰—萨克森联盟对普鲁士是不利的。随着萨克森和普鲁士权力的此消彼长，最终普鲁士军队在七年战争期间战胜萨克森，并将其占领，封杀了波兰—萨克森联盟。

三 均势外交的失败

众所周知，波兰在1772年、1793年和1795年分三次被其强邻沙皇俄国、普鲁士和奥地利瓜分殆尽。回溯这段历史，我们发现，波兰的灭亡令人唏嘘，原因在于既有先天性的地缘因素，也有贵族民主制度的祸端，同时也与波兰—立陶宛联邦在17世纪过度膨胀之后发动的扩张性战事密切相关。先天性的因素显然无法避免，但受制于国内决策的主观性因素则成为加速或导致一个强大联邦走向灭亡的关键性因素。17世纪不仅对于波兰，而且对于欧洲乃至世界都是一个新的开端。有些大国从此走向衰落，也有些国家由此开始崛起，成为欧洲国际关系舞台上的重量级角色。波兰和奥斯曼帝国属于前者，而法国、沙皇俄国、普鲁士则属于后者。权力的此起彼伏，重构了主导欧洲秩序的大国权力格局。自此之后的数百年里，均势外交作为大国的权力平衡手段饱受推崇。而走向衰落之后的波兰则成为新崛起大国之间达成均势的争夺与利益补偿之地。波兰—立陶宛联邦均势外交的失败与国家的灭亡主要有以下几点原因：

第一，贵族共和制政体对联邦的决策构成了巨大制约，波兰国王的统治权力也旁落在了大贵族手中，从而限制了王权的集中和改革方案的施行。贵族主导下的议会体制最终葬送了联邦的命运。比如，波兰国王奥古斯特在北方大战中失败后，导致联邦陷入了一个两难困境：要么寻求与瑞典达成和平协议，并罢免奥古斯特；要么寻求建立可以将瑞典查理十二世赶出波兰的同盟。在此般情形下，仅有俄国可以达成同盟。但以上两种选择的任何一种都将威胁到国家主权。相反，如果国内凝聚起来，可以有效降低这种威胁的程度。但糟糕的是波兰贵族为了各自利益分裂成了两个阵营。一派支持瑞典扶植下的"华沙联盟"，另一派则支持俄国扶植下的"桑多梅日同盟"。两者都对波兰的主权造成了侵蚀。①

另外，分属波兰和立陶宛两国贵族的利益分歧成为影响联邦凝聚力的又一重要因素。根据1569年的《卢布林合并法令》，波兰和立陶宛的议会将实现合并，两国将共同选举国王，实施共同的外交政策和统一的货币，主流社会语言以波兰语为主。但此次合并并未彻底将两国的外交、行政、司法和军事权力合二为一，法令允许立陶宛保留自己的政府、财政、法院和军队。② 这对联邦的统一军事指挥也带来了负面影响。

第二，波兰和立陶宛建立正式联邦之后，实力倍增，堪称中欧一霸。在整个17世纪中，波兰发动了多次扩张性战争，国力大为消耗，也引发了沙皇俄国、瑞典和勃兰登堡等邻国的仇视，这为18世纪波兰的被瓜分遭遇埋下了祸根。17世纪初，波兰国王齐格蒙特三世在结束对瑞典的战事后，又利用国内部分大贵族向东扩张的愿望，发动了对俄战争。事实上，对于此次战争，波兰内部的多数贵族持反对态度，甚至拒绝纳税。但齐格蒙特三世罔顾国家利益，施行了对俄国王位继承问题的武装干涉。1610年9月，波兰军队攻陷莫斯科，但因俄国国内掀起全国性起义被迫撤军。波兰对俄国的此次武装干涉以失败而告终，但从俄国手中得到斯摩棱斯克、契尔尼哥夫和塞维尔斯克三个地方。③ 17世纪60年代末期，在结束与瑞典的战争之后，又陷入与俄国的战争之中。这些战争毁坏了联邦共和国大多数领土，与三十年战争对德意志造成的破坏不相上下。④

波兰的灾难始于17世纪末，波兰国王奥古斯特二世幻想改变他在国民心中软弱无能的形象，贸然挑起对瑞典的战事。1699年奥古斯特与俄罗斯和丹麦结成了北方同盟。1700—1721年，波兰与丹麦和俄罗斯发动了反对瑞典的北方大战。战争以波兰失败而终结，瑞典军队相继在1702年和1706年攻入华沙和萨克森，导致波兰大片领土落入瑞典手中。情急之下，立陶宛内部贵族集团伺机寻求俄国的军事援助。这恰恰给俄国干

---

① Diplomatic Academy of the Ministry of Foreign Affairs of the Republic of Poland, *The History of Polish Diplomacy X-XX c.*, Sejm Publishing Office, 2005, p. 232.
② 刘祖熙：《波兰通史》，商务印书馆2006年版，第108页。
③ 刘祖熙：《波兰通史》，商务印书馆2006年版，第111—112页。
④ [波] 耶日·卢克瓦斯基、赫伯特·扎瓦德斯基：《波兰史》，常程译，东方出版中心2011年版，第102页。

预波兰事务提供了契机。1709年,俄国彼得大帝在波尔塔瓦战役中一举击败瑞典,成为北欧地区的霸主。随后,彼得大帝轻而易举地将波兰—立陶宛联邦的大片领土并入俄国。① 在波尔塔瓦战役之后,彼得大帝利用其军队将波兰纳入其政权之下,此时的波兰仍不思改革、沉迷战争,成为俄国西部边境的缓冲地带。② 其后,在俄国威胁下,其通过了俄国限定的所谓军事联盟规模协议(波兰只能保留2万左右战士)和每年固定的征税标准,这等于从实质上消除了波兰上层贵族通过征收税收,重新扩大军队规模的可能性;也意味着自此之后,波兰已经成为俄国的一个附属国,这为下一步的瓜分做好了铺垫。③

第三,地处中欧,群强环伺的地缘处境是波兰走向灭亡的客观性因素。17—18世纪,波兰在地缘上面临俄国、勃兰登堡—普鲁士和奥地利的外部威胁,并且这三个国家都有宏伟的扩张野心。按照沃尔特的威胁平衡论的解释框架,进攻意图、进攻能力和地缘毗邻性等影响威胁态势的情形集波兰于一身。一是波兰无法摆脱同时毗邻三个强国的地缘位置;二是环绕波兰的强邻有着强烈的进攻性意图;三是与波兰的国力相比,以上三国具有压倒性的军事优势。反观18世纪末期的土耳其和西班牙帝国,虽然也经历了与波兰类似的国内危机,但由于他们并未处在强邻环伺的地缘环境中,所以侥幸地从欧洲的大国均势外交中残存了下来。④ 可见,不同的地缘位置决定了同属大国的不同命运。

波兰遭受的第一次瓜分是在1772年,沙皇俄国、奥地利和普鲁士通过签署三个双边协定,将沿着德维纳河和第聂伯河源头的领土归入了俄国;维斯瓦河和桑河上游的广袤土地被奥地利占有;波属普鲁士被纳入到普鲁士王国之中。⑤ 1793年,俄、普、奥三国在圣彼得堡签订了第二个

---

① [英]罗伯特·拜德勒克斯、伊恩·杰弗里斯:《东欧史》,韩炯等译,东方出版中心2013年版,第293页。
② [波]耶日·卢克瓦斯基、赫伯特·扎瓦德斯基:《波兰史》,常程译,东方出版中心2011年版,第106页。
③ [英]罗伯特·拜德勒克斯、伊恩·杰弗里斯:《东欧史》,韩炯等译,东方出版中心2013年版,第294页。
④ 刘祖熙:《波兰通史》,商务印书馆2006年版,第119页。
⑤ [波]耶日·卢克瓦斯基、赫伯特·扎瓦德斯基:《波兰史》,常程译,东方出版中心2011年版,第121页。

瓜分条约。1793年9月，波兰议会被迫同意再次割让领土，并重订宪法，自此波兰正式降到一个屈从于俄国的附属国地位。① 最后一个瓜分协定签署于1795年，是由奥地利和俄国发起的，旨在瓜分波兰剩余的领土，普鲁士也得到了一定的补偿。② 总的来看，在瓜分波兰的三个国家中，虽然在波兰大军帮助奥地利解除维也纳之围之后，支持波兰一直是奥地利外交家奉行的外交政策，且其将波兰视为有益的缓冲国家，并作为防御俄国或土耳其的潜在盟友，但是，奥地利邻国普鲁士的日益强大对自身威胁越来越大，单凭奥地利一己之力已无法对抗普鲁士的联盟，以上原因坚定了奥地利共谋瓜分波兰的政策。③

第二节　两次世界大战期间的等距离外交

一　等距离外交的背景

（一）权力格局：德国走向扩张与均势转型

波兰的命运及其外交在20世纪初期，仍然无法摆脱欧洲大国均势的约束。可以说波兰的亡国主要来自俄德的合谋，而波兰之所以能够再次复国也与俄德的战略密切相关。第一次世界大战爆发后，权力格局的重新组合为波兰独立创造了契机。实际上在一战之前，对于东欧国家的未来安排欧洲大国就与俄罗斯产生分歧。俄国认为东欧不应该由欧洲大国干涉，对欧洲介入东欧事务的企图感到不满。甚至在二战结束后，同样的分歧在西方盟国与苏联之间再次上演，苏联坚持独占东欧，尤其是认为波兰的未来属于苏联范围，与西欧资本主义国家无关。④

奉行几个世纪"光辉孤立"政策的英国，长久以来自诩为欧洲均势的"平衡之轮"，以离岸平衡之轮防止欧洲出现任何一个主导性权力的崛

---

① ［波］耶日·卢克瓦斯基、赫伯特·扎瓦德斯基：《波兰史》，常程译，东方出版中心2011年版，第127页。
② ［波］耶日·卢克瓦斯基、赫伯特·扎瓦德斯基：《波兰史》，常程译，东方出版中心2011年版，第129页。
③ ［英］乔治·肖一勒费弗：《瓜分波兰1772—1795：不理性共谋、地缘争霸、欧洲革命与民族消亡》，王静译，中国画报出版社2018年版，第32页。
④ ［美］亨利·基辛格：《大外交》，顾淑馨、林添贵译，海南出版社2012年版，第152页。

起。因此，英国在第一次世界大战中站在了法俄一边，并肩对德作战。①

时至 1910 年，欧洲均势已经演化成两个势不两立的敌对联盟。一战爆发前，英国曾以坚持支持弱国对抗强国的方式，维持欧洲大陆的均势格局。一战爆发后，英国外交立场发生转变，对于其向来置身于欧洲大陆之外，扮演离岸平衡的角色越来越感到不安。原因是德国的崛起及强盛程度已然超过欧洲大陆其他国家的总和，迫使英国无法再置身事外。因此，英国认为欧洲大陆已经不可能再回到以往的均势局面，德国独霸欧洲大陆的野心已经昭然若揭。②

在此时期，欧洲的权力格局出现的另一个关键性变化是美国的参战。在此之前，欧洲国家间权力均势几乎没有受到过外力的干预。比起美国参战，更重要的是，美国为传统的欧洲均势政治观注入了新的理想主义政治理念，即集体安全和民族自决观。威尔逊认为，引起战争的缘由不是民族自决，而是阻止民族自决的实现；同样造成地区秩序不稳定的原因不是因为均势出现了不平衡，而是主宰大国要追求均势。③ 一战后国际联盟（简称"国联"）的成立，波兰等东欧中小国家的重新独立，都深受以上理念的鼓舞和影响。但在具体实践中，威尔逊却只愿做出原则性的倡议，并未对未来欧洲安全做出实质性承诺，这导致法国的危机意识从未消除。事实证明，法国的忧虑并不是多余的，当纳粹德国东山再起，再次走向扩张时，美国倡导下建立起的国联形同虚设。

再回望法国，一度占据欧陆主导地位的大国辉煌在一战结束后愈发黯然失色。一战后的法国意识到，单靠自身国力难以保卫自己的国土免受德国的再次侵略。可以说，一战消耗了法国的国力，但战后的和平却依然摇摇欲坠。原因在于，1815 年欧洲各国联手击败法国之后，在维也纳会议上结成了一致反法四国同盟，以压倒性的实力优势破除了法国东山再起的任何可能性。相反，在一战后的凡尔赛和约上，战胜国却并未

---

① ［美］亨利·基辛格：《大外交》，顾淑馨、林添贵译，海南出版社 2012 年版，第 155 页。

② ［美］亨利·基辛格：《大外交》，顾淑馨、林添贵译，海南出版社 2012 年版，第 197 页。

③ ［美］亨利·基辛格：《大外交》，顾淑馨、林添贵译，海南出版社 2012 年版，第 198 页。

团结起来,尤其是在苏联被逐出国联,美国又再次置身事外的境况下,剩下的欧洲国家皆无一国有单独匹敌德国的实力。① 面对德国可能东山再起的潜在威胁,法国有三个战略选择:一是组建一个反德同盟;二是设法分裂德国;三是主动向德国示好。事实上,法德之间的仇恨及法国对德国的安全忧虑,使法国更倾向于选择通过联盟手段制衡德国。但遗憾的是,法国的屡次结盟意愿,都因英美的缺席而未获成功。

总而言之,一战后到二战前欧洲权力格局的基本特征是:法国国力衰微,奥匈帝国解体,俄国自1917年十月革命之后便一度脱离欧洲政治舞台。英国根深蒂固的均势理念仍未革除,因而并不希望德国完全衰弱下去,而是希望法德之间能够彼此制衡、相互消耗,以确保英国的优势地位。② 美国为欧洲带来理想主义理念之后,其国内的孤立主义思潮又束缚了美国介入欧洲事务的拳脚。相反,战后的德国除了实力有所削弱之外,其面临的地缘环境甚至还要优于战前。战前德国面对强邻环绕的处境:东部俄国,西部法国和奥匈帝国。一战结束后,奥匈帝国解体和俄国的退出,使得制衡德国的重任主要落到法国肩上,均势的重建已无可能。

(二)地缘环境:苏德战略冲突的缓冲地带

1918年在《凡尔赛和约》之后重获独立的波兰,并未因此摆脱地缘政治的历史宿命。除了曾经参与瓜分波兰的强邻之一奥地利彻底衰落,其他两个邻国德国和俄国(苏联)的潜在实力依然存在,由于历史性原因,他们对波兰怀有共同的敌意,并且有增无减。正如德国总理沃斯(Wirth)所指出的:"波兰必须除掉,德国不会缔结任何可能助长波兰实力的条约。"③ 因此,在《洛迦诺公约》签署后不到一年,德苏便于1926年在柏林达成中立条约。双方同意在任何一方遭受攻击时保持中立政策;

---

① [美]亨利·基辛格:《大外交》,顾淑馨、林添贵译,海南出版社2012年版,第204—205页。

② [美]亨利·基辛格:《大外交》,顾淑馨、林添贵译,海南出版社2012年版,第222—226页。

③ [美]亨利·基辛格:《大外交》,顾淑馨、林添贵译,海南出版社2012年版,第254页。

也承诺在另一方接到来自第三方的结盟邀请时予以拒绝。①

由于《凡尔赛条约》未能对波俄领土边界做出明确划分，1919年2月—1921年3月，新生的苏维埃俄国和波兰爆发了一场争夺领土范围与影响力的战争。这场战争促使波兰获得和巩固了自己的东部领土范围。但是，波兰再次成为德国和苏联的仇恨对象。双方都认为波兰是导致其战略失败以及随后失去领土、影响力和国际地位的鲜活证据，因而决心对《凡尔赛条约》做出修正，尽早摧毁波兰。在20世纪30年代初期，德国因第一次世界大战实力遭到削弱，暂时无法对波兰问题采取任何有效的措施。而苏联则对一战后波兰的进攻怀恨在心，计划在适当的时候进行报仇。因此，对苏联而言，《里加条约》和《凡尔赛条约》一样令人反感。②

在希特勒上台之后，英国对此反应甚微，并不认为德国敢于真正撕破《凡尔赛条约》。但法国的不安感骤然上升，很快将原先与波兰、捷克斯洛伐克及罗马尼亚签订的片面安全保证，转换成了协防条约，以寻求拉拢东欧国家共筑对德防御的同盟。事实证明，法国的计谋不堪一击，因为新独立的东欧国家普遍较为弱小，不足以从东面钳制德国。而且，波兰为了平衡对法国的协防义务，与德国签订了互不侵犯条约，以寻求自保。③ 此举意味着，一旦法国遭受攻击，波兰对法德两方的义务就会自动相互抵消，从而为波兰选择对其最有利的盟国留下外交空间。

（三）精英共识：毕苏斯基与德莫夫斯基之争

两次世界大战期间，波兰的独立与其民族英雄毕苏斯基（Józef Klemens Piłsudski）密不可分。从领导波兰1918年独立到1935年去世，毕苏斯基是这一时期波兰的主要统治者，他的思想主张深刻地塑造了波兰的外交政策。作为波兰的统治精英，毕苏斯基的外交理念深受波兰跌宕起伏的历史的影响，也与其家庭和生活环境息息相关。

---

① ［美］亨利·基辛格：《大外交》，顾淑馨、林添贵译，海南出版社2012年版，第254页。

② Peter D. Stachura, *Poland, 1918–1945: An Interpretive and Documentary History of the Second Republic*, Abingdon: Routledge, 2004, p. 111.

③ ［美］亨利·基辛格：《大外交》，顾淑馨、林添贵译，海南出版社2012年版，第267页。

由于18世纪普、奥、俄三国瓜分与占领波兰，毕苏斯基的出生地归俄罗斯帝国所有。毕苏斯基出生在一个拥有波兰爱国传统的没落贵族家族。小时候，毕苏斯基一次又一次地被告知关于1863年1月起义的故事，而且他的父亲参加了这次起义，并且在立陶宛遭到残酷镇压。毕苏斯基的母亲玛丽亚（Maria）也是波兰爱国主义的狂热分子。她无数次告诉孩子们关于波兰英雄主义的故事，并把波兰爱国者的肖像锁在秘密的抽屉里，并时不时打开这些抽屉向孩子们展示。[1] 因此，强烈的爱国主义和反叛精神从小就深埋在毕苏斯基的骨子里。1893年，波兰社会党（PPS）在华沙成立。一年前被驱逐出境的毕苏斯基加入了立陶宛分支机构。1904年，他前往日本，当时正逢日俄交战，在那里他与米卡达政府进行谈判，与日军合作建立了一支波兰军团，与俄国人作战。[2]

一战之前，毕苏斯基对实现波兰重新独立的判断立足于全欧战争爆发的基础之上。在他的预判中，一场全面的欧洲战争将耗尽德国、俄国和奥匈帝国等大国的实力，破坏它们之间的合作关系。在这场战争中，德国和奥匈帝国将联合击败俄罗斯，而后法国将击败德国。英国将不得不站在法国一边，或者至少采取中立态度。一战的爆发及演进过程无疑印证了毕苏斯基的战略预判。为了实现他的理想，毕苏斯基坚持创建步枪兵协会，并使其发展壮大为波兰军队的核心力量，待欧洲大战爆发之后因势趋利，以确保波兰始终追随在战胜国一方。[3]

然而，此时的波兰政局并不是完全由毕苏斯基主导，也有其他持异见者，未能形成广泛的精英共识。到1910年左右，波兰的政治精英彻底分化了，其他领导人的方法和目标与毕苏斯基的方法大相径庭。这些人中最重要的是罗曼·德莫夫斯基（Roman Dmowski），他领导着国家民主党。[4] 该党属于亲俄派，将德国作为波兰的最大威胁，主张联合法国和俄

---

[1] Richard M. Watt, *Bitter Glory: Poland and Its Fate 1918–1939*, New York: Simon and Schuster, 1979, p. 27.

[2] Muzeum Józefa Pisudskiego w Sulejówku, "Józef Pisudskiego 1867–1935," https://muzeumpilsudski.pl/jozef-pilsudski-1867-1935/.

[3] Richard M. Watt, *Bitter Glory: Poland and Its Fate 1918–1939*, New York: Simon and Schuster, 1979, p. 39.

[4] Richard M. Watt, *Bitter Glory: Poland and Its Fate 1918–1939*, New York: Simon and Schuster, 1979, pp. 39–40.

国共同对付德国。在德莫夫斯基的指导下，国家民主党对波兰的历史进行了仔细分析，提出了一个问题：波兰国家中的哪些缺陷导致他们丧失了国家独立性？他们的结论是，波兰的过去太异类了，太多的宗教宽容和太多的少数民族并未真正融入到国家认同之中。白俄罗斯人、乌克兰人，以及众多的犹太人等团体，阻碍了波兰恢复独立所必需的民族意识。波兰的民族独立必须由波兰人完成，既不要寻求也不要期待非波兰人的帮助。[①]

事实上，在当时条件下，很少有人怀疑或谴责德莫夫斯基的爱国主义。因为，对于当时的波兰而言，国内工业生产对俄国市场的依赖程度很高，因而在俄国的支持下获得民族独立是一个更实际的途径。对于国家民主党人而言，他们的目标是在俄罗斯帝国内部获得半自治的地位，因此必须维护波兰与俄国的经济联系，而且在一定程度上需要接受俄国的军事保护，否则一个新独立的波兰很可能迅速被德国吞并。为了实现自己的目标，德莫夫斯基对俄国采取了"和解"的态度。[②]最终在1917年，波兰人追求独立的不屈抗争得到了英国和法国的支持，尤其是法国将波兰视作防止苏联布尔什维克主义西扩的屏障。英国原本对支持波兰独立缺乏兴趣，但在美国参战并提出威尔逊主义之后，西方协约国集团才对波兰的独立达成了一致。[③]

二 等距离外交的实践

二战爆发之前的波兰外交基轴有两个：其一，波兰在德国和苏联之间保持严格的中立，既不与德国结盟，也不与苏联结盟，以促使两个国家确信波兰不会加入任何反对另一方的同盟条约之中。其二，波兰必须同时维持好与法国和罗马尼亚的同盟关系。[④]

[①] Richard M. Watt, *Bitter Glory: Poland and Its Fate 1918–1939*, New York: Simon and Schuster, 1979, pp. 40–41.

[②] Richard M. Watt, *Bitter Glory: Poland and Its Fate 1918–1939*, New York: Simon and Schuster, 1979, pp. 41–42.

[③] Richard M. Watt, *Bitter Glory: Poland and Its Fate 1918–1939*, New York: Simon and Schuster, 1979, pp. 52–53.

[④] Diplomatic Academy of the Ministry of Foreign Affairs of the Republic of Poland, *The History of Polish Diplomacy X-XX c.*, Warsaw: Sejm Publishing Office, 2005, p. 491.

（一）波苏互不侵犯条约

1925年《洛迦诺公约》签署之后不久，德国就提出修改波德边界和归还但泽（格但斯克）的要求。时至30年代，德国对波兰造成的威胁愈演愈烈，尤其在1933年希特勒上台之后。鉴于时局，波兰统治集团认为有必要改善与苏联的关系。而在苏联方面，作为世界上第一个社会主义国家，其处在一个内外交困的境况之下，迫切需要建立一个和平的睦邻关系和国际环境。① 波兰的等距离外交就是在这样的地缘环境和权力格局下逐渐调整形成的。

1926年，苏联驻波兰公使彼得·沃依科夫（Pyotr Voykov）向波兰外长奥古斯特·扎莱斯基（August Zaleski）递交了一份由苏联政府提议的互不侵犯条约草案。波兰方面在复照中提出在波苏互不侵犯条约签订的同时，苏联也需同波罗的海国家签订互不侵犯条约的要求。苏联方面接受了。然而，始料未及的是双方在维尔诺地区归属问题上产生争议，苏方认为这一地区属于立陶宛，并警告波兰政府：对立陶宛的侵略将被视为是对苏联的侵略。波兰认为苏联的行径违背了1921年签订的《里加条约》。这一问题又恶化了波兰与立陶宛及苏联的关系。随后在1927年，苏联驻波公使沃依科夫在华沙火车站遭到暗杀。这一事件让已有矛盾的波苏关系雪上加霜。两国关系的转折点发生在1929年苏联加入《白里安—凯洛格公约》（Kellogg-Briand Pact）之后，波兰对于苏联方面的安全担忧得到了一定保障，自此两国关系逐渐好转。最终两国于1932年7月签订了互不侵犯条约。② 该条约的主要主张是：波苏双方同意放弃双边关系中的暴力行为，通过谈判解决问题，并放弃针对对方的任何武装冲突或联盟。

然而，在该条约签订后不久，波兰外长易人，接替扎莱斯基的是毕苏斯基的亲信约瑟夫·贝克（Józef Beck）上校。与前任不同的是，相对反德而言，贝克具有更强烈的反苏情绪。他的外交主张是在德国和苏联之间保持一种不偏不倚的等距离外交平衡政策。毕苏斯基死后，约瑟夫·贝克（JózefBeck）几乎独自决定了波兰外交政策的方向。正如一位

---

① 刘祖熙：《波兰通史》，商务印书馆2006年版，第412页。
② 刘祖熙：《波兰通史》，商务印书馆2006年版，第412—413页。

波兰政治家的评论:"独断者被独断者取代,波兰的外交政策将由新的独裁者全权负责和决定。"①

(二)波德互不侵犯条约

随着1932年《波苏互不侵犯条约》的签订,波兰和苏联之间的紧张关系得到缓解。但是,西部的德国对波兰而言仍然充满变数。1933年初,希特勒上台之后开始推行雄心勃勃的计划,以此获取所谓的"生存空间"。为了实现这个目的,希特勒需要更充足的时间来武装德国。在这段时期里,希特勒渴望缓和与波兰的紧张关系,将自己的目的暂时伪装起来,进而展示出友好的意愿并奉行和平政策。事实上,波德关系仅仅取决于希特勒的态度转化。

波兰方面就此得出的结论是:现在有可能改善波德关系,管控双方诸多的分歧,并以一种适宜的双边协定来确认这种关系。基于此,波兰和德国开始交换看法和建立双边联系。1933年2月,波兰外交使者向希特勒作出保证:波兰想要和平,无意参与到反对邻国的任何进攻性计划之中。随后双方于1933年秋在柏林开展了新一轮对话,并开始就签署互不侵略条约展开谈判。最终在1934年1月,波兰和德国签订了《德波互不侵略条约》②(波兰语:Polsko-niemiecki pakt o nieagresji)。该条约的有效期为10年,旨在确保任何一方都不能诉诸武力解决双边分歧问题。③

(三)波兰对外寻求盟友

独立后不久,新生的波兰第二共和国的东部边界就遭到战争的考验。这场战争始于1919年,主要围绕波兰与俄国之间的领土范围问题,以及对于立陶宛独立问题的分歧。一开始,波兰同时面临两个方面的对抗压力:俄国及其反对派势力——俄国白军(White Movement)④,这是一个反对布尔什维克共产党的松散团体。为此,波兰试图寻求与拉脱维亚和

---

① Olgierd Terlecki, *Pułkownik Beck*, Kraków: Krajowa Agencja Wydawnicza, 1985, s. 115.
② 自《凡尔赛和约》后,双方因领土纠纷而关系紧张,此条约使得双方关系正常化。德国实际上承认了波兰的边界,并开始结束过去10年双方的关税战争。
③ Diplomatic Academy of the Ministry of Foreign Affairs of the Republic of Poland, *The History of Polish Diplomacy X-XX c.*, Warsaw: Sejm Publishing Office, 2005, pp. 497–498.
④ 俄国白军(俄语:Белое движение)是指1918—1920年在俄国内战中对抗苏联红军的政治运动及其军队,主要由支持沙皇的保皇党和自由主义者等反布尔什维克势力组成。

罗马尼亚建立合作，但并未成功。受到共同威胁的驱使，乌克兰人民共和国却有同波兰建立合作关系的意愿。于是在 1920 年 2 月，双方签订了政治和军事合作协定。[①]

随后，波兰又寻求与英国的支持和军事援助，但未得到积极响应。英国方面仅愿意出面调停波苏关系。孤立无援的波兰不得不重新独自面对苏联的军事威胁。波苏战争的转折发生在波兰与法国和罗马尼亚缔结同盟条约之后，中东欧地区的权力优势开始转向波兰一方。在 1920 年的波苏战争期间，法国作为波兰最积极的支持者之一，曾派遣法国军事使团前往波兰援助波兰军队。在法国看来，法波的政治和军事同盟对法国在欧洲的均势外交是不可或缺的，尤其是可以协助法国共同抵御来自德国方面的安全威胁。1921 年 2 月，波兰元帅约瑟夫·毕苏斯基和法国总统亚历山大·米莱尔兰（Alexandre Millerand）在巴黎签订了秘密的军事协定。双方作出一致承诺：当彼此领土遭受任何第三方的进攻时，彼此将以最快速度给予战争援助。法国方面还允诺将大力支持波兰军队的扩充和强化。对波兰而言，同法国结盟是对其主权独立的有效保证，同时也可提高其在欧洲事务中的话语权。

除此之外，与罗马尼亚的结盟也是非常重要的一个安全保证。经过长时期的协商之后，波兰和罗马尼亚考虑到来自苏维埃俄国（苏联）方面的共同威胁，双方达成了和解。1921 年 3 月，双方签订了共同防御条约。其中最重要的条款是，两国中任意一方遭受来自东部边界的无端侵略时，双方将同时对其宣战，并为此提供军事支持。

以上两个盟友对两次世界大战期间的波兰外交具有关键性影响。这两个同盟条约成为十几年里波兰外交的基石。此举也提高了波兰同苏维埃俄国在里加和谈中的筹码。事实证明，在波兰与法国和罗马尼亚建立同盟关系之后，苏联咄咄逼人的气势发生了明显变化，转而希望尽快与波兰就边界问题达成和解。最终在 1921 年 3 月 18 日，波兰、苏维埃俄国和乌克兰三方签订了《里加条约》，结束了波兰和苏维埃俄国长达两年的

---

① Diplomatic Academy of the Ministry of Foreign Affairs of the Republic of Poland, *The History of Polish Diplomacy X-XX c.*, Warsaw: Sejm Publishing Office, 2005, pp. 476 – 477.

战争,实现了整个中东欧地区的和平。①

三 等距离外交的失败

20世纪30年代的波兰外交在德国、苏联和法国三个大国之间日趋独立,但始终无法摆脱地缘政治的宿命。《非战公约》的签署为波兰创造了一个较为和平稳定的发展时期。1932年年底,毕苏斯基委任其亲信约瑟夫·贝克担任新一届外长,自此波兰外交开始追求更加独立自主的目标。

在毕苏斯基看来,波兰未来的外交在应对不断涌现的新的国际问题上,应该更加独立和积极。独立是指:波兰应该将自身从对大国的依赖中解放出来,尤其是对于法国的依赖。② 波兰外交部认为,法国当前的对波政策过于苛刻,波兰在法国外交中扮演的是一个便利的工具而已。当法国旨在通过限制德国保障和平的时候,波兰便成为对法国有利的一枚棋子。考虑到与法国结盟的重要意义,波兰无法对法国采取更加激进的政策。因此,波兰的目标是成为法国一个更加独立的合作伙伴,拥有平等的权利,维护自己的利益,并留有更大的回旋余地。1933年,毕苏斯基甚至直截了当地指出:"波兰现在已经摆脱了来自东西方向上的威胁,进入一个新阶段,即波兰外交是完全独立的,并服务于本国利益。"③ 为了实现更大自由和获得更多时间,波兰必须坚持在德苏之间维持等距离关系的原则。如此一来可以让波兰未来有更多的自由余地。

然而,短暂的和平与稳定期很快出现了新的突变性因素。1935年,纳粹德国党政军二号人物赫尔曼·戈林(Hermann Göring)访问波兰,提出要与波兰开展军事合作共同侵略苏联。为了拉拢波兰,德国对波兰允诺,一旦占领苏联之后,乌克兰将成为波兰的势力范围,而德国将接管苏联的西北部。然而,波兰对戈林的提议持消极态度,毕苏斯基在戈林访问期间曾打断他的计划,并重申了波兰的外交立场:波兰作为苏联的

---

① Diplomatic Academy of the Ministry of Foreign Affairs of the Republic of Poland, *The History of Polish Diplomacy X-XX c.*, Warsaw: Sejm Publishing Office, 2005, pp. 480 – 481.

② Diplomatic Academy of the Ministry of Foreign Affairs of the Republic of Poland, *The History of Polish Diplomacy X-XX c.*, Warsaw: Sejm Publishing Office, 2005, pp. 496 – 497.

③ Diplomatic Academy of the Ministry of Foreign Affairs of the Republic of Poland, *The History of Polish Diplomacy X-XX c.*, Warsaw: Sejm Publishing Office, 2005, pp. 496 – 497.

邻居，我们必须维持一个和平且适中的政策，波兰无意卷入任何反苏的同盟计划之中。

在以上背景下，苏联对波兰的中立立场开始产生怀疑，他们认为波兰不仅与德国签订了秘密协定，还与日本签订了反俄协定。尽管波兰外交部长贝克为了增信释疑，在与苏联的后续对话中反复重申波兰的友好立场，并在多个场合发表公开宣言。但这些承诺和宣言并未发挥真正效力，也未能令苏联信服。这直接导致波苏关系在1935—1938年几乎冻结，双边几乎没有任何外交层面的联系，部分缘由是苏联驻波大使雅科夫·达维多夫（Yakov Davtyan）被解雇。在此期间，波苏之间的对话主要通过法国这一中间人完成。

除了努力维持与德苏的友好关系之外，波兰外交的其他支点也是这一时期的努力方向。一方面，波法同盟关系一直得以维持。另一方面，波兰积极参与到国际裁军和集体安全的事务之中。除了在欧洲层面的集体安全之外，波兰也积极构筑中东欧地区的集体安全体系，这一架构在波兰官方文件中称作"海间联盟"（波兰语：Miedzymorze），即处在波罗的海和黑海之间的领土范围。波兰外交部资料显示，海间联盟的现实性基础在于，处在波罗的海和黑海之间的中东欧小国与波兰有着类似的地缘环境，大都处在两个大国的夹缝之中。因此，波兰希冀可以联合这些国家的力量共同发挥影响力，以促使这些大国在该地区保持中立，进而为该地区国家的发展创造一个稳定的地缘环境。①

然而，波兰提出的海间联盟因缺乏共同利益而未得到其他国家的支持，主要原因有两个方面，一方面，由于处在不同地理位置的中东欧国家对德苏的威胁感知差异较大，距离德苏威胁较远的国家加入该联盟的意愿度也较低；另一方面，处在该区域的国家担心加入到波兰倡导的联盟之后会将他们拖入战争风险之中。以上缘由促使波兰试图在德苏之间建立一个超级联盟的倡议终究落空。此时的波兰不得不凭借自身的实力，

---

① Diplomatic Academy of the Ministry of Foreign Affairs of the Republic of Poland, *The History of Polish Diplomacy X-XX c.*, Warsaw: Sejm Publishing Office, 2005, pp. 498–500.

孤独地维持着自己的平衡政策。①

1936年，德国军队进入莱茵非军事区。1938年，德国吞并奥地利，将奥地利合并到第三帝国之中，并征服了苏台德山脉。与此同时，波兰完成了两个外交目标。其一，解决了波兰和立陶宛之间长期存在的矛盾，两国关系恢复正常化。其二，波兰在德国侵略捷克斯洛伐克的情形下，趁机攻占了波捷两国的争议地区——扎奥尔杰，波兰这一短视行为招致了广泛批评。随后在1939年1月，德国再次提出构建波德反苏联盟的倡议。希特勒还特别强调：格但斯克迟早都应归还给德国，并且要重新打通德国与东普鲁士之间的交通走廊。这两个问题后来成为德国入侵波兰的借口。在此次对话之后，波兰已经意识到与德国达成和解的可能已经不复存在，战争很可能不得不爆发。不幸的是，来自英国和法国的支持是口惠而实不至的。② 战争终究不可避免，1939年8月31日晚，纳粹德国发动了对波兰的进攻。反观苏联一边，其与纳粹德国在8月23日秘密签订了《苏德互不侵犯条约》，该条约就瓜分波兰达成了心照不宣的共识。随后在9月17日，苏联从东部入侵波兰，导致波兰陷入腹背受敌的绝望境地。③

德国与波兰在地缘处境上的相似之处是都处在中欧地带，一招不慎极易招致邻国的戒备或围攻。在实力方面，14—17世纪的波兰的体量和国家实力还要胜过普鲁士。在波兰遭到瓜分之后，普鲁士取代波兰成为崛起于中欧地带的大国，其面临的地缘环境与曾经的波兰相比有过之而无不及。这一点无不印证着类似地缘环境下，一国的外交巧拙和精英共识对于国家命运的重要性。1871年普法战争之后，普鲁士一统德国，其能在群雄并起的欧洲左右逢源，避免遭受左右夹击的亡国威胁，很大程度上得益于智谋超群的宰相俾斯麦。俾斯麦凭借个人高超的外交智慧构筑了一个以"反法、联奥、抑俄、拉英"为核心的复杂的多边同盟体系。

---

① Diplomatic Academy of the Ministry of Foreign Affairs of the Republic of Poland, *The History of Polish Diplomacy X-XX c.*, Warsaw: Sejm Publishing Office, 2005, p.500.

② Diplomatic Academy of the Ministry of Foreign Affairs of the Republic of Poland, *The History of Polish Diplomacy X-XX c.*, Warsaw: Sejm Publishing Office, 2005, pp.509–513.

③ Diplomatic Academy of the Ministry of Foreign Affairs of the Republic of Poland, *The History of Polish Diplomacy X-XX c.*, Warsaw: Sejm Publishing Office, 2005, p.519.

这一体系的主要基轴是，德国既与俄国又与奥匈帝国结盟而达成的一种微妙的平衡。① 这对于当前的波兰而言仍然具有非常重要的借鉴意义。

第三节　苏联解体后的波兰睦邻外交

1989年波兰从苏联的卫星国地位演变成了一个独立的国家，自此波兰开始了政治制度、经济体制和外交政策等领域的全面转型。在转型之后到公民纲领党执政之前（1989—2007）的近20年里，波兰外交政策大致经历了"回归西方与东部睦邻外交"、"以入约加盟为目标的多边外交"，以及"入盟之后的亲美疑欧抑俄外交"三个阶段。

一　睦邻外交的背景：苏联解体与波兰转型

（一）权力格局：苏联解体

在20世纪80年代末和90年代早期，波兰面临的外部环境发生了急剧变化。在此期间，曾经作为苏联卫星国的东欧国家相继以政治妥协方式实现了权力的和平过渡。随之而来的两德统一为苏联解体创造了基本条件，使得波兰的东部威胁再次重现。其中最大的变化是，波兰的邻国突然从四个变成了七个，这七个国家分别是：俄罗斯、乌克兰、立陶宛、捷克②、德国、斯洛伐克、白俄罗斯。在此背景下，波兰的地缘政治战略也不得不随之进行调整。③

独立之后的新波兰亟待与东西部主要大国建立双边关系，尤其是波德关系和波俄关系，面临的首要问题是与德国的边界划定问题，其次是苏联从波兰领土的撤军问题。与之紧密相关的国际背景是1990年两德统一问题的解决，这为苏联从波兰撤军铺平了道路，也为波兰解决边界问题，重建波德关系奠定了基础。此前苏联在波兰驻军的一个重要意义就是保护奥得河—尼斯河线（Oder-Neisse Line）。因而只有德国的重新统

---

① ［美］亨利·基辛格：《大外交》，顾淑馨、林添贵译，海南出版社2012年版，第158页。
② 1992年后捷克斯洛伐克解体成了两个独立国家——捷克共和国和斯洛伐克共和国。
③ Bolesław Balcerowicz, "Poland's Involvement in Euro-Atlantic Security," in Stanisław Bieleń, *Poland's Foreign Policy in the 21st Century*, Warsaw: Difin SA, 2011, p. 136.

一,并且得到莫斯科的承认,这才真正意味着两极秩序的解体和欧洲分裂的终结。①

边界谈判问题起始于柏林墙倒塌之后的"2+4会谈"(两德+四个大国苏联、美国、英国和法国),该会谈旨在促进两德的和平统一。随着1989年11月28日德国总理科尔(Helmut Kohl)在联邦议院就德国统一问题提出10点计划,波兰方面对此作出了快速回应。同年12月7日,波兰外长克日什托夫·斯库比舍夫斯基(Krzysztof Skubiszewski)在波兰议会表态之前就发表了演讲,他强调:"历史不是也不能成为塑造现实的决定性因素,欧洲正在发生变化,我们不能否定这些,相反我们需要这些变化,我们是合作的促进者。但是我们必须关切我们的国家利益……。"②此番演讲强调了波兰对重新确认其西部波德边界的诉求,以及德国统一对欧洲的重要性。这个明确的陈述得到了整个波兰政治阶层的支持,并成了波兰争取四大国(美国、苏联、德国和法国)支持的基础。③ 随后波兰很快对几个大国展开了密集的外交访问,以期获得其对波德问题的支持。

事实上,法国对德国重新统一心存余悸,因为德国作为一个统一体再度崛起会改变欧洲的均势格局,对法国的外部环境是不利的。因此,由波兰总统、总理和外长组成的特别代表团于1990年3月10日访问了法国,率先得到法国在德国统一问题上的支持。至此,波兰被成功地纳入"2+4会谈"的阶段性议题中,这可以说是波兰外交的初步成功。随即波兰又努力争取到了美国对于波德边界问题的无条件支持。莫斯科和伦敦也对此持与美法相似的立场,即他们一致认为"奥得河—尼斯河边界"问题与德国统一以及周边国家的安全密切相关。④

---

① Roman Kuzniar, *Poland's Foreign Policy after 1989*, Warsaw: Wydawnictwo Naukowe Scholar, 2009, p. 58.

② Roman Kuzniar, *Poland's Foreign Policy after 1989*, Warsaw: Wydawnictwo Naukowe Scholar, 2009, p. 59.

③ Roman Kuzniar, *Poland's Foreign Policy after 1989*, Warsaw: Wydawnictwo Naukowe Scholar, 2009, p. 59.

④ "In the Words of the Communipue Issued at the End of the Ottawa Conference," in Roman Kuzniar, *Poland's Foreign Policy after 1989*, Warsaw: Wydawnictwo Naukowe Scholar, 2009, p. 59.

（二）地缘环境

在冷战期间，波兰被其他东欧集团国家（苏联、捷克斯洛伐克和德意志民主共和国）包围。苏联解体之后，波兰的外交政策受到其所处地缘环境的塑造。单从地理上看，波兰现在有更多的邻国：俄罗斯、立陶宛、白俄罗斯和乌克兰在北部和东部；捷克共和国和斯洛伐克（从捷克斯洛伐克解体而来）位于南部；西部是德意志联邦共和国。波兰目前的边界接壤情况如下：与捷克共和国796千米，与斯洛伐克541千米，与乌克兰535千米，与德国467千米，与白俄罗斯418千米，与俄罗斯210千米，与立陶宛104千米。[1]

事实上，波兰所处环境中的地缘政治意义要远大于其地理意义。原因是，在冷兵器时代，军事征服只能通过陆路和水路等途径，通常也只能依靠步行或骑马。步入工业化时代之后，随着坦克、飞机和大炮等现代武器在战场上的使用，地理上远近的重要性逐渐降低，而地缘政治的重要性更加凸显。以波兰为例，自波兰—立陶宛联邦时期开始，其就处在以俄国、普鲁士和奥地利为代表的强国环伺之中，时至今日，其在地理上仍未摆脱先天性的地理缺陷。二战之后，世界权力格局呈现出以美国和苏联为首的两强局面，这意味着曾经一度在欧洲所向披靡的霸权国——英国、法国和德国都沦落成二流国家。因此，冷战时期波兰所处位置的地缘意义不可与往日同比，虽然其地理位置未变，但毗邻国家实力的此消彼长及联盟阵营的重新组合，导致波兰的国家身份也被迫地作出了选择。

在冷战时期，置身于苏联社会主义阵营的波兰与民主德国一起作为抵挡以美国为首的西方阵营势力扩张的西部前沿。这同时意味着，地缘政治意义上的波兰不再处在历史上遭受亡国的夹缝之中，因为原本处在波兰西部的强邻德国在二战后被美苏分区占领，一分为二；归属于社会主义阵营的民主德国与波兰一并成为华沙条约组织成员国，东部的苏联则是这一组织的主导者。

苏联解体后，波兰除了边界问题亟待重新确定之外，其大致的地理

---

[1] Ryszard Zięba, *Poland's Foreign and Security Policy: Problems of Compatibility with the Changing International Order*, Switzerland: Springer Nature Switzerland AG, 2020, p.17.

位置并未发生颠覆性变化。发生重大变化的正是其地缘环境的变化，这包括：毗邻国家数量、与东西邻国关系等。譬如，波兰与西邻德国的变化从"波兰—东德—西德"关系演化成波兰与统一后的德国的关系。随着德国的统一，波德关系实际上又多了一层地缘政治意义，那就是波兰与欧盟关系。反观与东部国家关系，冷战后，波兰东部政策的核心议题逐渐由对苏政策，过渡到苏联解体后的波俄关系及与其他从苏联相继独立出来的东部国家的关系。此外，鉴于苏联解体后东欧地区的安全真空问题，波兰和匈牙利、捷克斯洛伐克等国深感担忧，一方面他们对重新统一后的德国惴惴不安，另一方面对苏联的主要继承者俄罗斯更是保持高度警惕。以上地缘环境对苏联解体后波兰外交具有重要的塑造意义。

（三）身份定位：东西欧关系的桥梁

苏联解体后的波兰实力尚弱，1990年波兰GDP在全球排名第36位，军事实力排名第40位，无法支撑其在中东欧谋求主导权的地区大国雄心。加上冷战时期作为苏联卫星国的历史记忆，使得1989年后的波兰政治精英渴望重新融入西方，因而走上了全面的经济和政治转型道路。

与这一过程相伴随的是，波兰的国际角色也由冷战时期作为对抗西方阵营的东欧国家，转变为东西欧之间的调停者，搭建起东西欧之间沟通与对话的桥梁，使波兰在欧洲的身份得以突出。例如，波兰于1989—1991年在德俄等大国之间扮演了重要的桥梁角色。[①] 独立后的波兰首任外长斯库比舍夫斯基奉行实用主义外交理念，谨慎地处理与联邦德国、民主德国和苏联之间的关系。其与民主德国在1970年《波德条约》的基础之上确定了波德"奥得—尼斯河"边界，与苏联最高领导人在1989年10—12月期间进行了多次互访。波兰领导人本着非对抗和务实的战略原则，使得双方在尊重主权、权利平等和不干涉别国内政等多个方面达成了一致。此外，1989年9月西德总理赫尔穆特·科尔（Helmut Kohl）对波兰进行了历史性的访问，并强调，"波兰回归民主道路对整个欧洲而言是巨大的成功"。作为回应，波兰总理塔德乌什·马佐维耶茨基（Tadeusz Mazowiecki）表示："我们非常清楚存在于双边关系中的历史负担，但我们的对话

---

① 王弘毅：《波兰的中等强国外交——身份定位、角色期望与外交偏好》，《俄罗斯研究》2020年第2期。

也将着眼于未来。"① 由此可见，波兰依靠自身力量无法直面大国的军事威胁，但其可在动荡的、对抗性的区域秩序中促进大国之间外交政策的协调，削减主要大国之间的分歧，从而降低大国在该区域内的对抗性。②

（四）精英共识：左翼与右翼之争

1989 年后，波兰认为与苏联未来的关系中，加强与西方的联系越来越重要。随后的"团结"政府竭力将波兰定位成捍卫西方文明免受侵蚀的堡垒。因此，1991 年后的俄罗斯难免会被视作苏联的影子，这常常唤醒波兰人对于俄罗斯可能复苏的帝国主义的恐惧感，成为影响波兰对俄政策的关键因素之一。例如，卡廷事件就是一个横在波苏关系之中挥之不去的阴影，对于这一事件的历史仇恨也将自然而然地转移到了俄罗斯身上。

从本质上看，波兰的东部政策在相当大程度上被赋予了意识形态的因素，这使得政治精英几乎不可能采取理性的方式。例如，在叶利钦总统上任时，波兰将其视作一个政治强人，成了阻碍波俄开展政治对话的一个历史偏见。显然，这种思维仍然根植于"俄罗斯帝国"的历史语境。而在 2000 年 3 月 29 日，波兰总统通过电话祝贺普京当选俄罗斯总统，同时邀请普京总统访问波兰，并表示相信两国将共同努力，基于"共同价值观、历史遗产和经验以及相互同情"建立最好的双边关系。反过来，普京指出，"如此近距离的邻里要建立适当等级的相互关系，同时消除不必要的障碍"③。

要想理解波兰统治精英在塑造外交政策方面的作用，还需要回溯波兰政党转型的历史进程。作为波兰第一个独立工会——团结工会（Solidarność）功不可没。这一工会组织于 1980 年在格但斯克造船厂成立，由瓦文萨领导，组织成员主要由国内的天主教徒和反共左翼人士组成。20

---

① Joshua B. Spero, *Middle Powers and Regional Influence: Critical Foreign Policy Junctures for Poland, South Korea, and Bolivia*, Lanham, Maryland: Rowman & Littlefield International, 2019, p. 10.

② Joshua B. Spero, *Middle Powers and Regional Influence: Critical Foreign Policy Junctures for Poland, South Korea, and Bolivia*, Lanham, Maryland: Rowman & Littlefield International, 2019, p. 3.

③ Karol B. Janowski, "The Dilemmas of the Eastern Policy of the Republic of Poland: From Dynamic Equilibrium to Imbalance," *Przegla̢d Politologiczny*, Vol. 3, No. 3, 2014, p. 122.

世纪 80 年代，该组织通过非暴力形式，即"协商转型"（Negotiated Transition）① 民主模式，促使波兰统一工人党的执政地位不断遭到削弱。最终在 80 年代末期，统一工人党被迫同意与团结工会展开圆桌谈判，并在 1989 年 6 月 4 日实现了半自由选举。在此次选举中，现任执政党候选人被彻底击败，被迫与团结工会组建了联合政府，由此揭开了波兰政党转型的序幕。首届政府主要成员组成如下：来自团结工会的塔德乌什·马佐维耶茨基和莱舍克·巴尔采罗维奇（Leszek Balcerowicz）分别担任总理和副总理，另外三名副总理分别来自波兰统一工人党、统一农民党和民主党，无党派人士斯库比舍夫斯基担任外长。总体而言，在 24 名政府成员中，团结工会占据一半，统一农民党和统一工人党各占 4 名，民主党 3 名，剩下 1 名来自无党派人士。②

事实上，1989—1991 年，瓦文萨作为团结工会主席一手将塔德乌什·马佐维耶茨基扶持到总理位置，但两者的政治观念相悖，直接导致了团结工会的分裂。马佐维耶茨基是一个政治自由主义者；而瓦文萨是一个保守的民族主义者。③ 最终两人成了 1990 年总统大选的竞争对手，瓦文萨在赢得总统大选之后，马佐维耶茨基（任期从 1989 年 8 月 24 日—1991 年 1 月 12 日）宣布辞职。瓦文萨于 1990 年 12 月提名扬·克日什托夫·别莱茨基（Jan Krzysztof Bielecki）为总理。别莱茨基同样来自团结工会，并且对瓦文萨极为恭顺。④

1993 年 9 月，以波兰社会民主党为首的民主左翼联盟赢得了议会大选，成立了左翼联合政府。两年之后，该党主席亚历山大·克瓦希涅夫斯基（Aleksander Kwasniewski）在总统大选中击败瓦文萨，当选新总统。如此一来，民主左翼联盟主导了 1995 年后的波兰总统、议会和政府三大权力机构。但在 1997 年 9 月第四次议会换届选举中，一个新的右翼政党联合——团结选举运动拔地而起，一举战胜了执政四年的民主左翼联盟，该党推举布泽克为新一届政府总理，波兰自此进入了左翼总统和右翼政

---

① Frances Millard, *Polish Politics and Society*, London: Routledge, 1999, p. 8.
② 刘祖熙：《波兰通史》，商务印书馆 2006 年版，第 553—554 页。
③ Frances Millard, *Polish politics and Society*, London: Routledge, 1999, p. 12.
④ 刘祖熙：《波兰通史》，商务印书馆 2006 年版，第 561 页。

府的"共治"时期。① 但该党在2001年大选中失败。自此以后,这一政党中不少成员被吸纳到波兰现在的两大政党——公民纲领党和法律与公正党之中。

值得关注的是,在波兰的政治精英中,来自不同政党的对外政策受到的意识形态因素影响不同。左翼政党倾向于奉行实用主义外交理念,即对东部采取更加开放和包容的外交政策,同时也强调同西方关系的重要性。从本质上讲,这种理念强调的是在东西部之间保持一种政策的平衡。例如,属于左翼的波兰社会民主党(Socjaldemokracja Rzeczypospolitej Polskiej,SdRP),成立于1990年。该党是从起源于波兰统一工人党的民主左翼联盟中分裂而来的。该党的创始人包括波兰总统亚历山大·克瓦希涅夫斯基(Aleksander Kwaśniewski)、前议长约瑟夫·奥莱克瑟(Józef Oleksy),民主左翼联盟主席、前总理莱舍克·米莱尔(Leszek Miller),1999年后,社会民主党被并入民主左翼联盟。

然而,波兰外交在1989年面临的两难困境在21世纪仍然存在。自2005年右翼政党上台以来,波兰外交政策的西向战略已占上风,反之东部政策中的实用主义和理性主义却大大降低。在此期间,波俄关系距离拉大,敌意上升。与此同时,波兰追随美国的忠诚度进一步上升。但波兰的右翼执政者似乎忽略了美国与俄罗斯竞争的本质特征。波兰和美国关系存在着巨大的不对称性,波兰高度依赖于美国。美俄关系竞争的态势决定了波兰在美国欧洲战略中地位的高低。因此,仅仅当波兰的需求满足美国的利益需要时才会被认真对待。虽然波兰常常选择屈从于美国利益,但仍然无法获得一劳永逸的安全保障和平等的收益,相反却激化了更多的仇恨。②

二 睦邻外交的实践:回归西方与东向睦邻

波兰外交转型的最显著特征就是地缘政治的复归。苏联解体后的波

---

① 马细谱:《追梦与现实——中东欧转轨25年研究文集》,中国社会科学出版社2016年版,第73页。
② Karol B. Janowski,"The Dilemmas of the Eastern Policy of the Republic of Poland: From Dynamic Equilibrium to Imbalance," *Przegląd Politologiczny*,Vol. 3,No. 3,2014,p. 123.

兰重新获得了主权独立，回归欧洲成为波兰外交的基本主题。转向西方成为这一时期波兰总理塔德乌什·马佐维耶茨基和其他来自团结工会阵营的政治家官方辞令的主体内容。重建和增强与主要西欧国家的双边关系，以及在团结西方世界的基础上建立多边关系成为波兰外交的主要方向。在起初几个月里，马佐维耶茨基政府的官方演讲表示，波兰尊重来自苏联阵营的同盟责任，并与经互会（Comecon）国家展开合作。事实上，这只是波兰的"缓兵之计"。此举旨在避开来自莫斯科的过度反应。同理，转向西方（Western Direction）也是逐步公开的，这些政策转向的证据可见诸波兰政府在1990—1992年颁布的系列公报之中。转向西方的外交政策对波兰的国家安全同样有着深刻的意义。正如波兰外长斯库比舍夫斯基所言："我们从未考虑过中立。我们清楚地认识到与北约全面发展关系的重要性。这是因为我们意识到真正的安全在欧洲国家之间是不平等的，这种不平等状况对波兰是不利的。我们一直以来反对使得波兰所在的区域处在任何形式的缓冲地带或灰色地带上。"[1]

（一）与西欧大国合作："魏玛三角"

"魏玛三角"（Weimar Triangle）的出现是为了应对20世纪90年代初期欧洲出现的新格局。其中，波兰正在踏上融入欧洲统一进程的最后阶段，需要通过必要的机制化工具来实现该目标。同时，德国需要设法保护自己，并使其处在对波关系中的有利地位。法国则希望介入到欧洲政治的新阶段中。在此背景下，一个由"法—德—波"联合倡导下的欧洲新机制应运而生，[2] 对于波兰而言，加入该机制的优势显而易见，与欧洲两个大国之间的新关系，将助推其从欧洲边缘地区迈向权力中心。同时，这也为波兰提供了一个可以游说北约和欧盟中老牌成员国的机会，进而为波兰"入盟加约"创造条件。

"魏玛三角"实质上只是一个"对话论坛"（forum of dialogue）或"磋商论坛"（forum of consultation），可以被视为法德关系的概念化战略

---

[1] Krzysztof Skubiszewski, "Polska polityka zagraniczna w 1991 r," in *Rocznik Polityki Zagranicznej (1991)*, Polski Instytut Spraw Międzynarodowych, 1993, s. 16.

[2] Ryszard Stemplowski, "The Weimar Triangle and Its Strategic Goals," The Polish Institute of International Affairs, Vol. 3, No. 8, 2003, p. 41.

工具。其旨在帮助波兰回到欧洲大家庭。从理论层面而言，"魏玛三角"将波兰视作一个与法国和德国平等的对话伙伴国，但事实上三国关系是不平等的。要想充分理解"魏玛三角"的成立动机以及现在的运作状况，把握该机制成立的最初动机和历史背景尤为重要。① 在"魏玛三角"的三边关系中，我们可以抽取出三组双边关系加以分析理解。因为，波法、波德和法德三组关系之间的历史恩怨较为复杂，且各不相同。

首先，就法德关系而言，历史上的普法战争曾让两国结下世仇，法国国王拿破仑三世一度被俘，《法兰克福条约》还将法国的阿尔萨斯—洛林割让给德国，并赔偿巨额法郎。更为屈辱的是，德皇威廉一世的登基大典专门选在了凡尔赛宫举办，极大地羞辱了法国，埋下了两国仇恨的种子。普法战争后，法国社会中普遍弥漫着强烈的复仇主义情绪，成为第一次世界大战的导火索之一。二战时期，法国再度遭受纳粹德国入侵，一度亡国，法德关系的矛盾再度强化。

但有趣的是，二战之后不久，法国和德国共同在欧洲一体化的过程中扮演了关键性角色，这与两国关系的和解密不可分。回溯欧洲一体化发展史，1959年"舒曼计划"的提出宣告了欧洲煤钢共同体的成立。该计划可以被视为法德和解的制动因素。对于法国而言，其不仅想通过共同体形式控制德国政治并从德国的经济资源中谋利，而且希望推动欧洲重建议程。对于战败的德国而言，密切与法国关系可以为其作为一个平等伙伴重新进入欧洲大家庭开辟道路。从此之后，法德合作与欧洲一体化进程之间保持着内在联系。② 在此之前，法德之间的敌对思想一直主导着法德关系。③

法德两国的和解进程始于二战之后。二战后西德总理康拉德·阿登纳（Konrad Adenauer）将促进与历史仇敌的法国之间的和睦相处作为对

---

① Carine Germond and Henning Türk, eds., A History of Franco-German Relations in Europe: From "Hereditary Enemies" to Partners, New York: St. Martin's Press, 2008, p. 261.

② Carine Germond and Henning Türk, eds., A History of Franco-German Relations in Europe: From "Hereditary Enemies" to Partners, New York: St. Martin's Press, 2008, p. 262.

③ Jürgen Ritte, "Fatale Nationalgefühle und eine《Erbfeindschaft》," NeueZürcherZeitung, July 8, 2017, https://www.nzz.ch/deutsch-franzoesischer-krieg-187071-fatale-nationalgefuehle-und-eine-erbfeindschaft-ld.1304922.

外政策的优先事项之一。① 1963 年签订的《爱丽舍条约》（Elysée Treaty）标志着法德两国的和解进程达到高潮。《爱丽舍条约》是法国和西德之间的友好条约，由法国总统查尔斯·戴高乐（Charles de Gaulle）和德国总理康拉德·阿登纳于 1963 年 1 月 22 日在巴黎的爱丽舍宫签署。该条约的签署为结束数百年来德国和法国的对抗关系奠定了新的基础，同时也为法德的机制化合作关系创造了前提。在法德开启双边的机制化合作关系之后，两国以此为基础开展了诸多的多边化合作，如欧洲理事会（European Council）和八国集团（G8）等。对于两国而言，共同的历史负担赋予了两国担负起推动欧洲和平与发展的特殊责任。② 法德之间的合作证明，两国具备共同推动欧洲一体化的政治领导力。虽然双边关系历经多次考验，但都展现出了妥协的意愿。毫无疑问，法德关系的和解与合作关系为"魏玛三角"机制的创立奠定了基础。

其次，德国和波兰关系与法德关系较为相似，同样存在长久的历史仇怨。这种仇怨主要来自三次瓜分波兰以及二战时期希特勒和斯大林共谋侵略波兰的历史记忆。直到 1945 年，由德国占领的波兰第一次被纳入苏联的势力范围，随之成为东方集团的一员。另外，由于德国被东西方两大阵营分区占领之后，波德关系转变成了与东德（民主德国）和西德（联邦德国）的两组关系。继 20 世纪 60 年代波兰天主教会为促进与联邦德国的和解进程而采取的重要举措之后，维利·勃兰特（Willy Brandt）总理的新东方政策开创了德国外交政策的新篇章。他还致力于与东部集团的主导大国苏联进行谈判，最终不仅与苏联而且与波兰改善了关系。1970 年 12 月，德国与波兰签署了《华沙条约》，承认奥得河—尼斯河线为波兰的西部边界，该条约成为波德关系改善的最重要因素。直到 20 世纪 90 年代德国完成了历史性统一之后，波兰同德国之间再次确认了其东部边界，并得到了德国的认可。1991 年 6 月 17 日，两国签署了《德波睦邻友好合作条约》，此后两国关系的和解进程进入了快车道。但与此同

---

① Zur Bedeutung des Élysée-Vertrags, "Bundeszentrale für Politische Bildung," December 19, 2012, https：//www.bpb.de/apuz/152060/zur-bedeutung-des-elysee-vertrags? p = all.
② Carine Germond and Henning Türk, eds., *A History of Franco-German Relations in Europe：From "Hereditary Enemies" to Partners*, New York：St. Martin's Press, 2008, pp. 262 – 263.

时，20世纪90年代初期和解以来，波兰对德国一直怀有复杂又矛盾的情感。一方面，德国的经济增长有利于带动波兰的经济发展，同时德国在助推波兰融入西方方面扮演着不可替代的角色。另一方面，波兰对德国的快速崛起及其在欧洲不断增强的政治影响力感到担忧，将其视作一种新的威胁。[1]

与波德和法德关系相比，波法关系较为特殊，两国之间从未爆发过战争。法国自16世纪开始就与波兰建立过特殊关系，当时法国国王亨利三世将与波兰的合作视为包围德意志神圣罗马帝国的有效途径。18世纪，法国国王路易十五迎娶了波兰国王斯坦尼斯瓦夫一世（Stanislas Leszczynski）的女儿玛丽·莱什琴斯卡（Marie Leszczynska），至此波法之间形成了王朝同盟关系。波法关系的另一个重要时期是在19世纪和20世纪初，从波兰到法国出现了接连不断的移民浪潮，这个群体包括知识分子、艺术家、音乐家和研究人员，以及矿工和其他工人，比较有代表性的有音乐家肖邦和科学家居里夫人。两个世纪以来，这些频繁的人文交流成为波法关系的文化纽带。

然而，波法关系在二战后受到很多消极的影响。首先，波兰对法国在二战爆发后未能履行对波兰的安全保证耿耿于怀。其次，法国是第一个承认亲苏傀儡政权"卢布林委员会"的西方大国，这也被波兰视作对其利益的侵害和背叛。波兰自16世纪以来之所以受到法国的战略重视，并多次建立同盟关系的最重要原因是：两国之间存在着来自普鲁士（德国）方面的安全威胁。但在二战结束后，德国被分区占领，实力迅速衰落，对法国不再是一个重大威胁。因此，波兰在法国对外战略中的重要性下降。冷战时期法国的东部政策主要围绕法苏关系展开，而不是东欧国家。法波关系在1989年后出现了新的变化，主要原因是德国重新统一，促使法国不得不重新考虑波兰的战略价值。[2]

"魏玛三角"是由德、法、波三国外长汉斯·迪特里希·根舍尔、罗

---

[1] Carine Germond and Henning Türk, eds., *A History of Franco-German Relations in Europe: From "Hereditary Enemies" to Partners*, New York: St. Martin's Press, 2008, pp. 263-264.

[2] Carine Germond and Henning Türk, eds., *A History of Franco-German Relations in Europe: From "Hereditary Enemies" to Partners*, New York: St. Martin's Press, 2008, p. 255.

兰·杜马斯和斯库比舍夫斯基于1991年8月28日共同创建的,这一天刚好是德国著名作家哥德的诞辰。这暗含了"魏玛三角"的创建时间和地点别有深意,一方面不仅与德国文学有关,另一方面与魏玛附近的布痕瓦尔德集中营有关。魏玛被视为"源于欧洲的历史责任的一种表达,并意味着法德和德波之间的历史。"[1] 共同利益的存在是推动三国战略接近并成立这一对话平台的主要动因(见表2-1)。

表2-1　　　　　　　"魏玛三角"的利益维度

利益维度	法国	德国	波兰
安全	限制德国的东部政策	稳固其东部边界的政治考量	融入西方
经济	东欧作为新的货物市场和资本投资地区	东欧作为新的货物市场和资本投资地区,以及跨境合作	西欧作为波兰新的货物市场和资本投资地区,以及跨境合作
历史	防止德国在东欧重建霸权	满足波兰的安全关切	防止德国在东欧重建霸权

资料来源:Carine Germond and Henning Türk, eds., A History of Franco-German Relations in Europe: From "Hereditary Enemies" to Partners, New York: St. Martin's Press, 2008, p. 268。

总而言之,"魏玛三角"的成立在欧洲一体化过程中扮演了积极的角色,一度成为欧盟东扩的新引擎。一方面,由于法德两国基于历史性原因使他们在中东欧地区难以获得介入的合法性和信任感;另一方面,波兰不论是人口还是领土范围都是中东欧地区最大的国家,自然而然地成为欧盟东扩的重点对象。但"魏玛三角"存在的问题是仅仅作为一个对话平台,缺乏必要的机制化。[2]

(二)强化中欧团结:维谢格拉德集团

维谢格拉德集团是以波兰为首的中欧三国(波兰、捷克斯洛伐克和

---

[1] Hans-Dietrich Genscher, "Europa in einer neuen Weltordnung: Fragen an Paris und Bonn," in Der Elysée-Vertrag und die deutsch-französischen Beziehungen: 1945 – 1963 – 2003, München: Oldenburg, 2005, p. 269.

[2] Carine Germond and Henning Türk, eds., A History of Franco-German Relations in Europe: From "Hereditary Enemies" to Partners, New York: St. Martin's Press, 2008, pp. 268 – 269.

匈牙利）在苏联解体后，出于捍卫国家独立与安全的考虑创立的一种次区域集体安全机制。这三个国家曾经都处在西方阵营与共产主义阵营对峙的缓冲地带上，1989 年之后虽然陆续摆脱了苏联控制实现了国家独立，但他们对东部俄罗斯仍然保持高度警惕，时刻担心俄罗斯可能复活的帝国主义。可以说"恐俄症"为这一组织的成立提供了内在的安全动因。另一个重要动因是独立初期西方尚未将集体安全机制和政治保护伞扩散到波兰、捷克斯洛伐克和匈牙利等中欧地带，增强和发展紧密的双边和多边形式的次区域安全合作，是一种抱团取暖、集体自强的有效路径。[1]

从国家集团合作与政策协调的生成逻辑来看，可以按照威胁感知和价值趋向[2]两个维度将国家集团分成以下几种范畴（见表 2-2）。第一种是集团成员有着明确的共同威胁，且集团成员共享的价值规范程度高，譬如"维谢格拉德集团"，该集团内的三个国家在历史、地缘和文化等诸多方面享有共同的价值观念，并且对俄罗斯有着明显的威胁感知。第二种是集团成员有着明确的共同威胁，但集团成员共享的价值规范程度低，例如"魏玛三角"，该集团是 20 世纪 90 年代苏联解体后德、法、波三国为加强合作而出台的机制，也有出于拉拢和稳定东欧、遏制俄罗斯势力西扩的目的，但在波兰实现加入北约和欧盟的目标后，波兰与德法之间的分歧不断拉大，本质在于三者缺乏共享的价值观念。比荷卢经济联盟则属于第三类国家集团模式，此类集团仅仅共同享有以经济合作和共同发展为目的的价值规范。通常情况下，有着明确的共同威胁，且共享的价值规范程度高的国家集团对外政策的协调性和一致性更强。[3]

---

[1] Roman Kuzniar, *Poland's Foreign Policy after 1989*, Warsaw: Wydawnictwo Naukowe Scholar, 2009, p. 54.

[2] 本书中威胁感知是指，一个国家集团对其所遭受的经济、安全、文化、政治等多方面威胁的敏感程度；价值趋向是指集团内部行为体之间共同享有的历史、地缘、经济、政治、文化等多方面的彼此认同程度。

[3] 王弘毅：《维谢格拉德集团与欧盟团结问题——以难民危机为例》，《战略决策研究》2019 年第 3 期。

表2-2　　　　　　　　　"国家集团"合作类型

价值趋向 威胁感知	集团成员有明确的共同威胁	集团成员无明确的共同威胁
集团成员共享价值规范的程度高	维谢格拉德集团	比荷卢经济联盟
集团成员共享价值规范的程度低	"魏玛三角"	

资料来源：黄宇兴：《"小国集团"的政策协调》，《世界经济与政治》2018年第3期。

具体分析来看，V4在欧盟框架下集体发声的主要利益动机也可以归纳为威胁感知和价值趋向两个维度。在威胁感知层面，主要来自外部安全威胁，在俄格冲突和克里米亚危机之后，V4对俄罗斯的共有威胁感知度明显上升。因此，加强四国集团合作，共同抵御外部威胁成为他们的重要关切。在价值趋向维度上，主要来自V4共同享有的经济和政治目标。

一是经济目标。V4打算积极为强大的欧洲作出贡献，"推动和实施旨在促进V4和欧盟在全球范围内的凝聚力和竞争力的项目，以克服全球金融和经济危机的影响。强调需要通过扩大和深化内部能源市场，加强欧盟框架内的V4区域合作"[1]。

二是政治目标。第一，政治地位的驱动。在西方，中欧被视为某个奇怪的、具有异域情调的欧洲边缘地区。[2] 苏联解体后，中东欧国家努力通过回归欧洲消除其欧洲二等公民的感觉。[3] 入盟后，一些欧盟老成员国对新成员国表现出明显的轻视态度，尤其当新成员国站到它们对立面的时候。第二，V4想要提高在欧盟内部的话语权。作为2004年以来加入欧盟的新成员国，V4一直反感西欧大国的傲慢和压制，并认为只要四国齐

---

[1] VisegradGroup, "The Bratislava Declaration of the Prime Ministers of the Czech Republic," the Republic of Hungary, the Republic of Poland and the Slovak Republic on the occasion of the 20th anniversary of the Visegrad Group, Bratislava, February 15, 2011.

[2] Jiří Vykoukal a kol., Visegrád: Monosti a meze stredoevropské spolupráce, Dokorán 2003，转引自姜琍《维谢格拉德集团合作的演变与发展前景》，《俄罗斯中亚东欧研究》2011年第4期。

[3] 姜琍：《维谢格拉德集团合作的演变与发展前景》，《俄罗斯中亚东欧研究》2011年第4期。

心协力,用同一个立场在欧盟发声,就可以在欧盟谈判中扮演较为强大的角色,从而平衡老牌大国在欧盟事务上的影响力。第三,波兰作为 V4 中实力最强的国家,在 1989 年转型以来实现了经济的巨大成功,国家实力与日俱增。历史上曾经有过波兰—立陶宛联邦时期的大国辉煌。在 1999 年和 2004 年先后加入北约和欧盟之后,其在中东欧乃至欧洲地区的大国雄心逐渐显露。基于此,波兰迫切希望推动并利用维谢格拉德集团这一平台,期望借此与欧盟老牌强国并驾齐驱。

(三) 协调东部国家关系:东部政策

波兰长期以来一直对俄罗斯保持高度警惕。为了寻求北约保护,波兰政府认为,只有与白俄罗斯和乌克兰妥善处理好关系,才能确保中东欧地区的局势稳定,为波兰加入北约创造必要条件。正如北约和欧盟领导人曾明确指出的:中东欧国家在加入这些组织之前,必须先解决与邻国之间的领土矛盾。换句话说,该地区内的国家需要向西欧和美国证明,他们已经完全恢复自由与独立,并且已经摆脱了民族冲突和领土纠纷等方面的历史遗留问题。对于刚刚恢复独立的波兰而言,其首要战略目标是防止苏联(俄罗斯)势力的再度扩张。加之波苏(俄)之间的历史积怨深厚,独立初期的波兰对加入北约,获得安全保证的诉求非常迫切。[1] 然而,问题的复杂性在于,波兰与其东部邻国立陶宛、乌克兰和白俄罗斯之间的历史性矛盾尚未彻底解决。

重建与东部邻居的双边关系是波兰政府 1989 年之后面临的最大的外交挑战之一。尤其是在 1989—1992 年。要想重建与东部邻国的关系,波兰必须重新定位自己的身份和利益,也必须与俄罗斯重新建立外交关系。另外,那些曾经包含在波兰领土内部的少数民族,在苏联解体后成了独立国家和直接近邻。[2] 这些历史背景成了波兰重建与东部邻国关系的历史、现实或思想挑战。

首先,重建与苏联和后苏联时代的俄罗斯关系是波兰东部政策的

---

[1] Stephen R. Burant, "Poland's Eastern Policy, 1990 – 95: The Limits of the Possible," *Problems of Post-Communism*, Vol. 43, No. 2, 1996, p. 48.

[2] Roman Kuzniar, *Poland's Foreign Policy after 1989*, Warsaw: Wydawnictwo Naukowe Scholar, 2009, pp. 82 – 83.

首要目标。在波兰的政治精英群体中，关于如何重建苏联解体后的波俄关系存在着诸多争论。现实主义者认为，波俄之间能够找到共同话语，解决两国之间存在的问题。传统的反俄派（保守主义者）驳斥了前者的观点，认为俄罗斯的帝国主义政策是根深蒂固的，不会随着国际格局的变化而改变。理想主义者则认为，一旦波兰实现独立与解放，波俄之间的意识形态分裂将就此画上句号，并且两国将能立足于共同的历史和文化认同建立友好的双边关系，事实上这种观点在波兰被认为是幼稚的。波兰后共产主义时期的左翼代表提出了另一种路径——新卫星国方式（Neo-Satellite），他们将对苏联的意识形态的认同转移到了其后继者俄罗斯身上。以上讨论对波兰东部政策的制定提供了重要的参考。回到时任波兰的外长斯库比舍夫斯基身上，他是一个既缺乏浪漫主义，又缺乏反俄偏见的政治家。他提出了一种少有的"经验路径"（Empirical Approach），即力求波兰的东部政策保持一个稳定进程。

反观俄罗斯方面，其国内精英仍然将独立的白俄罗斯和乌克兰视作传统的影响范围。为明斯克和基辅在政治方面直接提供援助势必触犯俄罗斯的利益，这成为波兰对白俄罗斯和乌克兰政策的阻碍因素之一。除此之外，波兰对俄罗斯仍然存在着高度不对称的依赖关系，波兰是否可以顺利加入北约也受制于俄罗斯方面的政策反应，加之截至1993年苏联部署在波兰领土上的部队仍未完全撤出，对波兰的安全仍然存在威胁，以上因素使得俄罗斯仍然对波兰具有举足轻重的影响力。在此背景下，如果奉行与该地区主要军事和政治大国利益背道而驰的政策对波兰而言显然是不明智的。[1]

1990年秋天开始，波兰团结政府开始实施"双轨政策"（Double-track Policy）。当年9月，华沙方面邀请莫斯科就苏军从波兰领土撤出问题展开谈判。双轨政策主要体现在波兰同时维持与苏联及其加盟共和国之间的关系，并在这些苏联的组成国家之间开展有限度的外交联盟。

---

[1] Stephen R. Burant, "Poland's Eastern Policy, 1990-95: The Limits of the Possible," *Problems of Post-Communism*, 1996, Vol. 43, No. 2, p. 49.

波兰外交部强调，这种双轨政策不是任何形式的对苏联内部事务的干涉。① 虽然莫斯科方面对波兰的外交行为颇有微词，但鉴于苏联已是日薄西山，这使得莫斯科对此心有余而力不足，束手无策。双轨政策的第二轨道体现在对待俄罗斯的政策上。波兰外长斯库比舍夫斯基于1990年10月将莫斯科作为推行双轨政策的外交出访第一站。在此次访问中，"波俄睦邻友好合作宣言"得以签署。这是俄罗斯于1990年6月宣布国家主权独立之后签署的第一份国家间关系的文件，具有重要的历史意义。②

其次，除了对俄政策之外，重建与新邻国的外交关系是波兰东部政策另一个重要方向。苏联解体促使波兰不得不重新定位对前苏联国家的外交目标，以及在东欧地区出现的新的地缘政治任务。在1991年波兰对苏联的历史性访问中，斯库比舍夫斯基相继访问了基辅、明斯克和莫斯科。其中，波兰对乌克兰的访问取得重要成绩，双方达成相互谅解，联合发表了关于国家未来合作发展的基本原则和主要方向宣言。由于波兰希望东欧政治朝着多元化方向发展，因而发展对乌关系显得尤为重要。1991年2月，在乌克兰公投确认了独立宣言之后，波兰成为第一个承认乌克兰独立的国家。在苏联解体后，波兰双轨政策的必要性逐渐失去意义。强化波乌双边关系成了新的政策议题。

然而，波乌之间苦楚的历史并夹杂着的特殊情感对双边政治互信的重建造成了困难。如两个国家在各自叙事上对于"沃伦事件"的不同阐述，成为双边政治关系中挥之不去的矛盾，加之波兰对乌克兰西部地区潜在的领土诉求，为两国关系造成了沉重的负面影响。在18世纪波兰尚未遭到瓜分之前，西乌克兰地区一度处在波兰—立陶宛联邦的控制之下，这一时期也是波兰实力的巅峰。时至当下，虽然波兰国力早已不可同日而语，但历史上的大国荣光却成为统治精英建构其民族叙事的思想基础。相反，从乌克兰的民族叙事来看，反抗波兰给西乌克兰的民族主义运动

---

① "Skubiszewski's expose of 26 June 1991," in Skubiszewski Krzysztof, *Polityka zagraniczna i odzyskanie niepodległości：Przemówienia，oświadczenia，wywiady 1989 – 1993*，Warszawa：Interpress，1997，s. 48 – 149.

② Roman Kuzniar，*Poland's Foreign Policy after 1989*，Warsaw：Wydawnictwo Naukowe Scholar，2009，p. 86.

赋予了神圣的民族光复的使命。二战爆发后波兰亡国，给了乌克兰人复仇的机会，据波兰学者统计，死于乌克兰民族主义者组织——乌克兰起义军的波兰人约10万人（包括沃伦和东加利西亚地区）①，其中70%的受害者为妇女和儿童。② 二战结束后，苏波双方签署了交换人口的协议。在此期间，波兰政府为了打击仍然活跃的乌克兰民族主义者，迫使仍居住在波兰东部的乌克兰居民迁移到波兰的西北部地区，这一政策被称为"维斯瓦河行动"（Operation Vistula）③。据学者分析，"沃伦事件"的根本原因是波兰和乌克兰人几百年历史积怨的一次集中爆发，是波兰人对曾经统治的乌克兰人的波兰化与乌克兰为实现独立建国而展开的民族独立抗争运动之间的矛盾。④

投射在双边政治关系上，波乌主要政治分歧在于对"沃伦事件"以及对这一事件中的乌克兰民族主义运动及其领袖的定性问题。1998年成立的波兰国家记忆研究院将这一事件定性为乌克兰人对波兰人的屠杀行径。而乌克兰却将其认定为追求民族独立，反抗外族压迫的抗争运动，并将领袖人物宣传为民族英雄。这引发了两国的民族叙事之争，导致两国的政治分歧愈演愈烈。另一个事件是"维斯瓦河行动"，乌克兰坚持将"维斯瓦河行动"纳入到双边协定中作以声明，而波兰予以拒绝，自此引发了双边的相互指责。在历史问题被搁置后，波兰和乌克兰最终于1992年5月18日在华沙签订了睦邻友好关系和合作协定。虽然波乌双边关系得到了很大的提升，但波兰仍然对乌克兰持有保留的态度，部分原因来自俄罗斯方面。另外波兰还对乌克兰将继承和保留的苏联核武器军火库感到担忧。

---

① Grzegorz Motyka, Od rzezi wołyńskiej do akcji "Wisła": konflikt polsko-ukraiński 1943 – 1947, Kraków: Wydawnictwo Literackie, 2011, s. 488 – 500.
② Баканов А. И. Ни кацапа, ни жида, ни ляха. Национальный вопрос в идеологии Организации украинских националистов, 1929 – 1945 гг. C. 319. 转引自张丽娟《波兰和乌克兰关于历史记忆的冲突》，《俄罗斯研究》2018年第6期。
③ "维斯瓦河行动"是1947年波兰把境内东南部乌克兰人、伊伊科人、兰科人强制迁徙至"收复的西北部领土"行动的代号。该行动由受苏联支持的波兰共产党政权执行，其目的为消除当地人对乌克兰反抗军的物质支持。
④ 张丽娟：《波兰和乌克兰关于历史记忆的冲突》，《俄罗斯研究》2018年第6期。

在瓦尔德马·帕夫拉克（Waldemar Pawlak）（1993年11月至1995年2月2日）领导的左翼政党执政期间，波兰试图通过对白俄罗斯和乌克兰采取放任政策，以期换取与莫斯科建立特殊关系。因此，在此期间波兰与乌克兰关系一度出现了"回落"。部分原因包括，乌克兰在对克里米亚的态度、黑海舰队的部署问题、领土上核武器的命运、向俄罗斯支付能源和原材料的费用，以及独立国家联合体（CIS）与莫斯科的目标产生了一系列分歧，而乌克兰在这些问题上期望获得的支持超出了波兰所能够帮助的能力范围。尤其是乌俄在敏感问题上的分歧，对于一个刚刚独立的波兰而言显然是心有余而力不足的。由于波兰仍然在经济、军事和政治方面受制于俄罗斯，不愿与叶利钦政府对抗而招致西方的不满，因而对乌俄两国的各种冲突保持了中立立场。值得关注的是，1993年，当俄罗斯与乌克兰在天然气过境管线费用问题上的谈判陷入困难之时，波兰借机与俄罗斯达成新的过境管线协议，这条管线将从俄罗斯出发，途经白俄罗斯和波兰，绕过了乌克兰，最终输往德国。[①] 这条管线剥夺了此前乌克兰作为俄罗斯输往西欧的天然气过境国的不可替代性的地位，因此该项目被乌克兰总统列昂尼德·库奇马（Leonid Kuchm）称作一项"反乌行动"（anti-Ukrainian act）。除此之外，由一些波兰政治家倡导的吸纳乌克兰加入维谢格拉德集团的计划，遭到了其他成员国的坚决反对，最终未能成功。一言以蔽之，波俄关系对波乌关系的紧密度形成了明显的制约。

在白俄罗斯方面，无论其地缘还是安全方面都对俄罗斯有着长期且难以摆脱的依赖。1994年亚历山大·卢卡申科（Alexander Lukashenko）当选白俄罗斯总统之后，白俄罗斯的外交开始倾向于支持与俄罗斯的一体化进程，并且表现出了对苏联时期的怀念之情。波兰的担忧在1995年得到了证实，白俄罗斯与俄罗斯签署了关税协定，该协定将允许俄罗斯管制白俄罗斯与其他国家和国家组织的经济关系。两国政府还达成了边境合作协定，允许俄罗斯军队保卫与非白俄罗斯的边境。在此背景下，

[①] Stephen R. Burant, "Poland's Eastern Policy, 1990–95: The Limits of the Possible," *Problems of Post-Communism*, Vol. 43, No. 2, 1996, pp. 51–52.

波兰成功催促中欧倡议国组织（Central European Initiative，CEI）[①] 于1996年将白俄罗斯吸纳了进来。

(四) 加入北约和欧盟

1993年，由于国内外形势的变化，波兰的安全政策进入一个新阶段。以下因素对波兰加入北约造成了不利影响：其一，与共产党有传统关系的左翼联盟开始执政；其二，在美国方面，新一届克林顿政府起初对东欧地区的安全事务关注度不高；其三，西欧不愿意改变跨大西洋安全政策；其四，独立之后的俄罗斯在稳定了国内政局之后，对于中欧地区安全事务的利益声张更加坚决。在这样的国内外形势下，波兰清楚地意识到，如果不加大波兰对于欧洲—跨大西洋关系之间的集体安全保证的努力，波兰将难以摆脱再次沦为横在西欧和俄罗斯之间缓冲地带的历史宿命。因此，波兰努力联合维谢格拉德集团的伙伴国对西欧和美国方面集体施压，以期接受他们的安全目标。直到1997年，波兰终于得到来自北约总部和美国方面对于其加入北约的邀请。[②]

事实上，在此时期波兰内部精英对于加入北约有过不同看法。起初由统一工人党脱胎而来的波兰社会民主党（SdRP）对加入北约并无兴趣，但在选举之后，其与波兰人民党组建了执政联盟，加上来自波兰社会对于支持加入北约的民意压力，促使波兰统治精英将加入北约作为战略目标。同样重要的是，1991—1995年期间担任总统的瓦文萨也是加入北约的坚定支持者。[③] 最终左翼和右翼精英在该议题上达成一致，形成合力，为波兰成为北约成员国奠定了政治基础。

随后，瓦文萨向美国和其他北约成员国致信表达了波兰的安全忧虑，以及对于加入北约的坚定立场，其他几个中欧国家也持同样的态度。作为回应，美国于1993年在德国特拉韦明德（Travemünde）举行的北约国

[①] 中欧倡议国组织（CEI）是涵盖中东欧地区的一个区域合作论坛，共有18个成员国，于1989年在布达佩斯成立。CEI总部自1996年以来一直在的里雅斯特（意大利）。该倡议旨在通过在政治取向和经济结构不同的国家之间重新建立合作联系来克服欧洲分裂。

[②] Roman Kuzniar, *Poland's Foreign Policy after 1989*, Warsaw: Wydawnictwo Naukowe Scholar, 2009, p. 125.

[③] Roman Kuzniar, *Poland's Foreign Policy after 1989*, Warsaw: Wydawnictwo Naukowe Scholar, 2009, p. 126.

防部部长会议上提出了"和平伙伴关系计划"（Partnership for Peace, PfP），该计划作为北约旗下的一个安全防御项目，得到了德国等国的支持。该计划作为北约成员国身份的一个替代物，为北约和前华沙条约国家提供了一个合作渠道，旨在促进北约成员国、前苏联加盟国家及其欧洲国家之间友好互信关系的建立。[1]

波兰对以美国为首的北约的战略回应感到不满，但鉴于其他北约成员国也将对俄关系置于首位，波兰不得不暂时调整自己的战略目标，退而求其次接受了美国的"和平伙伴关系计划"提议。造成这一局面的原因是，西方国家对叶利钦有所忌惮，将叶利钦视作一个新法西斯主义者，一旦将波兰纳入北约，势必将激怒俄罗斯，遭到俄罗斯的强力反对。[2] 而"和平伙伴关系计划"的出台事实上是一个妥协的产物，该计划充分权衡了以波兰为首的中欧国家亟待得到跨大西洋安全关系的保证的不安全心理，同时又兼顾了俄罗斯在这一地区的传统利益关切。

波兰统治精英在加入北约问题上的共识是波兰谋求北约身份的关键性因素，这一共识超越了不同党派之间的分歧。一个小插曲出现在1995—1996年，时任波兰总理约瑟夫·奥莱克瑟（Józef Oleksy）（1995年3月7日至1996年2月7日）被指控与苏联和独立后的俄罗斯情报部门关系密切，被迫辞职。一个同样重要的变化发生在1995年，来自前共产党的亚历山大·克瓦希涅夫斯基（Aleksander Kwaśniewski）击败了瓦文萨，自此之后议会和总统职位都被左翼力量掌控，新任总统克瓦希涅夫斯基则不遗余力地谋求波兰的北约成员国身份。[3]

一些新的征兆始于1996年，北约新任秘书长哈维尔·索拉纳（Javier Solana）在这一年访问了华沙，并在与波兰代表的会谈中表示：北约东扩是一个不可逆的过程，虽然尚不知道下一轮东扩从什么时候开始。作为回应，波兰于1996年4月4日向北约提交了单方面讨论文件，阐述了波

---

[1] Roman Kuzniar, *Poland's Foreign Policy after 1989*, Warsaw: Wydawnictwo Naukowe Scholar, 2009, pp. 126–127.

[2] Roman Kuzniar, *Poland's Foreign Policy after 1989*, Warsaw: Wydawnictwo Naukowe Scholar, 2009, p. 127.

[3] Roman Kuzniar, *Poland's Foreign Policy after 1989*, Warsaw: Wydawnictwo Naukowe Scholar, 2009, p. 130.

兰的论点——支持北约扩大，对欧洲安全体系的构想以及北约的未来作用，该文件被视为波兰加入北约的申请书。此后，波兰将自身定义为北约候选国的角色，积极在"和平伙伴关系计划"框架下参与与北约成员国身份相关的军事行动，包括在波兰领土上举办联合军演，按照北约成员国标准发展军事设施等。[1]

与此同时，美国对于北约未来的战略规划促使波兰的入约之路取得了突破性进展。美国认为北约扩大应该成为联盟转型的一部分，此举旨在适应后冷战时代北约扮演的新角色。同年，美国国会通过了《北约扩大促进法》（*NATO Enlargement Facilitation Act*），该法案宣布美国应采取以下政策：（1）协助中欧和东欧的新兴民主国家（波兰、匈牙利和捷克共和国）向北约正式成员国过渡；（2）确保此类国家了解北约成员国的成本和责任；（3）努力增进扩大后的北约与俄罗斯联邦之间的政治和安全关系。[2]

阻碍波兰进入北约的关键性影响因素是俄罗斯的立场。毫无疑问，作为苏联的传统势力范围和前华约成员国，俄罗斯必然对这一地区的安全态势异常关切。因此，为了缓解俄罗斯的战略担忧，美国同俄罗斯于1997年3月在赫尔辛基举行了一次特殊会谈，为了安抚俄罗斯，美国在若干俄罗斯关注的利益问题上做出了相应的让步或承诺。这包括：第一，北约不能在新成员国领土范围内驻军或安置核武器设施；第二，美国支持俄罗斯获得G7成员国身份和加入WTO。[3]

---

[1] Roman Kuzniar, *Poland's Foreign Policy after 1989*, Warsaw: Wydawnictwo Naukowe Scholar, 2009, p. 133.

[2] "H. R. 3564-NATO Enlargement Facilitation Act of 1996," US. Congress. gov, July 23, 1996, https://www.congress.gov/bill/104th-congress/house-bill/3564.

[3] Roman Kuzniar, *Poland's Foreign Policy after 1989*, Warsaw: Wydawnictwo Naukowe Scholar, pp. 135 – 136.

第 三 章

重建平衡：在区域主义与大西洋主义之间（2007—2010）

围绕以欧盟和东部政策为核心的"区域主义"和紧密与美国合作的"大西洋主义"是波兰外交最重要的两个面向。由于波俄关系的复杂性，波兰的多届政府在区域政策的主要倾向是以反对俄罗斯为前提，紧紧追随美国的大西洋主义，不同于苏联解体初期波兰在俄罗斯和欧盟之间所扮演的桥梁角色，此时的波兰具有强烈的区域主义色彩，旨在东西欧之间保持战略平衡性。虽然波兰独立以来的首要外交目标是加入北约和欧盟，但前者对于波兰的战略重要性要高于后者，主要是因为来自俄罗斯方面的安全威胁始终是其首要利益关切，尤其是对于那些右翼民族主义执政精英而言，历史记忆始终被当作现实的政治严阵以待。这导致 21 世纪以来的波兰外交对美国的安全保证高度依赖，其为此不惜得罪欧盟的主要大国，成了影响欧盟团结的破坏性因素。尤其在 2005—2007 年，执掌波兰的右翼民族主义政党——法律与公正党，为了提高波兰的安全防御，极力主张引入美国的弹道导弹防御系统，一度使得中东欧地区的安全局势骤紧。波兰外交的转折点出现在 2007 年，由图斯克领导的公民纲领党在议会大选中获胜并成为主要执政党，该党秉持实用主义理念，奉行亲欧洲主义和对俄和解的政策，同时维持与美国的同盟关系，试图在东西欧和跨大西洋关系之间动态地保持战略平衡，进而为波兰的发展创造更加有利和稳定的外部环境。图斯克深谙，作为首批加入欧盟的中东欧国家，欧盟身份为波兰不仅带来了丰厚的经济效益，也为波兰参与欧洲事务提供了一个平台。没有欧盟，波兰将只能是一个欧洲的边缘国家。

第一节 重启波俄关系

一 对俄重启政策的背景

波俄两国在法律与公正党政府时期,虽然表现出了一定的合作意愿,但实际行动却差强人意,诚意不足。具体表现有,该届政府持续加强对于后苏联地区,特别是乌克兰和格鲁吉亚民主与社会改革的支持,以及在 2006 年对于白俄罗斯发生的颜色革命的声援。以上举动招致了俄罗斯方面的强烈批评。直到 2007 年年底,波兰公民纲领党在议会选举中获胜,并与人民党组建了新联盟政府,两国外长才在布鲁塞尔举行了首次会晤,并宣布愿意为改善和加强波俄关系而作出努力。波兰政府在这方面的第一个决定是 2007 年 11 月宣布撤销波兰对俄罗斯联邦加入经济合作与发展组织(OECD)谈判的否决权。[①]

回溯 21 世纪以来波俄关系的历史变迁,2000 年 6 月 13 日,波兰政府试图制定一个全面的对俄关系方案,当时布泽克政府发布了一份题为《波兰对俄外交政策设想》的战略文件。该文件强调了波俄关系中的主要争议问题,以及解决包括卡廷事件在内的历史遗留问题的必要性,其中包括对斯大林时代遭受到压迫的波兰人的赔偿、对卡廷案件的调查与相关档案归还问题,以及对于俄罗斯在波兰境内财产的规范问题。同时,该文件也宣布希望在多个领域与俄罗斯发展睦邻合作关系,强化交流,如波兰支持推动俄罗斯与北约和欧盟的合作进程。尤其是强化对俄经济合作的必要性在波兰取得了广泛共识。此外,波兰支持后苏联国家民主变革的意愿也在此份文件中被明确提出。[②]

虽然,波兰总统亚历山大·克瓦希涅夫斯基于 2000 年下半年对俄罗斯进行了非正式访问,使得双边关系有所改善,但在两国争执不下的历史问题上并未取得实质性突破。不过,此次访问拉开了两国关系正常化

---

① Erharda Cziomera, *Polityka zagraniczna i bezpieczeństwa Polski-po 1989 roku*, Kraków: Oficyna Wydawnicza AFM, 2015, s. 142 – 145.

② Roman Kuźniar, *Droga do wolności. Polityka zagraniczna III Rzeczy Pospolitej*, Warszawa: Wydawnictwo Naukowe Scholar, 2008, s. 235.

的帷幕，比如此次总统访问直接促成了在俄罗斯卡廷和维德诺耶地区的波兰军事墓地的落成。在俄罗斯方面看来，此举标志着长期以来夹杂在两国之间的卡廷事件的解决。但这并未达到波兰方面的预期，波方并不认为两国历史遗留问题已经彻底解决。双边关系正常的标志是俄罗斯总理米哈伊尔·卡西亚诺夫（Mikhail Kasyanov）于 2001 年 5 月对于波兰的访问。在此次访问中，双方讨论了改善俄罗斯市场准入、投资安全以及与加里宁格勒地区更好的合作等问题，并讨论了波兰加入欧盟后的签证问题。

2001 年秋，波兰与俄罗斯的接触得到加强。时任波兰总理莱舍克·米莱尔（Leszek Miller）[①]访问了俄罗斯，这是五年来波兰总理对俄罗斯的首次正式访问。在此访问中，双方签署了《关于发展经济、贸易、金融和科技合作的宣言》，为波俄两国关系的发展奠定了基础。作为回应，2002 年 1 月 16—17 日，俄罗斯总统普京访问了波兰，双方主要就两国之间的困难问题进行了对话，并决定建立稳定合作和解决双边疑难问题的合作机制，成立了由外长担任主席的"波兰—俄罗斯合作战略委员会"与"波兰—俄罗斯疑难问题专家组"。克瓦希涅夫斯基与普京还决定，两国总理将每年举行两次会晤。除了政治议题之外，两国的天然气合作也是一个牵动波兰经济神经的重要领域。双方高层对过去的波俄天然气供应协议进行了重新谈判，改善了此前波兰所处的不利地位。[②] 在普京对波兰的访问结束之后，一系列的高级别政治对话或互访活动相继展开。例如，2003 年 5 月，克瓦希涅夫斯基总统受邀参加了俄罗斯圣彼得堡建城 300 周年庆祝活动。6 月，普京又邀请克瓦希涅夫斯基参加了俄罗斯海军演习。两国关系在高层互访的推动下得到明显改善。

在双边接触正常化的背景下，2003 年 2 月 12 日，波兰与俄罗斯重新谈判并签署了新的《波兰共和国政府和俄罗斯联邦政府关于建造天然气管道系统以通过波兰共和国领土转运俄罗斯天然气和向波兰共和国供应

[①] 莱舍克·米莱尔系波兰左翼政治人物，2001—2004 年担任波兰总理。
[②] Roman Kuźniar, *Droga do wolności. Polityka zagraniczna III Rzeczy Pospolitej*, Warszawa: Wydawnictwo Naukowe Scholar, 2008, s. 239.

俄罗斯天然气的协定的附加议定书》。根据该议定书，俄罗斯每年将向波兰交付天然气总量如下：2004—2005 年每年交付 70 亿立方米，2006—2007 年每年为 71 亿立方米，2008—2009 年每年为 73 亿立方米，2010—2014 年每年为 80 亿立方米，2015—2022 年每年为 90 亿立方米。①

2005 年下半年，右翼政党法律与公正党在议会选举中获胜，紧随其后的是该党创始人之一莱赫·卡钦斯基当选总统。换届之后的新政府和总统采取了对俄强硬政策。同年 11 月，俄罗斯宣布对波兰动植物产品的进口实施禁运。② 事实上，在 2006 年卡钦斯基兄弟上台伊始，波兰和俄罗斯两国都释放出了化解危机的信号。卡钦斯基总统表示愿意访问俄罗斯，条件是普京总统事先访问波兰。2006 年 1 月，莱赫·卡钦斯基指出："俄罗斯是一个对波兰有着特殊重要意义的国家，我们想最大可能地改善双边关系。"③ 时任波兰外长斯特凡·梅莱尔（Stefan Meller）又对总统的言论进行了更加详尽的论述。他指出："在波俄关系中没有任何客观理由可以阻碍两国基于理性评估下的友好合作关系。"波俄关系的改善主要体现在 2006 年的前几个月，在波兰外长的倡议下，俄罗斯总统顾问谢尔盖·亚斯特列任布斯基（Sergey Yastrzhembsky）访问了华沙。作为普京的信使，亚斯特列任布斯基向波兰总统递交了普京总统的个人信函，传达了俄罗斯试图改善双边关系的愿望。与此同时，亚斯特列任布斯基还与波兰外长举行了会晤。虽然此次双边会晤仍然停留在较低层级，却受到了波兰媒体的高度关注，释放出了波兰试图改善对俄关系的强烈信号。④

另外两场会晤也在随后不久相继展开，波兰新外长安娜·福蒂加（Anna Fotyga）参加在莫斯科举办的国际会议期间与俄罗斯外长谢尔盖·

---

① "Protokół Dodatkowy-do Porozumienia między Rządem Rzeczypospolitej Polskiej a Rządem Federacji Rosyjskiej o budowie systemu gazociągów dla tranzytu rosyjskiego gazu przez terytorium Rzeczypospolitej Polskiej i dostawach rosyjskiego gazu do Rzeczypospolitej Polskiej," Monitor Polski nr 46, 2003, s. 515, http：//isap.sejm.gov.pl/isap.nsf/download.xsp/WMP20110460516/O/M20110516.pdf.

② Ryszard Zięba, Polityka zagraniczna Polski w strefie euroatlantyckiej, Warszawa: Wydawnictwa Uniwersytetu Warszawskiego, 2013, s. 190.

③ Adam Eberhardt, "Relations between Poland and Russia," in Yearbook of Polish Foreign Policy, 2007, p. 128.

④ Adam Eberhardt, "Relations between Poland and Russia," in Yearbook of Polish Foreign Policy, 2007, p. 130.

拉夫罗夫（Sergey Lavrov）进行了直接对话。同年10月，拉夫罗夫应邀访问了华沙，这是近两年来俄罗斯外长对波兰的第一次访问，尽管此次访问实际成效较低，但却渲染了一种友好的氛围。随之，两国就成立针对双边棘手问题的专家组达成了一致，这些问题包括与卡廷事件相关的事务。然而，由于卡钦斯基政府与俄罗斯政府在历史、能源、地缘政治和经贸关系等事务上的分歧，导致原计划于2006年下半年举行的波俄最高领导人会晤最终取消。

二 波俄关系重启的障碍

波俄关系长期以来受到现实利益分歧、地缘政治博弈、历史叙事冲突等多方面影响。在2007年图斯克担任总理之前的时间里，波俄双方的主要分歧集中在能源管道问题、乌克兰橙色革命问题、签证问题、农产品出口限制问题以及横在波俄之间的卡廷事件等历史问题。其中，与二战相关的历史问题是影响波兰政府对俄改善关系的主要障碍，其次是由2003年伊拉克战争和2004年乌克兰橙色革命而引发的地缘政治博弈问题，最后则是两国的现实利益分歧。

第一，对于2005—2007年的右翼民族主义政府而言，历史问题仍然是波俄关系的主要症结。2005年3月，俄罗斯最高检察院在没有作出任何指控的情况下，单方面宣布对于卡廷事件调查已经结束。并且在183卷的调查报告中，有116卷被列为机密。然而，波兰方面拒绝了这一调查结果，并要求俄罗斯政府承认卡廷事件为危害人类罪。与此同时，波兰国家记忆研究院也对该案展开了调查，要求俄罗斯承认苏联政府对波兰人造成的伤害并作出赔偿，但这并没有改变克里姆林宫在这个问题上的立场。[①] 此外，俄罗斯总统决定从2005年起设立一个新的国家节日——以纪念1612年波兰军队被驱逐出克里姆林宫的民族团结日（11月4日）代替十月革命纪念日（11月7日）。在整个2006年，波俄两国政府就披露卡廷事件调查文件的争执没有取得任何进展。此外，俄罗斯联邦首席军事检察署拒绝承认卡廷事件是苏联政府政治镇压的结果，并将这一事件

---

① Ryszard Zięba, *Polityka zagraniczna Polski w strefie euroatlantyckiej*, Warszawa: Wydawnictwa Uniwersytetu Warszawskiego, 2013, s. 189.

的发生原因归结为斯大林的个人意志。波兰方面表示，目前尚无充分证据表明，在卡廷事件中逝去的波兰军人触犯了 1926 年的《苏联刑法》，因而拒绝接受俄罗斯方面的解释，并将这一解释视作对历史真相的扭曲。①

第二，在地缘政治问题上，伊拉克战争、车臣冲突、乌克兰橙色革命等问题都不同程度地引发了两国间的政治分歧，甚至是对立。两国在解决 2003 年伊拉克危机上的利益分歧，如俄罗斯方面对波兰追随美国介入对于伊拉克的军事干预表示谴责。2004 年 12 月，乌克兰发生的橙色革命又暴露了两国在共同邻国地区的利益冲突。② 其中，波兰政治家对于乌克兰的直接介入招致俄罗斯方面的批评，俄方将此称为对乌克兰内部事务的干涉。原因是波兰积极支持的乌克兰总统候选人维克多·尤先科（Viktor Yushchenko）是一个强硬的反俄旗手。波兰对于该人物的支持势必会站在俄罗斯的反对面，引发俄罗斯的排斥。波俄关系还受到 2004 年在俄罗斯南部北奥塞梯共和国别斯兰市爆发的别斯兰恐怖袭击事件的影响，由于俄罗斯特种部队介入到此次危机之中，并造成了平民伤亡，波兰对俄罗斯在此次危机中采取的强力手段反应强烈，并公开表达了对于俄罗斯民主命运的担忧。③ 另外，俄罗斯对波兰试图安装美国弹道导弹防御系统的举动颇为怀疑，并发出警告，一旦波兰付诸实践，将招致同等规模的报复行动。④

第三，经贸纠纷是影响波俄关系改善的另一个障碍。虽然两国近年来的贸易往来日益频繁，但经济纷争始终存在，并时常上升到政治层面，比如来自俄罗斯方面对波兰农产品出口到俄罗斯实施的禁令，该禁令的

---

① "Komunikat w sprawie Zbrodni Katyñskiej oraz informacja o stanie sledztwa," Instytut Pamiêci Narodowej, https://ipn.gov.pl/pl/dla-mediow/komunikaty/9958, Komunikat-w-sprawie-Zbrodni-Katynskiej-oraz-informacja-o-stanie-sledztwa.html.

② Adam Eberhardt, "Relations between Poland and Russia," in *Yearbook of Polish Foreign Policy*, 2007, p.128.

③ "Największe zamachy terrorystyczne w Rosji," Gazetaprawna.pl, 2008, https://www.gazetaprawna.pl/galerie/767733, duze-zdjecie, 6, najwieksze-zamachy-terrorystyczne-w-rosji.html.

④ Maciej Pisarski, "Relations between Poland and the United States," in *Yearbook of Polish Foreign Policy*, 2007, p.79.

颁布将两国的商业矛盾上升到了政治层面。① 2006 年，波兰希望与俄罗斯就解除对波兰进口肉类和植物产品的禁运展开协商，但最终未能得以化解。作为报复，波兰于 2006 年 11 月在欧盟框架下否决了一项新的《欧盟—俄罗斯伙伴关系与合作协议》（PCA-2）。② 另一个事件是维斯图拉潟湖的航行自由问题。2006 年 5 月，俄罗斯对维斯图拉潟湖的俄罗斯管辖范围实施了禁止客船运输的禁令。俄罗斯当局声称，关于波兰在俄罗斯领海内运输船只的协议已随着波兰加入欧盟而终止。③ 俄罗斯的这一行为也遭受到来自拉脱维亚、立陶宛等国的谴责。这与波兰呼吁的第三国航行自由利益相悖，因而也成了两国悬而不决的问题。

第四，签证问题。随着立陶宛、拉脱维亚等七个新的中东欧国家正式加入北约的日益临近，双方对进出加里宁格勒地区过境签证的分歧更加凸显，俄罗斯的立场是要求波兰开放对加里宁格勒地区的免签，但波兰行将加入欧盟，认为对加里宁格勒实施免签制度将违反欧盟法律，但可以结合对加里宁格勒的援助计划对该地区施行软签证制度。同时，波兰还拒绝了俄罗斯提出的在波兰领土的特殊过境（不受控制）建议。最终在 2002 年初，波兰政府正式宣布将从 2003 年 7 月起对俄罗斯人实行签证。④

第五，由于波兰怀有强烈的"恐俄症"心理，能源问题也成为波兰对俄外交的重要关切。在与俄罗斯的双边关系中，法律与公正党政府（2005—2007）也提出了北方天然气管道的问题。他们认为，该项目本身在政治和经济方面具有不合理性，而且还破坏了波兰的能源安全，威胁到生态环境。从俄罗斯角度来看，该项目可以使其绕过中东欧地区的过

---

① Adam Eberhardt, "Relations between Poland and Russia," in *Yearbook of Polish Foreign Policy*, 2007, p. 133.

② 《伙伴关系与合作协议》（PCA）最初为期十年，于 2007 年 11 月结束，是欧盟与俄罗斯关系的合作基础。在考虑 2007 年后的关系时，双方显然同意谈判并缔结新的双边关系取代 PCA 的协议。参见 Sami Andoura, "Towards A New Agreement between Russia and the European Union," 2007, https://www.egmontinstitute.be/towards-a-new-agreement-between-russia-and-the-european-union/.

③ Adam Eberhardt, "Relations between Poland and Russia," in *Yearbook of Polish Foreign Policy*, 2007, p. 130.

④ Roman Kuzniar and Krzysztof Szczepanik, *Polityka zagraniczna RP 1989-2002*, Warszawa: Askon-Fundacja Studiow Miedzynarodowych, 2002, p. 242.

境国,从而降低供应中断的风险。① 时任波兰国防部部长拉多斯瓦夫·西科尔斯基(Radosław Sikorski)对俄德之间达成的波罗的海能源管线建设项目持消极态度,他甚至建议应以1939年苏德密谋瓜分波兰的《莫洛托夫—里宾特洛甫条约》思维对该协议保持高度警惕。②

三 对俄重启政策的实践

（一）波俄政要会晤

1. 图斯克访问莫斯科

波俄关系真正开始解冻的标志性事件是2008年1月,图斯克应普京邀请访问了莫斯科,这是自2003年以来波兰政府首脑级别的官员首次访俄。此次访问重建了两国之间的对话机制,成立了波兰—俄罗斯政府间经济合作委员会(Polsko-Rosyjska Międzyrządowa Komisja),以及用以处理双边历史问题的波兰—俄罗斯疑难事务小组(Polsko-Rosyjska Grupa do Spraw Trudnych),该小组由波兰外交要员——前外长亚当·丹尼尔·罗特菲尔德(Adam Daniel Rotfeld)和莫斯科国立国际关系学院院长阿纳托利·托尔库诺夫(Anatoly Torkunow)领导。两国还成立了由外长主持的波兰—俄罗斯合作战略委员会(Komitet strategii współpracy Polska-Rosja),以及由波兰著名导演克日什托夫·扎努西(Krzysztof Zanussi)和前俄罗斯驻波兰大使列昂尼德·德拉切夫斯基(Leonid Draczewski)主持的波兰—俄罗斯民间对话论坛(Polsko-Rosyjskie Forum Dialogu),目标是弥合双方的价值观和利益分歧。其中,波兰—俄罗斯民间对话论坛主要围绕政治、文化、新闻和经济四个方面展开了一系列对话,第一次论坛于2003年在华沙举行,第二次于2004年在圣彼得堡举行。后来由于波俄关系"降温",该论坛被中断了。2008年,在波兰外长西科尔斯基和俄罗斯外长伊万诺夫的共同倡议下,该论坛得以重启,并于当年9月份在华沙举行。③ 波兰和俄罗斯政府视论坛为帮助改善双边关系的机构之一。

---

① Rocznik Strategiczny 2006/2007, Warszawa, 2007, s. 325.

② Jarosław Ćwiek-Karpowicz, "Poland's Policy towards Russia," in *Yearbook of Polish Foreign Policy*, 2009, p. 134.

③ "Polsko-rosyjski dialog obywatelski," maja 13, 2009, https://www.wprost.pl/161195/polsko-rosyjski-dialog-obywatelski.html.

此次访问不仅在波兰和俄罗斯媒体得到了广泛报道，甚至引起了整个欧洲的关注。其中，俄罗斯主流媒体之一《俄罗斯日报》（*Gazeta.ru*）称图斯克是"我们在华沙的人"。波兰媒体舆论也多对此持积极评价。然而，由于总统来自最大的反对党，因而对俄政策在总统和总理之间出现了严重分歧。例如，总统莱赫·卡钦斯基谴责图斯克政府在未与总统府商议的背景下制定了俄罗斯政策和东部政策。同样的批评声音来自法律与公正党的国会议员阿达姆·别兰（Adam Bielan），他言辞激烈地指出："图斯克是多年以来第一位在访问乌克兰之前，就率先访问俄罗斯的波兰总理，此举严重破坏了波乌之间的关系。"[1]

图斯克政府时期波俄关系升温的另一个重要原因是欧盟因素。这一时期恰逢俄罗斯希望就加入世界贸易组织与欧盟展开对话与谈判，并且俄罗斯彼时尚未计划独立地启动以俄罗斯为中心的区域一体化战略，即后来的"欧亚经济联盟"。但欧盟委员会设定的谈判条件是所有成员国必须对此达成一致。俄罗斯非常清楚，在欧盟所有成员国中波兰对俄罗斯的不信任程度是最高的，要想达成对欧谈判的目标，必须先缓和俄波关系。为此，俄罗斯宣布并表明已接受波兰的北约—欧盟地位并希望与波兰以及中东欧地区其他国家保持友好合作关系。最终，欧盟贸易专员凯瑟琳·阿什顿（Catherine Ashton）表示，欧盟和俄罗斯在圣彼得堡就俄罗斯于2009年年底加入世界贸易组织达成了一致。[2]

两国的和谈中也曾出现一个小插曲，俄罗斯外长拉夫罗夫曾对波兰提出："我们是否愿意回到从白俄罗斯到加里宁格勒高速公路的想法，这将使他们避免通过立陶宛过境的麻烦。"这是波兰与俄罗斯关系中的一个话题，它就像亚马尔和德鲁日巴之间的天然气管道一样，在经济方面是对波兰有利的，但在政治上过于敏感。西科尔斯基回答说："走廊在我们

---

[1] "Bielan: Tusk niepotrzebnie mizdrzy się do Moskwy," stycznia 30, 2008, https://tvn24.pl/swiat/bielan-tusk-niepotrzebnie-mizdrzy-sie-do-moskwy-ra47683-3691442.

[2] "UE: Rosja zgadza się na wejście do WTO do końca roku," https://www.money.pl/archiwum/wiadomosci_agencyjne/pap/artykul/ue; rosja; zgadza; sie; na; wejscie; do; wto; do; konca; roku, 227, 0, 456931.html.

欧洲这个地方有一个不好的传统。"① 这里的不好传统暗指纳粹德国二战前夕在格但斯克提出的所谓的过境走廊，即连接德国本部与东普鲁士的跨境公路，而这一走廊正是德国一步步挑起对波战争的开端。当下俄罗斯提出的过境波兰到加里宁格勒的走廊无疑勾起了波兰对当年波德之间走廊问题的历史记忆。

追根溯源，早在20世纪90年代初期，加里宁格勒州与俄罗斯领土分离使该地区的居民无法自由进出。在这种情况下，俄罗斯主要地区和该州之间的旅客和货物必须通过空中、海上或陆路。其中陆上通道主要有两条，分别是：立陶宛—拉脱维亚—加里宁格勒，立陶宛—白俄罗斯—加里宁格勒。由于白俄罗斯国内高度亲俄，这使得第二条通道变得更为可行一些。1992年，俄罗斯就考虑通过波兰与加里宁格勒建立联系。1992年5月，波兰总统莱赫·瓦文萨访问莫斯科期间，波俄两国签署了一项新的过境协定，根据该协定，将建造一个新的过境点。1993年秋，建立从加里宁格勒地区到白俄罗斯并穿过波兰领土的过境走廊的构想开始形成。1994年10月，俄方在波兰—俄罗斯共和国与加里宁格勒地区合作委员会会议上向波兰代表介绍了这一构想，即发展古塞夫（加里宁格勒）—戈乌达普（波兰）—苏瓦乌基（波兰）（Gusiew-Gołdap-Suwałki）路线上的公路过境运输。从长远来看，俄罗斯的建议是要改善道路网络、天然气管道、宽轨铁路线、电力系统以及引入过境波兰的免签协定。由于通过立陶宛—拉脱维亚—加里宁格勒的过境线路与立陶宛产生了众多纠纷，比如，立陶宛要征收过境税，并且拒绝俄罗斯军用车辆通行，这促使俄罗斯更加倚重第二条过境线路。1996年3月开始，俄罗斯提议的"过境走廊"这一话题在波兰政局引发了争论。外长达里乌什·罗萨蒂（Dariusz Rosati）强烈反对修建过境道路的提议，总统亚历山大·克瓦希涅夫斯基也坚决反对。②

---

① Sikorski Radosław, *Polska może być lepsza*, Kraków：Społeczny Instytut Wydawniczy Znak，2018，s. 97-98.
② "Kwestia, korytarza suwalskiegowświetle materiałów z polskiej prasy：lata 90. XX wieku," CZERWCA 27, 2014, https：//historia. org. pl/2014/06/27/kwestia-korytarza-suwalskiego-w-swietle-materialow-z-polskiej-prasy-lata-90-xx-wieku/.

经过一番政治辩论和战略评估之后，"苏瓦乌基走廊"① 被普遍认为对波兰不利，主要体现在三个方面。首先是政治影响，一旦引入俄罗斯提议的走廊，这可能将成为波兰加入北约的绊脚石。其次，波兰在经济方面也没有多少实质受益。最后，在历史维度上，这条走廊会让人联想起纳粹德国的侵略行为。

2. 普京总理访问波兰

2009 年恰逢第二次世界大战爆发 70 周年，时任总理图斯克分别邀请德国总理默克尔、俄罗斯总理普京等欧洲政要出席了在波兰格但斯克西盘半岛上举行的纪念仪式。值得注意的是，普京和图斯克分别在 9 月 1 日的纪念仪式上发表了演说。其中，图斯克在演讲中呼吁各国应该牢记历史的惨痛教训，如果不尊重历史真相，波兰、欧洲乃至整个世界都会重蹈覆辙。事实上，图斯克所特别强调的历史真相暗有所指，即提醒俄罗斯在二战爆发原因以及卡廷事件等问题上的态度。反观俄罗斯方面，普京则重点强调了俄罗斯在第二次世界大战中所作出的重大牺牲和贡献。而对争议问题，双方都有意轻描淡写地一笔带过，显示出渴望修复关系的意愿。

在普京接受图斯克的邀请访问波兰之前，其在波兰主流媒体之一《选举报》上发表了一封题为《历史的篇章——是相互怨恨的原因还是和解和伙伴关系的基础？》（*Karty historii-powód do wzajemnych pretensji, czy podstawa pojednania i partnerstwa?*）的公开信，文字真挚动情，主动表达了对消解两国仇恨的愿望，现摘取部分如下：

> 当波兰总理唐纳德·图斯克先生向我发出邀请参加第二次世界大战爆发 70 周年纪念仪式时，我毫不犹豫地接受了这一邀请。我别无选择，因为这场战争夺走了俄罗斯 2700 万同胞的生命，每个俄罗斯家庭都因这些逝去的生命而感到痛苦。因此，在伟大胜利中，俄罗斯人的自豪感世代相传，这是走过前路的父亲和祖父们的英勇事

---

① 该走廊位于欧洲东北部，波兰和立陶宛的交界处长约 100 千米的边境狭长地带。如果不是因为地缘政治冲突，不会有人关注到苏瓦乌基走廊，这里被视为欧洲最脆弱的地方，它可能决定波罗的海国家的命运和欧洲的安全走势。

迹。因为俄罗斯和波兰是这场正义之战的盟友。①

但同样值得注意的是，普京在公开信中也谈到了第二次世界大战的爆发责任问题。按照波兰官方语境，1939年8月23日的《苏德互不侵犯条约》被视为是二战欧洲战场的导火索，而俄罗斯则是纳粹德国的主要帮凶。但普京并不这样认为，他在信中指出：

> 那些将《苏德互不侵犯条约》视为二战爆发原因的支持者忽视了一些基本问题。这些问题包括：首先，第一次世界大战后签订的《凡尔赛和约》已经为二战的爆发埋下了定时炸弹。其次，欧洲领土边境的改变要早于1939年9月1日，在此之前奥地利和捷克斯洛伐克已经被纳粹德国收入囊中，当时不仅有德国，事实上还有匈牙利和波兰参与了欧洲新的领土划分。同一天，当慕尼黑的阴谋被提出后，波兰向捷克斯洛伐克发出了自己的最后通牒，同时与德国部队一起，将自己的军队引入了泰辛和弗里耶什塔特地区。②

与此同时，普京还专门谈到了横在波俄之间挥之不去的历史问题——卡廷事件。波兰官方一直要求俄罗斯公开关于卡廷事件的历史档案，告慰已故的波兰战士。而俄罗斯方面始终未能接受这一要求，并将造成这一事件的元凶归结于斯大林时期的苏联极权主义政体所为，旨在与俄罗斯当局划清界限。在此次公开信中基本上延续了这一立场：

> 今天，俄德合作在国际和欧洲政治中发挥着非常重要的积极作用。我相信，俄波关系迟早也会达到如此高的、真正的伙伴关系水平。这符合我们各国人民和整个欧洲大陆的利益。俄罗斯国家的命

---

① "List Putina do Polaków-pełna wersja, Karty historii-powód do wzajemnych pretensji, czy podstawa pojednania i partnerstwa?" Wyborcza. pl, sierpnia 31, 2009, https：//wyborcza. pl/1, 75399, 6983945, List_Putina_do_Polakow___pelna_wersja. html.

② "List Putina do Polaków-pełna wersja, Karty historii-powód do wzajemnych pretensji, czy podstawa pojednania i partnerstwa?" sierpnia 31, 2009, https：//wyborcza. pl/1, 75399, 6983945, List_Putina_do_Polakow___pelna_wersja. html.

运受到极权主义政权的扭曲，因此对波兰人与卡廷有关的敏感性非常了解，卡廷埋葬了成千上万的波兰士兵。我们应该一起记住这一罪行的受害者。卡廷纪念馆和米德诺耶纪念公墓以及在1920年战争中被俘的俄国士兵的悲惨命运，都应成为共同悲痛和相互宽恕的象征。

当然，这封信是在普京出席纪念二战爆发70周年的前夕发表，主要目的还是希望表达俄罗斯对于国际正义事业的支持，以及对于改善俄波关系的重视。公开信的收尾之处，普京主动呼吁：

> 过去的阴影不应该再笼罩今天，更不应该笼罩明天，俄罗斯和波兰之间的合作。我们对死者、对历史本身负有责任，要尽一切努力使俄波关系摆脱我们继承的不信任和偏见的负担。我们必须翻过这一页，开始写新的一页。①

3. 西科尔斯基外长访问莫斯科

在图斯克第一任期里，波俄关系的另一个重要事件是波兰外长西科尔斯基于2009年5月5—6日对俄罗斯的访问。在此次访问期间，双方共同恢复了已经中断几年的"波兰—俄罗斯战略合作委员会"。该委员会由波兰外长西科尔斯基和俄罗斯外长拉夫罗夫共同主持，成员包括经济部、基础设施部、环境部、文化部、内务部、教育部、旅游部等部的副部长，以及议员和地方政府官员。值得关注的是，在恢复"波兰—俄罗斯战略合作委员会"工作之外，双方还启动了地方层级的一系列对话及活动，比如在波兰参议院议长波格丹·博鲁塞维奇和俄罗斯联邦理事会主席谢尔盖·米罗诺夫的倡议下，2009年9月18日，波俄联合举行了第一次"波兰—俄罗斯地区论坛"，许多议员、地方政府官员以及两国的发展部长共同出席了此次论坛。本次论坛主要讨论了三大主题：第一，教育、

---

① "List Putina do Polaków-pełna wersja, Karty historii-powód do wzajemnych pretensji, czy podstawa pojednania i partnerstwa?" sierpnia 31, 2009, https：//wyborcza.pl/1, 75399, 6983945, List_Putina_do_Polakow___pelna_wersja.html.

科学、文化和体育领域的合作。第二,区域经济发展合作。第三,在欧盟主持下合作执行区域间项目。①

(二) 双边谈判焦点

1. 导弹防御问题

波兰方面提出了若干事项:波兰与俄罗斯的免签问题,维斯图拉潟湖的航行自由问题,另外还包括一些实际性问题,如相互投资保护、相互承认学历和文凭。俄罗斯呼吁解决有关军事装备生产许可证的问题。在所有议题中最重要的当属波兰在其本土引入美国的导弹防御系统问题。双方就此问题展开了对话。俄罗斯常任北约代表德米特雷·罗戈津(Dmitry Rogozin)警告说,在波兰领土上部署导弹防御系统的后果不堪设想。他表示:"企图将波兰置于对峙线上总是导致悲剧。"② 对于波兰而言,就导弹防御部署问题开展对话有利于重建波俄两国及其领导人之间的战略互信,避免两国在该事项上的持续性危险举动。

美国方面表示,在波兰安装导弹防御系统是一个绝佳位置,可以有效拦截从中东射向美国的导弹。并且这些反导导弹的最小射程无法撼动俄罗斯针对波兰和欧洲大部分地区的导弹。因此,美国认为俄罗斯没有理由对在波兰建立导弹防御系统感到忧虑。但俄罗斯方面却对此持高度怀疑态度。在普京与图斯克的会晤中,普京亲手为图斯克在地图上勾画了拟定安装的范围,其中制导雷达的范围明显覆盖了俄罗斯领土。

基于此,普京要求从物理上限制雷达在其境内的工作能力。③ 首先,普京提议反导系统应该建立两个指挥中心,一个在华盛顿,一个在布鲁塞尔,并且要求这些中心全天候开放。其次,在铀浓缩设施④中,应该按照相关国际协定严格将铀浓缩指标控制在常规范围内,并接受俄罗斯方

---

① Jarosław Ćwiek-Karpowicz. "Poland's Policy towards Russia," in *Yearbook of Polish Foreign Policy*, 2009, p. 136.

② "Dialog z Moskwą zakończył," lutego 3, 2008, https://tvn24.pl/swiat/dialog-z-moskwa-zakonczyl-sie-ra48098-3692418.

③ Sikorski Radosław, *Polska może być lepsza*, Kraków: Społeczny Instytut Wydawniczy Znak, 2018, s. 102–103.

④ 根据国际原子能机构的定义,丰度为3%的铀-235为核电站发电使用的低浓缩铀,丰度大于80%的铀-235为高浓缩铀,其中丰度大于90%的称为武器级高浓缩铀,主要用于制造核武器。

面的监督。从波兰角度来看，一个加强波美关系、改善波兰安全而不引起俄罗斯人抗议的反导基地，要比俄罗斯拒绝接受并对此作出激烈回应的效果更好。

步入2009年之后，受到俄格冲突的影响，波兰对俄罗斯在安全领域的不信任程度升高，其密切关注着俄罗斯在独联体国家的行动，担心俄罗斯在格鲁吉亚危机上表现出的"新帝国主义"倾向在波兰对俄政策上占据上风。与此同时，俄罗斯对欧盟和北约成员国开始采取差异化政策，着重拉拢德国、法国、意大利等欧洲大国，但对波兰对美国的战略接近持批评态度。[①] 原因是波兰自21世纪以来先后支持美国在伊拉克和阿富汗问题上的干预，并积极准备在波兰领土上部署导弹防御设施。格鲁吉亚危机的发生坚定了波兰部署导弹防御系统的决心，在这个问题上图斯克政府和卡钦斯基总统达成了共识。

针对波兰计划在其本土部署美国导弹防御系统的举动，时任俄罗斯总统梅德韦杰夫在2008年年底的总统联席会议上表示："格鲁吉亚军队对俄罗斯维和人员的袭击变成了整个国家成千上万人的悲剧。由于这种挑衅，整个高加索地区的紧张局势骤然加剧。高加索地区的冲突被用作将北约军舰引入黑海的借口，然后是加速将美国的反导系统强加给欧洲。当然，这使得俄罗斯不得不采取报复措施。……为了有效应对美国政府不断强加的欧洲导弹防御系统，俄罗斯将在加里宁格勒部署伊斯坎德尔导弹的发射装置。"[②]

事实上，俄罗斯的战略反应用意十分明显，旨在回应波兰试图在其国土上引入美国导弹防御系统。俄罗斯希望通过同等程度的军事威慑来迫使波兰放弃在其领土上部署美国导弹防御系统的战略决定。虽然，几天之后梅德韦杰夫又宣布俄罗斯将不会在波兰边境部署伊斯坎德尔导弹，但波兰方面对此仍然持有强烈的怀疑心理和不信任感。在他们看来，俄罗斯在加里宁格勒配备这些装置只是时间问题。2009年导致波俄安全关

---

① Jarosław Ćwiek-Karpowicz., "Poland's Policy towards Russia," in *Yearbook of Polish Foreign Policy*, 2009, p. 132.

② "Послание Федеральному Собранию Российской Федерации," ноября 5, 2008 года, http://www.kremlin.ru/events/president/transcripts/1968.

系趋于紧张的另一个事件是白俄罗斯—俄罗斯在波兰边境附近举行的"西部联合军事演习",此次演习再度刺激了波兰的敏感神经。①

2. 维斯图拉潟湖航行问题

除了导弹防御问题,波兰代表与俄罗斯外长拉夫罗夫在会谈中就维斯图拉潟湖上的第三国航行问题达成了一致。虽然两国的外交部已经就此签署了相关协定,而且这个协定对波兰艾尔布兰格(Elblag)、俄罗斯波罗的斯克(Балтийск)②和加里宁格勒(Калининград)都有益处,但实际执行情况却不尽如人意。后经证实,实际原因并非出自俄罗斯方面的政治决定或恶意,而是俄罗斯的内部问题。从军事角度而言,加里宁格勒是一个战略要地,诸多俄罗斯的重要机构部署在这里,并且职能相互交叉,彼此之间常有掣肘,从而影响了有关决策的执行效力,其中包括俄罗斯的波罗的海舰队、边防军、联邦安全局。显而易见的是,安全问题对俄罗斯人来说也是优先于其他任何问题的。③

3. 历史争议问题

"波兰—俄罗斯疑难事项小组波兰分会"于2008年3月27日举行了成立会议,6月份波俄重新启动了工作组。事实上,该工作组成立于2002年1月普京总统对波兰正式访问期间,2002年11月,该工作组首次会议在莫斯科举行,但随着双边关系的恶化,该工作组很快停止了运作。该工作组全体成员于2008年6月12—14日举行了一次联合会议,商定由两国联合出版"波兰—俄罗斯科学出版物",专门讨论在20世纪双边关系中的关键问题。卡钦斯基总统、图斯克总理和西科尔斯基部长接待了工作组的两个负责人。其中,图斯克提出了一项关于讨论第二次世界大战爆发起源的学术会议的倡议,该会议于2009年在波兰举行,两国历史学家参加了会议。

---

① Cf. A. Wilk, "Rosja æwiczy wojnê na zachodzie," Tydzień na Wschodzie, Oœrodek Studiów Wschodnich, cited by Jarosław Ćwiek-Karpowicz, "Poland's Policy Towards Russia," in *Yearbook of Polish Foreign Policy*, 2009, p. 141.

② 波罗的海舰队的主要海军基地以及修理船厂附近(市中心西南5千米)维斯瓦火山口,目前是一个军用机场。

③ Sikorski Radosław, *Polska może być lepsza*, Kraków: Społeczny Instytut Wydawniczy Znak, 2018, s. 103–104.

该工作组于 9 月 27—28 日在莫斯科举行了第二次会议。俄罗斯外长拉夫罗夫部长接见了工作组成员，并发表讲话，他指示与会人员不要在两个极权主义政权结盟的特殊历史环境下去解释第二次世界大战爆发的责任问题。他的讲话表明，该工作组几乎不可能影响克里姆林宫的历史观念，因为这些历史问题都是由斯大林主导的。在波兰代表看来，俄罗斯将联合工作组视为一个回避和阻止波兰正式讨论双边历史问题的工具，这是一种将历史问题非政治化的工具性态度，比如对于卡廷事件的讨论。①

卡廷事件是横在波兰和俄罗斯民族和解进程中挥之不去的议题。波兰官方始终认为："1940 年的卡廷事件是由执行苏联共产党领导层命令的内务人员所为。但俄罗斯当局尚未选择全面揭露这一罪行，并为两万多名波兰受害者平反。"② 在 2008 年 1 月的波俄双边政要会晤中，波兰明确提出并建议俄罗斯向波兰军人的受害者家属作出表态，并提供补偿。比如，双方可以设立一个以人道主义或致力于科学进步为主的基金会。原因是德国已经采取了类似的解决办法，并且波德和解基金会至今仍在运作。但俄罗斯方面并未立即作出明确回应。③

历史问题在 2009 年的波俄关系中显得格外醒目，原因是这一年正值二战爆发 70 周年，而一年后又是卡廷事件 70 周年。为此，由波兰前外交部长和莫斯科国际关系学院院长共同领导的"波俄疑难问题小组"顺势成立，旨在将双边部分棘手的历史问题从当前的政治讨论中隐去。2009 年 5 月 28—29 日，波俄双方在克拉科夫举行了一次疑难问题小组会议，会后发表了一份由波俄双边共同建立一个纪念卡廷遇难者的联合机构的建议，以及关于 20 世纪波俄关系中棘手问题联

---

① Bartosz Cichocki, "Poland's Policy Regarding Russia," in *Yearbook of Polish Foreign Policy 2009*, 2009, p. 117.

② Jarosław Ćwiek-Karpowicz, "Poland's Policy towards Russia," in *Yearbook of Polish Foreign Policy*, 2009, p. 133.

③ Sikorski Radosław, *Polska może być lepsza*, Kraków: Społeczny Instytut Wydawniczy Znak, 2018, s. 105.

合出版物的概要。①

虽然波兰总统卡钦斯基和图斯克总理在外交政策向来存在着很大的分歧,但在二战纪念日上,他们的讲话却是相互协调和互为补充的。其中,卡钦斯基指出,波德互不侵犯宣言并不能等同于德苏之间签订的《苏德互不侵犯条约》。他还回顾了卡廷事件,并呼吁在真相中实现和解。

> 我们波兰人有权了解真相,有权了解关于我们国家悲惨事件的真相,我们永远不会放弃。我坚信,整个欧洲都将朝着多元化、自由、民主和真理的方向迈进,即使这一过程非常艰难。②

而图斯克则不忘向把欧洲从纳粹德国手中解救出来的俄罗斯军人表示敬意。他在演讲中谈道:"虽然那些参与了解放波兰的苏联军队最终并没有为波兰带来真正的自由,但他们很多人为解放事业奉献出了自己的生命。我们也向他们致敬并照顾他们的坟墓。"同时他在演讲结尾呼吁:"我们在这里的目的是,尽管经历了艰难的历史,并且抵御了邪恶的吞噬,但我们仍可以在彼此之间建立信任。"③

4. 经贸与人文交流

2007年12月12日,波兰农业部部长萨维茨基(Marek Sawicki)和俄罗斯阿列克谢·戈尔杰耶夫(Alexei Gordeyev)在莫斯科举行了一次会议。在会议期间,俄罗斯宣布,两国兽医部门签署适当的备忘录后,将取消对波兰肉类的进口限制。但该备忘录已经无法使波兰对俄罗斯的肉

---

① Jarosław Ćwiek-Karpowicz., "Poland's Policy towards Russia," in *Yearbook of Polish Foreign Policy*, 2009, p. 137.

② Oficjalna strona Prezydenta Rzeczypospolitej Polskiej, "Przemówienie Prezydenta na obchodach 70. rocznicy wybuchu II wojny światowej," września 1, 2009, https://www.prezydent.pl/kancelaria/archiwum/archiwum-lecha-kaczynskiego/aktualnosci/rok-2009/przemowienie-prezydenta-na-obchodach-70-rocznicy-wybuchu-ii-wojny-swiatowej, 25463, archive.

③ Oficjalna strona Prezydenta Rzeczypospolitej Polskiej, "Przemówienie Prezydenta na obchodach 70. rocznicy wybuchu II wojny światowej," września 1, 2009, https://www.prezydent.pl/kancelaria/archiwum/archiwum-lecha-kaczynskiego/aktualnosci/rok-2009/przemowienie-prezydenta-na-obchodach-70-rocznicy-wybuchu-ii-wojny-swiatowej, 25463, archive.

类销售恢复到禁运前的水平。尽管戈尔杰耶夫部长对波兰的水果和蔬菜持保留态度。① 但是两国农业部长于 2008 年 1 月也达成了关于解除水果和蔬菜限制的部分协议。

波兰与俄罗斯的贸易往来在 2008 年大幅增加。波兰出口额较上年同期增长 38.9%，达到了近 90 亿美元，俄罗斯在波兰对外出口总额中所占的份额从 2007 年的 4.6% 上升至 5.3%。波兰从俄罗斯的进口额增长了 43.1%，超过 205 亿美元，主要原因是由于石油和天然气价格上涨。波兰对俄罗斯的贸易逆差在 2008 年扩大了 45.6%，达到了 116 亿美元。在 2008 年波兰对俄罗斯的出口货物比重中，工程类商品占出口的比例为 45%，化学材料占 19%，金属制品占 9%，木材和造纸占 8.5%，食品仅占 7.9%，而在 1997 年，该品类占出口总比的 42%。反之，从俄罗斯进口方面来看，矿物产品，尤其是原油和天然气，总共占比达 86%—90%，剩余比重主要是金属制品和化学制品。②

步入 2009 年之后，波俄双方的经贸合作非常活跃。波兰成为俄罗斯在欧盟成员国中的第五大贸易伙伴国，仅次于德国、荷兰、意大利和法国。同时，俄罗斯则成为波兰的第三大贸易伙伴国。双向货物运输量合计达 178 亿美元。但与 2008 年经贸总额相比，波俄双边贸易额下降了 38.7%，这主要是由于俄罗斯 2009 年的经济危机造成的。2009 年波兰对俄出口的主要产品门类有：工程工业产品（22.7%）、食品和农产品（21.3%）、化学品（17%）、木材和纸张（11%）以及冶金工业制品（5.4%）。受影响最严重的是工程工业产品的出口额，从 36% 下降到了 22.7%。值得注意的是，在俄罗斯取消对波兰食品和农产品禁运后，这一门类增长幅度最大，从 9.8% 增加到了 21.3%。另外，波兰对俄出口的主要市场目的地是莫斯科及周边地区，其次是加里宁格勒和圣彼得堡，

---

① "Informacja ze spotkania Ministra Rolnictwa i Rozwoju Wsi Rzeczypospolitej Polskiej pana M. Sawickiego i Ministra Rolnictwa Federacji Rosyjskiej pana A. Gordiejewa – Moskwa," grudnia 12, 2007 r., www.msz.gov.pl.
② "Informator ekonomiczny o krajach œwiata. Rosja," in *Yearbook of Polish Foreign Policy 2009*, 2009, pp. 118 – 119.

这三个城市或地区分别占比为65%、10%和9%。①

值得一提的是2009年9月1日，波兰和俄罗斯文化部签署了"2009—2012年合作议定书"，为两国在社会文化领域开展合作、增进交流带来了新的希望。此份议定书鼓励并支持波俄两国国内各大文化艺术机构加强合作与交流，并为此提供了政策支持。此外，中断了四年的"波兰—俄罗斯民间论坛"于2009年5月13日在莫斯科举行。双方的许多著名学者、艺术家和记者参加了此次论坛，共分成了政治、文化、新闻和经济四个主题小组。②

5. 能源合作问题

2005—2007年，由同属于右翼政党的法律与公正党（PIS）和波兰家庭联盟（LPR）组建了执政联盟，其在对外政策中具有明显的疑欧主义和极端民族主义特征。因此，本届政府着力降低波兰对俄罗斯石油和天然气运输项目的不对称依赖程度，此举却恶化了波俄之间的双边关系。在波兰领导人看来，俄罗斯正在计划修建的北溪天然气管道项目将为俄方创造新的多元化能源运输线路，相反的是中东欧国家先前所享有的管道过境优势地位将遭到严重削弱。这表明俄罗斯将通过其在能源领域的优势地位及其能源产品强化在中东欧地区的影响力，也将触发这一地区国家的地缘安全担忧。

反观图斯克政府，图斯克本人尽量避免在能源问题上对俄罗斯提出与前任政府类似的指控，与公民纲领党组成联合政府的波兰人民党（PSL）政要曾在公开场合表示："俄罗斯的能源政策对波兰没有构成威胁。"③ 2008年，负责能源安全的副总理兼经济部长瓦尔德马·帕夫拉克（Waldemar Pawlak）提出的能源概念则是优先考虑波兰能源安全中与价格和环境相关的问题，包括引入可替代能源。

虽然图斯克政府延续了前任政府在北溪管道项目上的反对态度，但

---

① Marcin Korolec, "w sprawie polsko-rosyjskiej współpracy gospodarczej," marca 4, 2011 r., http://orka2.sejm.gov.pl/IZ6.nsf/main/288EB080.

② Jarosław Ćwiek-Karpowicz., "Poland's Policy towards Russia," in *Yearbook of Polish Foreign Policy 2010*, 2010, p.145.

③ Bartosz Cichocki, "Poland's Policy Regarding Russia," in *Yearbook of Polish Foreign Policy 2009*, 2009, p.123.

很少对该项目在公开场合作出批评。本届政府着力推动的能源项目之一是"琥珀项目"。该项目将通过波罗的海国家和波兰将俄罗斯与西欧连接起来,这将削弱北溪管道项目建设的合理性,同时促进俄罗斯与欧盟在天然气领域的合作。图斯克总理还对延长敖德萨—布罗迪（Odessa-Brody）原油管道提出了质疑。该管道是在乌克兰黑海城市敖德萨与乌克兰—波兰边界附近的布罗迪之间的原油管道。按照原计划,该管道将率先扩展到普沃茨克,并进一步延伸到波兰的格但斯克。值得一提的是,该管道由乌克兰国有石油管道公司运营,是前任法律与公正党政府和卡钦斯基总统的优先事项之一,也是波兰与俄罗斯能源关系中的争议之源。因此,图斯克对于该管道项目的否定毫无疑问将有助于推动波俄关系的正常化。①

波俄之间能源关系的本质问题在于,波兰追求的能源进口多元化与俄罗斯追求的能源运输管道多元化之间的矛盾。前者带有明显的"去俄化"倾向,并对后者的目标造成了负面效应。在2013年之前,链接俄罗斯和德国的最重要的天然气运输管道是亚马尔—欧洲天然气管道和北溪管道。其中跨国的亚马尔—欧洲天然气管道横跨四个国家,即俄罗斯、白俄罗斯、波兰和德国。其年运输能力为329亿立方米天然气。北溪管道是一条从俄罗斯到欧洲横跨波罗的海的出口天然气管道。由于绕过东欧的过境国,北溪项目为俄罗斯天然气工业股份公司提供了直接接触欧洲消费者的途径。2000年12月,欧盟委员会将北溪项目列为跨欧洲能源网络（TEN-E）指南的优先项目。这一项目计划在2006年得到了重新确认。这意味着北溪项目成为影响欧洲可持续发展和能源安全的关键事项之一。2010年4月,北溪项目建设在波罗的海启动。第一批北溪项目于2011年11月投入使用,第二批于2012年10月投入使用。② 对波兰而言,一个重要的时间转折点出现在2008年,俄格冲突的爆发导致图斯克政府对该项目的态度变得更加谨慎。

6. 在独联体国家政策上的分歧

波兰和俄罗斯之间的另一个重要分歧是对于独联体地区政策的差异。

---

① Bartosz Cichocki, Yearbook of Polish Foreign Policy 2009, 2009, p. 123.
② 参见 Gazprom 官网（http://www.gazprom.com/projects/nord-stream/）。

俄罗斯认为，苏联解体后新独立的苏联加盟共和国应该属于俄罗斯的特殊利益范围，俄罗斯希望维持对这些国家外交和内政的发言权。与之相反的是，波兰坚决抵制俄罗斯对包括乌克兰、白俄罗斯等国家施加的政治影响力和控制力，并支持这些国家加入欧盟和北约，从而彻底摆脱俄罗斯的政治控制。[1] 不得不说，波兰的想法犹如"纸面上的童话"。原因是冷战结束以后，以美国为首的北约在多轮东扩之后不断地挤压俄罗斯西部的战略空间，一半以上的中东欧国家都被纳入到北约的庇护之下，北约的东部前沿阵线已经从冷战结束前的东德推进到了波罗的海三国、波兰、捷克、罗马尼亚等国家。对于俄罗斯而言，乌克兰和白俄罗斯是横在北约和俄罗斯边境线上的最后的缓冲地带和战略屏障，俄罗斯绝不会对乌克兰和白俄罗斯对欧盟和北约的战略接近坐视不理。俄罗斯在格鲁吉亚危机中的战略反应便是例证。

从地缘政治战略角度来看，波兰在毕苏斯基时期就想通过东欧联邦的形式将其领土的东部边界线扩展到乌克兰，从而在波俄之间建立一个缓冲地带。但无奈其国力有限，囿于强邻环伺的地缘格局，这一战略计划终究落空。苏联解体后，波兰制定了东部政策，旨在助推乌克兰、白俄罗斯的政治民主化进程，最终促使这些国家加入欧盟，那么波俄之间将重新出现一个战略缓冲地带。从波兰总统卡钦斯基在俄格冲突中的激烈反应便可窥见一二。

四　俄格冲突对波俄关系的冲击

图斯克于2007年就任总理之后，旋即宣布了改善波俄关系的外交工作计划。该计划是建立在实用主义和经济利益优先原则的基础之上的。为此，波兰政府方面主动释放了一系列试图与俄罗斯缓和关系的信号。如前所述，双方在能源、出口限制、航行、历史等多个领域开展了对话。然而，2008年8月，随着俄格冲突的爆发，波俄关系的缓和进程被按下了暂停键，甚至出现了倒退。

俄格冲突的爆发对波俄关系正常化进程带来了冲击。虽然，这一冲

---

[1] Jarosław Ćwiek-Karpowicz, "Poland's Policy towards Russia," in *Yearbook of Polish Foreign Policy 2009*, 2009, pp. 132-133.

突并未造成波俄关系和解进程的全面停滞，但仍然限制了波俄关系正常化的程度。该冲突的发生还导致横在图斯克政府和总统莱赫·卡钦斯基之间对俄政策取向的分歧进一步扩大。[1] 其中，以图斯克为代表的政府强调在欧盟和北约的多边框架下解决俄格冲突问题。在图斯克看来，通过欧盟和北约要比单独行动对波兰更为有利。然而，卡钦斯基认为波兰无须观望西欧合作伙伴的脸色，而应直接对格鲁吉亚予以支持。基于此，2008 年 8 月 8 日，卡钦斯基指示总统府发表严厉声明："总统认为（俄罗斯）对格鲁吉亚的内政进行任何干预都是不可接受的。"第二天上午，卡钦斯基在格但斯克莱赫·瓦文萨机场会见了图斯克总理。他告诉图斯克，他将与中东欧国家的总统一起发表支持格鲁吉亚的联合宣言。并且，他还声称："也许我将不得不去格鲁吉亚首都第比利斯。"[2] 随后，2008 年 8 月 12 日，卡钦斯基总统与立陶宛、乌克兰的国家元首以及拉脱维亚总理一起抵达第比利斯。为了提高联合宣言的影响力，卡钦斯基还试图说服捷克总统瓦茨拉夫·克劳斯（Vaclav Klaus）加入该宣言。但是克劳斯拒绝签署严厉攻击克里姆林宫的宣言。[3]

然而，图斯克总理公开声明波兰总统的立场不能代表波兰政府立场，并委派外长西科尔斯基出席该代表团，以确保总统不会越过政府在格鲁吉亚问题上已经达成的政策立场。[4]对于总统"一意孤行"的外交行为，图斯克表示，"卡钦斯基总统对高加索地区的访问可能会表现出良好的效果，这表明波兰对于格鲁吉亚人和总统米哈伊尔·萨卡什维利（Mikhail Saakashvili）的有力声援。但是，波兰外交的主要任务是参与化解冲突并为确保格鲁吉亚领土完整而作出努力，而不是助推俄欧关系以及地区安

---

[1] "Premier o kryzysie gruzińskim," August 11, 2008, https://rodzinometr.premier.gov.pl/mobile/wydarzenia/aktualnosci/premier-o-kryzysie-gruzinskim.html.

[2] "Nieudana gruzińska misja Kaczyńskiego," Dziennik, sierpnia 8, 2009, https：//wiadomosci.dziennik.pl/wydarzenia/artykuly/92914, nieudana-gruzinska-misja-kaczynskiego.html.

[3] "Nieudana gruzińska misja Kaczyńskiego," Dziennik, sierpnia 8, 2009, https：//wiadomosci.dziennik.pl/wydarzenia/artykuly/92914, nieudana-gruzinska-misja-kaczynskiego.html

[4] "Premier: trzeba dążyć do zachowania integralności terytorialnej Gruzji," August 12, 2008, https：//archiwum.premier.gov.pl/mobile/wydarzenia/aktualnosci/premier-trzeba-dazyc-do-zachowania-integralnosci-terytorialnej-gruzji.html.

第三章 重建平衡:在区域主义与大西洋主义之间(2007—2010) / 125

全局势的不断升级"①,因为这对波兰而言弊大于利。

另外,在一次新闻发布会上,图斯克总理通报了政府迄今为止在格鲁吉亚危机方面所采取的行动。他宣布,已任命一个危机处理小组来协调波兰政府和总统针对高加索局势的行动。图斯克还呼吁法国总统萨科齐召集"欧盟理事会",以及欧盟轮值主席国会议,并表示在外长西科尔斯基的倡议下,欧盟成员国的各国外长就格鲁吉亚问题将举行一次集体会晤。②

图斯克还指出,波兰、波罗的海国家和乌克兰的领导人访问第比利斯,将加剧该地区的紧张局势,而不是缓解它们之间的紧张关系。为此,他呼吁,为了尽快达成停战协议,欧盟和北约必须作出迅速反应。因为有迹象表明俄罗斯在奥塞梯和格鲁吉亚边界上的活动没有减少,甚至还在增加。而波兰外交当下能做的最重要的事情就是有效动员欧盟和北约。

反观波兰总统卡钦斯基的立场,他将俄格冲突看作俄罗斯传统帝国主义的复苏,并强烈地谴责了这一行径。2008年8月12日傍晚前,卡钦斯基和中东欧几个国家领导人抵达第比利斯,此行的第一项议程便是在群众集会上发表演说。在第比利斯,成千上万的格鲁吉亚人民汇聚在鲁斯塔韦利大道上议会大楼前的广场上焦急地等待着卡钦斯基和到访的其他几个国家元首。到场的各国领导人相继就格鲁吉亚危机发表了讲话,其中卡钦斯基的演讲最为尖锐。

他强调:

> 我们在这里战斗。很长一段时间以来,我们的邻居(指俄罗斯)第一次出现了一张我们已经熟知了数百年的面孔。这个邻居认为周围的国家应该服从他们。我们说"不"!我们也非常了解,今天是格鲁吉亚,明天是乌克兰,后天是波罗的海国家,那么也许之后就是波兰了。③

---

① "Premier: trzeba dążyć do zachowania integralności terytorialnej Gruzji," August 12, 2008, https://archiwum.premier.gov.pl/mobile/wydarzenia/aktualnosci/premier-trzeba-dazyc-do-zachowania-integralnosci-terytorialnej-gruzji.html.

② "Premier o kryzysie gruzińskim," August 11, 2008, https://rodzinometr.premier.gov.pl/mobile/wydarzenia/aktualnosci/premier-o-kryzysie-gruzinskim.html.

③ "Nieudana gruzińska misja Kaczyńskiego," Dziennik, sierpnia 8, 2009, https://wiadomosci.dziennik.pl/wydarzenia/artykuly/92914, nieudana-gruzinska-misja-kaczynskiego.html.

在格鲁吉亚停留期间，卡钦斯基也试图拉拢西方盟友加入到对于格鲁吉亚的支持中。2008 年 8 月，正值法国担任欧盟轮值主席国，其间卡钦斯基在 8 月 10 日通过电话与时任法国总统萨科齐交换了看法，然而两者的态度存在着迥然不同的分歧。其中，卡钦斯基强调，格鲁吉亚的安全必须得到捍卫。他甚至呼吁欧盟应该派遣维和部队进驻高加索地区。但是，萨科齐却坚定地表示，萨卡什维利应为整个骚乱负责，因为是他先开始射击的。尽管萨科齐安抚卡钦斯基不要过分担忧，以避免波兰卷入冲突之中，导致事态扩大化，但卡钦斯基担心欧盟和欧洲最强大的国家法国和德国会与俄罗斯私下达成协议，并出卖盟友的利益。尤其是德国，历史上俄德握手言和的时候，常常带给波兰的是苦难。卡钦斯基的外交以失败而结束，未能成功说服法国总统萨科齐代表欧盟在俄罗斯和格鲁吉亚之间进行调停，以保证双方达成停火协议。[1]

最终的解决方式是，图斯克政府接受了 2008 年 8 月 12 日法国总统萨科齐和俄罗斯总统梅德韦杰夫（2008—2012）达成的六点计划。第一，各方不能诉诸武力。第二，彻底停止敌对行动。第三，免费获得人道主义援助。第四，格鲁吉亚军队必须撤回到原驻扎地。第五，俄罗斯军队必须在敌对行动开始之前撤出占领线。在建立国际机制之前，俄罗斯维持和平部队将执行阿布哈兹和南奥塞梯地区的安全措施。第六，阿布哈兹和南奥塞梯的未来安全与稳定将交由国际社会讨论。[2]

受到俄格冲突的影响，波兰与美国之间达成的导弹防御协定进程加快。2008 年 8 月 14 日，波兰外交部副部长安杰伊·克雷梅尔（Andrzej Kremer）和美国副国务卿约翰·罗德（John Rood）达成了导弹防御协定，该协定于 8 月 20 日由西科尔斯基部长和美国国务卿康多莉扎·赖斯（Condoleezza Rice）在华沙正式签署。西科尔斯基驳斥了有关南奥塞梯冲突与波美关系有关联的观点，并寻求不让克里姆林宫指责中欧导弹防御系统是以俄罗斯为目标。然而，这不可能使俄罗斯信服。尽管进行了几

---

[1] "Nieudana gruzińska misja Kaczyńskiego," Dziennik, sierpnia 8, 2009, https://wiadomosci.dziennik.pl/wydarzenia/artykuly/92914, nieudana-gruzinska-misja-kaczynskiego.html.

[2] "Sarkozy under Fire over 'Foggy' Georgia Peace Plan," Euractiv, August 29, 2008, https://www.euractiv.com/section/global-europe/news/sarkozy-under-fire-over-foggy-georgia-peace-plan/.

轮双边磋商，俄罗斯仍对在波兰部署拦截导弹保持消极立场，并对波兰施加了军事威胁。①

俄格冲突达成和解之后，2008年9月1日，欧洲理事会在成员国的首脑峰会上中止了与俄罗斯之间新的合作协议。在此次峰会上，波兰代表团（主要是总统府代表）试图让欧盟加快东部伙伴计划。并且在随后的一系列由北约和欧盟举行的论坛上，波兰总统呼吁最大限度地对俄罗斯实施制裁。但在波兰政府层面，图斯克表现出对继续推进波俄双边合作的开放态度。最显著的例证是，原定于2008年9月11日的俄罗斯外长拉夫罗夫访问华沙的外交议程照常进行。随着拉夫罗夫的到访，波俄双方再次确认了此前达成的一系列双边政府间和非政府间友好论坛将继续举办的声明。这些论坛包括：政府间经济合作委员会、争议问题工作组会议以及波兰—俄罗斯公民对话论坛。此外，图斯克还专门接待了来访的拉夫罗夫，双方讨论了导弹防御系统、北溪管道和维斯图拉潟湖航行自由等问题。

2008年11月，西科尔斯基访问华盛顿，两国达成了一项"西科尔斯基共识"，该共识强调：对任何以武力形式试图更进一步重构欧洲政治版图的行为，应当将其视作是对整个欧洲安全的威胁，整个大西洋共同体必须给予相对应的反应。然而，波兰的想法并未被所有欧盟成员国接受，暴露出了欧盟成员国之间在对俄态度上的分歧。新老欧盟成员国之间存在着五种明显的政策取向。第一种观点："特洛伊木马"型，主要代表是塞浦路斯和希腊，他们通常对俄罗斯在欧盟体系内的利益持防范态度，并且倾向于支持欧盟的统一立场。第二种观点：法国、德国、意大利和西班牙将俄罗斯看作一个战略伙伴，他们与俄罗斯保持了一定的特殊关系，这在一定程度损害了同盟的统一政策。第三种观点：奥地利、比利时、保加利亚、芬兰、匈牙利、卢森堡、葡萄牙、斯洛伐克和斯洛文尼亚坚持与俄罗斯保持亲近关系，并倾向于将经济利益置于政治利益之上。第四种观点：捷克、丹麦、爱沙尼亚、冰岛、拉脱维亚、荷兰、罗马尼亚、瑞典和英国对俄罗斯态度可以冠以"冷漠的务实主义者"，他们将对

---

① *Yearbook of Polish Foreign Policy 2009*, Polski Institut Spraw Międzynarodowych, Warszawa, 2009, pp. 112–113.

俄关系主要集中在商业利益上，较少担心其他国家所呼吁的人权或其他事项。第五种观点：新的冰冷防御型，主要是波兰和立陶宛，他们对莫斯科持有明显的敌意，并希望阻碍欧盟与俄罗斯之间的谈判。①

第二节　对美政策回归理性

一　对美政策调整的背景

（一）加入北约以来的波美关系（1999—2005）

波兰外交政策一个至关重要的支柱就是发展与美国的同盟关系。紧密的波美关系有利于其实现在关键领域的国家利益，尤其是安全方面。波兰方面始终坚持，美国在欧洲的介入是欧洲政治稳定与国土安全的核心保证。

波美关系渊源已久，一战之后波兰得以重新独立，收复国土与美国的支持密切相关。即使在二战之后，波兰虽被纳入以苏联为首的共产主义阵营，但波美之间的非官方联系从未间断。对东欧社会主义阵营的和平演变一直是美国冷战时期遏制大战略下的一个重要实施途径，尤其在20世纪80年代，美国在波兰团结工会运动方面发挥了重要作用。苏联解体后，以波兰为代表的东欧地区一度出现了安全真空，基于历史的、地缘的和现实的安全考量，复归欧洲和加入北约成为波兰梦寐以求的外交目标。

在1997年7月北约马德里峰会之后，"波兰被视为美国安插在欧洲的特洛伊木马"②，原因是来自团结选举运动的耶日·布泽克（1997—2001）当选波兰总理，该党属于右翼政党，在外交趋向上亲美疑欧。根据波兰华沙大学学者雷沙尔德·济恩巴的观点，具体原因主要有以下几个方面：第一，波兰在1999年被接受成为北约成员国之后，旋即支持美国就科索沃的人道主义危机对南斯拉夫联盟共和国进行军事干预。北约的此次军事行动是在未经联合国安理会授权的情况下，发动的一场干涉

---

① Justyna Zając, *Poland's Security Policy: The West, Russia, and the Changing International Order*, London: Macmillan Publishers Ltd., 2016. p. 109.

② Ryszard Zięba, *Poland's Foreign and Security Policy Problems of Compatibility with the Changing International Order*, Cham: Springer International Publishing, 2020, p. 102.

第三章　重建平衡：在区域主义与大西洋主义之间（2007—2010） / 129

别国内政的侵略战争，此次战争导致南斯拉夫局势升温，种族矛盾愈加尖锐，也成为当前巴尔干半岛上科索沃问题形成的重要原因之一。这次轰炸是继 1995 年在波斯尼亚和黑塞哥维那发生的轰炸行动之后，北约的第二次主要作战行动。这是北约第一次在未经联合国安理会明确认可的情况下使用军事力量，引发了有关干预合法性的辩论。华沙决定派遣军事特遣队加入在科索沃建立的维和部队（驻科部队），将其特遣队置于北约的指挥之下。第二，在 1999 年 4 月 2—25 日于华盛顿举行的北约周年庆典峰会上，波兰支持美国修改北约的战略构想，以使该联盟能够在未经联合国安理会授权的情况下进行区域外行动。第三，由于担心欧洲安全与防务政策（ESDP）① 会破坏北约的凝聚力，波兰对欧盟于 1999 年发起的欧洲安全与防务政策持保留态度。另外，波兰政府还表示，欧洲安全与防务政策只有在强化美国和欧盟之间合作的前提下才能发挥实际效用。显而易见，此任政府将对美关系列为外交政策和安全保证的优先事项。第四，波兰还对 2003 年由欧盟起草的"欧洲宪法条约"草案持怀疑态度。②

21 世纪以来，反恐与军事安全合作成为紧密波美关系的主要平台。波兰先后追随美国介入了伊拉克、阿富汗、科索沃和黎巴嫩反恐战争。③ 2001 年，"9·11"事件的爆发成为紧密波美关系的主要纽带，在暴恐袭击事件发生之后，波兰明确地表达了对恐袭行为的谴责和对美国受害者家庭的同情。波兰是所有参与反恐联盟的国家中第一个支持并派出了雷鸣特种部队（Grupa Reagowania Operacyjno-Manewrowego，GROM）参

---

① 欧盟共同安全和防务政策以前称为欧洲安全和防务政策（European Security and Defence Policy, ESDP），是 1999 年 6 月在欧洲理事会上启动的，是欧盟共同外交和安全政策（Common Foreign and Security Policy, CFSP）的组成部分。自 1999 年以来，欧盟在布鲁塞尔建立了政治、民间和军事机构，设定了共同能力目标，并开展了许多危机管理行动。2003 年 12 月，欧盟领导人商定了"欧洲安全战略"。该文件阐明了欧洲安全面临的主要威胁：恐怖主义、大规模毁灭性武器扩散、区域冲突等。参见 https://web.archive.org/web/20110618074230/http://www.iss.europa.eu/research-areas/security-defence-policy/。

② Ryszard Zięba, *Poland's Foreign and Security Policy Problems of Compatibility with the Changing International Order*, Cham: Springer International Publishing, 2020, pp. 107 – 108.

③ Maciej Pisarski, "Relations between Poland and the United States," in *Yearbook of Polish Foreign Policy 2007*, 2007, p. 79.

加阿富汗战争的国家。紧接着，2001年11月6日，亚历山大·克瓦希涅夫斯基（Aleksander Kwaśniewski）总统在华沙举行了中东欧国家反恐领导人会议。该地区17个国家的代表参加了会议，其中包括13位国家元首。会议结束时发表了一份宣言，认为国际恐怖主义是"21世纪的祸患"。①

随后在2003年，美国以伊拉克藏有大规模杀伤性武器为由，发动了对伊拉克的战争。波兰政治精英虽然在该问题上有所分歧，但由于反对派未掌握国家实际权力，而时任国家总统亚历山大·克瓦希涅夫斯基和总理莱舍克·米莱尔两人达成了一致，决定追随美国介入到伊拉克战争之中。事后证明，美国情报部门言之凿凿的关于伊拉克藏有大规模杀伤性武器的证据只是美国发动侵略战争的一个虚晃的借口，波兰当局却深信无疑。②

事实上，波兰追随美国介入伊拉克战争也有自己的经济和政治利益考量。首先是经济利益。波兰政府试图游说美国，以期在推翻萨达姆·侯赛因政权之后为波兰公司争取得到伊拉克重建方面的相关合同，换句话说，波兰想从战后伊拉克的重建中获得商业订单。其次，在政治方面，波兰一方面想借此机会进一步密切与美国的同盟关系，以使其在国际舞台上获得更高更多的政治威望，同时也可向世界展示波兰的军事实力；另一方面，波兰政府也希望通过对美国的高度忠诚换取美国对波兰的免签福利。从具体数据来看，波兰不仅派出了一支200名士兵规模的雷鸣特种部队，而且战后又派出了2440名士兵参与到伊拉克政局的稳定行动中。波兰派出的总兵力仅次于英国和澳大利亚，成为伊拉克战争中美国的第三大盟友。③

从美国方面来看，波兰被视为一个有价值的、值得信赖并且愿意为之采取危险性行动的战略伙伴。波兰的特殊地缘位置和安全利益，使其

---

① "Warsaw Conference on Combating Terrorism," November 6, 2001, https://www.prezydent.pl/en/archive/news-archive/news-2001/art,11,warsaw-conference-on-combating-terrorism.html.

② Ryszard Zięba, *Poland's Foreign and Security Policy Problems of Compatibility with the Changing International Order*, Cham: Springer International Publishing, 2020, pp. 105–107.

③ Mieczysław Stolarczyk, "Kontrowersje wokół militarnego zaangażowania Polski w Iraku," *Przegląd Zachodni*, 2005, No. 1, s. 63.

在跨大西洋关系中扮演了一个积极的参与者角色。波美合作议题涉及地区安全、反恐、经济、政治领域（东欧地区民主化的推进）、能源安全、气候变化、卫生合作等。其中在政治领域的一个核心关切就是，波兰积极推动乌克兰的政治和经济转型，促其融入欧洲—跨大西洋合作机制之中。同时，波兰也一直致力于推动白俄罗斯的转型。[①]

（二）卡钦斯基兄弟时期的波美关系（2005—2007）

在2007年公民纲领党执政之前，波兰政局由来自右翼政党的卡钦斯基兄弟掌控。该党在政治理念上高度亲美，对欧盟持怀疑主义。在2005—2007年执政时期，该党政要频繁访问美国，就军事合作、能源安全、跨大西洋关系等多领域议题展开对话，一时间波美同盟关系达到苏联解体以来的最高水平。虽然两国在政治、经济、军事等领域的合作存在着高度不对称性，但彼此各取所需，利益互为补充。

2006年2月，波兰总统莱赫·卡钦斯基访问了美国，时任美国总统乔治·沃克·布什与之进行了会晤。双方对话的一个重要议题就是"东部政策（即对俄罗斯、乌克兰和白俄罗斯政策）"。其他的重要议题还包括：伊朗问题、能源安全、北约的未来和双边关系。在此次访问中，双方达成了多项合作协议，其中包括科技合作、军事援助（如对于F-16战机飞行员训练的资助）等。2006年6月，波兰外长安娜·福蒂加访问华盛顿，会见了美国副总统迪克·切尼（Richard Cheney）、国务卿、美国国家安全事务顾问等政府要员，以及波裔美国人和波裔犹太人组织。2006年9月，波兰总理雅罗斯瓦夫·卡钦斯基访问美国，相继与副总统、总统进行了会晤。此行中，卡钦斯基还专程拜访了波兰裔美国人代表大会（Polish American Congress）、波兰国家联盟（Polish National Alliance）、波兰裔美国人媒体等。同年5月和11月，波兰国防部部长拉多斯瓦夫·西科尔斯基（Radoslaw Sikorski）访问了美国，与美国国防部部长唐纳德·拉姆斯菲尔德（Donald Rumsfeld）就安全合作进行了会谈。

在经济合作方面，数据显示，波兰在美国公司出口商品和服务的国家中排第56名，在对美国出口的国家中排第62名。由此可以看出，双边

[①] Maciej Pisarski, "Relations between Poland and the United States," in *Yearbook of Polish Foreign Policy 2007*, 2007, p. 80.

的经济依存程度并不突出，与两国的政治和军事关系相比存在明显的差距。波兰与美国之间经济合作的主要动力在于，美国是全球最大的经济实体，而波兰在欧洲经济地图上占据重要地位，两者存在广泛的利益需要。譬如，波兰作为一个新加入欧盟不久的新兴市场，其国内投资领域的法律法规也都实现了与欧盟的接轨，相对于西欧发达市场而言具有独特优势，主要体现在以下几个方面：低廉的劳动力成本、优惠的税收政策、辐射整个东欧的广阔市场等。

在跨大西洋关系方面，波兰一直扮演的是一个积极的推动者角色，一个不断强化的跨大西洋关系完全符合波兰的利益。波兰积极致力于发展多方面（multi-faceted）的跨大西洋关系。其积极倡导在欧盟和美国倡议下增进跨大西洋经济一体化。这个倡议也是2005年和2006年"美国—欧盟峰会"讨论的主要议题。[1] 诸如时任美国总统小布什在主持的2005年"美国—欧盟峰会"上所强调的"跨大西洋伙伴关系基于共同的价值观和共同的愿望，美国将继续支持强大的欧盟作为在世界范围内传播自由与民主，安全与繁荣的伙伴。"

军事合作是波美合作的又一重要领域，它涵盖了在中东和巴尔干地区的联合维和行动，以及美国对于波兰军队建设的无偿援助并出售军事武器以更新波兰的军事装备。譬如，在海军舰艇升级和海军训练方面的合作，以及在空军领域的联合作业。美国对波兰的主要援助计划仍是军事资助。1995—2006年，这笔款项总计3.185亿美元（2005和2006年为1.655亿美元，包括所谓团结基金项下的特别款项）。该援助项目的年度价值总计约3000万美元，在欧洲接受美国援助的国家中最高。[2]

除了以上军事合作之外，波美关系的核心议题聚焦在美国在波兰领土上预备实施的弹道导弹防御计划方面。BMD属于美国国家导弹防御（The National Missile Defense，NMD）系统的一部分。该系统最早是由比尔·克林顿总统提出的，旨在补充和强化美国自冷战时期延续至今的威

---

[1] Maciej Pisarski, "Relations between Poland and the United States," in *Yearbook of Polish Foreign Policy 2007*, 2007, p. 83.

[2] "President Hosts United States-European Union Summit," June 20, 2005, https://georgewbush-whitehouse.archives.gov/news/releases/2005/06/20050620-19.html.

慑战略，这一战略基于传统的进攻能力和对于威胁的报复能力，并配有防御系统。这一战略开始得到重视并逐步落实是在小布什政府时期。2002年，美国废除了30年前与苏联缔结的《反弹道导弹条约》，该条约禁止建设战略导弹防御系统。

自此之后，美国导弹防御局每年可获得巨额财政拨款用于建设该项目。其中，2007财年获得了94亿美元，并计划每年增加15亿—19亿美元。为了能够提供广泛而可靠的防御盾牌，NMD系统需要在欧洲部署拦截弹。美国的陆基中程拦截系统（Ground-Based Midcourse Defense, GMD）的拦截器位置优越，可以防御来自朝鲜的潜在攻击，但在拦截来自中东的攻击方面却处于不理想的位置。该系统包括在波兰的10个拦截器，在捷克共和国的一个雷达以及在靠近伊朗的一个国家部署的另一个雷达，以上所有计划都在2013年完成，据报道其成本至少为40亿美元。[1] 美国认为，这种前沿防御部署不仅可以拦截针对美国领土的导弹，还可以拦截对欧洲本土的攻击。[2] 波兰和捷克出于防御来自俄罗斯方面的潜在威胁考虑，积极地支持该计划在中东欧地区的落地，并就此与美国开展对话。同是北约成员国的德国和法国却对此持反对态度。[3]

自2002年以来，美国就建立欧洲拦截远程导弹基地的可能性与波兰和其他欧洲国家进行了谈判。据美国国防部一位官员称："我们与波兰的对话最为成熟，因为他们一直对该主题表示出持续的兴趣。"该官员还告

---

[1] Steven A. Hildreth, Carl Ek., "Long-Range Ballistic Missile Defense in Europe," June 22, 2009, https: //info. publicintelligence. net/127026. pdf.

[2] Daniel Möckli, *US Missile Defense: A Strategic Challenge for Europe*, Center for Security Studies (CSS), April 2007, https: //www. files. ethz. ch/isn/29898/css_analysen_nr12 - 0407_e. pdf.

[3] 德国和法国反对的主要原因有两个方面。第一，首先，俄罗斯以美国的提议为借口，与西方保持距离，并在可能的情况下试图分裂西方。在2007年2月的慕尼黑安全会议上，俄罗斯总统普京强烈抨击美国试图建立"单极世界"和"外空军事化"的企图，警告说此举将引发"不可避免的军备竞赛"。此后，俄罗斯一再表示，增强美国在欧洲的战略能力可能削弱俄罗斯的威慑力，莫斯科还威胁要把波兰和捷克共和国纳入其打击目标，并威胁要废除禁止中程导弹系统的《中程核力量条约》。第二，围绕NMD系统存在争议的第二个原因是对导弹防御系统建设的必要性和可操作性的分歧。西欧多数政治家并不认为伊朗可以威胁到欧洲和美国安全，而俄罗斯又距他们相对较远。参见 Daniel Möckli, "US Missile Defense: A Strategic Challenge for Europe," CSS, April 2007, https: //www. files. ethz. ch/isn/29898/css_analysen_nr12 - 0407_e. pdf.

诉法新社，该计划将有助于保护美国和欧洲免受中东或北非发射的导弹的伤害。波兰总理卡齐梅日·马尔钦凯维奇（Kazimierz Marcinkiewicz）2005年11月表示，他希望就波兰是否应建立这样的基地进行公开辩论。[1] 2007年2月，美国开始与波兰和捷克共和国进行正式谈判，商讨在这些国家建造陆基中程防御系统的导弹防护装置。[2] 但是，据2007年4月《华盛顿邮报》报道，波兰人中有57%的人反对该计划，因为，这是一个极其危险的举动，一旦波兰引入美国的弹道导弹拦截系统，将被俄罗斯视为一个挑衅行为。来自俄罗斯方面的强硬回应便佐证了这一点。俄罗斯方面威胁称，如果美国继续在波兰部署10枚拦截弹并在捷克共和国部署雷达，俄罗斯将在其与北约成员国的边界上部署短程核导弹。2007年4月，俄罗斯总统普京发出警告，如果美国在中欧部署导弹防御系统，将引发新的军备竞赛。并且，俄罗斯将放弃履行与美国于1987年签订的《苏联和美国消除两国中程和中短程导弹条约》（简称"中导条约"）规定的义务。随后，在2007年7月14日，俄罗斯宣布暂停履行《欧洲常规武装力量条约》至2007年12月11日。[3]

二 对美政策调整的实践

长期以来，波兰基于极度的地缘不安全感，将安全利益置于对外政策的首要关切。自1999年波兰加入北约之后，波美同盟关系不断强化，双边安全合作不断升温，波兰紧密地追随美国，比如派兵参与2003年的伊拉克战争。过度亲美的举动一度被西欧大国称之为美国安插在欧洲的"特洛伊木马"。凡此种种都将波兰的安全利益牢固地捆绑在美国的安全保证之下。进入21世纪以来，尤其在2005—2007年的右翼政府时期，波兰的执政精英在安全防御方面一边倒式地追随美国。然而，2009年奥巴马政府"转向亚太"战略的提出，迫使波兰不得不重新调整安全战略。

---

[1] "US Considers Polish Missile Base," November 17, 2005, http://news.bbc.co.uk/2/hi/europe/4445284.stm.

[2] "Europe Diary: Missile Defence," June 1, 2007, http://news.bbc.co.uk/2/hi/europe/6704669.stm.

[3] Telegraph, "Russia Piles Pressure on EU Over Missile Shield," November 15, 2007, https://www.telegraph.co.uk/news/worldnews/1569495/Russia-piles-pressure-on-EU-over-missile-shield.html.

第三章 重建平衡:在区域主义与大西洋主义之间(2007—2010) / 135

波兰战略转向的主要目标是谋求多元安全保证,即在尽力维持波美安全同盟关系的基础上,着力推动欧盟共同安全与防务政策、欧盟战斗群以及维谢格拉德集团的军事安全合作。在此背景下,波兰对美政策也更加务实。

图斯克虽然仍是一个大西洋主义者,但在对美政策上秉持实用主义理念,突出国家利益的重要性,寻求改变对于美国的从属伙伴地位。图斯克严厉批评了卡钦斯基政府"跪在美国面前"的亲美取向。同样,波兰外长西科尔斯基也指出,"美国不应该再像过去那样认为波兰对其无条件地言听计从是理所当然的。"例如,2007年3月,即将出任波兰外交部长的西科尔斯基在《华盛顿邮报》上发表了题为《不要把波兰当做理所当然》的文章,清晰地表达了新政府的对美外交政策取向。

> 我们的美国同事说,不要担心,北约将保护我们,但言辞上的保证太容易了。然而,波兰对1939年独自与希特勒作战而我们的盟友却袖手旁观的记忆依然鲜活。我们再也不会允许自己被没有实际交付手段的纸面保证所怂恿。因此,如果与俄罗斯的关系因为拟建的导弹基地而恶化,美国必须表明,它将为波兰做的事情就像它在与朝鲜对抗时为日本做的事情一样:加强正式的安全安排,并部署爱国者导弹或末端高空区域防御系统。① 将盟军地面监视的主要行动基地放在中欧,以保证该地区北约成员国的领土安全。此外,美国应该向北约公开其如何将中东欧基地纳入到联盟的整体导弹防御体系之中。否则,我们会怀疑美国在保护了自己之后,不会再为北约体系投入更多资源。②

从西科尔斯基发表的观点中,可以明显看出其对波兰国家利益的审慎考量。在对美导弹部署计划的态度上,其突出了理性这一特点,而不

---

① 末端高空区域防御系统(Terminal High Altitude Area Defense, THAAD, 萨德)是美国导弹防御局和美国陆军隶属下的陆基战区反导系统,一般简称为"萨德"反导系统。

② Radek Sikorski, "Don't Take Poland for Granted," *The Washington Post*, March 21, 2007, https://www.washingtonpost.com/wp-dyn/content/article/2007/03/21/AR2007032001427.html.

再是不计代价地全盘接受。除此之外，西科尔斯基也在这一文章中表达了对美国的不满，突出了欧盟对于波兰的重要性。西科尔斯基指出，波兰在加入欧盟后的外交政策方向发生了重大变化。原因是波兰将从欧盟的七年期预算中获得 1200 亿美元用于提升国内的基础设施建设与农业发展，而波兰每年从美国获得的军事援助不过 3000 万美元，仅是波兰投入到伊拉克和阿富汗军事行动中的一小部分。波兰之所以追随美国参与以上行动是出于两国的友好同盟关系。但波兰并未真正受到美国平等的对待。例如，在两国的签证问题上，美国人到访波兰已经实现了免签，而波兰人去美国依然需要办理签证。事实上，目前对于波兰而言，欧盟在经济方面的重要性要大于美国，因为波兰人在英国和爱尔兰等国的合法务工人数已经远远超过在美国的非法务工人数。① 总而言之，在西科尔斯基看来，美国在中东欧的影响力由于欧盟的扩大而发生了变化。此外，波兰和美国之间的信任也因为伊拉克问题而受到了损害。对此，西科尔斯基认为波兰出兵伊拉克是出于对美国坚定的"友谊之举"才以身犯险，但得到的回报却微乎其微。②

回顾波兰政府对在波部署美国弹道导弹防御系统（BMD）的态度，一个明显的分水岭出现在 2007 年 11 月，中间偏右的公民纲领党赢得了波兰议会大选，该党主席图斯克成功当选总理。2005—2007 年波兰政局由右翼政党法律与公正党掌控，其中莱赫·卡钦斯基任总统，雅罗斯瓦夫·卡钦斯基（Jaroslaw Kaczynski）任总理。在卡钦斯基兄弟的双重领导下，波兰外交高度亲美，非常积极地无条件欢迎美国在波兰部署 BMD，并未作任何保留。在当时的执政政府看来，在波兰本土上部署 BMD 不仅有利于增强其抵御外来侵略的防御能力，还能强化与美国的盟友关系。③

正如卡钦斯基总统这样评价："我并不热爱美国，但是美国却提供给我们一个保护伞，与此同时，在距离上美国于波兰而言相距甚远，因此波兰不会对美国产生直接依赖。美国在波兰有着自身的战略利益存在，

---

① Radek Sikorski, "Don't Take Poland for Granted," *The Washington Post*, March 21, 2007, https：//www.washingtonpost.com/wp-dyn/content/article/2007/03/21/AR2007032001427.html.
② Kerry Longhurst, "All Change? Polish Foreign and Security Policy after the Elections," *Politique étrangère*, No.1, 2008, pp. 6–7.
③ Kejda Gjermani, "The Missile-Defense Betrayal," *Commentary*, Vol. 24, 2009, p. 24.

既为他们自己的安全利益,也增强了我们在北约和欧盟的战略地位。况且波兰的地位还因波美双方在华盛顿达成的双边导弹防御协定再度提高。关于波兰的切身利益,卡钦斯基认为,波美亲密关系在欧盟框架下会更加紧密,而不是弱化。我们的立场是,依靠我们所享有的来自北约框架下美国的支持,促使我们更强大。"①

2007年10月,议会选举分裂了卡钦斯基兄弟对波兰政府的控制权,图斯克就任新一任总理,但总统继续由莱赫·卡钦斯基担任。虽然,波兰属于议会制政体,但由于总统是由民选产生,因而享有一定程度的行政权力。波兰宪法规定,总统作为国家元首,其权力主要包括:根据国会的意见任命总理,任免波兰驻外全权代表,通过立法否决权制约总理的行政权力,战争期间作为武装部队的最高统帅,提交修改宪法的法案,任命最高法院大法官等权力。而波兰总理作为政府首脑,拥有最高的行政实权,主持和统领包括外交部和国防部在内的政府所有事务部门,还包括监督政府行政管理的中央和地区机关、在宪法和法规规定的范围内监督地方政府等。由于2007年就任总理的图斯克与来自反对派的总统莱赫·卡钦斯基政见不一,导致双方合作困难重重。图斯克总理的权力在诸多事务上受到了总统否决权的掣肘。比如,在外交方面,图斯克支持西科尔斯基竞选北约秘书长,而莱赫·卡钦斯基却支持丹麦前首相安德斯·拉斯穆森(Anders Rasmussen)竞选。

外交政策上的另一个重大分歧还出现在2010年。图斯克支持波兰在2012年加入欧元区,而莱赫·卡钦斯基却认为加入欧元区需要举行全民公决。除了外交议题之外,双方还在内政问题上冲突不断。仅在2008年里,莱赫·卡钦斯基对图斯克所通过的法案行使了13次否决权,其中9次否决权都获得了成功,3次被总理重新推翻,1次被延期。但事实上,在图斯克和莱赫·卡钦斯基的共治时期,总理权力更占上风。原因是波兰总理可以通过国会多数投票来操控立法,而总理是由议会中获胜的多数党提名出来的,并且总理和国会中的多数党一般都属于同一党派,因此国会一般选择站在总理一边。这也是波兰总理对抗来自不同党派的总

---

① Justyna Zając, *Poland's Security Policy: The West, Russia, and the Changing International Order*, London: Macmillan Publishers Ltd, 2016, pp. 114–115.

统权力的制胜法宝。①

反观以融欧主义著称的新总理图斯克,其对拟在波兰部署的导弹防御项目态度更为谨慎。由卡钦斯基兄弟领导的政府似乎只关心通过导弹防御计划加强波兰的安全,但图斯克政府同时兼顾波兰的两方面国家利益:军事现代化和美国持续的经济支持。②图斯克明确表示,波兰政府将仔细权衡导弹防御计划的成本和收益,并更积极地代表波兰的国家利益进行讨价还价。③尽管美国和波兰在2008年上半年就BMD部署计划进行了多次讨论,但未能达成关于BMD计划条款的协议。

对导弹防御体系持否定态度的一方认为:"美国在波兰部署导弹防御体系同样也可能终结波兰的安全环境,因为这个举措可能扰乱整个地区的均势格局。"波兰作为一个中等强国和前沿阵线国家,这样的国情存在很大的缺陷,因为这可能导致波兰面临的外部威胁程度上升。④鉴于此导弹防御系统威胁到俄罗斯的切身利益,因此,俄罗斯在多个场合表达了对此举的担忧,并且宣称要将加里宁格勒地区军事化作为对美国在波兰部署导弹防御体系的战略反应。反对者还认为美国的此番举措不在北约的框架之下,这将可能削弱联盟内部的凝聚力。而一个强有力的和团结的北约符合波兰的利益。此外,从军事立场来看,部署美国导弹防御系统对波兰本土安全并无益处;因为这个防御体系是用来防止美国本土遭受来自中东地区(伊朗)的可能性攻击,但是它却给波兰政治和军事带来很大的负面影响。⑤

始料未及的是,2008年8月,俄罗斯军队与格鲁吉亚就南奥塞梯的

---

① 沈有忠、吴玉山等:《半总统制下的权力三角:总统、国会、内阁》,台湾:五南图书出版2017年版,第274—276页。

② Kejda Gjermani, "The Missile-Defense Betrayal: The President's Abrogation of His Predecessor's Agreements with Poland and the Czech Republic Inaugurates a New Era in Which America's Word Will Not Be its Bondl," *Commentary*, 2009, Vol. 24, p. 24.

③ Steven A. Hildreth, Carl Ek., "Long-Range Ballistic Missile Defense in Europe," Congressional Research Service (7-5700), September 23, 2009, https://digital.library.unt.edu/ark:/67531/metadc501580/m1/1/high_res_d/RL34051_2009Sep23.pdf.

④ "Polska tanim sojusznikiem USA? An Interview with Prof. Ryszard Zięba Conducted by Anna Jórasz," August 30, 2008, http://www.psz.pl/.

⑤ Roman Kuźniar, "Bezpieczennstwo—po pierwsze nie szkodzić," *Polski Przegląd Dyplomatyczny*, Vol. 33, nr. 5, 2006, s. 12.

分离主义运动发生了武装冲突。这场冲突的爆发使得波兰的地缘不安全感骤然上升。因此，图斯克政府转变了先前的保留态度，在原则上同意支持拟部署的弹道导弹防御计划。根据波美双方达成的合作协议，美国将为波兰提供必要的安全保证，并承诺帮助其防空系统实现现代化更新。

由于超过一半的波兰公民反对导弹防御计划的实施，波兰政府被迫将该计划推迟。对于波兰政府而言，另一个需要关注的问题是2008年11月美国大选后的新总统是否依然坚持推行这个计划。较为讽刺的是，2008年奥巴马当选美国总统之后，希望一改前任政府时期不断恶化的美俄关系，试图改善对俄关系，因此放弃了在波兰部署导弹防御系统的战略计划。

三 奥巴马上台对波美关系的冲击

卡钦斯基总统时期，波兰对俄罗斯和德国采取不信任态度，坚定地拥抱美国。尤其在格鲁吉亚危机之后，以卡钦斯基总统为代表的亲美派不惜一切代价地极力主张加快美国在波兰部署反导系统的进程。早在小布什总统上任以来，波兰就鞍前马后地追随美国，力求得到美国的加倍倚重。2005—2007年右翼政党法律与公正党执政时期的领导人卡钦斯基兄弟更是一边倒式地讨好美国。其本质原因在于右翼政府对于俄罗斯的不信任感扩大了地缘上的不安全感。在他们看来，俄罗斯并不比德国好多少，两者握手言和的时候就是波兰灾难降临之日。如此，可以解释为何卡钦斯基总统和图斯克总理在北溪能源管道项目上分歧巨大。

遗憾的是，波兰总统千方百计地想在波兰引入美国反导系统，以强化对俄罗斯的军事威慑，保证本土安全。但却事与愿违，2008年11月，民主党人奥巴马成功当选美国总统。上任不久，奥巴马就全面调整了美国在全球的战略布局。其突出特点之一便是将战略重心从欧洲转移到亚太地区。基于此，奥巴马决定停止导弹防御系统部署协议，并于2019年9月在与波兰总理图斯克的私人电话中告知了美国这一重大战略决定。图斯克对此表示非常遗憾。值得注意的是，美国新任总统在做出此项决议之前并未事先与波兰有过协商，这暴露了波美同盟关系的高度不对称性，即美国对波关系的基本原则是围绕美国利益展开的，美国利益具有至高无上性。在奥巴马政府看来，缓和小布什政府时期紧张的美俄关系可以促使美国在美中俄三角关系中赢得更大的政策空间,是符合美国战略利益的。在此背景下,波兰的战略地位自然而然地受到了冲击。

以卡钦斯基总统为首的中东欧多个国家领导人于 2009 年 7 月,致信奥巴马总统,集中表达了对于中东欧地区地缘政治地位的重要性,以及对于地区安全形势的焦虑。[①] 在信中,他们既表达了对美国的高度忠诚,也急切地呼吁美国能够再次介入中东欧地区,巩固冷战后 20 多年该地区业已取得的安全地位。

> 我们各国深深地感激美国。我们中的许多人都亲身体会到,在黑暗的冷战年代,你们对我们自由和独立的支持是多么重要。美国的参与和支持对于二十年前铁幕落下后我们的民主过渡的成功至关重要。如果没有华盛顿的远见卓识和领导力,我们今天能不能加入北约甚至欧盟都是个疑问。我们一直在努力作出回报,使这种关系成为双向的。我们是北约和欧盟内部的大西洋主义声音。我们各国在巴尔干、伊拉克和今天的阿富汗与美国并肩作战。[②]

之后,他们画风突转,开始阐述中东欧国家当前处在北约前沿阵线上的地缘焦虑:

> 我们曾希望与俄罗斯的关系得到改善,并期望在加入北约和欧盟之后,莫斯科最终将接受我们的完全主权和独立。但这一期望并未实现。相反,俄罗斯又以咄咄逼人的形象,用 21 世纪的策略和方法推行 19 世纪的议程。在全球层面上,俄罗斯在大多数问题上保持维持现状的态度。但在区域一级,相对于我们各国而言,它越来越多地充当了一个修正主义国家。它挑战我们对自己历史的主张。它宣称在决定我们的安全选择方面享有特权地位。它使用公开和隐蔽

[①] Justyna Zając, *Poland's Security Policy: The West, Russia, and the Changing International Order*, London: Macmillan Publishers Ltd, 2016. p. 116.
[②] "An Open Letter to the Obama Administration from Central and Eastern Europe," Gazeta Wyborcza, July 15, 2009, https://www.rferl.org/a/An_Open_Letter_To_The_Obama_Administration_From_Central_And_Eastern_Europe/1778449.html.

的经济战手段，从能源封锁和出于政治动机的投资到贿赂和操纵媒体，以实现其利益，挑战中东欧地区跨大西洋联盟的凝聚力。①

从信件内容来看，这种地缘安全焦虑的主要来源依然是俄罗斯。尤其是2008年俄格冲突的爆发，更坚定了多数中东欧国家对俄罗斯威胁的看法。一方面这种判断本身就是受到历史问题的塑造，另一方面现实冲突的加剧了这种反俄恐俄情绪。

还需说明的是，此封信件的作者包括立陶宛共和国前总统瓦尔达斯·阿达姆库斯（Valdas Adamkus）、罗马尼亚共和国前总统埃米尔·康斯坦丁内斯库（Emil Constantinescu）、捷克前总统瓦茨拉夫·哈维尔（Vaclav Havel）、拉脱维亚前外长桑德拉·卡尔涅婕（Sandra Kalniete）、斯洛伐克前总统米哈尔·科瓦奇（Michal Kováč）、波兰前总统亚历山大·克瓦希涅夫斯基和莱赫·瓦文萨、爱沙尼亚前总理马尔特·拉尔（Mart Laar）等国家政要。

在此背景下，为了回应中东欧国家领导人的安全关切，2009年9月，奥巴马总统提出了"欧洲阶段性适应方案"（European Phased Adaptive Approach）。10月，波兰宣布将加入奥巴马政府实施的欧洲阶段性适应方案。2010年7月3日，双方正式签署该方案，并强调弹道导弹防御系统将设在波兰，截至2018年将完成欧洲阶段性适应方案的全部三个阶段并投入运行。② 这一防御系统不仅能保护波兰本土免受打击，而且与欧洲阶段性适应方案部署在地中海地区和罗马尼亚的其他设施相互配合，将有能力保障整个欧洲范围内的北约成员国免受来自中东地区的威胁。欧洲阶段性适应方案于2010年11月在里斯本召开的北约成员国峰会上得以通过，随后在2012年5月芝加哥召开的北约峰会上得到确认。③

---

① "An Open Letter to the Obama Administration from Central and Eastern Europe," Gazeta Wyborcza, July 15, 2009, https：//www.rferl.org/a/An_Open_Letter_To_The_Obama_Administration_From_Central_And_Eastern_Europe/1778449.html.

② "Protocol Amending the Ballistic Missile Defense Agreement Between the United States of America and the Republic of Poland," http：//www.state.gov/r/pa/prs/ps/2010/07/143945.htm.

③ Justyna Zając, *Poland's Security Policy：The West, Russia, and the Changing International Order*, London, Macmillan Publishers Ltd, 2016. pp. 116–120.

美国在中东欧地区外交政策的连续性也是影响波兰对俄政策的关键性因素之一。① 如果没有美国的军事支持及其提供的安全保证，波兰的军事实力对俄罗斯不足以产生威慑力。相反，俄罗斯会对波兰构成严重威胁，而波兰安全保证的重要支柱之一便是波美同盟关系。因此在波美俄三角关系中，波兰作为一个弱者，受制于三角关系中另外两个国家战略互动关系的影响。

2009 年，民主党人奥巴马入主白宫，美国一方面释放出了改善美俄关系的明确信号，另一方面计划将全球的战略重心从欧洲转移到亚太地区。奥巴马政府将重启与改善对俄关系纳入到了外交政策的计划之中。在对俄政策上，奥巴马主动伸出橄榄枝，试图在美俄双边关系中寻求共同利益，实现双赢。在与俄罗斯政府接触的同时，奥巴马个人及其政府也直接与俄罗斯社会保持接触，在一定程度上推动了双边商业领袖、民间组织和学生之间的友好往来。② 这意味着波美关系的紧密程度将受到考验，波兰在美国、欧洲乃至全球战略中的地位有所下降。因此，波兰不得不重新考虑并适时调整对美政策。

奥巴马试图在波兰建立一个航空分遣队作为空军机动基地。图斯克政府则计划利用波兰国内多数反对导弹防御系统的民意，加上对俄罗斯威胁的安全担忧，以期就美国在波部署导弹防御系统的谈判方面获得更多的优势。图斯克认为，由于波兰政府支持导弹防御系统，那么美国就应该帮助改善波兰的防空系统以应对俄罗斯日益严重的威胁行为。③ 因为俄方指出，如果参与美国提出的导弹防御系统计划，波兰将成为俄罗斯核弹头的朝向目标，因此，波兰政府认为美国理应为这种延伸威慑计划支付一定的成本。

波兰在 2008 年之后还加大了增强北约集体防御的努力，这些努力从波兰所处的战略地缘位置（北约的西部边界国家）中得以印证，尽管不

---

① Jarosław Ćwiek-Karpowicz, "Poland's Policy towards Russia," in *Yearbook of Polish Foreign Policy 2009*, 2009, p. 133.

② "U. S. -Russia Relations: 'Reset' Fact Sheet," The White House, June 24, 2010, https://obamawhitehouse.archives.gov/the-press-office/us-russia-relations-reset-fact-sheet.

③ Wade Boese, "U. S. Presses Poland on Anti-Missile Site," https://www.armscontrol.org/act/2008-08/us-presses-poland-anti-missile-site.

同的国家对北约西部边界的集体安全各有诉求，但没有一个国家像波兰这样对来自北约的集体防御如此迫切。在讨论最多的论调中，最悲观的情形是假定北约走向衰落，美国从欧洲撤出了所有军事存在；并且俄罗斯削弱了欧盟的凝聚力，那么，波兰将面临短暂或持久地落入德俄联手的掌控之下，最终将导致波兰从属于德俄国家利益的驱使之下。①

第三节　积极融入欧洲一体化

一　融欧问题上的精英共识

加入欧盟通常被视为波兰转型以来的主要外交目标之一，也是其回归欧洲的最终归宿。但是，波兰加入欧盟的进程在国内主流政党之间仍然存在明显分歧，这些分歧主要围绕以下几个方面："欧盟的波兰"和"波兰的欧盟"的主权独立性、身份认同、波兰在欧盟中的地位、入欧之后对国内经济的影响、入欧后对于波兰东部政策的挑战等。

波兰的欧盟身份同时受到其自身优势和劣势的影响。在波兰的欧盟身份中最成功的元素是：第一，以基础设施改善为标志的凝聚政策（Cohesion Policy）。第二，在2007—2013年和2014—2020年的多年期财政预算/框架内，来自欧盟预算的净转移。第三，对嵌入在"东方伙伴关系"概念中的欧盟外部政策的影响。图斯克政府将波兰的对外政策目标界定为四个方面：（1）捍卫共和国的主权；（2）确保共和国的安全；（3）确保经济和文明发展的有利条件；（4）加强共和国的国际地位。（1）（2）两点属于波兰任何一届政府的首要外交关切。第（3）点将经济和文明发展作为外交政策的优先事项之一，这表明了本届政府更加务实，重视波兰在国际关系中的经济利益。尤其是与前任政府相比的话，这一点尤为明显。至于第（4）点，则体现了波兰将融入欧盟作为提高其国际地位的重要依托，认为紧密团结的欧洲一体化符合波兰的国家利益。正如外长西科尔斯基所言："波兰在欧洲和欧盟框架下是一个可以独立定义自身外交立场的国家。波兰在国际舞台上的地位主要可以通过加入欧盟，并

---

① G. Kuczyna̧ski, "Strategia Rosji wobec Zachodu," Bezpieczena̧stwo Narodowe 9/10, 2009, s. 171.

将波兰的利益纳入到欧洲一体化中来实现。"

2008年，西科尔斯基在外交政策报告中指出：

> 波兰的强大意味着至少要赶上我们欧盟环境的发展水平。波兰在欧洲联盟中的成员身份激励着我们实现文明的飞跃。这种文明发展绝对符合我们的国家利益。因此，我们的国家利益与欧洲一体化进程并不矛盾，相反，欧洲的和平一体化符合我们的直接利益。让我们不要自我恐吓，更不要将欧盟的未来视作一个具有威胁性的超级大国。①

> 波兰必须申明欧洲价值观是团结的基础，是推动欧盟合作的动力。我们80%以上的同胞支持波兰加入欧洲联盟，这也是因为他们意识到，我们是今天从欧盟团结中受益的人。②

以上可见，公民纲领党是波兰加入欧盟过程中的积极倡导者。该党的三位创始人唐纳德·图斯克、马切伊·普瓦任斯基（Maciej Płażyski）、安杰伊·欧雷霍斯基（Andrzej Olechowski）组成的自由联盟（UW）认为，波兰参与到欧洲一体化之中有助于更好地实现国家利益，同时也可进一步保障国家主权和民族文化身份。原因是当欧盟成员国中的每一个个体以欧盟身份出现在国际舞台上时，他们的国家主权更加稳固，国际地位也将得到提升。值得注意的是，该党并没有支持与欧盟相关的所有制度性安排，其在2004年的《宪法条约》（又称"欧洲宪法条约"）上持否定态度。并且，该党政治家指出，与《尼斯条约》相比，《宪法条约》损害了波兰在欧盟的地位。

《宪法条约》可以追溯到2001年，欧洲理事会在莱肯（Laeken）召开了一次会议，与会者来自28个国家（15个成员国，12个候选国家和

---

① "Informacja Ministra Spraw Zagranicznych nt. polityki zagranicznej RP w 2008 roku," 24 marca 2021, https：//www. rp. pl/artykul/131463-Informacja-MINISTRA-SPRAW-ZAGRANICZNYCH-nt-polityki-zagranicznej-RP-w-2008-roku. html.

② "Informacja Ministra Spraw Zagranicznych nt. polityki zagranicznej RP w 2008 roku," 24 marca 2021, https：//www. rp. pl/artykul/131463-Informacja-MINISTRA-SPRAW-ZAGRANICZNYCH-nt--polityki-zagranicznej-RP-w-2008-roku. html.

一个申请国)的代表以及欧盟委员会和欧洲议会的代表。此次会议通过了一项新的公约,要求欧盟实现更大的民主、透明度和效率,并确定可以制定宪法的程序。这将通过由主要"利益相关者"组成的欧洲公约来实现,以便讨论有关欧盟未来方向的问题。最终由欧盟制宪筹备委员会在2002年起草了《欧盟宪法条约》草案,该草案于2003年以协商一致方式获得通过,并提交给了欧洲理事会主席。2004年举行的布鲁塞尔欧洲理事会解决了仍有争议的悬而未决的问题,并就建立欧洲宪法的条约达成协议。最终,《宪法条约》于2004年10月29日在罗马签署。如果所有成员国都批准该宪法,这将意味着新诞生的《欧盟宪法条约》将于2006年取代1993年生效的《欧洲联盟条约》。[①] 但在2005—2006年的各成员国公民的投票过程中,该条约因存在争议被多国搁置,其中包括波兰在内。因此,欧盟成员国最终在重新达成妥协的基础上于2007年签署了旨在重新改革欧盟的《里斯本条约》,并于2009年12月1日正式生效。《里斯本条约》旨在调整当前亟须变革的欧盟在全球的角色、人权保障、欧盟决策机构效率,并针对全球气候变暖等制定政策,以提高欧盟全球竞争力和影响力。

总而言之,公民纲领党极力主张加强欧洲一体化,在该党政治家看来,欧盟内部没有任何一个成员国可以独自在世界舞台上发挥举足轻重的作用。因此,欧盟应该朝着一个单一的、不断健全的体系发展,以使其成为大国力量格局中的重要一极。他们还表示,加入经济和货币联盟并采用单一货币同样符合波兰的利益。[②] 正如2007年11月,图斯克在就职报告中所强调的,通过其在欧盟中的强势地位,波兰将倡导在整个欧洲和美国之间建立更紧密的联系和采取共同行动。与此同时,波兰也希望可以说服包括美国在内的盟国扩大在波兰的军事存在,以提高波兰在北约安全防御中的战略地位。[③]

[①] "The Constitutional Treaty," October 29, 2004, https://www.cvce.eu/en/collections/unit-content/-/unit/d5906df5-4f83-4603-85f7-0cabc24b9fe1/0a763119-b665-4710-9a3d-2a931285fd0c.

[②] Henryk Chałupczak, Ewa Pogorzała, Piotr Tosiek., *Poland in the European Union: Ten Years of Active Membership*, Zamość: Wydawnictwo Officina Simonidis, 2014, p. 17.

[③] "Exposé Donalda Tuska," listopada 18, 2007, https://www.bankier.pl/wiadomosc/Expose-Donalda-Tuska-z-23-11-2007-7329167.html.

公民纲领党的执政盟友波兰人民党将复兴"价值观的欧洲"（The Europe of Values）视为首要目标。波兰将基于辅助性原则，尊重欧洲一体化的价值观念。为此，该党从波兰国家利益出发，界定了欧盟当前亟待实现的四个关键任务：第一，欧盟应该代表、保护和支持各成员国在经济、政治和社会领域的国家利益。第二，新入盟的中东欧国家和西欧成员国之间存在着显著的经济发展差距，欧盟应着力弥合东西成员国之间在经济发展和生活水平方面的差距，促使每个成员国都能实现高速的、可持续的、平衡的经济增长。第三，欧盟应该重视基督教作为有别于穆斯林和其他文明的道德原则和价值观，以此保护和强化欧盟内部的认同感和凝聚力。第四，各成员国的内外部安全应该得到欧盟的保障。[1]

反观法律与公正党，该党并不认为加入欧盟对波兰的利益至关重要。其政治家克日什托夫·什切尔斯基（Krzysztof Szczerski）解释了这种观点，他认为欧盟成员国身份只是波兰追求国家利益的众多手段之一，波兰在欧盟之外重新获得了独立，并能够在其框架外发挥作用。与此同时，什切尔斯基也指出，欧洲政策有几个重要领域影响着波兰国家的切身利益。这些领域包括：第一，能源安全和气候变化政策。第二，农业和农村的未来发展模式。第三，关于欧盟公共基金、欧盟预算及其分配规则问题。第四，关于欧盟的外交政策，这包含了欧盟外交政策的优先事项、欧盟的东部政策。该党更为关注的是欧盟是否可以接收夹在美国和俄罗斯战略选择之间的新成员国。譬如，对白俄罗斯和乌克兰的外交政策。第五，涉及欧盟内部的区域一体化问题。[2]

2008 年经济危机之后，法律与公正党修正和更新了其对欧盟未来和波兰在欧盟中地位的概念，该概念最初是在 2005 年议会选举之前制定的。修订之后的战略概念基于以下六个支柱：

第一个支柱是民主制度，在法律与公正党看来，民主制度在欧洲得以施行的前提是立足于民族国家之上。该党认为，各成员国议会的权力

---

[1] Henryk Chałupczak, Ewa Pogorzała, Piotr Tosiek., *Poland in the European Union: Ten Years of Active Membership*, Zamość: Wydawnictwo Officina Simonidis, 2014, p. 18.

[2] Henryk Chałupczak, Ewa Pogorzała, Piotr Tosiek., *Poland in the European Union: Ten Years of Active Membership*, Zamość: Wydawnictwo Officina Simonidis, 2014, pp. 17 – 19.

越大，欧盟的民主程度就越高，并且在涉及与欧盟公民有关的重大决定方面，应该更多地让全体公民进行表决。第二个支柱是自由。实现自由的方式是通过放松管制，废除成员国内所有扼杀企业家精神和限制公民参与的法律。该党建议将欧盟的《基本权利宪章》改为《自由大宪章》，以扩大成员国的自由权利。第三个支柱是平等和团结。法律与公正党认为，欧盟应该作为一个志愿的共同体运转，这建立在所有欧盟成员国都能在权利和责任上受到平等对待。违反这一原则将严重破坏欧洲一体化的基础。第四个支柱是多中心主义（Polycentrism）的原则。根据这一原则，欧盟应允许多个平行的一体化中心并存，而不必强加单一和永久的国家等级制。换句话说，从广义上讲，波兰应该成为中东欧地区以及欧元区以外所有活跃经济体的独立一体化中心。第五个支柱是开放原则。该原则由莱赫·卡钦斯基总统提出，强调欧盟的大门应该保持开放，尤其是对东欧和高加索地区。第六个支柱是民族身份，以及欧洲旧大陆的文明根源和价值观的回归，这些价值观曾使欧洲获得了世界上最伟大的文化力量。该党政治家指出，一旦失去价值观的认同，欧盟将转向一种潜在的或开放的极权主义。①

二 参与制定欧盟的能源政策

2006年，经由乌克兰输往西欧的天然气供应被俄罗斯中断，此举改变了欧盟各国对能源安全的看法，并直接促使时任欧盟轮值主席国奥地利将能源安全事项提升为欧盟的优先关切之一。3月8日，欧盟委员会绿皮书公布后，关于能源政策的讨论逐渐受到重视。这个问题也是3月23日和24日欧洲理事会议程上的关键项目之一。理事会支持实行欧洲能源政策，其目标是：能源供应安全、电力和天然气市场的竞争力以及长期环境平衡。②

波兰对制定能源政策的努力反映了波兰对安全包括能源安全的高度

---

① Henryk Chałupczak, Ewa Pogorzała, Piotr Tosiek., *Poland in the European Union: Ten Years of Active Membership*, Zamość: Wydawnictwo Officina Simonidis, 2014, pp. 19–20.

② Małgorzata Banat, "Poland's Activities in the European Union," in *Yearbook of Polish Foreign Policy 2007*, 2007, p. 47.

重视。波兰在关于欧洲能源政策的辩论中提出了相关建议，如：加强能源供应和运输路线多样化，根据团结原则制定应对危机局势的共同行动计划，根据同一原则推行一致和协调的能源政策，批准《能源宪章》并由相关过境国签署《过境议定书》，以上建议被纳入到了欧盟共同制定的能源安全政策文件之中。① 波兰还建议将能源议题纳入到欧盟邻国政策之中。

在涉及能源安全议题时，波兰认为当前最主要的能源安全威胁是，能源常常可以被上游供应国用作施加非商业影响力的权力工具。秉持融欧主义的图斯克政府则认为，欧盟一级的能源供应多样化与内部能源市场并不抵触。恰恰相反的是，供应多样化可以促进市场的发展，抵制能源寡头和垄断的产生。在供应安全方面，波兰认为，必须尽快就跨欧洲能源网和共同项目做出决定，以确定欧盟预算供资的优先次序。2006年12月14—15日，欧洲理事会峰会达成一致结论认为，必须确保欧盟在能源领域的外部和内部行动的一致性。各成员国元首和政府首脑表示，欧盟的长期能源安全需要改善各国，包括能源资源的出口国、过境国和接受国之间的合作，建立内部能源市场。②

三 塑造欧盟的东部政策

（一）"东部伙伴关系计划"提出的背景

自苏联解体以来，欧盟的东部政策面临着新的任务，即如何与苏联加盟共和国和卫星国开展新的双边关系。在经历几轮东扩之后，欧盟的边界达到了波罗的海、波兰、捷克、罗马尼亚等国。随之变化的是欧盟东部政策的目标对象也逐渐缩小到对俄罗斯、白俄罗斯、乌克兰、格鲁吉亚等国的外交政策上。从总体上看，欧盟的东部政策主要有两个面向：一个是对俄政策，另一个是对乌克兰和白俄罗斯等国的政策。然而，波兰政府对俄态度一直受制于国内执政精英的影响。冷战结束初期，波兰

---

① Małgorzata Banat, "Poland's Activities in the European Union," in *Yearbook of Polish Foreign Policy 2007*, 2007, p. 51.

② Małgorzata Banat, "Poland's Activities in the European Union," in *Yearbook of Polish Foreign Policy 2007*, 2007, p. 51.

政府对俄友好派占据主导地位,使得波俄之间的领土边界问题、撤军问题和重建双边关系都得到了妥善解决。在此基础上,波兰制定了东部政策(Eastern Policy),旨在重新调整与独立后的原苏联国家的关系。

波兰的东部政策受到其地缘格局的深刻影响。为了摆脱波兰的地缘政治宿命(或诅咒),波兰学者尤利乌什·米罗舍夫斯基(Juliusz Mieroszewski)和耶日·盖德罗厄茨(Jerzy Giedroyc)提出了"ULB 理论",ULB 分别是乌克兰、立陶宛和白俄罗斯的首字母。该理论认为,波兰安全的最佳保障是与乌克兰、立陶宛和白俄罗斯等国密切合作,因为任何一个单一的国家都无法单独抵御俄罗斯方面的威胁。事实上,米罗舍夫斯基和盖德罗厄茨是战前波兰三个地缘政治项目的倡导者,这三个项目分别是:联邦主义(Federalism)、海间联邦(Intermarium)和普罗米修斯主义(Prometheism)①。至今,这些地缘政治思想仍然对波兰的外交政策制定具有重要影响,例如2015年波兰发起的连接波罗的海、黑海和亚得里亚海的三海倡议就是明显例证。

"东部伙伴关系计划"(The Eastern Partnership,EaP)是欧盟于 2009 年出台的一项处理与其东部邻国(乌克兰、白俄罗斯、摩尔多瓦、格鲁吉亚、亚美尼亚和阿塞拜疆)关系的一项政策,旨在促使这些国家不断向欧盟靠近。该项政策主要通过对以上国家经济和民主转型的支持来巩固欧洲地区业已取得的稳定与繁荣,推动欧洲一体化向纵深发展。这种支持不仅体现在政府层面,同时也致力于强化民间社会交流,推动民间社会转型。

从战略层面讲,"东部伙伴关系计划"隶属于欧盟的"欧盟邻国政策"(European Neighbourhood Policy,ENP),该政策最早是由欧盟委员会 2003 年 3 月提出的。这一政策的构想在 2004 年欧盟扩大之后,将欧盟的东部和南部邻国纳入到欧洲一体化进程之中,以避免在欧洲边界出现新的裂痕。涵盖的国家包括南部的阿尔及利亚、摩洛哥、埃及、以色列、

---

① 普罗米修斯主义是 1918—1935 年波兰第二共和国政治家约瑟夫·毕苏斯基(Józef Piłsudski)发起的一项地缘政治项目,其目的是通过支持东欧地区的民族主义独立运动来削弱俄罗斯国家实力。参见 Richard Woytak, "The Promethean Movement in Interwar Poland," *East European Quarterly*, Vol. 18, No. 3, September 1984, pp. 273–278。

约旦、黎巴嫩、利比亚、巴勒斯坦国、叙利亚和突尼斯以及东部的亚美尼亚、阿塞拜疆、白俄罗斯、格鲁吉亚、摩尔多瓦和乌克兰。俄罗斯在欧盟—俄罗斯共同空间具有特殊地位，没有被纳入到欧盟邻国政策之中。

东部伙伴的最大共同点是它们作为前苏联成员国的身份。此外，它们在文化、人权、民主、经济、治理等领域都有很多相似之处。他们一直在全球和地区矛盾中试图获得自己的发展。其中，阿塞拜疆、格鲁吉亚和摩尔多瓦三个国家一直饱受分离主义运动的困扰。亚美尼亚、阿塞拜疆和格鲁吉亚位于南高加索地区，是欧洲和亚洲的交会点，对于美国、俄罗斯、欧盟、伊朗和土耳其等强大的国际行为体来说，它们代表着战略性的地缘政治地位。至于白俄罗斯、摩尔多瓦和乌克兰，由于它们位于欧盟和俄罗斯之间，使其成为欧盟、美国和俄罗斯战略利益的目标。东部伙伴参与了欧盟邻国政策（ENP），尽管它还没有在白俄罗斯启动。按照欧盟方面的理由，他们认为白俄罗斯仍然没有走向民主和经济改革，以及尊重人权和法治。同时，与其他东方伙伴相比，乌克兰已经与欧盟建立了更紧密的关系。除了这些共同的情况外，这些国家都有自己的具体背景。[①]

"东部伙伴关系计划"项目由波兰发起的一份提案，波兰和瑞典外交部长于2008年5月26日在布鲁塞尔的欧盟总务理事会和欧盟外交理事会上提出了这一建议。2009年5月7日，在布拉格举行的33个国家的峰会上，欧盟27个成员国的政府首次与乌克兰、格鲁吉亚、摩尔多瓦、亚美尼亚、阿塞拜疆和白俄罗斯的领导人共同确立了"东部伙伴关系计划"。从这一倡议提出的国际背景而言，东部伙伴关系计划是欧盟对俄罗斯在2008年格鲁吉亚危机和俄乌天然气争斗事件中行为的战略反应。比如，在峰会结束之后，捷克高级官员公开承认，东部伙伴关系旨在抵抗俄罗斯在其后院的影响。在与俄罗斯紧张关系不断加剧的情况下，格鲁吉亚称赞东部伙伴关系计划是"迈向欧洲一体化的重要一步"，并帮助这些国

---

① Rahim Rahimov, "The European Union's Eastern Partnership and Energy Security Issues," Master's Thesis, Hult International Business School, 2010, p. 10.

家确保了自由，走上了主权独立的发展之路。① 该计划将这六个国家视为一个区域集团，目的是在它们和欧盟之间建立自由贸易区，开发它们的能源资源，并促进人权和民主建设项目。

（二）波兰在欧盟"东部伙伴关系计划"中的角色

阻止俄欧过分热络的战略接近是波兰入欧以来东部政策的主要目标，这一目标与其处在俄罗斯和欧盟夹缝之中的地缘环境，以及历史上多次遭受左右强邻瓜分的历史有关。对于波兰而言，从1989年开始东部政策成为其外交政策的主要关切之一。2004年，波兰完成了转型之后梦寐以求的入盟目标，正式成为欧盟成员国。但波兰的东部政策依然没有终结，对于其东部地带的前苏联国家的地缘政治局势仍然保持高度警惕。其主要原因是对于俄罗斯的不信任，缺乏地缘安全感。因此，在欧盟框架下积极助推东部六国"亲欧疏俄"，并逐步将这些国家纳入欧盟和北约的框架是波兰入欧之后东部政策的核心目标。正如图斯克于2007年在下议院的总理就职报告中所谈到的：

> 波兰满怀雄心，要为塑造欧洲联盟的东部地区作出贡献。我们认为，推动与欧盟东部国家的民主化转型将对波兰的未来和整个欧洲的命运产生根本性的积极影响。这就是为什么我们特别关注与乌克兰和俄罗斯的关系以及白俄罗斯的局势。我们将一如既往地支持乌克兰每一个民选政府所表达的亲西方的愿望。乌克兰的未来应该是欧盟东方层面和邻国政策的一个关键要素。我们对白俄罗斯政策的任务将是使该国所有政治界相信，值得在民主上下注。②

一言以蔽之，欧盟框架下的波兰在东部伙伴关系中主要扮演了欧盟持续东扩的倡导者、推动者和俄欧关系平衡者的角色。

图斯克上任不久，2008年国际金融危机在美国爆发并迅速席卷全球。

---

① "EU Pact Challenges Russian Influence in the East," *The Guardian*, May 7, 2009, https://www.theguardian.com/world/2009/may/07/russia-eu-europe-partnership-deal.

② "Exposé Donalda Tuska," listopada 18, 2007, https://www.bankier.pl/wiadomosc/Expose-Donalda-Tuska-z-23-11-2007-7329167.html.

次年，希腊爆发了主权债务危机，并波及了整个欧洲。相较之波兰和欧盟整体而言，此次危机使得俄罗斯经济遭受的打击更为严重。在此背景下，苏联解体以来原本对俄罗斯经济高度依赖的乌克兰、白俄罗斯、格鲁吉亚等独联体国家对前景感到悲观，转而寻求扩大与欧盟的经贸合作。[1] 毫无疑问，俄欧对于乌克兰、白俄罗斯、格鲁吉亚等六国的争夺从此愈加白热化。从本质上讲，2008年的俄格冲突和2009年的俄罗斯与乌克兰之间的天然气争端都是俄罗斯对其在该区域影响力不断衰弱，而欧盟影响力不断扩大的一种战略反弹。俄欧对于该区域国家经济和政治影响力的此消彼长刺激着俄罗斯的安全神经，扩大了两者的战略分歧。准确地说，2008年可以被视为俄罗斯对于该地区外交政策的转折点。在此之前，俄罗斯已有20年之久没有在该地区大规模使用武力。欧洲有学者指出，俄格冲突解除了俄罗斯此前在东欧缓冲地区大规模使用武器的约束，降低了未来在近邻或远邻使用武力的门槛。[2]

事实上，自波兰加入欧盟以来，华沙一直希望对欧盟东部政策的形成产生制度性影响。在此之前，欧盟内部已经有不少成员国发起地区发展倡议的先例，并得到了成功实践。如1995年，由西班牙发起的"欧洲地中海伙伴关系"，即"巴塞罗那进程"，建立了欧盟的地中海地区政策。之后在法国的倡议下，在2008年7月13日的地中海巴黎峰会上，"欧洲地中海伙伴关系"发展成为了"地中海联盟"（Union for the Mediterranean）。该联盟是一个政府间组织，拥有欧洲和地中海盆地的43个成员国，其中包括：27个欧盟成员国，15个来自北非、西亚和南欧的地中海伙伴国家以及英国。自1997年以来，瑞典和芬兰一直试图确立欧盟的北部政策。2007年，欧盟委员会开始推动黑海协同发展。[3] 欧盟通过黑海协同倡议支持东南欧的区域发展。通过鼓励黑海周边国家之间的合作，开发切实可行的全地区解决方案，以应对区域和全球挑战。然而，波兰

---

[1] Stanislav Secrieru, Sinikukka Saar, "The Eastern Parternership a Decade on: Looking Back, Thinking Ahead," *European Union Institute for Security Studies* (*EUISS*), 2019, pp. 41 – 43.

[2] Stanislav Secrieru, Sinikukka Saar, "The Eastern Parternership a Decade on: Looking Back, Thinking Ahead," *European Union Institute for Security Studies* (*EUISS*), 2019, pp. 7 – 9.

[3] "Black Sea Synergy," European Uaion, http://ec.europa.eu/external_relations/blacksea/index_en.htm.

并没有被邀请参加到这个倡议之中。

在此背景下,波兰发起了第一个在欧盟框架下确立对东部地区政策的倡议,但该倡议以失败告终。第二次尝试是在2008年,由波兰—瑞典联合提出了东部伙伴关系的倡议。① 由于德国处在中欧地区,同时作为欧盟最大的捐助国,其主要关切也是欧盟东部地区,因此,波兰—瑞典发起的东部伙伴关系倡议理所当然地得到了德国的大力支持。然而,作为欧盟的另一台发动机——法国希望让更多的资金流入到自己主导的地中海联盟地区。可以看出,其背后实质是德法在欧盟中主导权的斗争。因而,有分析称:"德国对东部伙伴关系倡议的支持更多的是工具性而非战略意义,其主要动机是建立与法国倡议抗衡的机制,而不是欧盟向东方开放。"② 可以印证的是,2009年5月7日,在布拉格举行的第一次欧盟—东部伙伴国家峰会上,法国总统以及英国、意大利和西班牙的总理都没有出席会议,唯一的欧盟成员国大国高层代表是德国总理默克尔。③

四 重启"魏玛三角"机制

"魏玛三角"机制的创设本身就是德法权力制衡与妥协的产物,同时又具有时代烙印。其成立伊始旨在促进以波兰为首的中东欧国家加快融欧进程,同时也突出了波兰在中东欧地区的特殊地位。但随着波兰在2004年成功入欧之后,这一机制的存在意义受到挑战,尤其是在2005—2007年右翼政党——法律与公正党执政时期,该届政府对欧盟持怀疑态度,"魏玛三角"的效力自然而然地遭到了削弱。

---

① Przemysław Żurawski vel Grajewski, "The Eastern Partnership of the EU-main or Supporting Tool of Polish Eastern Policy?" in Izabela Albrycht, *The Eastern Partnership in the Context of the EU Neighbourhood Policy and V4 Agenda*, The Kosciuszko Institute, 2011.

② Przemysław Żurawski vel Grajewski, "The Eastern Partnership of the EU-main or Supporting Tool of Polish Eastern Policy?" in Izabela Albrycht, *The Eastern Partnership in the context of the EU Neighbourhood Policy and V4 Agenda*, The Kosciuszko Institute, 2011.

③ "Joint Declaration of the Prague Eastern Partnership Summit Prague," Council of the European Union, May 7, 2009, p. 5.

对于波兰而言，警惕并防止俄罗斯帝国主义在中东欧地区的复兴是其东部政策的核心议题，苏联解体以来波兰紧紧追随美国，企图借美国之手平衡俄罗斯在中东欧地区的经济和政治投射力。这一战略布局也构成了波兰亲美政策的基本盘，但西欧一些有影响力的大国对波兰的过度亲美政策怀有芥蒂。因而，波兰和波罗的海国家被认为是美国的坚定盟友，甚至像俄罗斯宣传中所说的那样"是华盛顿命令的执行者"。[1] 促使波兰外交主导方向发生变化的时间点是 2008 年，一方面由于 2007 年持融欧主义观念的图斯克总理执掌波兰政府，另一方面是 2008 年奥巴马当选美国总统，美国的欧洲战略发生了重大变化，为了缓和美俄关系，将战略中心转移到亚太地区，奥巴马政府停止了前任政府在波兰和捷克等中东欧国家部署反导系统的计划。至此，波美关系较前任政府相比有所疏离。[2]

在此背景下，波兰需要重新评估其面临的新的安全环境，制定新的安全战略。除了维谢格拉德集团和欧盟共同外交与安全政策之外，"魏玛三角"机制也成为波兰的一个战略抓手。值得注意的是，2005—2007 年，"魏玛三角"一度停滞。2005 年 10 月—2007 年 11 月，波兰政府由法律与公正党领导，在此期间"魏玛三角"未召开会议。直到 2008 年 8 月，图斯克入主波兰总理府之后，第十五届"魏玛三角"首脑会议才得以重新启动（见表 3-1）。

表 3-1　　　　　　　　　　历届"魏玛三角"会议

届数	时间	地点	届数	时间	地点
第一届	1991 年 8 月	德国魏玛	第十三届	2005 年 5 月	法国南锡
第二届	1992 年 4 月	法国贝尔热拉克	第十四届	2005 年 6 月	波兰华沙

---

[1] Przemysław Żurawski vel Grajewski, "The Eastern Partnership of the EU--Main or Supporting Tool of Polish Eastern Policy?" in Izabela Albrycht, *The Eastern Partnership in the Context of the EU Neighbourhood Policy and V4 Agenda*, The Kosciuszko Institute, 2011.

[2] Przemysław Żurawski vel Grajewski, "The Eastern Partnership of the EU--main or Supporting Tool of Polish Eastern Policy?" in Izabela Albrycht, *The Eastern Partnership in the Context of the EU Neighbourhood Policy and V4 Agenda*, The Kosciuszko Institute, 2011.

续表

届数	时间	地点	届数	时间	地点
第三届	1993年11月	波兰华沙	第十五届	2008年8月	法国巴黎
第四届	1994年9月	德国班贝格	第十六届	2010年4月	德国波恩
第五届	1995年10月	法国巴黎	第十七届	2011年5月	波兰比得哥什
第六届	1996年12月	波兰华沙	第十八届	2012年7月	波兰华沙
第七届	1997年11月	德国法兰克福	第十九届	2014年2月	乌克兰基辅
第八届	1999年1月	法国巴黎	第二十届	2014年3月	德国柏林
第九届	1999年8月	德国魏玛	第二十一届	2014年4月	德国魏玛
第十届	2000年6月	波兰克拉科夫	第二十二届	2014年10月	法国巴黎
第十一届	2002年4月	法国巴黎	第二十三届	2015年4月	波兰弗罗茨瓦夫
第十二届	2004年1月	德国柏林	第二十四届	2016年8月	德国魏玛

资料来源：笔者自制。

第四章

维持平衡：多边框架下的全方位务实合作（2011—2013）

2010年4月，波兰总统莱赫·卡钦斯基不幸在俄罗斯境内的斯摩棱斯克坠机身亡。长期以来，来自法律与公正党的卡钦斯基总统与来自公民纲领党的图斯克总理政见不一，尤其在对俄和对欧政策上。在卡钦斯基去世之后，2010年7月，来自公民纲领党的科莫罗夫斯基成功当选波兰总统，此后波兰总统和总理在对外政策上达成了共识。因此，2011—2013年是波兰巩固和提升在欧盟中地位的黄金时期，波兰的角色从欧盟的参与者转变成倡议发起者和政策塑造者。在此期间，一个重要契机是波兰于2011年下半年担任欧盟理事会轮值主席国。[1] 正如2011年波兰外长西科尔斯基在年度外交报告中公开指出，欧盟身份促使波兰变得更加强大。与欧盟成员国之间的贸易占据波兰贸易总额的2/3。[2] 除此之外，在2011年之后的波美关系中，图斯克政府更加突出波兰外交的主体性和主动性，在安全和经贸领域合作中优先关注波兰的发展利益。在对俄政策方面，经济、历史、政治多个领域的务实合作加快了两个国家和民族的和解进程，缓解了来自俄罗斯方面的地缘政治压力，为波兰多元平衡

---

[1] Karolina Borońska-Hryniewiecka, "Poland's Policy Towards the European Union," in *Yearbook of Polish Foreign Policy 2011 – 2015*, Polski Institut Spraw Międzynarodowych, Warszawa, 2020, p. 129.

[2] "Government Information on Polish Foreign Policy in 2012 Presented by the Minister of Foreign Affairs of the Republic of Poland Radosław Sikorski at a Sitting of the Sejm on 16 March 2011," in *Yearbook of Polish Foreign Policy 2011 – 2015*, Polski Institut Spraw Międzynarodowych, Warszawa, 2020, p. 14.

外交的施展创造了必要条件。总体而言，这一时期的波兰在次区域、区域以及跨大西洋关系等双边和多边关系中扮演了一个积极的联盟建设者、倡导者和协调者角色，有力地增强了其在区域和全球多边领域的国际地位，维持并巩固了在俄、美、欧之间的多元平衡外交格局。

第一节 对俄政策：从重启到务实合作

一 俄罗斯在波兰对外政策中的战略再定位

自图斯克政府执政以来，波兰对俄政策就发生了重大转折，从右翼政府时期的仇俄反俄到重启两国政府间的对话和关系正常化。尤其在2010年之后，波兰国内执政精英在对俄政策上达成了共识，认为波兰需要一个和平稳定的周边地缘环境，对俄发展务实合作关系比一味地强化历史仇恨更符合波兰当前的国家利益。正如西科尔斯基2011年在下议院所做的外交报告中所谈论的："有些人正在把他们的政治信条建立在对俄罗斯永远的敌意之上。而我们已经摒弃了那种认为任何对俄罗斯不利的事情都对波兰有利的逻辑。解决我们对俄罗斯的担忧的办法是建立在经济潜力、与盟友的关系、增强波兰在国际社会中的地位以及建立现代化的国防体系的基础之上。"[1] 在2012年的外交报告中，西科尔斯基再次表达了对于俄罗斯走上现代民主化道路的希望。他指出："我们希望，俄罗斯的新一任总统能够像俄罗斯社会所期望的那样，带领他的国家走上现代化的道路"。与此同时，西科尔斯基重申波兰将继续致力于推动波俄两国的和解工作。[2]

此外，波兰外交部制定的"2012—2016波兰外交的优先事项"政策报告中也明确指出，未来四年波兰外交的最主要目标之一就是坚持与俄罗斯的友好和务实合作关系，支持俄罗斯获得"经济合作与发展组织"

---

[1] "Government Information on Polish Foreign Policy in 2011 Presented by Foreign Minister Radosław Sikorski at a Sitting of the Sejm on 16 March 2011," in *Yearbook of Polish Foreign Policy 2011–2015*, Polski Institut Spraw Międzynarodowych, Warszawa, 2020, pp. 18–19.

[2] "Government Information on Polish Foreign Policy in 2012 Presented by Foreign Minister Radosław Sikorski at a sitting of the Sejm on 29 March 2012," in *Yearbook of Polish Foreign Policy 2011–2015*, Polski Institut Spraw Międzynarodowych, Warszawa, 2020, p. 31.

成员身份，以及支持俄罗斯与欧盟达成一系列合作协议。[1] 随着波兰北部与俄罗斯加里宁格勒州之间的联系日益紧密，双边签订了《小规模边境交通协议》（Small Border Traffic Agreement，SBTA），这是一个规模虽小，但对波俄关系意义重大的一次大胆尝试。事实上，波兰加入欧盟后，波兰与俄罗斯的边界成为欧盟的对外边界。自 2012 年《小规模边境交通协议》生效后，边境口岸制度随之松动，缩短了波兰与加里宁格勒之间，乃至更广泛意义上的欧盟与加里宁格勒之间的社会和功能距离。[2] 该协议也成为俄罗斯公民签证自由化进程的一部分。

在 2013 年对俄罗斯的政策设想中，西科尔斯基将对俄政策的主要目标设定为进一步发展双边经贸、社会和人际关系（包括巩固与《小规模边境交通协议》有关的事项），以及地区和地方团体之间的合作。他还强调了"波俄对话与理解中心"在双边关系中扮演的重要角色，以及"波俄地区间论坛"对促进地方合作的重要意义。与此同时，西科尔斯基在讲话中再次表示，希望俄罗斯归还卡钦斯基总统专机残骸和完整的坠机文件，并希望在此案的调查中加强合作。波兰希望波俄关系能够扎根在不断强化的地区合作基础之上，通过地区合作密切双边社会和经济的互动关系。[3]

在西科尔斯基的报告中可以明显觉察到，本届政府对 21 世纪以来的俄罗斯怀有一份特别的政治期待。他们希望通过强化波俄关系，推动欧俄合作的途径逐步推动俄罗斯朝着政治民主转型的方向发展。在西科尔斯基看来，近年来俄罗斯的领导人（如普京、梅德韦杰夫）正在逐渐意识到遏制腐败、实现经济现代化，以及强化民主与法制的重要性。如果俄罗斯可以如波兰期待的那样融入欧洲的话，那么波兰挥之不去的梦魇或将彻底消除。反之，如果波兰始终将俄罗斯视为不可改变的极权国家，

---

[1] "Priorytety Polskiej Polityki Zagranicznej 2012 – 2016," Ministerstwo Spraw Zagranicznych, Warszawa, marzec 2012, s. 2 – 28.

[2] Stanislaw Domaniewski, Dominika Studzińska, "The Small Border Traffic Zone between Poland and Kaliningrad Region (Russia): The Impact of a Local Visa-Free Border Regime," *Geopolitics*, Vol. 21, No. 3, 2016, p. 538.

[3] *Yearbook of Polish Foreign Policy 2011 – 2015*, Polski Institut Spraw Międzynarodowych, Warszawa, 2020, p. 195.

第四章 维持平衡：多边框架下的全方位务实合作（2011—2013） / 159

始终将历史仇恨当作现实的政治议题，并以此来强化政治认同，那么波俄之间就不可能实现关系正常化，俄罗斯也很可能朝着对波兰更为不利的方向发展。

二 迈入全方位的务实合作与和解进程之中

1. 经济合作

2004年以来，波兰和俄罗斯经贸关系发展的基石是2004年11月2日签署的《经济合作协定》。根据该协定，波俄两国政府间经济合作委员会成立了双边经济对话论坛。入盟之后，波兰作为欧盟成员国，对俄合作除了波俄双边经贸协定之外，1994年由欧盟确立的欧洲共同体及其成员国与俄罗斯联邦之间的伙伴关系合作协议成为波俄经贸合作的又一个法理支撑。该协议于2004年4月27日在卢森堡签署，并扩展至新成员国。双边经济关系的重要平台是波兰—俄罗斯政府间经济合作委员会和在上述委员会内工作的工作组（贸易和投资；燃料和能源领域的合作；旅游领域的合作等）。[①]

尽管2008年发生了俄格冲突，但波俄两国的经贸额仍然保持稳定的增长态势，2010年波兰对俄贸易额达到了240亿美元，比2009年增长了40%。与此同时，波俄双边已经达成了一个地方边境交通协议，开放加里宁格勒到欧洲。

2011—2012年，两国贸易额持续增长，2013年有所回落。原因是俄罗斯对波兰的主要出口货物是能源资源，由于俄罗斯经济危机的愈发严重，能源价格不断下跌，从而导致了波俄双边贸易的数额在字面上有所下降。至于2014年至2015年的双边贸易额则出现了明显下降，主要原因是俄罗斯受到欧盟等国的制裁。从整个过程来看，自2011年以来，双边经贸合作热度不断升高，贸易额总体上稳步增长。

首先，在2011年，俄罗斯已经是波兰的第六大贸易出口伙伴国，波兰对俄出口额达到了251亿兹罗提（约合65亿美元）。在进口方面，俄罗斯成为波兰第二大进口来源国，对俄进口贸易额超过了750亿兹罗提

---

① "Stosunki dyplomatyczne między Polską a Federacją Rosyjską, Serwis Rzeczypospolitej Polskiej," https://www.gov.pl/web/rosja/relacje-dwustronne.

(约合195亿美元)。到了2012年,俄罗斯跃升至波兰的第五大出口目的国,出口额超过了320亿兹罗提(约合84亿美元),在进口方面依然是波兰的第二大进口来源国,贸易额达到了910亿兹罗提(约合237亿美元)。

其次,在具体合作项目上,能源合作是波俄双边贸易合作的基石。2012年11月5日,波兰国家石油天然气公司(PGNiG)与俄罗斯天然气工业股份公司(Gazprom)签署了一份协议附件,降低了俄罗斯对波天然气的出口价格。根据PGNiG的官方估算,降低之后的天然气出口价格将使波兰在两年内节省25—30亿兹罗提(约合6.5亿—7.8亿美元)。此前,PGNiG就俄罗斯天然气价格问题要求重新谈判,签订新的购买协议,起初波兰方面的诉求遭到俄罗斯的拒绝,导致这一案件最终被波兰提交到了斯德哥尔摩的仲裁法庭。在这一事件上,波兰还得到了欧盟的支持,但随着两国重新达成了新的购买合同协议,俄罗斯方面降低了天然气购买价格,使得双方在能源合作方面的障碍得以消除。

2013年波俄双边的经贸额与2012年大致相当,尤其在波兰对俄罗斯的出口额上比2012年增加了20亿兹罗提,俄罗斯依然作为波兰的第五大出口目的国。波兰对俄罗斯的进口贸易额方面出现了一定程度的下跌,总额为795亿兹罗提(约合美元206亿),出现这种现象主要是由于国际能源价格下跌,以及俄罗斯对波兰出口天然气价格的调整。[①] 与此同时,波俄能源合作领域出现了一个新的争议问题,那就是俄罗斯计划修建的第二条"亚马尔—欧洲天然气管道"。[②]

2. 历史与宗教维度

长期以来,影响波俄两国关系改善的症结之一就是卡廷事件。西科尔斯基指出,波兰已经采取了若干行动以敦促俄罗斯对斯大林政权犯罪行为予以承认与致歉。从俄罗斯方面来看,2010年11月,俄罗斯国家杜马以"关于卡廷悲剧及其受害者"的声明为依据,承认了苏联在处决波

---

① "Obroty handlu zagranicznego ogółem i według krajów I – XII 2013 r.," Główny Urząd Statystyczny, July 10, 2014, https://stat.gov.pl/obszary-tematyczne/ceny-handel/handel/obroty-handlu-zagranicznego-ogolem-i-wedlug-krajow-i-xii-2013-r-, 1, 18.html.

② *Yearbook of Polish Foreign Policy 2011 – 2015*, Polski Institut Spraw Międzynarodowych, Warszawa, 2020, pp. 203 – 204.

第四章 维持平衡：多边框架下的全方位务实合作（2011—2013） / 161

兰军官方面的罪行。杜马代表们称，苏联当局开枪射击了成千上万的波兰战俘，这些囚犯被强行关押在苏联内务人民委员部的营地以及乌克兰南部和白俄罗斯南部地区的监狱中。同时，国家杜马代表对斯大林政权对波兰公民的大规模恐怖和迫害行径表示谴责，认为这不符合法治和正义的理念。国家杜马还对受害者及其亲属表示深切的同情。议员们总结说，俄罗斯希望向波兰人民伸出友谊之手。除了俄罗斯国内的共产党派，[①] 国家杜马的其他派别都对这一声明投了赞成票。

虽然，两国关系在 2010 年 4 月经历了斯摩棱斯克事件的影响，并且导致这一空难事件的真正缘由仍未可知，但 2010—2013 年波俄关系总体上朝着积极的方向发展。图斯克政府一直在对俄释放出善意的信号，希望在对等的基础上持续开展对话。截至 2013 年年底，波俄两国在地区事务、涉及双边的困难议题以及人文交流等方面取得了诸多进展。比如，建立了致力于解决涉及双边困难议题的对话与谅解中心，俄罗斯在奥斯维辛集中营解放 68 周年之际主办了一场国家展览，旨在传递俄波两国在历史问题上达成的相应共识。

尤为值得关注的是两国宗教界达成的和解。2012 年 8 月 17 日，俄罗斯东正教会主教长、莫斯科及全俄大牧首基里尔一世（Patriarch Kirill I）代表东正教会访问了波兰。波兰的天主教会大主教尤泽夫·米哈利克和俄罗斯东正教会主教长基里尔一世签署了致波兰和俄罗斯人民的联合声明，这是两个教会历史上的第一份联合文件。[②] 这份联合备忘录事实上在两年前就已经开始商讨了，但不论在波兰还是在俄罗斯，天主教和东正教都已经成为除了精神信仰之外的政治意识形态和民族身份认同的象征，因此两个教会之间在备忘录中所采用的语言表述需要让双方都能够接受，并非易事。最终，联合备忘录将波俄之间历史仇怨的邪恶缘由归结为人性的丑恶、脆弱，个人和集体的利己主义以及政治压力。并且，备忘录尽量减少对于历史问题的关注，而是将重心指向了波俄两国关系的未来

[①] "Госдума признала вину СССР и И. Сталина в катынском расстреле поляков," 26 ноя 2010, https：//www.rbc.ru/society/26/11/2010/5703e0bf9a79473c0df17670.

[②] Dębowski, Tomasz R. Wspólne orędzie Kościoła Rzymskokatolickiego w Polsce oraz Rosyjskiego Kościoła Prawosławwnego i jego znaczenie dla stosunków polsko-rosyjskich, Wrocław: Instytut Studiów Międzynarodowych Uniwersytetu Wrocławskiego, 2013, s. 65 – 66.

面貌。备忘录的公布进一步助推了波俄两个民族之间的和解。①

双方依然存在的问题主要在于对于俄罗斯民主转型的看法以及历史问题。关于卡廷事件，波兰坚定不移地要求俄罗斯归还卡廷事件档案，并且交出 2010 年波兰空军图—154 残骸以及与坠机有关的全部文件。②

3. 政治维度

纵观图斯克政府第二任期（2011—2014）的波俄关系，大致可以分为两个阶段，分别是 2011—2013 年与 2014 年之后。之所以将 2013 年作为一个划分阶段是因为克里米亚危机的爆发。这一事件彻底改变了图斯克政府自 2007 年以来的对俄务实、友好的合作政策。就政治维度而言，尽管在 2011—2013 年，波兰与俄罗斯围绕 2010 年的斯摩棱斯克空难事件以及卡廷事件的档案交付问题产生过一些分歧，但总体上两国的政治关系依然在对话与理解中不断强化。

首先，在斯摩棱斯克事件的调查方面，双方最大争议在于波兰对俄罗斯国家航空委员会（MAK）的调查结果存有质疑，而俄罗斯方面又以正在调查为由拒绝了波兰方面对于归还总统专机残骸的要求。2010 年 5 月 19 日，俄罗斯方面发布了坠机事故调查的初步报告。其中，俄罗斯州际航空委员会技术委员会负责人阿列克谢·莫罗佐夫（Alexei Morozov）表示，坠机的"图波列夫图—154"没有机械故障，斯摩棱斯克北机场的空中交通管制官员曾在飞机失事前"两次发出能见度低（能见度为 400 米），着陆条件不足的警告"。调查排除了恐怖袭击、爆炸以及飞机自动起飞的失事原因。根据报告来看，俄罗斯对此次空难将不负有任何责任，这引发了波兰方面的不满。③ 尤其是失事总统的同胞胎弟弟、反对党主席雅罗斯瓦夫·卡钦斯基（Jarosław Kaczyński）对此表示质疑，甚至将此次

---

① Dębowski, Tomasz R. Wspólne orędzie Kościoła Rzymskokatolickiego w Polsce oraz Rosyjskiego Kościoła Prawosławmego i jego znaczenie dla stosunków polsko-rosyjskich, Wrocław: Instytut Studiów Międzynarodowych Uniwersytetu Wrocławskiego, 2013, s. 68 – 69.

② "Government Information on Polish Foreign Policy in 2013 Presented by Foreign Minister Radosław Sikorski at a Sitting of the Sejm on 20 March 2013," in *Yearbook of Polish Foreign Policy 2011 – 2015*, Polski Institut Spraw Międzynarodowych, Warszawa, 2020, pp. 50 – 51.

③ *Yearbook of Polish Foreign Policy 2011 – 2015*, Polski Institut Spraw Międzynarodowych, Warszawa, 2020, p. 196.

空难事件定性为一场有计划的政治谋杀。① 直到今天，这种阴谋论在波兰仍然可以听到。尽管空难事件对波俄关系带来了一定的负面影响，但两国自2007年以来组建的两个新机构"波兰—俄罗斯疑难事务小组"和"波兰—俄罗斯对话与理解中心"在2011年开始运作。这些机构都是独立的单位，由各国的文化部监督。它们活动的主要目标是发起和支持波兰和俄罗斯为促进相互关系中的对话和理解而开展的活动。

其次，2012年波兰和俄罗斯关系中最重要的事件是俄罗斯大牧首基里尔对华沙的访问。访问期间，波兰罗马天主教会和俄罗斯东正教会的代表签署了一份敦促两国和解的文件。其意义超出了宗教领域，掀开了波俄民族和解与政治对话的新阶段。② 同年，波俄签署的地方边境交通协议生效。该协议允许加里宁格勒州和库亚维—波美拉尼亚省和瓦尔米亚—马祖里省部分地区的居民凭许可证跨越边境以及双边民众的密切互动往来，对两国的经贸和旅游业大有裨益。由于《小规模边境交通协议》（SBT）的生效，促使波俄地区间的科学合作、青少年文化交流以及非政府组织的联系都得到了强化。《小规模边境交通协议》生效前后在波兰与加里宁格勒州之间的跨境人数便是例证。在2013年协议生效之前，波兰驻加里宁格勒总领事馆在2012年（7月27日—12月31日）总共只签发了12672张出入许可证。而2013年签发的许可证数量飙升至184295人，仅就半年的数据来对比的话，也已经达到了2012年的8倍左右。然而，在克里米亚危机发生之后的2014年和2015年，跨境人数明显下降，分别是53868人和88531人。③

最后，在政治高层方面的互动与对话上，2012年以来两国外长、议会议长以及国家元首、政府首脑相继开展了系列会晤。例如，2012年12月，作为波兰—俄罗斯合作战略委员会活动的一部分，两国外

---

① "Smolensk: The Tragedy that Defined Polish Politics," https://www.dw.com/en/smolensk-the-tragedy-that-defined-polish-politics/a-43328611.

② A. Turkowski, "Patriarch Kirill's Visit to Poland," PISM Bulletin, August 14, 2012, https://www.files.ethz.ch/isn/151675/Bulletin%20PISM%20No%2078%20(411)%20August%202014,%202012.pdf.

③ "Consulate General of the Republic of Poland in Kaliningrad," in *Yearbook of Polish Foreign Policy 2011–2015*, Polski Instiut Spraw Międzynarodowych, Warszawa, 2020, p.197.

长谢尔盖·拉夫罗夫和拉多斯瓦夫·西科尔斯基在莫斯科会晤。此次会晤是不断强化务实合作政策的重要体现，对于弥合两国在挥之不去的历史问题和2010年斯摩棱斯克事件的不同看法方面起到了重要作用。

2013年，波俄双边的高层对话持续加强。1月26—27日，受波兰邀请，俄罗斯国家杜马主席谢尔盖·纳雷什金（Sergei Naryshkin）访问华沙，与波兰总统、总理以及众议院和参议院议长进行会谈并参加了奥斯维辛——比克瑙集中营（Auschwitz-Birkenau）解放纪念活动。2月25日，受俄罗斯联邦委员会国际事务委员会主席米哈伊尔·马尔格洛夫（Mikhail Vitalievich Margelov）和国家杜马主席纳雷什金的邀请，波兰代表团访问了莫斯科。2013年，波俄两国外长举行了两次会晤，一次是在5月，另一次是在12月，经过这次磋商，波俄两国外长在"波兰—俄罗斯合作战略委员会会议上"签署了"波兰—俄罗斯关系2020方案"，该宣言指明了两国未来几年在政治、经济、现代化以及区域合作领域的优先事项和方向。更重要的是对于双边关系的战略定位，如将双边合作"提高到积极伙伴关系的水平"，发展政治对话，扩大经济合作和扩大国际舞台上的合作。[①]

此外，2013年6月，波俄两国还在俄罗斯的下诺夫哥罗德举办了第五届"波兰—俄罗斯地区论坛"，彰显了两国日益密切的地区合作关系。两国友好务实合作关系中开始出现不好的杂音是从2013年11月22日爆发的克里米亚危机之后出现的。在此阶段，有一个小插曲，即在2013年11月11日，波兰部分独立游行参与者对俄罗斯驻华沙大使馆进行了袭击。两天后，俄罗斯社会对此事件报之以同等程度的回应，直接后果就是波兰驻莫斯科大使馆遭到鞭炮和烟雾弹的袭击。自此之后，波俄关系急转直下。

4. 文化层面

2011年以来，波俄两国的官方和民间文化往来更趋密切，双边开展了许多旨在增进两国民众情感、强化彼此了解的文化节活动。虽然这样

[①] "'Program 2020', czyli co podpisali Sikorski i Ławrow," Tvn 24, 19 grudnia 2013, https：// tvn24. pl/wiadomosci-z-kraju, 3/program-2020-czyli-co-podpisali-sikorski-i-lawrow, 381088. html？h = 1d55.

一种友好氛围最终随着克里米亚危机的爆发戛然而止了，但在此期间的两国文化互动为消弭历史仇恨发挥了一定作用。

俄罗斯国内承担传播波兰文化的主要机构有两个，一个是波兰驻莫斯科使馆，另外一个是位于圣彼得堡的总领事馆。该领事馆设立了一个特别文化部门，其任务包括促进波兰当代文化、教育活动，以及在波兰和俄罗斯的文化机构之间进行调解。两个机构都组织了文化日活动，并对波兰戏剧和电影进行审查。大多数项目都是与俄罗斯文化机构联合执行的。除以上两个机构之外，波兰驻加里宁格勒总领事馆、亚当·密茨凯维奇研究所和非政府组织也在双边文化活动中开展了大量工作。波兰—俄罗斯对话和理解中心也包含其中。这些机构的主要任务是推动波兰文化在俄罗斯社会的普及程度，尤其是电影和戏剧等文化艺术。

其中有几个颇有影响力的活动在两国社会受到了民众的欢迎。在俄罗斯方面，其在波兰的主打品牌文化活动是"波兰的斯普特尼克"（Sputnik nad Polską），该活动是自2007年起组织的年度俄罗斯电影节，主办地设在华沙，一度在波兰社会大受欢迎。与之相呼应的是，自2008年以来，波兰在俄罗斯举办"维斯瓦"艺术节，展示波兰电影摄影作品。举办地覆盖了俄罗斯首都莫斯科、古都圣彼得堡以及毗邻州加里宁格勒等主要城市，有力地推动了波兰文化在俄罗斯的传播。

其他重要的文化活动包括2011年在莫斯科举行的"金面具"（Złota Maska）节上展示波兰的戏剧作品，戏剧"阿波隆尼亚"（A pollonia）的作者克日什托夫·瓦里科夫斯基（Krzysztof Warlikowski）获得了2011年俄罗斯最佳外国演出的主要奖——金面具奖。值得一提的是，俄罗斯国家权威戏剧奖"金面具"系列文化节是俄罗斯一年中最主要的戏剧活动。另外波兰剧院经常参加俄罗斯的节日，如"波罗的海之家"剧院（Bałtycki Dom）。[①] 2014—2015年，文化外交成为波兰外交在俄罗斯的基本活动之一，它为向俄罗斯传递社会和政治信息提供了机会。

---

① N. Woroszylska, "Rosja-długi marsz," in *Yearbook of Polish Foreign Policy 2011 – 2015*, Polski Institut Spraw Międzynarodowych, Warszawa, 2020, pp. 206 – 207.

第二节　对美政策：从回归理性到突出主体性地位

一　谋求升级波兰的现代化武装力量

据 2012—2016 年西科尔斯基的外交政策文件，美国被列为波兰最重要的非欧洲伙伴，尤其是在安全领域。波兰认为"跨大西洋关系是西方安全政策的基石，在这方面，必须保持美国对欧洲的承诺"。欧美关系的战略接近有利于跨大西洋关系的运行。对波兰而言，国防安全仍然是对美政策的优先事项。图斯克政府时期的波美两国安全合作建立在 2008 年《波美战略合作宣言》的基础之上。该宣言为波美两国的安全合作创造了一个机制化的协商与对话平台。同时，这个宣言也为美国逐步在波兰建立防御基础设施，尤其是导弹防御系统提供了可信赖的安全保证。[①] 在论及波美关系中对于波兰的利益时，西科尔斯基谈道，波兰曾在伊拉克和阿富汗问题上支持美国，但同时波兰利益也应该得到照顾。在他看来，波兰与美国就弹道导弹防御系统部署以及美军在波兰的地位问题谈判应该本着对波兰有益的原则，不能不计条件地引入美军，因为波兰必须始终掌握对领土的管辖权。

强化对美军事关系一方面可以提高波兰的安全感，另一方面可以增强对于外部威胁的威慑能力。早在法律与公正党政府时期，波兰就希望引入美国导弹防御系统。即使在图斯克执政时期，虽然波兰的对美政策逐渐回归理性，采取了更加务实的合作态度，但对于来自美国的安全保证仍然孜孜以求。其中，在波部署导弹防御系统是两国军事安全合作的核心议题，关键事项是弹道导弹防御系统（BMD）的安装。

自 2002 年波兰首次提出希望在其领土安置美国弹道导弹防御系统的愿望以来，该计划几经挫折。截至克里米亚危机爆发之前，该计划的实施受到了中东欧地区的大国博弈态势、国内政局变化的内外因素的双重影响。在图斯克上任初期，基于俄格冲突的威胁态势，波兰急切地呼吁美国强化在中东欧地区的军事存在，双边就导弹防御议题持续展开对接与谈判。然而 2009 年，新任美国总统奥巴马宣布对俄罗斯实行"重启"

[①] "Priorytety Polskiej Polityki Zagranicznej 2012 – 2016," Ministerstwo Spraw Zagranicznych, March 2012, s. 15.

政策，加之俄罗斯对于 BMD 的严厉批评致使美国不得不顾及俄罗斯的战略关切，进而导致波美安全合作的紧密度逐渐降温。然而，波兰长期存在的"恐俄症"、现实的地缘环境、俄格冲突以来波兰所面临的威胁态势，促使波兰迫切地希望获得对冲俄罗斯导弹袭击的反击能力。这一国内外情势也塑造了波兰的国防安全观念。①

2008 年，原本波兰已经同意了美国在其领土部署陆基拦截器（Ground-Based Interceptors）的条件，未料次年新任总统奥巴马改变了这一决议，此举令波兰深感失望，并对北约及大西洋联盟的安全保证产生怀疑。在俄格冲突发生之后，为了安抚盟友情绪，奥巴马于 2009 年 9 月 17 日提出了一项新的欧洲防御计划——"欧洲分阶段适应方案"（European Phased Adaptive Approach，EPAA）。根据奥巴马的介绍，EPAA 将比小布什时期的欧洲防御计划更加全面。按照该计划，在中东欧地区部署陆基"宙斯盾"（Aegis Ashore）系统，是美国海军有关"欧洲分阶段适应方案"导弹防御部署第二、三阶段计划的核心部分。② 其中第二阶段计划部署在罗马尼亚的一个"宙斯盾"系统站点已于 2015 年运行，装备有"标准 - 3"Block IB 拦截导弹。第三阶段部署的另一个"宙斯盾"系统位于波兰。然而，2013 年 3 月，美国国防部宣布停止 EPAA 第三和第四阶段计划，取消研制"标准 - 3"IIB 拦截弹计划。此举释放了一个较为明显的信号，即与原计划相比，未来在波兰安装 BMD 的重要性将大大降低。由此波兰对于来自美国方面的导弹防御预期大打折扣。由于在导弹防御问题上与美国打交道的"过山车"经历，加之图斯克政府的多元安全观，促使波兰决定升级自己的现代化武装力量，其中包括建设有限的导弹防御能力。按照计划，波兰的防空和导弹防御系统将在未来 10 年内发展起来，将与美国的 EPAA 平行运作，以提供对低层级威胁的保护。正如 2011 年波兰外长西科尔斯基在图斯克第二任期的下议院外交政策报告中指出："我们与美国在北约的同盟关系依然牢固。鉴于我们各自的潜力，我们与美国的关系是友好的，也是成熟的。然而，

---

① Łukasz Kulesa, "Poland and Ballistic Missile Defense: The Limits of Atlanticism," *Proliferation Papers*, No. 48, 2014, p. 7.

② Ian Williams, "'Aegis Ashore,' Missile Threat," Center for Strategic and International Studies, April 14, 2016, https://missilethreat.csis.org/defsys/aegis-ashore/.

我们知道,美国的优先事项在其他地方,比如中东和越来越重要的亚洲。我们无法确定美国是否能在任何情况下都能给予波兰帮助。"①

具体而言,图斯克政府时期的波美军事合作是在 EPAA 计划的框架之下逐步推进的。其具体合作事项包括如下:

第一,图斯克与奥巴马政府的军事合作主要集中在导弹防御领域。作为导弹防御系统的一部分,位于波兰雷兹科沃(Redzikowo)的一个军事基地被纳入美国奥巴马政府推出的美国的导弹防御系统之内。美国 EPAA 计划的实施原本要分为陆基"宙斯盾"定位雷达和导弹设施等四个阶段。陆基"宙斯盾"是对海军导弹防御系统"宙斯盾"弹道导弹防御系统的改造,旨在从陆地上作战。按计划,美国将在 EPAA 的第三、四阶段在波兰部署反弹道导弹装置。随着美国 2013 年暂停了 EPAA 第三、四阶段计划,北约的投资仅限于在波兰北部的军事基地雷兹科沃 SPY–1 雷达和 24 枚 SM–3 火箭弹,这些火箭弹能够对抗中程弹道导弹,并在有限范围内应对洲际弹道导弹(ICBM)。②

第二,在双边军队建设与军备合作方面。2011 年 6 月,美国和波兰政府签署了两国空军合作备忘录。2012 年 11 月,支持美国空军轮换部队的约 20 人航空分队(Av-Det)开始驻扎波兰,部署的军事装备包括 F–16 多用途战斗机和 C–130 大力神运输机。此外,美军还对波兰空军军官提供军事培训。2012 年,波兰启动了从美国购买联合防区外空对地导弹(Joint Air-to-Surface Standoff Missile,JASSM)的谈判。采购条件之一是要获得美国政府和国会的同意。相关信息显示,2014 年 10 月 2 日,美国国会批准允许向波兰销售 40 枚"联合防区外空地导弹"(JASSM)③,并准

---

① "Government Information on Polish Foreign Policy in 2011," in *Yearbook of Polish Foreign Policy 2011–2015*, Polski Institut Spraw Międzynarodowych, Warszawa, 2020, pp. 21–22.

② *Yearbook of Polish Foreign Policy 2011–2015*, Polski Institut Spraw Międzynarodowych, Warszawa, 2020, p. 154.

③ JASSM 是"联合防区外空地导弹"的首字母缩写,它是一种常见的(对美国空军和美国海军而言)防区外导弹,即从敌方防空范围以外发射的导弹。AGM–158A JASSM 是一种具有降落雷达特征的有翼巡航导弹,由涡轮喷气发动机提供动力,射程超过 370 千米。制造商尚未公开武器的精确射程,其他一些技术规格也未公开。参见"JASSM for Poland-Is It Worth to Pay the Price?" Defence 24, listopada 6, 2014, https://www.defence24.com/jassm-for-poland-is-it-worth-to-pay-the-price。

许为波兰所拥有的洛马公司研制的 F-16C/D Block52 战斗机进行升级。据波兰防务门户网站 Defence 24 报道，空对地巡航导弹是复杂且相对昂贵的武器系统，被用于摧毁至关重要的目标。它们的打击目标并非是装甲纵队或敌军集中营，应该是指挥所、弹道导弹连（如俄罗斯的 Iskander 系统）、物资补给基地或飞机跑道。洛克希德·马丁空间系统公司（Lockheed Martin Space Systems Company，LMT）导弹与火控部门的业务发展总监约瑟夫·布雷恩（Joseph Breen）强调，JASSM 大大提高了武装部队的威慑能力。[1]

第三，在国际联合军事行动中，波兰积极配合美国在北约框架下持续贡献力量。2011—2015 年，波兰军队持续参与美国主导下的北约盟军在阿富汗的军事任务。2010 年年底至 2011 年年初，波兰军事特遣队人数最多，约有 2600 人。此外，2012 年 2—3 月，特种部队的航空管制导员（JTAC）和第七特种作战中队的代表参加了美国特种部队演习，此次联合演习的代号为"翡翠勇士 12"（Emerald Warrior 12）[2]。波兰"雷鸣"（GROM）特种部队[3]、军事突击队和陆战队士兵进行了指挥 AC-130 空中炮艇（一款将飞机与大炮相结合的攻击机）提供的近距离空中支援有关的活动。波兰有关专家指出，在伊拉克和阿富汗的行动经验表明，没有空中支援就不可能开展无人机部队的行动。波兰士兵参与这种类型的演习显得尤为重要，因为波兰正努力获得能够管理北约内部特殊行动的国家的地位。

二　倡导建立波美民主战略对话机制

虽然，波美两国在体量上存在巨大的不对称性，但在图斯克政府的第二任期，双方在伙伴关系的基础上开展了诸多合作。比如，2011 年 3 月 3 日，波兰外长西科尔斯基和美国国务卿希拉里在华盛顿会晤时发起了波美民主战略对话会。民主战略对话会是波兰和美国之间战略伙伴关

---

[1] "JASSM for Poland-Is It Worth to Pay the Price?" Defence 24, listopada 6, 2014, https://www.defence24.com/jassm-for-poland-is-it-worth-to-pay-the-price.

[2] "Komandosi z Polski na ćwiczeniach w Stanach Zjednoczonych," marca 9, 2012, https://krakow.naszemiasto.pl/komandosi-z-polski-na-cwiczeniach-w-stanach-zjednoczonych/ar/c1-1314503.

[3] "Polscy komandosi na ćwiczeniach w USA," marzec 11, 2012, http://www.psz.pl/92-polska/polscy-komandosi-na-cwiczeniach-w-usa.

系的一个新的重要组成部分。① 正如美国驻波大使所强调的："民主是波美关系的标志，也是我们友谊和联盟的象征。"② 这种协商形式有助于加强波兰与美国之间的民主项目合作与协调，以支持东欧、北非和亚洲的民主化改革。它也对协调欧盟与美国之间的民主合作发挥了积极作用。此前，波美之间战略伙伴关系的机制化平台是依托"波兰—美国战略对话"（Polsko-Amerykański dialog strategiczny）来巩固的。该对话平台成立于2004年，旨在围绕双边关系、安全政策和经济问题等涉及双边利益的议题定期进行高层磋商。截至2007年春，在其框架内已连续举行了五次会议。2007—2009年，波美双方就在波兰安置导弹防御盾牌部件的计划进行了磋商。2010年4月，美国国务卿希拉里和波兰外长西科尔斯基进行了战略对话，并且本次对话的议题仍然围绕反导系统展开。③

首轮波兰民主战略对话会于2011年3月22日在华沙举行。在2012年的第二届波美民主战略对话会上，应美国外交部邀请，波兰非政府组织、地方民主发展基金会、波兰裔美国人自由基金会以及团结基金会代表参加了此次会议。作为战略对话的一部分，代表们讨论了安全、打击恐怖主义、能源和促进世界民主等领域的议题。值得注意的是，波兰是为数不多的与美国进行此类磋商的西方国家之一。④ 正如2013年，美国国务卿希拉里·克林顿手下负责公民社会和新兴民主国家事务的高级顾问托米卡·蒂尔曼（Tomicah Tillemann）在访问华沙时表示："波兰已在该地区促进民主方面发挥了领导作用，将其20多年政治转型的经验传授给了其他国家。"他还指出，"波兰与美国一样都无法在美国以外的任何

---

① "Fundacja Solidarności Międzynarodowej, Polsko-Amerykański Dialog Strategiczny na rzecz Demokracji," May 13, 2012, https：//solidarityfund. pl/2012/05/13/polsko-amerykanski-dialog-strategiczny-na-rzecz-demokracji/.

② "MSZ：Polsko-amerykańskie seminarium nt. współpracy w dziedzinie wspierania demokracji (komunikat)," 11 września 2012 r., https：//finanse. wp. pl/msz-polsko-amerykanskie-seminarium-nt-wspolpracy-w-dziedzinie-wspierania-demokracji-komunikat-6116069072562305a.

③ KLe Źródło, "Polsko-amerykańskie rozmowy w ramach Dialogu Strategicznego," Onet, 28 października 2010, https：//wiadomosci. onet. pl/kraj/polsko-amerykanskie-rozmowy-w-ramach-dialogu-strategicznego/y9439.

④ G. Kozłowski, "Asymetria relacji polsko-amerykańskich a stan i perspektywy ich rozwoju-możliwość ograniczania równowagi," in B. Szklarski ed., *Niekonfrontacyjna asymetria w relacjach polsko-amerykańskich*, Ministerstwo Spraw Zagranicznych, 2015, p. 88.

地方建立民主。我们所能做的就是提供我们的经验，展示我们所获得的利益，以支持希望建立更强大国家并确保其公民拥有更美好未来的公民社会。波兰这样的国家成功进行了转型，应该分享自己的经验"①。在具体合作项目上，波兰在欧盟框架下发起的东部伙伴计划得到美国的大力支持，两国在民主对话框架下将共同资助一些项目，如促进摩尔多瓦地方政府发展的项目和针对白俄罗斯反对派的两个大项目。项目资金由美国和波兰各出一半。

此外，巩固跨大西洋合作与发展波美同盟关系成为美国2012年大选中民主党人奥巴马与其竞争对手米特·罗姆尼（Willard Mitt Romney）的一个重要竞选议题。为了赢得选举，共和党候选人罗姆尼还在美国境外开展了竞选活动，相继访问了英国、以色列和波兰。这位前马萨诸塞州州长在格但斯克会见了波兰总理图斯克，在华沙会见了波兰总统科莫罗夫斯基，随后在华沙大学发表了演讲。罗姆尼的目标是赢得天主教选民的选票，包括居住在美国的波兰人。② 罗姆尼还表示，波兰是美国在欧洲最忠实的盟友之一，波兰对"全球反恐战争"的态度以及向阿富汗和伊拉克派兵的贡献就证明了这一点。同时，他以代表全体美国同胞的身份向波兰在危机和武装冲突时期与美国并肩战斗的友谊表达了感谢。此外，他还专门提及了波兰前总统瓦文萨领导波兰人民团结起来，推翻政权的民主运动。罗姆尼还提到了教皇约翰·保罗二世（John Paul II）于1979年在波兰毕苏斯基广场演讲时鼓舞波兰民众"不要害怕"（Nie lękajcie się）一词。罗姆尼之所以受到波兰政要的热烈欢迎，主要原因之一在于他在竞选中一再批评奥巴马政府"抛弃"了盟友波兰和捷克共和国，力图重新强化大西洋联盟合作。作为回应，西科尔斯基表示，无论波兰哪一个政党执政，波兰与美国始终会保持良好紧密关系。③

---

① "Polska przywódcą regionu？" Newsweek, Feburary 28, 2013, https：//www. newsweek. pl/polska/polska-ma-przywodcza-role-w-promowaniu-demokracji/zrvx4jt.

② *Yearbook of Polish Foreign Policy 2011 –2015*, Polski Institut Spraw Międzynarodowych, Warszawa, 2020, pp. 156 –158.

③ "Romney w Polsce. Prof. Szklarski：daliśmy się rozegrać jak dzieci," Onet-wiadomości, 2012, https：//wiadomosci. onet. pl/kiosk/romney-w-polsce-prof-szklarski-dalismy-sie-rozegrac-jak-dzieci/cz5kj.

三 在 TTIP 谈判中优先关注波兰利益

在经济合作方面，波兰政府不仅鼓励其他美国公司在波兰投资，还试图提高波兰公司在美国市场的扩张和投资兴趣。波兰政府的雄心壮志旨在增加与美国对外贸易的正平衡。波兰对美国的外交政策的长期目标是缔结跨大西洋贸易和投资伙伴关系协议（TTIP），在欧盟和美国之间建立一个自由贸易区。波兰政府参与推广该协议，该协议得到了70%以上波兰人的支持。

美国是波兰最大的非欧洲投资国。自1989年以来，美国在波兰的投资额及美资在波企业数量稳步上升。截至2014年，直接或间接的投资总额超过了900亿美元，成为美国在中东欧地区的第一大投资目的国。[1] 近年来虽然美资企业的数量开始趋于稳定，但这些公司的用工量却在增加。这表明，在波美资企业正在不断扩大经营，进行再投资。其中在波美资企业的42%都集聚在首都华沙所在的省份——马佐夫舍省。据统计，在2011年，在波美资企业（含金融机构）创造了近20万个就业岗位。[2]

2012年，美国在欧洲的直接投资额达到近2.5万亿美元。就分布来看，主要资金仍然聚集在西欧国家，其中美国在荷兰、英国和卢森堡的投资额分别为6450亿美元、5980亿美元和3840亿美元。同年，其在中东欧地区的投资总额达到290亿美元，仅波兰就占了近一半，数额为140亿美元，其次为捷克和匈牙利，两者合计达到60亿美元，剩余90亿美元分布在其他十几国。[3]

截至2013年年底，波兰有786家美资企业，其中60%是微型公司，每家公司雇佣人数少于9人。在波美资企业的主要经营门类覆盖银行服务业、消费品生产、金属工业、计算机和电子元件生产、汽车及零配件

---

[1] "25 lat polsko-amerykańskich relacji gospodarczych," Raport Amerykańskiej Izby Handlowej w Polsce i KPMG w Polsce, 2014, s. 19, https://biznes.newseria.pl/files/1097841585/raport_amery-kanskiej_izby_handlowej_w_polsce_i_kpmg_w_polsce.pdf.

[2] "25 lat polsko-amerykańskich relacji gospodarczych," Raport Amerykańskiej Izby Handlowej w Polsce i KPMG w Polsce, 2014, s. 12.

[3] "25 lat polsko-amerykańskich relacji gospodarczych," Raport Amerykańskiej Izby Handlowej w Polsce i KPMG w Polsce, 2014, s. 8–19.

制造等行业。这些企业作为波美两国经贸关系的载体，促进了两国之间贸易交流。波兰对美国的出口货物以航空工业产品、电信产品、电线电缆、汽车零配件和家具为主。除此之外，供美深加工的医疗设备、医疗用品和半成品也是波兰出口的主要货物类别。

2011—2014年，对波美经贸合作具有重要影响的事件是"跨大西洋贸易与投资伙伴关系协定"（TTIP）的提出。自2013年以来，美国就与欧盟委员会展开了关于缔结跨大西洋贸易与投资伙伴关系协定的谈判。事实上，早在2011年，关于贸易协定细节的讨论就已经开始了，美欧双边成立了一个专家工作小组，以探索其可能合作的领域。该小组由美国贸易代表和欧盟贸易专员共同管理。最终该小组得出的结论是，美欧双边在TTIP框架下的全面合作是可行的。大致范围主要涵盖三个方面：第一，货物、服务、投资与公共采购的市场准入；第二，监管问题和关税壁垒；第三，原材料、能源、竞争政策、知识产权法和投资保护等方面的国际贸易准则。截至2015年年底，美国和欧盟的代表共进行了11次谈判。①

对波兰而言，TTIP生效意味着其将与欧盟成员国一并成为世界上最大的自由贸易区的有机组成部分，整个欧盟的GDP预计增长1200亿欧元，波兰作为欧盟成员国之一自然也将从中获益。因此，图斯克政府一开始就对该协定持积极态度。波兰政府谈判的最重要前提是取消对美国天然气出口的限制，反对与商业文件内容没有直接关系也不以贸易自由化为目的的知识产权法规，取消因美国和欧盟不同技术法规而产生的非关税壁垒，以及对从事订单服务的雇员实行免签证流动。另外，波兰政府特别关注转基因产品和新鲜农产品在欧洲销售的问题，但是，波兰社会并不接受将这些产品引入市场。关于"种子法"的立法工作激发了社会对种植和使用转基因植物进行粮食生产的影响的讨论。这项法律的制定工作恰逢媒体报道法国卡昂大学的吉勒—埃里克·塞拉里尼教授对老鼠进行研究的结果，表明长期食用转基因玉米是有害的。2012年11—12月，波兰权威民调机构公众舆论中心（CBOS）开展了一项社会研究，旨

---

① *Yearbook of Polish Foreign Policy 2011 – 2015*, Polski Institut Spraw Międzynarodowych, Warszawa, 2020, pp. 160 – 161.

在评估欧盟法规对波兰现有食品安全的影响以及波兰人对种植和使用转基因植物的态度。① 结果显示,波兰人普遍认为(65%)波兰应禁止种植转基因植物(GMOs)。还应强调的是,这一群体中的大多数人(占总数的42%)强烈支持禁止。②

此外,政府希望保护波兰家禽业和化学工业的利益。由于波美谈判各方都是本着首先保护本国利益的前提,因而协议的条款一开始就存在争议。但这些争议并没有改变波兰对美国经贸倡议的支持态度。调查显示,2015 年,波兰对 TTIP 潜力的看法比西欧国家更为乐观。在德国,41%的居民支持该协议,39% 的居民反对该协议;在波兰,这一比例分别为 73% 和 11%,而欧盟对 TTIP 的平均支持率为 58%。③

四 强化与美国在能源领域的务实合作

除以上三个维度之外,能源合作是波美关系的另一个重要议题。长期以来,波兰的能源进口主要来自俄罗斯,从俄进口占比达到波兰进口来源国比重的 2/3 以上。从权力与非对称性相互依赖理论角度来看,波兰对俄罗斯的高度依赖会导致俄罗斯从双边的非对称依赖能源关系中获得更多的权力资源,而这种权力资源一旦使用到政治议题上,将会转化为权力武器,对弱势一方构成一种压迫力。因此,长期以来能源安全(尤其在入欧之后)成为波俄关系的重要关切。波兰政府一直积极寻求能源进口的可替代化方案,以降低对于俄罗斯能源的高度不对称依赖性。基于此,波兰与美国在页岩气合作方面达成了多项协议。

自苏联解体后,俄罗斯一直试图维持其对独立国家联合体(简称

---

① 2012 年 12 月 21 日,布罗尼斯瓦夫·科莫罗夫斯基总统签署了《种子法》,该法对转基因植物种子的销售等相关问题进行了规范。根据欧盟条例(2002 年 6 月 13 日关于农业植物品种通用目录的第2002/53/EC 号指令),任何成员国都不能全面禁止种植转基因植物。2013 年 1 月 2 日,波兰政府发布了两项条例,禁止使用转基因马铃薯品种 Amflora 和 MON 810 玉米的种子,这是欧盟目前唯一允许种植的转基因植物。参见 "polacy o bezpieczeństwie żywności i gmo," CBOS, Warszawa, styczeń 2013, p. 4, https://www.cbos.pl/SPISKOM.POL/2013/K_002_13.PDF。

② "polacy o bezpieczeństwie żywności i gmo," CBOS, Warszawa, styczeń 2013, p. 4, https://www.cbos.pl/SPISKOM.POL/2013/K_002_13.PDF。

③ Andrzej Dąbrowski, "Poland's Policy towards the United States," in *Yearbook of Polish Foreign Policy 2011–2015*, p. 161.

"独联体")国家的影响力。作为苏联加盟共和国之一,乌克兰与俄罗斯联邦有着紧密的联系,这种联系的主要纽带是乌克兰作为俄罗斯天然气输往西欧的主要过境国。过境乌克兰的天然气管道设施是在20世纪50年代末发展起来的,是一个复杂的输气枢纽,曾有90%的天然气经此出口到欧洲市场。过境国的地位给波兰带来了经济上的好处(在21世纪初,估计每年获利金额为5亿美元)。乌克兰天然气系统总长度估计为3.86万千米。欧盟市场每年通过乌克兰获得约140亿立方米的天然气。原材料运往波兰、德国、斯洛伐克、捷克、奥地利、意大利、罗马尼亚、瑞士、希腊、北马其顿、摩尔多瓦和保加利亚。此外,乌克兰有13个地下储气设施,总容量为3195亿立方米。石油管道从俄罗斯边境沿第聂伯河穿过该国到敖德萨,那里的石油码头和布罗迪镇之间有另一条石油连接线。石油出口的主要路线是德鲁日巴输油管,这是2015年之间向乌克兰供应这种原料的唯一输油管。[1]

在购买俄罗斯石油最多的国家中,波兰排名第二,仅次于德国。即使其进口量维持在每年2000万吨的水平,也不会改变波兰对于俄罗斯能源的高度非对称相互依赖关系。虽然天然气仅仅是一种资源,但在波俄以及欧俄关系的复杂性中却具有独特的地缘政治意义,可以视作一种战略性资源。[2]

2011年奥巴马访问波兰时,图斯克与奥巴马就能源合作进行过对话。图斯克表示,过去几年来美国在页岩气开采技术领域已经成为领先者,波兰对强化同美国在能源(包括天然气和核能开发等)方面的合作意愿强烈。奥巴马大力赞扬了波兰在经济领域取得的瞩目成就,表示将在本年度组织一次波兰和美国公共和私营部门领导人的经济发展圆桌会议。[3]双方领导人重申了应对全球气候变化的重要性,都认为这对波美的能源

---

[1] M. Ruszel, "Znaczenie ukraińskich gazociągów tranzytowych w kontekście bezpieczeństwa energetycznego Europy," Energetyka w czasach politycznej niestabilności, red. nauk. P. Kwiatkowicz, R. Szczerbowski, Fundacja na rzecz Czystej Energii, Poznań, 2015, s. 584 – 585.

[2] Magdalena Miś, "Bezpieczeństwo energetyczne Polski w obliczu konfliktu na Ukrainie, in Bezpieczeństwo energetyczne Polski i Europy," Rzeszów: Instytut Polityki Energycznejim, 2019, s. 10 – 20.

[3] "Barack Obama: Polska jest jednym z najbliższych sojuszników Ameryki," 28 maja 2011, https://www.premier.gov.pl/wydarzenia/aktualnosci/barack-obama-polska-jest-jednym-z-najblizszych-sojusznikow-ameryki.html.

安全至关重要。同时双方达成一致，愿意在私营部门之间加强合作，以发展非常规能源，包括页岩气，风能和生物质能等可再生能源，清洁煤技术以及波兰的民用核电能力。奥巴马还表示，波兰担任欧盟轮值主席国为加强跨大西洋能源对话与合作以及在欧盟—美国能源理事会的框架下强化能源合作创造了一个绝好机会。具体合作领域聚焦在以下几个方面：

第一，加强能源安全、出口、投资和研发。美波战略对话和双边会议建立了欧洲能源安全的共同方针，并补充了在美欧能源理事会框架内开展的能源安全合作。美波经济贸易对话（ECD）促进了双边贸易和投资，包括能源领域的贸易和投资。2011年5月在华沙举行的能源圆桌会议试图加强能源行业的商业活动，包括在页岩气、清洁煤技术、能源效率、可再生能源和核电方面。

第二，促进波兰页岩气的可持续、高效和环境安全的发展。波兰一如既往地支持美国在全球页岩气开发领域的领导者地位，2011年波兰页岩气监管机构通过美国政府支持的项目访问了美国。美国驻华沙大使馆和波兰外交部于2010年4月和2011年5月在华沙共同主办了页岩气会议。

第三，支持波兰发展安全可靠的核工业。2010年7月，双方签署《关于核能部门工业和商业合作的联合声明》，在波兰建设民用核能力的过程中促进了民用核合作。2010年9月，《核管制委员会与波兰国家原子能机构技术交流安排》确认了双方对核安全和信息共享的共同承诺。美国和波兰参加了《国际核能合作框架》（IFNEC）。国际核能合作框架是一个致力于和平利用核能的论坛，它是高效的，符合安全、安保和不扩散地利用核能的最高标准。[①]

克里米亚危机之后，波兰发布的国家安全白皮书列出了加强能源安全的行动，包括内部和外部因素。内部因素包括：有助于维持供应的可靠性和确定性的行动；满足环保要求；国内燃料平衡的多样化和平衡；

---

① "Fact Sheet: U. S. -Poland Cooperation on Clean Energy," The White House Office of the Press Secretary, May 28, 2011, https: //obamawhitehouse. archives. gov/the-press-office/2011/05/28/fact-sheet-us-poland-cooperation-clean-energy.

原材料供应来源和方向的多样化；确保供应的连续性，保证终端用户的安全；制定符合省和国家计划的市镇供电、供气、供热和供水计划；能源部门的经济竞争力。外部因素强调了欧俄关系变化所带来的地缘政治波动，欧盟能源和气候政策对波兰的约束，以及俄罗斯和其他掌握大量能源资源的国家能源政策的变化性。①

2014年，奥巴马再次访问了波兰，并对波兰总理图斯克提出的强化波美能源合作作出了回应。奥巴马直言此访波兰的主要议程之一就是能源问题。他对图斯克所主张的加强欧洲能源安全的必要性提议表示赞成，并与波兰在乌克兰能源问题上达成了一致看法，即乌克兰必须采取有效措施对其能源部门进行改革，以促使能源朝着多元化方向发展。同时，奥巴马还赞扬了波兰正在其国内沿波罗的海地区投资的液化天然气接收终端项目，因为这将为美国的液化天然气进入欧洲打开一扇新的机遇之门。②

第三节 对欧政策：从积极参与者到倡议发起者

图斯克政府对波兰在欧盟的总体目标的设定是，在欧盟框架内创建一个强大的波兰，并在经济和政治方面深度融入欧洲一体化的进程之中。在明确宣布波兰希望加入欧元区的意愿的同时，该届政府还指出了波兰融入一体化进程中三个重要着力点：竞争力、团结性和开放度。③ "一个强大的政治联盟中的强大波兰"是图斯克政府在政治层面的口号。为此，一个高效的和建设性的合作伙伴的形象成为该届政府对欧政策的主要定位。④

---

① "Biała Księga Bezpieczeństwa Narodowego Rzeczypospolitej Polskiej," Biuro Bezpieczeństwa Narodowego, Warszawa, 2013, s. 185 – 186.
② "Remarks Following a Meeting With Prime Minister Donald Tusk of Poland in Warsaw," June 3, 2014, https：//www.presidency.ucsb.edu/documents/remarks-following-meeting-with-prime-minister-donald-tusk-poland-warsaw-poland.
③ "Priorities of Polish Foreign Policy 2012 – 2016," in Yearbook of Polish Foreign Policy 2011 – 2015, Polski Institut Spraw Międzynarodowych, Warszawa, 2020, p. 132.
④ "Government Information on Polish Foreign Policy in 2011," in Yearbook of Polish Foreign Policy 2011 – 2015, Polski Institut Spraw Międzynarodowych, Warszawa, 2020, p. 132.

一　担任欧盟理事会轮值主席国

欧盟理事会主席国负责运行欧盟理事会，在欧盟的成员国之间轮任，每六个月为一任。主席国任期内由一国政府承担工作，负责推动部长会议的政策议题，并主持除了外交事务外的九大领域理事会。而为了确保欧盟政策的延续性与稳定性，每三个轮值主席国会组成一个三重组合（Presidency Trio），共同制定这 18 个月的政策方向。截至 2011 年，欧盟共有 27 个成员国这就意味着每一个国家担任一次轮值主席国的周期是 13 年半，对于入欧不久的波兰而言，轮值主席国角色将助力波兰提升其在欧盟内部的地位。

单就图斯克政府第二任期的对欧政策而言，2011 年 7—12 月，担任轮值主席国是波兰在欧工作的重中之重。与此同时，与波兰构成三重组合的另外两个国家是丹麦和塞浦路斯。其中，丹麦和塞浦路斯将于 2012 年上半年和下半年分别担任轮值主席国一职。

波兰在担任主席国期间确立了三个优先事项：第一，将促进经济增长作为对抗经济危机、食物、能源和军事安全的支柱。第二，欧盟对外开放的外部维度建立在与东欧和地中海邻国更深层次的合作基础之上。第三，推动与第三国的贸易自由化谈判，支持与克罗地亚入欧协定的签署，给予塞尔维亚正式候选国的地位，并对土耳其开放谈判。以上政策优先方向的确立受到了波兰"大国雄心"的驱动。[①] 正如瑞典新闻社 TT 写道，波兰希望借助担任轮值主席国这一契机将其塑造成一个必须被重视的欧盟大国。TT 机构引述波兰总理办公室副国务秘书阿达姆·亚塞尔（Adam Jasser）的话说："波兰打算在欧盟担任六个月的轮值主席国期间成为一名诚实、中立的谈判者。"图斯克旨在改变卡钦斯基兄弟统治期间波兰在欧盟的负面形象。原因是前任政府被称为欧洲怀疑论者和不可预测的伙伴，成为欧盟中的麻烦制造者，破坏了欧盟的团结性。TT 还强调，"在担任欧盟理事会轮值主席国期间，现实条件的制约极大地限制了推行自己政策的可能性。一个明显的问题在于欧元危机的持续发酵，而波兰

---

① Donald Tusk, "Zainwestujmy w Europę," Gazeta Wyborcza, July 1, 2011, https://wyborcza.pl/1, 75398, 9874109, Zainwestujmy_w_Europe.html.

作为非欧元区国家在这一危机的处理上尤为力不从心"①。

波兰在担任轮值主席国期间达成的主要成就体现在以下三个方面。

首先,在经济增长方面,在波兰的推动下欧盟于 2011 年 12 月通过了"六包"(Six Pack)政策,即一揽子六项法规和指令,此举加强了欧元区经济政策的协调。此外,在担任主席国之前,波兰还设法将《竞争力公约》(Competitiveness Pact)扩大到欧元区以外的《欧洲附加公约》(Euro-Plus Pact)。

其次,在安全领域,实现部分优先事项。作为欧盟国防政策的一部分,在波兰推动下签署了关于建立魏玛战斗部队(Weimar Battle Group)的技术协议。之后,担任轮值主席国的波兰在德国和法国以及欧盟外交与安全政策高级代表凯瑟琳·阿什顿的支持下,决心于 2011 年 12 月在外交事务理事会上就共同安全与防务政策问题达成妥协;欧盟理事会通过了关于加强欧盟能源政策外部维度的结论,确定了能源安全方面的行动方向,这成为波兰担任轮值主席国的又一项成就;这项成就在推动欧盟成员国集体授权欧盟委员会以同一个声音与阿塞拜疆和土库曼斯坦开展能源谈判的议题上发挥了重要作用。这项成就的达成提高了欧盟整体在能源安全领域的议价地位,对成员国摆脱对俄罗斯能源的单一性依赖具有重要意义。②

最后,在对外开放领域,推动欧盟邻国政策改革是波兰担任轮值主席国的又一目标,旨在加强东部和欧洲—地中海伙伴关系。2011 年,第二届欧盟东部伙伴关系峰会在华沙举行,会议期间批准了欧盟与乌克兰的自由贸易协定(Free Trade Agreement with Ukraine,DCFTA)文本。在担任轮值主席国期间,波兰还提议成立了欧洲民主基金会(European Endowment for Democracy,EED)③,并将建立欧洲民主基金会视作波兰担任

---

① "Co chce pokazać Polska podczas swojej prezydencji?" Wiadomości, 30 czerwca 2011 r., https://wiadomosci.wp.pl/co-chce-pokazac-polska-podczas-swojej-prezydencji-6039142590026881a.

② *Yearbook of Polish Foreign Policy 2011 – 2015*, Polski Institut Spraw Międzynarodowych, Warszawa, 2020, pp. 134 – 135.

③ 该基金将支持社会组织、年轻的亲民主领导人、记者、博客作者、非政府机构。它的运作速度要比其他欧盟机构快,因为在该基金下提交的项目将在所谓的开放财政周期内不断得到审议。参见"Polski pomysł-Europejski Fundusz na rzecz Demokracji," Gazeta Wyborcza, 27 maja 2013, https://wyborcza.pl/1,75399,13990082,Polski_pomysl___Europejski_Fundusz_na_rzecz_Demokracji.html。

欧盟轮值主席国的旗舰项目。①

东部和南部地区是欧盟邻国政策的两个关键地区，欧洲民主基金会的成立为欧盟发展与巩固以上地区的邻国政策，支持和推动相关邻国的民主化进程提供了一个有效工具。波兰在开放领域的其他成就还包括：改革欧盟波罗的海地区战略并且在实施扩大战略方面取得了 22 项进展，包括与克罗地亚签署了入欧条约，与冰岛完成了 6 个谈判章节，以及制定了第八届世贸组织会议的方案。

除了达成了诸多成就之外，波兰在担任轮值主席国期间也遭遇不少挫折。比如，在东部伙伴关系峰会期间未能签署与乌克兰的联合国协定，以及未能就对白俄罗斯的共同立场达成一致。另外，在吸收保加利亚和罗马尼亚进入申根区，助推塞尔维亚获得欧盟正式候选国地位等方面都未能成功。

总体而言，欧盟成员国和主要领导人对波兰担任轮值主席国期间的表现给予了积极评价。正如西科尔斯基在 2012 年的年度外交述职报告中提到的那样，已有多个国外媒体对波兰的轮值主席国业绩表示赞许，当然，最重要的肯定还是来自欧盟官方层面的认可与褒奖，波兰以其良好的沟通力、领导力和合作精神获得了欧盟委员会的高度认可。时任欧盟委员会主席若泽·曼努埃尔·巴罗佐（Jose Manuel Barroso）赞赏波兰将国家利益和欧盟利益结合起来，为欧元区内部的改革谈判作出了贡献。②他在接受波兰 TVP 广播电视台采访时还表示，当他在欧洲议会上见到唐纳德·图斯克总理时，想由衷地表达："感谢唐纳德的巨大贡献。"因为，在巴罗佐看来，捍卫国家利益的最佳方法是通过欧盟内部的紧密合作。在 21 世纪的全球化时代，一个强大的欧盟反过来也有益于捍卫波兰、法国、德国和葡萄牙等成员国的利益。此外，巴罗佐还回应了波兰反对党法律与公正党所散布的欧盟威胁国家主权的言论，他指出："法律与公正党领导人雅罗斯瓦夫·卡钦斯基等政客担心加入欧元区后会丧失国家主

---

① Sikorski, Radosław. "Fostering Europe's Infant Democracies," *Europe's World*, 2011, pp. 50 – 53.

② "Barroso—It Was a Great Polish EU Presidency," Radio Poland, December 15, 2011, http://archiwum.radiozagranica.pl/1/10/Artykul/80532, Barroso-%E2%80%93-it-was-a-great-Polish-EU-presidency.

权的担忧是完全错误的。因为,当今的主权与 19 世纪的主权概念存在明显的差别"①。

欧洲议会社会民主党领袖马丁·舒尔茨（Martin Schulz）称该届轮值主席国是"近年来最好的一届"。尤其是在经济方面,欧洲经济危机的发生成为波兰担任轮值主席国期间的政策议程和主要挑战,也是波兰取得成就的主要领域。主要体现在以下三个方面：其一,在欧盟成员国经济发展差距悬殊的背景下,波兰在推动欧盟 2012 年预算方案的通过中展现出娴熟的领导力和斡旋能力；其二,与克罗地亚达成了入盟条约；其三,在涉及欧债危机的谈判准备中表现突出。②

第一个问题：欧元区如何陷入当前的困境？在西科尔斯基看来,欧债危机的根源不是因为欧盟扩大,相反,欧盟扩大创造了更多的财富和就业岗位。因此,这场危机的根源不仅与债务有关,而且最重要的是投资者与信誉有关。③ 第二个问题：我们要去哪里？西科尔斯基尖锐地指出："欧元区危机是欧洲无能为力的一种的表现,因为其创建者创建了一个可以被其任何成员国终结的制度,为此,欧盟和世界其他国家将为此付出惊人的代价。"④ 原因是一旦欧元区崩溃,作为欧盟基石的单一市场也将面临生存危机。如果不寻求部分解散欧盟的话,那么将有两条路摆在欧盟面前：要么走向更深层次的一体化,要么走向解体。他还呼吁："拯救欧元区迫在眉睫。在作出这一努力时,重要的是我们必须维护欧洲作为尊重其成员国自治的民主国家。这项新的欧洲协议将必须在责任、

---

① "Barroso—It Was a Great Polish EU Presidency," Radio Poland, December 15, 2011, http://archiwum. radiozagranica. pl/1/10/Artykul/80532, Barroso-% E2% 80% 93-it-was-a-great-Polish-EU-presidency.

② Heinrich-Böll-Stiftung, "Polish Presidency Without Equality-European Integration," https://eu. boell. org/en/2013/12/03/polish-presidency-without-equality-european-integration.

③ "Polska a przyszłość Unii Europejskiej?" Minister Sikorskis Berlin Speech, November 28, 2011, https://www. tokfm. pl/Tokfm/1, 103086, 10726365, _Polska_a_przyszlosc_Unii_Europejskiej___PRZEMOWIENIE. html.

④ "Polska a przyszłość Unii Europejskiej?" Minister Sikorskis Berlin Speech, November 28, 2011, https://www. tokfm. pl/Tokfm/1, 103086, 10726365, _Polska_a_przyszlosc_Unii_Europejskiej___PRZEMOWIENIE. html.

团结和民主之间找到平衡,这是我们政治联盟的基石。"① 第三个问题涉及欧盟如何统一行动,走出债务阴霾。在轮值主席国波兰的倡导下,与会各国经过一番谈判达成了一揽子协议,从而明确了在欧盟框架下各成员国财务的透明度和纪律性。比如,在涉及监督各国的财政预算方面,只允许遵守宏观财政规则的成员获得救助资金,制裁将自动进行,欧盟委员会、理事会和法院将有权执行3%的赤字和60%的债务上限。被欧盟委员会启动过度赤字程序的国家将不得不将其国家预算提交欧盟委员会批准。欧盟委员会将有权干预不能履行其义务的国家的政策。持续违反规则的国家将被禁止投票。为此,波兰主张强化欧盟委员会的经济监督权力。

除以上之外,波兰在担任轮值主席国期间还试图影响欧盟的对外政策,轮值主席国这一身份恰好为波兰创造了一个难逢的契机。借助这一身份,波兰积极参与并塑造欧盟的政策议程,进而提升波兰在欧洲乃至世界舞台上的影响力和国际声誉,是该届政府欧洲政策的主要目标。正如一位欧洲评论家所言:"波兰是就任欧盟理事会轮值主席国的第四个新成员国②。虽然老成员国已习惯于2004年加入欧盟的新成员国提出的各种关切和优先事项,但波兰在担任这一职位期间提出的各项倡议更加雄心勃勃。"③

二 依托"魏玛三角"靠近权力中心

"魏玛三角"机制的核心在于波德关系。原因是在构成魏玛三角的波、德、法三角关系中,波法关系从拿破仑时期至今一直保持着友好关系,历史上的波法同盟一度共同抵抗过大国侵略。自苏联解体之后,波德两个国家和民族之间逐步实现了民族和解,德国总理勃兰特(Willy

---

① "Polska a przyszłość Unii Europejskiej?" Minister Sikorskis Berlin Speech, November 28, 2011, https://www.tokfm.pl/Tokfm/1,103086,10726365,_Polska_a_przyszlosc_Unii_Europejskiej___PRZEMOWIENIE.html.

② 前三个分别是斯洛文尼亚(2008年)、捷克共和国(2009年)和匈牙利(2011年上半年)。参见 T. Vogel, "Looking in the Wrong Direction," European Voice, June 29, 2011, https://www.politico.eu/article/looking-in-the-wrong-direction/。

③ T. Vogel, "Looking in the Wrong Direction," European Voice, June 29, 2011, https://www.politico.eu/article/looking-in-the-wrong-direction/.

Brandt）在波兰犹太人纪念碑前的历史性一跪得到波兰官方以及民间的广泛称赞和认可，对于波德两国关系正常化产生了不可磨灭的影响力。但是，在图斯克政府之前的右翼民族主义政党——法律与公正党执政期间（2005—2007），该党在对外政策上格外重视历史问题，对德国在欧盟不断增强的影响力秉持怀疑态度，致使"魏玛三角"领导人会晤机制一度中止。

2007年，波兰中间偏右政党公民纲领党赢得议会大选，并与波兰人民党组成联合政府。该党主席图斯克就任波兰总理，随后提名西科尔斯基为外长。根据官方文献，西科尔斯基于2011年在下议会发表的外交政策报告中，强调了与伙伴国家，尤其是周边邻国保持稳定友好关系的重要性。在谈及德国时，西科尔斯基指出：波兰与德国具有广泛的共同利益和民主价值观。德国正在通过协商机制对欧洲产生影响。相反，如果德国仍然是一个专制国家，并且以20世纪上半叶的方式领导欧洲，那将是更糟糕的结果。虽然，波兰和德国在地理位置和国家实力方面存在差异，但两者在推进欧盟东部和南部国家的民主化转型事务上观念相似。事实上，对波兰而言，靠近德国也就无限接近了欧盟权力中心。与德国的密切合作将为波兰进入欧盟决策层创造条件。从经贸关系来看，德国不仅是波兰最大的经济伙伴，并且两国贸易水平一直在增长：2010年波兰对德国的出口额达到310亿欧元，比经济危机前的2007年多出50亿欧元。波德双边贸易额甚至超过了德俄两国的贸易额。至于图斯克时期的波法关系，两国一直保持着紧密的政治和经济合作关系，法国也是波兰主要的外国投资者之一。

波兰在过去20余年里成功地从一党统治过渡到了多党选举制，从计划经济转轨到了日趋繁荣的市场经济。其在政治和经济方面取得的巨大成功离不开美国、英国和法国等西方盟友的大力支持。波兰外长西科尔斯基认为对波兰经济最重要的国家是德国，原因是过去20余年里波兰经济的高速发展从波德经贸关系中受益最大，波兰还得到了德国的慷慨援助和支持。自2010年以来，波兰已被列入人类发展指数中的高度发达国家。2007—2011年，波兰在全球竞争力指数中排名上升了十位。并且，波兰在腐败感知指数上的排名提高了20位，领先于一些欧元区成员国。波兰的GDP累计增长了15.4%。增长率排在第二位的国家是斯洛伐克，数值为8%。与此形成鲜明对比的欧盟平均值则为负0.4%。①

图斯克政府对于"魏玛三角"合作的看法在2011年西科尔斯基外长的柏林演讲中得以体现。"作为波兰外长，我认为对今天的欧洲安全与繁荣构成最大威胁的不是恐怖主义，不是塔利班，当然也不是德国坦克，甚至不是梅德韦杰夫总统曾威胁要放置在欧盟边界上的俄罗斯导弹，而是欧元区的崩溃。"在行将结束演讲之时，西科尔斯基直言不讳地指出："我对德国不作为的担忧要胜过对德国权力的担忧。"② 此番言论也可看出，波兰对于德国在欧盟中经济领导权的肯定，表达了对德国领导欧盟经济改革的期待，也体现了波兰对深化欧洲一体化改革的坚定立场。

如果说2011年之前"魏玛三角"合作尚未实现真正意义上的重启的话，那么2011年可以被视为一个分水岭。原因是2011年之前的波兰政局，担任总统一职的莱赫·卡钦斯基与总理图斯克在外交政策上分歧频出，制约了图斯克政府的外交政策的实际效力。其中，双方在对欧（对德）政策取向上就有分歧，卡钦斯基是疑欧派，而图斯克秉持积极的融欧主义。因此，在图斯克第二任期（2010年年底起），波兰才从真正意义上实现了在国家元首和政府首脑层面重启了"魏玛三角"合作，三国协商的政策议题主要聚焦在欧盟与俄罗斯和其他东欧国家的关系上。③

三 积极推动欧盟军事能力建设

（一）欧洲集体安全建设的历史背景

苏联解体在后苏联地区造成了一个安全真空，俄罗斯试图通过采取一系列手段来填补这一真空。早在20世纪90年代，欧盟就积极推动欧洲安全与合作组织（OSCE）成为欧洲地区冲突管理的主要组织，并将俄罗斯纳入其中。

---

① "Polska a przyszłość Unii Europejskiej?" Minister Sikorskis Berlin Speech, November 28, 2011, https：//www. tokfm. pl/Tokfm/1，103086，10726365，_Polska_a_przyszlosc_Unii_Europejskiej__PRZEMOWIENIE. html.

② "Polska a przyszłość Unii Europejskiej?" Minister Sikorskis Berlin Speech, November 28, 2011, https：//www. tokfm. pl/Tokfm/1，103086，10726365，_Polska_a_przyszlosc_Unii_Europejskiej__PRZEMOWIENIE. html.

③ "Government Information on Polish Foreign Policy in 2011," in *Yearbook of Polish Foreign Policy 2011 - 2015*, Polski Institut Spraw Międzynarodowych, Warszawa, 2020, pp. 18 - 19.

欧安组织采取了全面的安全方针，涵盖政治、军事、经济、环境等多个方面。该组织致力于解决与安全有关的广泛问题，包括军备控制、建立信任和安全措施、人权、少数民族、民主化、维持治安战略和反恐，以及经济和环境活动。所有57个参与国享有同等地位。[①] 这一组织的起源可以追溯到1970年年初美苏对抗缓和阶段成立的欧洲安全与合作会议（简称"欧安会"），欧安会起初作为东西方之间对话和谈判的多边论坛。

在赫尔辛基和日内瓦举行了两年多的会议后，欧安会就《赫尔辛基最后文件》达成协议，并于1975年8月1日签署。这份文件包含了一些关于政治、军事、经济、环境和人权问题的重要承诺，这些承诺成为所谓"赫尔辛基进程"的核心。它还确立了十项基本原则，规范了各国对其国内公民以及相互间关系的行为。在1990年之前，欧安会主要以举办会议形式发挥作用，这些会议以参与国的承诺为基础，同时定期审查承诺的执行情况。随着冷战的结束，国际安全形势发生了巨大变化，欧安会的开展形式和主要功能也随之作出调整。1990年11月的巴黎首脑会议使欧安会走上新的道路。《新欧洲巴黎宪章》呼吁欧安会在管理欧洲正在发生的历史性变革和应对冷战后的新挑战方面发挥作用，直接推动了欧安会常设机构的成立。根据1994年12月布达佩斯国家元首或政府首脑会议的一项决定，欧安会的名称由欧安会改为欧洲安全与合作组织。

自《里斯本条约》以来，欧盟在外交和安全政策方面的作用显著增强。欧洲对外行动署被认为是欧盟新生的"外交部"，其主要任务是代表欧盟和成员国管理和协调欧洲的外交和安全政策。欧洲安全与合作组织在此阶段不仅致力于确保欧洲"全面安全"的愿景实现，其覆盖范围也扩大到了温哥华和海参崴。因此，从形式上看，欧盟和欧安组织是促进欧洲安全统一愿景的天然合作伙伴，是欧洲安全架构的一部分。

值得展开讨论的是，欧洲安全架构（European Security Architecture）由欧洲四大安全组织组成：联合国、北约、欧盟和欧安组织。联合国安全理事会的授权使北约的安全行动合法化。通过纳入西欧联盟的资产和继续发展共同外交和安全政策，欧盟的安全政策得到了加强。欧安组织

[①] "Who We Are," Organization for Security and Co-operation in Europe, https://www.osce.org/whatistheosce.

则接受了包括经济和人权在内的全面安全概念。①

北约作为冷战时期西方国家最重要的安全组织，对于保障欧洲安全发挥了不可替代的作用。有学者使用了一个很有意思的比喻，即北约就是"把美国人关在里面，把德国人关在下面，把俄国人关在外面。"②就硬安全而言，北约是欧洲安全的基石。事实上，它以一种很少有人能预见到的方式实现了自己的目标：它成功地赢得了冷战，却没有向苏联或华约盟友开一枪。

但北约并不是一个政治组织，因为它并不制定统一的外交政策。这从反面说明欧洲需要有一个可以协调统一立场的安全组织。尤其是随着北约欧洲成员国与美国在国防开支方面分歧不断扩大。比如，在奥巴马政府执政初期，美国国防部部长罗伯特·盖茨（Robert Gates）抨击北约联盟的欧洲成员过于依赖美国的国防开支，并警告说，由于军费开支分担不足，北约有可能会崩溃。③另外，北约内部在出兵干涉其他国家或地区的安全行动上也出现过不同声音。例如，2003年美国发动的伊拉克战争直接绕开了联合国的合法性授权，对此北约内部出现了重大分歧。除了英国和来自中东欧地区的波兰、捷克等小国支持外，德国和法国都持反对立场。

20世纪90年代初，欧安会也曾是一个充满期待和希望的组织。冷战已经结束，欧洲国家领导人突然面临着应对这一变化的任务。人们认为欧安会比北约更能应对这些变化，因为北约和华约等机构的目的是防止超级大国之间的战争，而不是像欧安会那样促进对话。欧洲国家领导人期望塑造欧安会，以更好地应对"从温哥华到海参崴"地区所面临的挑战，最主要的是希望将各种机制制度化，以应对刚刚开始的波黑和克罗地亚的冲突。到1994年，欧安会发生了根本性转变，将其名称中的"会

---

① Michael W. Mosser, "The EU and the OSCE: Partners or Rivals in the European Security Architecture?" European Union Studies Association (EUSA), March 2015, http://aei.pitt.edu/79442/1/Mosser.pdf.

② Nye Joseph S., "The Paradox of American Power," in Michael W. Mosser, *The EU and the OSCE: Partners or Rivals in the European Security Architecture*? European Union Studies Association (EUSA), March 2015, http://aei.pitt.edu/79442/1/Mosser.pdf.

③ Michael W. Mosser, "The EU and the OSCE: Partners or Rivals in the European Security Architecture?" European Union Studies Association (EUSA), March 2015, http://aei.pitt.edu/79442/1/Mosser.pdf.

议"改为"组织",并大幅增加了其下属机构的存在。该组织还开始强调其"全面安全"的愿景,以区别于之前的其他安全模式。[1]

然而,在冷战结束后不久,转型后的北约取代了欧安组织的地位(在1995年至1999年的南斯拉夫冲突期间更是如此),欧安组织在维持和平和实际武装冲突等"硬"安全任务中日益被边缘化,逐渐淡出了欧洲安全架构。欧安组织面临着一个难题:它是一个冲突后的民间社会建设组织,还是一个冲突前的边境监测组织,或是两者兼而有之,再加上人权和经济安全的角度,这些问题不仅反映了欧安组织的身份危机,也反映了欧洲安全架构本身不断变化的性质。

(二)波兰在推动欧盟集体防务中扮演的角色

2011年对于图斯克的第二任期而言无比重要,它既是波兰首次担任欧盟理事会轮值主席国的重要时刻,也是波兰统治精英在对外政策取得一致共识的新开端。2010年,与图斯克政府外交政策分歧不断的反对派总统莱赫·卡钦斯基在空难中去世,与图斯克来自同一党派的科莫罗夫斯基在2010年7月5日当选新一届波兰总统。科莫罗夫斯基与图斯克在外交理念上持一致态度,他的当选标志着波兰外交分歧的结束。这为波兰进一步增强与德法的战略合作关系创造了更大的外交空间和可能性。除此之外,还有两个外部因素也是图斯克政府积极支持与推动欧盟防务一体化建设的主要动因。一是奥巴马政府提出了转向亚太的新的战略部署,对欧洲安全的重视程度呈下降趋势,这加剧了波兰的不安全感,以及图斯克政府对于波美军事同盟关系可靠性的怀疑。二是由于2008年国际金融危机导致大多数欧洲国家经济遭受重挫,迫使欧洲的北约成员国倾向于削减军费开支,减轻财政压力。从以下数据便可窥见一二:2011年,欧洲北约成员国的国防开支比2009年减少了200多亿美元,2013年再度缩减400多亿美元。统计下来,北约军费开支在四年内下降了12%,削减军费直接导致多种武器系统退役,武装部队裁员,推迟购买新武器,减少军事演习的频次。

事实上,波兰对于欧盟权力的不断扩大,尤其是在共同外交和安全

---

[1] Michael W. Mosser, "The EU and the OSCE: Partners or Rivals in the European Security Architecture?" European Union Studies Association (EUSA), March 2015, http://aei.pitt.edu/79442/1/Mosser.pdf.

政策领域有着矛盾的心理。波兰一方面对欧盟内合作不断强化的防务一体化持有疑虑，既担心德国军事力量的膨胀，也担心欧盟高度的防务一体化会与北约形成竞争关系，进而导致北约集体防御保证遭到弱化，毕竟相较于西欧盟国而言，波兰才是北约的前沿阵线国家。在另一方面，欧盟共同安全与防务政策（CSDP）作为欧盟共同外交与安全政策的一个重要部分，对欧盟的政治一体化进程具有里程碑式的重要作用。因此，波兰希望通过参与欧盟共同安全与防务政策在欧洲乃至非洲地区开展军事行动和民事任务，以及与欧盟成员国联合发展军事能力，以此来提升和加强其在欧盟内部的政治地位。

在具体行动方面，2011 年，波兰加入到包含德国和法国在内的小集团之中，积极呼吁并主张对欧盟共同安全与防务政策进行改革。虽然这个倡议并未取得成功，但波兰转而回到了实用主义的务实政策上，开始专注于塑造欧盟的倡议，以便能够强化欧洲的整体军事能力。因而在2011 年下半年，波兰充分利用担任欧盟理事会轮值主席国的职位，倡导在欧盟框架下建立一个永久性的欧盟军事行动指挥部，以此来加强欧盟共同安全与防务政策的实际效力，此举令欧盟成员国倍感惊讶。[1] 事实上，在波兰发出这个倡议之前，德国、法国和波兰外长及国防部部长在2010 年 12 月 6 日致信欧盟外交和安全政策高级代表凯瑟琳·阿什顿（Catherine Margaret Ashton）时就已经提出过这一倡议。这三个国家后来在意大利和西班牙的支持下，宣布了加强欧盟军事能力的强烈意愿。然而，这一倡议在欧盟内部的公开辩论中遭到英国的强烈反对，英国还严厉批评了任何希冀强化欧盟共同安全与防务政策结构的倡议。英国的坚决反对态度最终导致了该倡议的流产。[2] 其中，英国外长威廉·海格（William Hague）指出，"魏玛三角"国家和欧盟外交与安全政策高级代表阿什顿所提出的倡议将导致参加欧洲军事行动的英军受到他者的"指

---

[1] *Yearbook of Polish Foreign Policy 2011 -2015*, Polski Institut Spraw Międzynarodowych, Warszawa, 2020, pp. 116 -117.

[2] "Britain Blocks EU Plans for 'Operational Military Headquarters'," The Telegraph, July 18, 2011, https://www.telegraph.co.uk/news/worldnews/europe/eu/8645749/Britain-blocks-EU-plans-for-operational-military-headquarters.html?source=post_page.

挥和控制"。他还警告,任何提及欧盟军事总部的行为都会引发否决权。①

2011年9月,波兰再次致信阿什顿,与上次不同的是,波兰在"魏玛三角"的基础上提出了"魏玛+"机制("Weimar Plus" Format)的概念,即将欧洲大陆另外两个大国意大利和西班牙拉入阵营中,得到了以上两国的支持,从而再次呼吁建立欧盟军事总部。此外,信中还提议,就是否在欧盟内启动《里斯本条约》的安全和防御领域的永久结构性合作机制展开辩论。然而,这一提议依然没有得到广泛的积极回应,最主要的绊脚石仍然来自英国。由此可见,欧盟内部在外交与防务安全方面的深化合作上存在严重分歧。

然而,英国对波兰提案的反对暴露出了一个更深层次的问题,即欧盟对CSDP的未来缺乏共识。早在关于《里斯本条约》对这一政策影响的辩论中,欧盟成员国就已经清楚地认识到,它们并不希望深化防务一体化,特别是通过启动一个高级合作机制,要求它们做出具有约束力的承诺,而PESCO恰恰就是为了这个目的。出于同样的原因,在2012年2月慕尼黑安全会议上,波兰布罗尼斯瓦夫·科莫罗夫斯基（Bronislaw Komorowski）总统提出关于制定新的安全战略作为全面改革欧盟共同安全与防御政策的第一步的建议,但没有得到欧盟机构或联盟主要国家的明确回应。② 这种状况使波兰开始改变对于欧盟共同安全与防御政策的态度,转而采取更加灵活多样的多边和双边合作加强防御,比如在"魏玛+"机制下的多边防御合作。

关于欧盟共同安全与防务政策中的另一个重要事项是推动欧盟国防装备市场的自由化。这一度被欧盟作为强化共同安全与防务政策的一个关键目标。然而,欧盟内部在这一议题上再度出现了分歧,以波兰为代表的弱势国家军事工业的发展水平与西欧几个大国差距悬殊,尤其是英国、法国、德国、意大利和西班牙作为欧盟最大的武器生产国将在国防

---

① "Britain Blocks EU Plans for 'Operational Military Headquarters'," The Telegraph, July 18, 2011, https://www.telegraph.co.uk/news/worldnews/europe/eu/8645749/Britain-blocks-EU-plans-for-operational-military-headquarters.html? source = post_page.

② "President Komorowski Calls for New Security Strategy for EU," February 4, 2012, https://www.prezydent.pl/en/president-komorowski/news/art, 262, president-komorowski-calls-for-new-security-strategy-for-eu.html.

装备市场自由化方面受益最大,因此,一旦引入自由竞争,导致的直接结果就是那些没有竞争力的国防装备公司将被迫改变经营状况,或者被外国装备公司兼并。以上规划旨在整合欧盟内部整个国防装备工业,提升欧盟与美国相比之下的整体竞争力。但是,对波兰这样的国家而言,如此一来意味着波兰国防工业的逐步衰落或被西欧国家公司接管。最终,波兰对此作出了评估,认为欧盟的国防工业政策基于不惜一切代价实现市场自由化的逻辑,是不可接受的。①

波兰之所以难以实质性推动欧盟防务一体化进程的根本原因在于,美国和西欧对俄罗斯的威胁认知与波兰的威胁认知存在巨大分歧。西欧更关注的是不对称和非军事威胁、大规模杀伤性武器的扩散,尤其是伊朗核计划,以及国际恐怖主义和网络安全。尤其像英国这样独守一隅且与俄罗斯相距甚远的西欧国家。对于欧盟中的主要大国而言,俄罗斯被视为一个不确定性存在但却具有战略意义的伙伴,与俄开展对话对他们而言具有重要价值。② 但对于波兰而言,俄罗斯不论在历史维度还是地缘维度上始终是挥之不去的梦魇,尽管现任波兰政府的统治精英秉持实用主义的外交理念,但仍无法改变波兰反对派和国内社会长久以来的"恐俄症"民族心态。

第四节　强化区域和全球范围内的多边务实合作

一　增强 V4 在军事和政治领域的合作

(一) 军事合作

长期以来,维谢格拉德集团主要作为一个在中东欧地区具有广泛政治影响力的政府间合作组织,为增强波兰在欧盟和北约中的地位提供了动力支撑。尽管波兰曾呼吁 V4 朝着务实的军事合作发展,比如在军备现代化领域,但由于种种原因,这些想法都未能付诸实践。一个标志性的转折点是在 2011 年,波兰开始再次推动 V4 的军事合作。而推动波兰主

---

① *Yearbook of Polish Foreign Policy 2011 – 2015*, Polski Institut Spraw Międzynarodowych, Warszawa, 2020, pp. 118 – 119.

② *Yearbook of Polish Foreign Policy 2011 – 2015*, Polski Institut Spraw Międzynarodowych, Warszawa, 2020, p. 115.

导 V4 军事合作的动力源自 2008 年国际金融危机的爆发，国际金融危机导致 V4 的其他三国在 2011 年较大幅度地削减了国防开支，其中捷克减少了 16%，匈牙利减少了近 20%，斯洛伐克下降了 30%。① 如此大规模的军备削减导致这些国家履行北约东部防御的能力大打折扣。因此，波兰希望重新强化 V4 军事合作，为北约和欧盟在东部前沿地区的军事能力建设和相关演习作出区域性贡献，并将捷克、斯洛伐克和匈牙利的武装力量与波兰更紧密地联系在一起。然而，基于国家体量的差异，波兰的军事潜力（尤其是在国防预算方面逐年增长的开支）与其他 V4 伙伴国之间的不对称不断拉大，从而限制了其他三国参与联合军事项目的愿望。其本质在于，V4 伙伴国担心波兰获得军事项目的主导地位。他们对于波兰的疑虑如同波兰对德国在此方面的疑虑一般。此外，捷、匈、斯三国还希望将军事合作中的大部分费用和义务转移给波兰。② 因而，军费分担问题也成了 V4 军事合作的争论点之一。

直到 2012 年 5 月，各国国防部部长在一份联合声明中首次明确表示希望加强 V4 集团的军事合作，并提出组建"V4 战斗群"的初步计划，其中涉及同意波兰出任"V4 战斗群"框架国事宜。以上计划成为图斯克政府第二任期推动 V4 合作的优先事项。会议还宣布在北约实施的项目中开展合作，特别是在 V4 国家建立北约卓越中心（NATO Centres of Excellence）③，由波兰建立北约多国军事警察营（NATO Multinational Military Police Battalion），以及在捷克建立多国后勤协调中心（Multinational Logistics Coordination Centre）。此外，该声明还提出要更好地协调 V4 国家之间的防务规划，以便联合采购武器和发展联合军事能力，特别是在航空运输、防空和网络防御领域。宣言通过后，专家们开始了制定持续防卫合作框架的工作。④

---

① *Yearbook of Polish Foreign Policy 2011–2015*, Polski Institut Spraw Międzynarodowych, Warszawa, 2020, p. 121。

② *Yearbook of Polish Foreign Policy 2011–2015*, Polski Institut Spraw Międzynarodowych, Warszawa, 2020, p. 121。

③ 北约卓越中心是由北约认可的国家或跨国资助机构。他们培训和教育来自北约成员国和合作伙伴国家的领导人和专家，协助理论发展，确定经验教训，提高互操作性和能力。参见"NATO Centres of Excellence," https://www.act.nato.int/centres-of-excellence。

④ *Yearbook of Polish Foreign Policy 2011–2015*, Polski Institut Spraw Międzynarodowych, Warszawa, 2020, p. 121。

"V4 战斗群"作为欧盟战斗群①的重要组成部分,是 V4 国家在欧盟框架下深化军事防务合作的一项重要举措,旨在共同应对和抵御来自欧盟东部地区的安全挑战,同时也可提升 V4 国家在欧盟和北约内部的话语权。在"V4 战斗群"中,波兰作为主要框架国在 2010—2015 年倡导组建了两个欧盟战斗群。在 2013 年展开的 V4 国家领导人峰会上,四国的国防部部长联合签署了组建 V4 欧盟战斗群意向书。此次会议除了 V4 国家领导人全部到场之外,时任德国总理默克尔和法国总统奥朗德也出席了此次峰会。会议结束后,与会各国共同发布了联合声明,充分肯定了 V4 国家组建"欧盟战斗群"的行动。②

表4-1　图斯克政府时期 V4 国家参与"欧盟战斗群"情况一览表　（年；人）

时间	框架国	其他参与国	规模
2007	意大利	匈牙利、斯洛文尼亚	1500
2009	捷克	斯洛伐克	1800
2010	波兰	德国、斯洛伐克、爱沙尼亚、立陶宛	1800
2012	意大利	匈牙利、斯洛文尼亚	1500
2013	波兰	德国、法国	2100

资料来源：参见鞠维伟《维谢格拉德集团军事防务合作初探——从欧盟战斗群的视角》,《俄罗斯东欧中亚研究》2019 年第 1 期。

---

① "欧盟战斗群"的理念发源于 2003 年 2 月由法国和英国两国政府首脑峰会上所提出的关于组建"战术群"（Tactical Groups）的倡议,目的是在联合国的授权下,促使欧盟能够快速部署军事力量以应对某些非洲国家由于局势动荡、战乱等引起的人道主义危机。同年 11 月,英法两国根据此前欧盟在非洲刚果执行维和任务的经验,进一步提出欧盟应建立 1500 人左右能快速部署的军事单位,进而在第一时间干涉欧洲之外发生的战争冲突,维护地区稳定。在 2004 年 2 月的慕尼黑安全会议上,英、法、德三国提出了"欧盟战斗群"的详细概念文件,并提交给欧盟政治与安全政策委员会。最终在 2004 年 11 月,欧盟对外宣布组建"欧盟战斗群"。参见鞠维伟《维谢格拉德集团军事防务合作初探——从欧盟战斗群的视角》,《俄罗斯东欧中亚研究》2019 年第 1 期。

② 鞠维伟：《维谢格拉德集团军事防务合作初探——从欧盟战斗群的视角》,《俄罗斯东欧中亚研究》2019 年第 1 期。

（二）政治合作

2011—2014年，V4之间的合作主要依托于共同的欧盟成员国身份，协调各自在欧盟框架内的政策立场，塑造一个最符合V4利益的欧盟政策。鉴于图斯克政府积极的融欧主义倾向，其2011年年末卸任欧盟理事会轮值主席国之后，波兰在2012年6月—2013年7月第四次担任维谢格拉德集团轮值主席国期间，积极推动V4成为欧洲一体化的建设性力量。同时，波兰还旨在通过加强V4在欧洲论坛上的重要性来巩固其国际地位。[1]

从具体实践来看，自2009年首次启动欧盟机构会议前协商机制以来，V4朝着团结一致、积极介入欧盟事务，塑造一个有利于V4的欧盟政策方向发展。[2] 该协商机制的形成，对于协调V4各方在欧盟框架内各项议题的政策立场发挥了非常重要的作用。由此以来，V4逐渐形成了一系列临时性磋商机制，如欧盟总务理事会期间召开V4部长或欧盟事务秘书会议。2009年起，V4开始在年度战略规划中提出在欧盟框架内需要统一共同立场的具体事项和合作领域，以此来强化集团内部的政策协同性和凝聚力。

最显著的案例是V4在欧盟框架内提出了东部伙伴关系方案与巴尔干方案。2010年3月，V4正式在欧盟东部伙伴关系计划（Eap）专题外长会议上提出了Eap计划的V4方案。从具体内容来看，V4各国外长重申了《东部伙伴关系宣言》中所提出的原则和基本价值观。在此基础上，V4明确表示未来将密切与Eap六国的关系，助推他们尽快实现经济和民主的转型目标。在具体方案上，V4的Eap政策主要包括三个方面：第一，多渠道支持和帮助Eap六国加快经济改革和民主转型，并为六国的市场经济改革、法治和民主建设提供必要和专门的知识与经验。第二，强化与六国的能源供应与安全合作。第三，从欧洲开发银行、欧洲投资银行等金融机构寻求资金支持，以推动Eap项目的落地，积极倡导欧盟

---

[1] *Yearbook of Polish Foreign Policy 2011 - 2015*, Polski Institut Spraw Międzynarodowych, Warszawa, 2020, pp. 240 - 241.

[2] 王会花：《维谢格拉德集团与欧盟互动关系研究——基于次区域合作的视角》，人民日报出版社2019年版，第91页。

逐步实现对六国的签证自由化。① 2011 年 V4 发布了《布拉迪斯拉发宣言》，进一步确立了以项目为抓手的合作方向。

另一个显著案例是 V4 的西巴尔干政策。与之密切相关的是波兰担任维谢格拉德集团轮值主席国期间发起的政策倡议与组织的相关会议或活动。如 2012 年 10 月 25 日，维谢格拉德集团和西巴尔干地区合作伙伴的外长会议在华沙举行。会议沿袭了前几届 V4 轮值主席国举行的专门讨论西巴尔干问题的传统。此次会议特邀嘉宾包括保加利亚外长、罗马尼亚欧洲事务部长、希腊外交部副部长和欧洲扩大和邻国政策专员。会议再次明确了维谢格拉德集团将继续支持欧盟扩大的政策立场。与会者重申了欧盟和平与稳定、民主、人权、经济发展、法治和区域合作的共同价值观。与会者讨论了该区域的局势以及如何推动每个西巴尔干伙伴加入欧盟，特别强调了该地区的法治、区域合作、经济发展和安全局势。部长们和专员还就欧盟委员会 2012 年 10 月 10 日公布的扩大欧盟的一揽子计划交换了意见。在具体实施方案上，V4 倡导在西巴尔干地区也建立一个类似国际维谢格拉德基金（该基金为 V4 唯一常设机构，因为 V4 并未设立秘书处）的合作机制。此外，V4 还提出一项关于成立"V4 - 西巴尔干法治与基本权利"的专家合作网络，以支持该地区国家的民主与法治建设，以及为西巴尔干伙伴国家的入盟谈判提供智力支持。②

二 持续推动东部伙伴国家的民主转型

从战略角度讲，波兰的东部邻国（乌克兰、白俄罗斯、格鲁吉亚、摩尔多瓦、亚美尼亚和阿塞拜疆）的安全与稳定直接关乎波兰的安全与稳定。2008 年格鲁吉亚危机之后，原本就怀有强烈不安全感的波兰更加忧心忡忡，这也是图斯克政府第一任期内在欧盟框架内倡导确立欧盟整体层面的东部政策的直接动因。随着波兰在 1999 年和 2004 年实现了加入北约和进入欧盟的战略目标之后，其国家安全得到了北约与欧盟的双重

---

① 王会花：《维谢格拉德集团与欧盟互动关系研究——基于次区域合作的视角》，人民日报出版社 2019 年版，第 91 页。

② "Joint Statement of the Visegrad Group on the Western Balkans," Visegrad group, October 25, 2012, http://www.visegradgroup.eu/calendar/2012/joint-statement-of-the.

保证。2008年之后，波兰面临的中东欧地区局势和大国关系格局发生了重大变化。地区局势的变化主要是格鲁吉亚危机的爆发，重新触发了波兰的敏感神经。大国关系格局的变化主要来自美俄关系以及美国全球战略的调整与转向。以上因素共同促使波兰迫切地希望加快实现欧盟和北约的双东扩，进而将其与俄罗斯之间的缓冲地带推进到乌克兰或白俄罗斯与俄罗斯的边界。

图斯克政府第二任期的东部政策正是在以上背景下制定的。波兰外交部2012年出台的"2012—2016年外交战略的优先事项"文件，为该届政府在未来四年的外交战略规划中对波兰在欧盟东部伙伴关系计划中将扮演的角色指明了方向。

就整体目标而言，波兰希望可以为东部邻国分享其艰难的政治转型经验，以支持它们的经济和民主转型进程。一旦这些国家顺利实现经济和政治制度的双重转型，投入到欧盟怀抱之后，长期以来波兰东部边界的安全焦虑将大幅降低。在经贸关系方面，波兰的目标是支持与东部伙伴国家建立跨边境的自由贸易区，支持欧盟资助的基础设施和能源方案，以及推动欧盟与东部六国的签证自由化。在政治价值观方面，波兰将积极支持白俄罗斯社会朝着自由和政治多元化发展。该战略文件在提到东部六国的政策中，格外强调了对乌克兰的政策，即将对乌政策置于波兰东部政策的重中之重。正如文件所指出的，"对波兰来说，特别重要的是发展与我们的战略伙伴乌克兰的关系。始终如一地支持乌克兰社会对欧盟的愿望，深化北约与乌克兰的关系，是波兰外交政策的重点之一"[1]。然而，这些愿望的实现是通过良好的双边合作以及乌克兰遵守欧洲民主标准来实现的。双边关系不断深化的一个契机是波兰和乌克兰联合举办的"2012年欧洲杯足球锦标赛"。正是基于这样大型的体育赛事，促使两国公民在文化、社会和经济层面的交流得到了飞速发展。

正如西科尔斯基在2011年的外交政策报告上所谈到的："乌克兰是我们的战略伙伴。乌克兰加入欧盟符合我们的长期利益。因此，每当波兰有能力这样做，而基辅又希望我们这样做时，我们将向乌克兰提供支

---

[1] "Priorytety polskiej polityki zagranicznej 2012 – 2016," Ministerstwo Spraw Zagranicznych, Warszawa, marzec 2012, s. 2 – 28.

持。"西科尔斯基在对待白俄罗斯的态度上，与乌克兰颇为一致。"我们对白俄罗斯的政策是由条件决定的。如果白俄罗斯决定走转型之路，波兰有能力为其提供重大帮助。然而，当白俄罗斯偏离这条道路，侵犯基本人权和公民权利时，我们必须以同样的力量作出回应。我相信，我们能够支持一个对欧洲合作持开放态度且具有改革意识的白俄罗斯。"①

三　积极响应中国—中东欧国家合作机制

从以往波兰外长在下议院所作的年度外交报告来看，有一个值得关注的现象，那就是在波兰的官方外交优先事项或报告中几乎看不到中国。这个现象说明中国对于波兰的战略重要性较低。在波兰政府外交的优先事项次序里，欧盟和美国是处在第一序列的，其次是俄罗斯以及东部伙伴六国。亚太地区对于波兰这样的一个中等规模的次区域大国而言，几乎没有什么战略利益，因而也不在其外交重点之列。波兰与印度、日本的经贸往来密切度甚至高于对华的贸易密切度。转折点出现在2008年，时任波兰总理图斯克正式访问中国，并出席第七届亚欧首脑会议，图斯克系1994年以来首位访华的波兰总理。波兰"走向中国"战略广泛促进了波兰企业与中国投资者之间的对话与合作，推出了许多旨在扩大能源、农业和技术合作的方案。② 自此之后，中波两国的经贸合作关系不断密切。

（一）中国在波兰外交中的战略定位

如上所述，从波兰的外交总体布局和利益优先次序来看，中国都不是重点对象国。长期以来，波兰将其外交政策的重心定义为跨大西洋关系、在欧盟中的地位以及与邻国和欧洲伙伴的政治和经济关系。但是，2008年席卷全球的国际金融危机逐渐改变了波兰对华态度，因为危机暴露了波兰过度依赖欧盟市场这一弊端，而在国际金融危机期间绝大多数欧盟国家经济遭受重创，给波兰经济带来了巨大的波动性。因此，为了

---

① "Government Information on Polish Foreign Policy in 2011," in *Yearbook of Polish Foreign Policy 2011 -2015*, Polski Institut Spraw Międzynarodowych, Warszawa, 2020, pp. 20 – 21.

② Louis Cox-Brusseau, "Sleeping Dragon No Longer: China's Influence in Central Europe," EUROPEUM Institute for European Policy, December 2019, https：//sha. static. vipsite. cn/media/think-tank/attachments/f4bc4e824628b294ddc4cf6d5a96a48b. pdf.

降低波兰经济对欧盟市场的依赖程度,波兰当局更加积极地寻求非欧洲国家作为潜在的经济伙伴。此外,欧洲市场饱和的前景和欧盟补贴的减少,使得波兰不得不寻找新的市场和资本来源。与此同时,中国经济的迅猛增长在全球范围内引发了广泛关注,国际社会愈发认为,未来世界的经济重心正在向亚太地区转移。当然,还有几个外部事件似乎也在印证波兰的战略预判,一个事件是2010年中国经济开始超过日本,一跃成为世界第二大经济体。另一个事件是奥巴马总统在2009年7月公开了"重返亚洲"的战略;2011年11月,奥巴马在夏威夷正式提出"转向亚洲"战略。另外,2008年1月,中国国务院副总理曾培炎在图斯克访华之前访问了波兰,并与波兰总统卡钦斯基、总理图斯克、副总理兼经济部长帕夫拉克分别进行了会谈。显然,中国副总理级别的访问也为波兰总理的正式访华做了充分的铺垫。

基于此,2008年10月,波兰总理图斯克访问中国,受到中国国家主席胡锦涛和国家总理温家宝的热烈欢迎与接见。访问次日,图斯克与波兰经贸代表团一同参加了在中国举办的第七届亚欧首脑会议,双方主要就增进贸易关系交换了看法。随后,中国取消了对波兰食品,尤其是猪肉销售的封锁和障碍。2010年,波兰应邀参加当年的上海世博会。2011年12月,波兰总统科莫罗夫斯基继图斯克之后访问中国。正如图斯克在与温家宝总理的会谈时所称:"中国和中欧地区是世界成功和发展的象征。波兰和中国在经济上的合作由来已久,如1951年中波轮船公司(Chipolbrok)成立,这也是中国第一家中外合资公司。今天,虽然波兰是中国在中东欧最大的经济伙伴,但长期以来两国的贸易和投资交流一直还停留在低水平阶段。"[1]

作为对图斯克访华的回应,2012年3月,外交部副部长宋涛赴波参加中波首轮副外长级战略对话。4月,温家宝总理访波并出席首次中国—中东欧国家领导人会晤和第二届经贸论坛。对此,波兰政府负责人指出,温家宝总理的访问显示了中国将波兰作为战略伙伴的态度。温家宝总理在访问波兰时表示,中方有深化同波兰合作的长远规划,拟定期举行政

---

[1] "Tusk:Chiny odblokują import polskiej żywności," Telewizja Polska, October 23, 2008, https://www.tvp.info/315559/tusk-chiny-odblokuja-import-polskiej-zywnosci#!.

府层面的会晤，加强经济关系。同时，他还对波兰近年来所取得的令人瞩目的经济成就表示祝贺。① 温家宝总理的正式访问开启了中国—中东欧国家合作的新时期，标志着中国与中东欧国家之间的定期领导人会晤机制正式确立。

概言之，波兰将中国定位为一个行之有效的经济合作伙伴。波兰认为亚洲是一个潜在的资本来源地，是一个巨大的、富有吸引力的市场和投资目的地。因此，图斯克政府致力于扩大对华出口，并吸引中国的投资，尤其在绿地投资方面；同时鼓励技术转让和创造新的就业机会。此外，波兰也对参与中国发起的亚洲基础设施投资银行项目颇有兴趣。以上目标实现的基本前提是通过与中国开展经贸、文化和政治对话，逐步提升波兰在中国的国际形象和知名度，进而为吸引中资注入创造良好的投资声誉。② 值得注意的是，除了经济利益考量之外，据波兰相关外交材料来看，强化对华关系的背后也含有另一种政治利益的考虑。这种战略思维的逻辑在于，通过强化与中国之间的经济和政治关系，有助于提高波兰在欧洲乃至世界舞台上的国际地位。正如波兰外交部在"2012—2016年波兰外交的优先事项"报告中所强调的："新兴经济体的影响力正在不断增强，中国在2010年成为世界第二大经济体和全球最大的出口国。就对外投资而言，中国开始超过美国和欧洲国家，并且在创新排名上已经赶上了欧盟，与西方世界的发展差距正在不断缩小。"③ 作为一个英国脱欧前在欧盟中人口排名第六，GDP排名第八的中等强国，波兰希望在全球领域建立广泛的经贸联系，尤其是提升其在亚太地区的国际形象。

在双边开展的具体合作项目上，具有代表性的是罗兹到华沙之间的"A2高速公路项目"，该项目是由中国海外工程集团有限公司中标，是第一家在欧洲基础设施投资招标中获胜的中国公司。但该项目因种种主客

---

① "Chiny i Europa Środkowa symbolami sukcesu i rozwoju," Polska Agencja Informacji i Inwestycji Zagranicznych, 27 kwietnia 2012, https：//www.paih.gov.pl/index/? id = 32b683d9d8e73d3eeb6bf08fe0817402.

② *Yearbook of Polish Foreign Policy 2011 – 2015*, Polski Institut Spraw Międzynarodowych, Warszawa, 2020, pp. 326 – 327.

③ "Priorytety Polskiej Polityki Zagranicznej 2012 – 2016," Ministerstwo Spraw Zagranicznych, March 2012, s. 3.

观因素的掣肘最终以失败告终。波兰外长西科尔斯基在2011年的年度外交报告中强调，中国已经是波兰在亚洲最大的经济伙伴。① 2013年，西科尔斯基指出："波兰已经与中国建立了战略伙伴关系，2012年在华沙举办的首届中国—中东欧国家合作峰会便是证明。"②

（二）政治合作

在图斯克政府的第二任期，中波两国关系主要在中国—中东欧国家合作机制和"一带一路"倡议的框架下开展双边合作。过去几年，双边高层互访正常化，两国还确立了战略伙伴关系。务实的图斯克政府对中国政府提出的多个多边合作倡议给予了积极的回应与支持，如2012年4月，波兰承办了"首届中国—中东欧国家领导人会晤"会议，17国共同发表《中国与中东欧国家领导人会晤新闻公报》，标志着中国—中东欧国家合作机制正式创立。同时，2015年，波兰申请加入亚投行，成为中东欧地区第一个加入亚投行的国家，也是这一国际组织的创始成员国之一。

中波两国高层互访级别与频率达到苏联解体以来的历任政府之最。2011年6月初，中共中央政治局常委贺国强访问了波兰，会见了时任波兰总统科莫罗夫斯基，并邀请他在年底访问中国。同年8月，中国外交部部长访问波兰。在有了以上两次访问的铺垫之后，科莫罗夫斯基最终于12月对中国进行了国事访问，这是自1997年以来波兰国家元首的首次访华。因而，科莫罗夫斯基此访被认为是波中两国关系进入历史新时期的象征。访问期间，时任中国国家主席胡锦涛、国务院总理温家宝、副总理李克强以及其他政府要员一同会见了科莫罗夫斯基，双方签署了《中波关于建立战略伙伴关系的联合声明》。③ 文件指出，鉴于中波关系的深化符合两国的共同愿望和切身利益，有助于维护和平，服务于世界发展，促进国家和谐共处，双方决定将两国关系的地位提高到战略伙伴关系的水平。文件内容主要集中在三个方面：第一，双方强调高层互访对

---

① "Government Information on Polish foreign Policy in 2011," in *Yearbook of Polish Foreign Policy 2011 - 2015*, Polski Institut Spraw Międzynarodowych, Warszawa, 2020, p. 11.

② "Government Information on Polish Foreign Policy in 2013," in *Yearbook of Polish Foreign Policy 2011 - 2015*, Polski Institut Spraw Międzynarodowych, Warszawa, 2020, p. 41.

③ 《中国同波兰的关系》，中华人民共和国外交部网络，2020年5月，https://www.fmprc.gov.cn/web/gjhdq_676201/gj_676203/oz_678770/1206_679012/sbgx_679016/。

发展两国关系的重要性。第二，双方同意建立外交部副部长级的战略对话机制，旨在就双边关系中共同关心的重要国际和地区问题深入交换意见，协调立场。第三，双方应该充分利用政府机构、政府间经济合作委员会，以及经贸协会等平台推动双边经贸关系发展。①

进入 2012 年，中波关系仍然保持着密集的政治接触。中国外交部副部长宋涛访问波兰，并参加了第一届"中波战略对话"，波兰外交部副部长耶日·波米阿诺夫斯基（Jerzy Pomianowski）出席了此次对话会。会议期间，双方主要就以下五个议题交换了看法：政治合作、经济合作、科学与学术合作、区域和地方一级的合作以及社会交流。② 对中波关系产生重大影响的事件发生在 2012 年 4 月份，中国国家总理温家宝应邀访问了波兰，这是自 1987 年以来中国政府首脑首次访波。在本次访问期间，中国—中东欧国家合作机制在各方的积极准备下应运而生。而波兰理所当然地成为首届"中国—中东欧国家领导人峰会"的东道国，在与之相伴随的首届经济论坛上，温家宝提出了"中国促进与中东欧国家友好合作的十二项措施"。其主要内容包括以下几点：第一，设立中国与中东欧国家合作秘书处。第二，在中国与中东欧国家之间建立投资合作基金。第三，中国将根据中东欧国家的实际条件和需要，鼓励中国企业与有关国家合作，在未来五年内在每个国家建立一个经济技术园区。第四，中国将派贸易和投资促进团前往中东欧国家，并采取具体步骤推动双边经济合作与贸易向前发展。此外，十二项措施还覆盖了一系列旨在加强双方人文、科研、青年、金融、交通运输等多个领域的合作计划。③

（三）机制创设

从有关文献来看，中国—中东欧国家合作机制自创设伊始，就引发了欧盟的密切关注。例如，德国最有影响力的报刊之一《世界报》（Die

---

① "Wspólne oświadczenie rzeczypospolitej polskiej i chińskiej republiki ludowej w sprawie ustanowienia partnerskich stosunków strategicznych," wizyta Prezydenta Komorowskiego w Chinach, 2011, https://www.fmprc.gov.cn/ce/cepl/pol/zt/zfvisit/t895441.htm.

② "MSZ: polsko-chiński dialog strategiczny," Telewizja Polska, March 21, 2012, https://www.tvpparlament.pl/aktualnosci/msz-polskochinski-dialog-strategiczny/6816475? date = 20200220.

③ "China's Twelve Measures for Promoting Friendly Cooperation with Central and Eastern European Countries," April 26, 2012, https://www.fmprc.gov.cn/mfa_eng/topics_665678/wjbispg_665714/t928567.shtml.

Welt）指出：欧盟层面担心中东欧国家也有意愿将这一合作形式制度化，从而破坏欧盟内部团结及对华政策的统一性。此外，该报还认为中国一直在与个别欧盟国家建立微妙的依附关系。中国正在做美国国防部长唐纳德·亨利·拉姆斯菲尔德（Donald Henry Rumsfeld）十年前所做的事情："将欧盟划分为新老欧洲。"[①] 2012年9月，波兰外长西科尔斯基访问北京，进一步巩固了中国—中东欧国家合作的合作基础。值得一提的是，西科尔斯基在与杨洁篪外长会晤之后，双方还发起了一个由外长领导的政府间合作委员会，该委员会将为中波总理的定期会晤做准备。另外，此次会晤还决定将于2013年在波兰举办"波中地方论坛"。

2013年，由于中国领导人和政府换届，两国的高层互访有所减少。直到2013年6月，波兰众议院议长埃娃·科帕奇（Ewa Kopacz）访问中国，中国全国人大常委会委员长张德江与之进行了会晤。双方一致认为应巩固两国的传统友谊，继续深化务实合作关系。张德江指出："中波关系进入快速发展轨道，两国确立了战略伙伴关系，建立了总理定期会晤等重要机制，合作成果丰富。"科帕奇表示，"这是我担任波兰众议长后首次访华，亲眼看到中国经济社会的发展进步，也感受到中国人民对波兰人民的友好情谊。波方高度重视发展对华关系，认为波中战略伙伴关系的确立和深入发展符合两国和两国人民的根本利益。波兰议会愿加强与中国全国人民代表大会的友好往来与务实合作，以实际行动促进双边经贸、文化、地方等领域的互利合作，增进两国人民间的友好感情，为波中关系发展发挥更大的建设性作用。"[②] 2013年11月，图斯克参加了在布加勒斯特举行的"中国—中东欧国家领导人"的第二次峰会，进一步稳固了中国—中东欧国家合作机制。

从2011—2014年的波中关系发展脉络来看，两国之间的高层互访整体上呈现出日益密切化的趋势，政治互信程度不断上升，元首级、部长级以及地方层级的定期和不定期对话机制逐渐形成。本书主要梳理了波

---

① S. Bolzen, J. Erling, "Divide, Conquer, Aim East: China Has a Sharp New European Trade Strategy," November 11, 2012, https://worldcrunch.com/world-affairs/divide-conquer-aim-east-china-has-a-sharp-new-european-trade-strategy.

② 《张德江与波兰众议院议长科帕奇举行会谈》，人民网，2013年6月5日，http://politics.people.com.cn/n/2013/0605/c1024-21750840.html。

兰方面旨在加强对华务实合作关系而设立的各层级对话机构或归口部门。

首先，作为政府层级的对话机构，2012年12月，图斯克政府设立了一个名为"波中战略伙伴关系部际行动协调小组"的政府咨询机构。该小组的主要任务在于为深化波中双边关系，提供政策咨询与分析，促进波兰政府各部门之间的信息沟通以及发起新倡议等。该小组由外交部副部长担任组长，经济部副部长担任副组长，成员包括波兰驻华大使和各部委代表。该小组每年至少召开两次会议。①

其次，波兰信息与外国投资局②和经济部于2012年共同推出了"GoChina"互联网平台。波兰经济部则设立了"波兰—中国合作中心"，两者都旨在收集经济信息，帮助波兰企业家进入中国市场，并与中国合作伙伴建立合作。其中波兰信息与外国投资局作为一个专门致力于波中投资与贸易的机构，分别在上海和北京设立了驻外办事机构。两国还创立了副外长层级的年度对话会议。首次会议于2012年3月在华沙举行，中国和波兰出席的代表分别是副外长宋涛和耶日·波米阿诺夫斯基。第二次会议于2014年5月在北京举行。第三次会议于2015年4月在华沙举行。

再次，2012年双方成立了中波政府间合作委员会，该会议每两年举行一次，由两国外长主持。根据会谈主题，也邀请其他相关机构代表参加。该委员会第一次会议于2015年6月在北京举行。2013年，在波兰国防部部长谢莫尼亚克访华期间，双方还建立了国防部部长层面的战略对话机制。首次战略对话会于2014年11月在北京举行。

最后，值得一提的还有"中国—波兰地方合作论坛"，论坛由波兰总统布罗尼斯瓦夫·科莫罗夫斯基倡议发起。2012年4月，中国总理温家宝与波兰总理图斯克在华沙进行会晤，双方领导人表示全力支持举办省、

---

① "Zarządzenie nr 108 Prezesa Rady Ministrów z dnia 10 grudnia 2012 r. w sprawie Międzyresortowego zespołu ds. Koordynacji Działań na rzecz rozwoju Partnerstwa Strategicznego między Rzecząpospolitą Polską a Chińską Republiką Ludową," Monitor Polski, December 14, 2012.

② 2017年2月10日，据波兰信息与外国投资局网站消息，波兰信息与外国投资局正式改组为波兰投资与贸易局（PAIH）。

市级政府参与的重要活动,以推动中波合作。① 该论坛作为两国地方政府、企业、高校和文化机构之间的对接平台,旨在促进地方一级的波中关系。事实上,作为一个议会制国家,不同政党在议会中控制的席位以及在地方政府占据的主导地位差异较大。即使现任的公民纲领党占据下议院多数席位,并与波兰人民党组建了联合政府,但在省级和市级等地方层级的行政首脑所属的政党派别并不一定与执政党相一致。另外,波兰不同地区之间的文化、经济、地理和自然禀赋差异差距较大,对华合作需求不一。这深刻反映了一个现象,即波兰中央层面与地方层面,以及不同省份的对华合作意愿存在一定的不对称性。正如波兰官方材料所指出的,"在波兰,地方政府机构(省、市、县)更了解本地区和当地企业家的需求和情况,因而他们更适合确定潜在的合作领域。因此,中波关系的地方政府层面已经成为波兰实现外交目标的一个越来越重要的途径。"② 例如,2013年4月,首届"中国—波兰地方合作论坛"在波兰格但斯克成功举办。2014年6月,双方在广州举行了第二次论坛,2015年6月,双方在罗兹举行了第三次论坛。通过以上三届论坛,中波地方层面的经贸合作大大加强,其中一个合作典范就是波兰罗兹省和罗兹市与中国四川省和成都市之间的合作。双方在合作城市分别开设了办事处,罗兹和成都之间的货运铁路自2013年起开始运营。在地方层面的合作也促成了2015年波兰驻成都总领事馆的开设。③

(四) 经贸合作

中波之间良好的政治互动关系与机制创设为两国开展经贸合作提供了制度保障。在中国—中东欧国家合作框架下,两国积极利用搭建起来的各层级对话平台讨论经济问题,以提高彼此间的投资与贸易水平。

比较有代表性的双边合作论坛有"波兰—中国经济论坛"(Polsko-

---

① 《首届中国—波兰地方合作论坛即将召开》,中国日报网,2013年4月16日,http://caijing.chinadaily.com.cn/2013-04/16/content_16410849.htm。

② *Yearbook of Polish Foreign Policy 2011–2015*, Polski Instytut Spraw Międzynarodowych, Warszawa, 2020, pp. 332-333.

③ *Yearbook of Polish Foreign Policy 2011–2015*, Polski Instytut Spraw Międzynarodowych, Warszawa, 2020, pp. 332-333.

Chińskie Forum Gospodarcze)。① 在 2011 年的北京"中波经济论坛"上，双边共同签署了若干合作协议。主要包括：第一，波兰信息与外国投资局与上海市贸易委员会、三一重工股份有限公司、上海建工集团等多家对口经贸机构或企业签订了项目合作协定。第二，由波兰 HSW 公司管理委员会主席克里斯托弗·特洛菲尼亚克（Krzysztof Trofiniak）与柳工集团总裁王晓华签署了关于出售波兰 HSW 公司下属工程机械事业部及旗下全资子公司锐斯塔（Dressta）给中国广西柳工集团的协议。② 最终，柳工集团以约 3.35 亿元人民币收购了中东欧地区最大的工程机械制造商——波兰 HSW 公司下属工程机械事业部及旗下全资子公司锐斯塔 100% 的股权。这是柳工集团在海外市场的首次并购，也是中国在波兰最大的投资项目之一。事实上，柳工集团能够顺利收购波兰制造集团并进入欧盟市场，与中波两国自 2008 年以来不断强化政治关系和经贸合作密不可分。第三，双边还就开通"华沙—北京"直航航线签署了合作协议。科莫罗夫斯基强调，尽管经历了经济危机，但波兰仍享有良好的经济形势，2011 年波兰经济增长了 4%，同时波兰地方政府对华合作意愿强烈。并且，波兰政府在国内开辟了 14 个经济特区，为外国投资者提供了优惠条件。在提到波兰的优势产业时，科莫罗夫斯基认为"服务业、研发、造船、汽车和基础设施行业"对中国企业家的投资具有吸引力。他鼓励中国公司在波兰投资，认为从欧洲角度来看，波兰是一个大市场，它应该被视为通往拥有 5 亿消费者的欧洲市场的门户。③

波兰国际事务研究所 2012 年发布了一份《波兰与中国之间经济合作发展的前景》的报告，详细分析了波兰对华贸易的优势与劣势，旨在立

---

① "Wizyta Prezydenta Rzeczypospolitej Polskiej Bronisława Komorowskiego w Chińskiej Republice Ludowej," Warszawa 2012, s. 26, https：//www. prezydent. pl/download/gfx/prezydent/pl/defaultaktualnosci/2068/141/1/broszura_polska4 - ok. pdf.

② 根据广西柳工集团公布的官方公告，其与波兰 HSW 公司于 2011 年 1 月 18 日在北京签署了初步收购协议，为双方达成最终收购协议打下了良好基础，但双方还须进一步就最终收购协议进行充分谈判，并分别履行向中国和波兰相关政府部门申请各项审批程序。参见《广西柳工机械股份有限公司关于波兰收购项目进展的公告》，http：//resource. liugong. cn/files/1320136324906. pdf。

③ A. Gradziuk, J. Szczudlik-Tatar, "Perspektywy rozwoju współpracy gospodarczej Polski z Chińską Republiką Ludową," Polski Instytut Spraw Międzynarodowych (PISM), February 2012, https：//www. pism. pl/file/8967ade8-951e-4135-b057-732c08268739.

足于波兰国内的产业结构、贸易需求、经济体量等现实基础之上,利用中国的变化和不断增长的经济潜力追求自己的经济利益,其首要任务包括增加波兰的对华出口规模及吸引中国企业来波投资。报告认为,波兰应当重点发展与最具潜力的非欧洲经济体的双边关系。[1]另外,从两国的进出口总额、进出口商品结构以及贸易逆差角度来看,两国的经贸关系存在很大的非对称性。报告认为,造成这一状况的主要原因来自中国商品的价格竞争力。在波兰方面看来,中国对波兰的出口商品不仅包含初级加工且价格低廉的商品,还包括具有高附加值的商品和零部件,这些商品合计占到中国对波兰出口的50%以上。

波兰方面的数据显示,2010年中波贸易总额为180.91亿美元,比2009年增长了17.6%,波兰从中国的进口额增长了18.3%,达到164.60亿美元,波兰对中国的出口额增长了约11%,达到16.31亿美元,波兰对华的贸易逆差达到148.30亿美元。在波兰出口货物门类方面:波兰对中国最重要的出口商品是金属制品、机械设备和化工产品(占出口量的近80%),其余包括飞机、电气设备、合成橡胶、传动轴和专业机械。中国对波兰出口最重要的货物包括电气机械工业产品(55%)、纺织品(13%)、玩具和家具(约6.5%)、冶金产品、电脑、电话机、配件和电脑零件及变压器等。相较而言,波兰对中国的出口结构比较单一,而中国对波兰的出口产品更加多元化。该报告最后建议,波兰的对策不应是限制中国对波出口,而是应该采取措施扩大对华出口,比如在采矿业、冶金业、航空业(农用飞机、运输机和直升机)、化工和能源等行业。[2]

中波另外一个贸易合作平台是"中国—中东欧国家经贸促进部长级会议"。该会议每两年在宁波举办一次,主要由各国负责经济事务的部委代表出席。在会议期间,波兰代表提出了波兰方面的巨额贸易逆差问题、

---

[1] A. Gradziuk, J. Szczudlik-Tatar, " Perspektywy rozwoju współpracy gospodarczej Polski z Chińską Republiką Ludową," Polski Instytut Spraw Międzynarodowych (PISM), February 2012, https://www.pism.pl/file/8967ade8-951e-4135-b057-732c08268739.

[2] A. Gradziuk, J. Szczudlik-Tatar, " Perspektywy rozwoju współpracy gospodarczej Polski z Chińską Republiką Ludową," Polski Instytut Spraw Międzynarodowych (PISM), February 2012, https://www.pism.pl/file/8967ade8-951e-4135-b057-732c08268739.

进入中国市场的障碍问题（农产品和食品难以获得证书，以及自2014年年初中国对进口波兰猪肉开始实施的禁运）等问题。

此外，为了促进中波两国的贸易合作，降低双方的信息壁垒设立了波兰信息与外国投资局，旨在为那些有意愿与中国合作的波兰企业家举办相关培训课程和贸易展览会。与此同时，该机构还积极帮助中国投资者在波兰开展业务。中国—中东欧国家合作以来，两国企业家的投资热情不断上升，波兰信息与外国投资局相继接待了大批地方政府、投资机构和企业家代表团。在图斯克政府第二任期，两国经贸合作取得了显著成果。2014年以前，就进口而言，中国是波兰第三大经济伙伴，仅次于德国和俄罗斯。2015年，中国成为波兰第二大经贸伙伴。2011年，波兰从中国进口的商品价值为132亿欧元，2015年增加到近205亿欧元，占波兰进口总额的11.5%。然而，波兰对中国的出口增长较为缓慢。2011年为13亿欧元，2015年为18.2亿欧元，约占波兰出口总额的1%左右。[①]

[①] Chińska Republika Ludowa. Informacje o stosunkach gospodarczych z Polską, Ministerstwo Rozwoju, www.mr.gov.pl, p.4.

第 五 章

走向失衡:克里米亚危机与波兰外交转向(2014—2015)

历经六年的图斯克政府对俄接触政策随着克里米亚危机的爆发而彻底付诸东流。这场危机的发生始料未及却又似早已埋下伏笔,它将横在波兰乃至整个西方与俄罗斯之间的地缘政治矛盾骤然引爆。图斯克政府苦心经营起来的在西方与东部之间以及跨大西洋关系之间微妙的平衡关系彻底被打破。波兰的多元平衡外交立足于其在东部政策中的重要角色,这一角色包括对俄接触与和解政策,在欧盟东部伙伴关系计划中扮演的倡导者和作为一名成功转型者的经验分享者角色。欧盟内部主要大国与波兰在对俄政策上存在分歧,俄罗斯被德国和法国等欧盟大国视作重要的战略合作伙伴,俄罗斯的能源对它们有着难以替代的经济利益。基于以上两个原因,务实的图斯克政府在东部关系中扮演一个积极的、正面的,同时又可兼顾欧盟主要大国利益的角色,从而提高了波兰在欧盟中的国际地位和话语权。另外,一个举足轻重的欧盟身份又可为波兰周旋于跨大西洋关系之间提供充分且必要的议价筹码。"恐俄症"的再度强化使安全议题重新成为波兰政府的首要关切,多元平衡的外交天平随之倒向了"反俄联欧追美"的格局。

第一节 对俄政策:从务实合作转向对立

一 对俄政治转型期待的幻灭

2014 年,俄罗斯合并克里米亚事件的发生,导致美俄与美欧关系迅速恶化。事实上，欧盟成员国对俄罗斯的威胁感知存在很大差异，主要影响因素包括地缘毗邻度、国家实力、历史记忆、宗教分歧等多个方面。相较于西欧地区的德国、法国和英国，波兰对俄罗斯的威胁感知要远远超过前三者。甚至可以说，克里米亚事件直接给波俄关系的和解进程按下了暂停键，图斯克自2007年苦心经营的对俄友好政策和社会氛围迅速右转。虽然两国的经贸往来依然得以维持，但不可否认的是，政治关系的不断恶化对经贸关系造成了很大的负面影响。波兰在克里米亚危机上的基本立场是，只有俄罗斯放弃对乌克兰的"侵略"政策，并归还被占领的克里米亚和顿巴斯地区领土后，两国的政治关系才能得以恢复。然而，这一切只是波兰方面的诉求和愿望罢了，事态的发展再度加剧了波兰对俄罗斯的恐惧症。①

具体而言，波兰在克里米亚危机中的政策主张如下：

首先，波兰认为俄罗斯在乌克兰的一系列举动违反了各国和平共处的规则。波兰不承认俄罗斯主导下的克里米亚公投行为及其结果。西科尔斯基指出，"对于俄罗斯在乌克兰的行径，波兰将和整个西方一起做出适当的反应"②，用以表明波兰的目标是通过在欧盟和北约框架下对俄罗斯采取一致行动。因此，面对几个月以来因克里米亚危机造成的数百人死亡，波兰采取的主要应对方式是通过外交努力，在整个欧盟内开展游说，试图促使欧盟成员国尽快就克里米亚危机的应对方式达成一致。这与2008年波兰在格鲁吉亚事件上的反应有所不同。

其次，虽然克里米亚危机摧毁了图斯克政府自上任以来对俄罗斯正在建立起来的脆弱的信任感，但波兰的统治精英仍然试图扭转这一趋势，将两国关系恢复到正常的睦邻状态。克里米亚危机爆发后，西科尔斯基在2014年下议院发表的外交咨文报告中深刻地论述了波兰对俄罗斯的政治认知和政策立场。在他看来，波兰不仅要更广泛地审视俄罗斯的外交政策，更要首先审视其意识形态。该事件印证了一个客观事实，即俄罗

---

① Anna Maria Dyner, "Poland's Policy towards Russia," in *Yearbook of Polish Foreign Policy 2011–2015*, Polski Institut Spraw Międzynarodowych, Warszawa, 2020, p. 193.

② "Government Information on Polish Foreign Policy in 2014," in *Yearbook of Polish Foreign Policy 2011–2015*, Polski Institut Spraw Międzynarodowych, Warszawa, 2020, p. 59.

斯的世界观和欧洲的世界观,俄罗斯的文明和欧洲的文明是两种截然相反的模式。俄罗斯并不接受西方社会花了几十年时间制定起来的规则。

俄罗斯对于斯拉夫民族和东正教文明的本源认知也建构了其对后苏联空间染指的文明意义上的合法性。例如,俄罗斯将自己视作东正教文明的中心,也是古罗斯的唯一继承人。这为其"合并俄罗斯土地"赋予了合法性权利。然而,西科尔斯基对该文明观予以否认。

值得注意的是,在西科尔斯基的外交辞令中,我们还可以看到如下信息:"克里姆林宫往往误解了我们,包括波兰在内的西方国家从未努力将俄罗斯排除在国际社会之外。恰恰相反,多年来我们一直努力通过多个国际组织和沟通工具来促进与俄罗斯之间的关系,如欧盟委员会、欧安组织、世界贸易组织以及波俄疑难事务小组等。鉴于波兰数百年来悲惨的历史经验,我们的目标是继续致力于同俄罗斯建立伙伴式的睦邻关系。"① 以上言语发表在 2014 年 5 月 8 日,距离克里米亚公投入俄达成已经过去了一个月左右。这表明图斯克政府仍然对与俄罗斯关系的正常化持主动积极的姿态。西科尔斯基甚至表示,如果俄罗斯可以满足北约成员国的标准,成为北约一员,这将符合波兰的利益。但在他看来,并不是西方拒绝了俄罗斯,而是俄罗斯自己选择了一条过时了的发展道路。为此,他专门引述了一段普京在 1999 年写下的文字"……意识形态下的经济发展路径导致俄罗斯落后于发达国家。虽然尝到了苦涩的滋味,但近 70 年来,俄罗斯沿着一条不知通往何处的道路前进,这条路正在不断远离文明发展的主要方向。"②

二 对俄制裁取代务实合作

自苏联解体以来,波兰历届政府始终对其东部地区国家的地缘政治变化格外敏感,即使是秉持实用主义理念的图斯克政府也是如此。虽然波兰在转型初期重新恢复了与俄罗斯的双边合作关系,但双方围绕东部

---

① "Government Information on Polish Foreign Policy in 2014," in *Yearbook of Polish Foreign Policy 2011–2015*, Polski Institut Spraw Międzynarodowych, Warszawa, 2020, p. 65.

② "Government Information on Polish Foreign Policy in 2014," in *Yearbook of Polish Foreign Policy 2011–2015*, Polski Institut Spraw Międzynarodowych, Warszawa, 2020, p. 65.

地缘政治空间的争夺从未真正停止过，即关于乌克兰、白俄罗斯、格鲁吉亚等国的政治走向问题，尤其是乌克兰局势的变化是波兰安全的最大关切之一。原因是乌克兰作为横在波兰与俄罗斯之间的战略缓冲地带，一旦乌克兰的领土和主权独立受到影响的话，将直接牵动波兰安全的敏感神经。与格鲁吉亚危机相比，克里米亚危机对波兰的冲击如此之大的原因有以下几个方面：其一，乌克兰是波兰东部最直接的近邻，领土直接接壤。其二，乌克兰在波兰的地缘政治战略中占有不可替代的重要位置，是波兰抗衡来自俄罗斯方面潜在威胁的战略伙伴。其三，波兰与乌克兰在经济和安全利益上具有广泛的一致性，积极推动以乌克兰为代表的东部国家的政治转型是波兰冷战后的东部政策目标。其四，长期以来，波兰在推动《乌克兰—欧盟联合协议》的达成中倾注了大量心血，终极目标是使乌克兰成为欧盟成员国。但事与愿违的是，波兰的这些利益诉求和战略目标与俄罗斯的地缘政治战略相悖。

至此，不难理解为何克里米亚危机的发生成为波俄关系由和解进程转向重新对立的转折点。正如在 2015 年 9 月，俄罗斯驻波大使谢尔盖·安德烈耶夫（Sergei Andreyev）所言："当前的波俄关系滑落到了 1945 年以来的最差水平，但这不是俄罗斯的错，而是波兰的选择所致。"[1] 安德烈耶夫认为波兰正在摧毁在其境内的苏联纪念碑是没有道理的，因为这些遗迹象征了苏联对于解放波兰付出的牺牲。他指责波兰的此般行径正在破坏两国的政治和文化关系。由此引发的历史争议再度被提起，并引发双方的论战。2014 年波兰总统科莫罗夫斯基签署的《国家安全战略》报告重新将俄罗斯界定为安全威胁，成为两国关系逐步恶化的明显标志之一。该战略报告指出，俄罗斯以牺牲周边国家利益为代价以重新确立其大国地位，以克里米亚危机为代表的对抗政策的不断升级对该地区安全产生了负面影响。这些负面影响加剧了波兰周边地区发生冲突的风险，这些冲突可能会间接或直接影响到波兰的安全，进而对波兰造成非军事

---

[1] "Ambasador Rosji dla TVN24：Polska współwinna II wojnyświatowej, sprawy pomnika nie zapomnimy," September 25, 2015, https：//tvn24.pl/swiat/ambasador-rosji-w-polsce-w-rozmowie-z-reporterka-czarno-na-bialym-ra580483-3314186.

和军事形式的威胁。①

通过对比克里米亚危机发生前后波兰外长西科尔斯基在年度外交政策报告中对于俄罗斯的政策表述，可以明显看到波兰对俄政策的战略定位和态度发生了大幅度的转向。2013年西科尔斯基对波俄关系的定调是，需要进一步发展两国贸易、社会和人文关系，以及地区和地方政府间的合作。他还肯定了"波兰—俄罗斯对话与谅解中心"在双边和解进程中发挥的重要作用，以及地方政府间论坛对地方合作的促进意义。与此同时，西科尔斯基再次表达了希望俄方归还卡钦斯基总统失事飞机残骸及与之相关的坠机文件的愿望，还表示愿意与俄罗斯在此案件的调查中继续强化合作。可见，波兰对俄罗斯的政策定位仍然是理性而务实的，对俄深化合作，继续推动两国关系的谅解与和解仍然是对俄政策的主流基调。

而在克里米亚危机之后，波兰对俄政策的基调发生了根本性变化。这一点在2014年的外交政策咨文中清晰地体现了出来。西科尔斯基谈道，"俄罗斯在克里米亚危机中的行动明显违反了国家间和平共处的原则。当俄罗斯与国际社会合作，并遵守国际规则时，我们很高兴，并愿意成为第一合作者。反之，当俄罗斯并入邻国领土并以武力相威胁时，我们很快就会作出反应"②。在波兰看来，克里米亚入俄是俄罗斯的武力吞并行为，波兰对公投结果拒不承认。为此，西科尔斯基表示，"对于俄罗斯在乌克兰的所作所为，波兰将与整个西方国家一起作出适当的回应"③。

两国关系恶化主要反映在经济、政治和安全等方面。首先，在政治关系方面，克里米亚危机发生后，波兰连同欧美各国对俄罗斯实施经济制裁，并对一些俄罗斯政府官员和企业家施加限制，使双边的高层政治互动与合作陷入停滞状态。对此，俄罗斯当局对包括波兰在内的欧盟国家的食品出口实行反制裁。这些行为不仅使波兰与俄罗斯的政治关系严重恶化，而且造成了经济问题。另外，克里米亚入俄事件的发生也对波

---

① "National Security Strategy of the Republic of Poland," Ministerstwo Obrony Narodowej, Warsaw, 2014, pp. 20 – 21.

② "Government Information on Polish Foreign Policy in 2014," in *Yearbook of Polish Foreign Policy 2011 – 2015*, Polski Institut Spraw Międzynarodowych, Warszawa, 2020, p. 59.

③ "Government Information on Polish Foreign Policy in 2014," in *Yearbook of Polish Foreign Policy 2011 – 2015*, Polski Institut Spraw Międzynarodowych, Warszawa, 2020, p. 59.

兰和北约的安全战略产生了重要影响。最直接的变化是，2014年北约威尔士峰会确定了新的防御目标，即加强北约东翼国家的安全防御，具体行动指南包括：建立一支快速反应部队，并提高北约成员国的防务开支标准，在未来10年内要求各成员国将防务开支增加到本国GDP的2%。[1]美国海军上将詹姆斯·斯塔夫里迪斯（James Stavridis）甚至将2014年的峰会描述为自柏林墙倒塌以来最重要的一次峰会。[2]北约峰会的召开统一了对俄的"战线"，加剧了西方与俄罗斯之间的军备竞赛。作为回应，俄罗斯在2015年加强了在西部军区[3]的战略部署，增加了一个装甲师和机械化师的兵力。[4]此外，波兰还于2014年关闭了其驻塞瓦斯托波尔总领馆，取消了在俄罗斯举办的波兰年。外交关系也在2014年随之恶化。10月，波兰驱逐了3名俄罗斯外交官，指控他们从事情报活动。作为回应，11月，俄罗斯驱逐了4名波兰外交官。自此之后，双边定期举办的政府经济合作委员会、地区论坛，以及由外交部主持的"俄罗斯—波兰合作战略委员会""俄罗斯—波兰地方论坛""波兰—俄罗斯疑难事务小组"等机制都受到了影响，其中一些已经暂停了运作。在两国政府高层互动方面，2014年，波俄两国元首参加加里宁格勒州举办的波俄德三边会议[5]以及在巴塞尔举行的欧洲安全与合作外长理事会之后，两国高层互动与合作也按下了暂停键。步入2015年，两国关系持续下滑。2009年，二战

---

[1] Jan Techau, "The Politics of 2 Percent: NATO and the Security Vacuum in Europe," Carnegie Europe, September 2, 2015, https://carnegieeurope.eu/2015/09/02/politics-of-2-percent-nato-and-security-vacuum-in-europe-pub-61139.

[2] Kim Hjelmgaard, "NATO Summit 'Most Important' since Fall of Berlin Wall," USA Today, August 31, 2014, https://www.usatoday.com/story/news/world/2014/08/31/nato-summit-heads-of-state-newport-wales/14524803/.

[3] 西部军区于2010年由莫斯科军区和列宁格勒军区组成，约有30万兵力。参见Anna Maria Dyner, "Russia's Western Military Capabilities," PISM, June 13, 2016, https://pism.pl/publications/Russia_Beefs_Up_Military_Potential_in_the_Country_s_Western_Areas。

[4] Anna Maria Dyner, "Russia's Western Military Capabilities," PISM, June 13, 2016, https://pism.pl/publications/Russia_Beefs_Up_Military_Potential_in_the_Country_s_Western_Areas.

[5] 在会谈中，波兰外长还提议组织一次关于波兰和解的三方历史会议，以波兰人与德国人之间、德国人与俄罗斯人之间的和解为例。外长们利用来自波兰、德国和俄罗斯的伙伴城市的独特经验，提议组织一个参与这种合作的伙伴城市论坛。参见"spotkania Trójką ta Królewieckiego w Warszawie (komunikat)," MSZ ws., May 10, 2013, https://finanse.wp.pl/msz-ws-spotkania-trojkata-krolewieckiego-w-warszawie-komunikat-6116042352773249a。

爆发70周年纪念仪式在格但斯克举行时，波兰政府专门向俄罗斯发出邀请，两国共同参加了这一纪念仪式，并发表了具有相互谅解意义的讲话。2015年，在波兰举办的庆祝奥斯维辛集中营解放70周年仪式上，俄罗斯却没有收到波兰的邀请。

其次，在经济关系方面，与2013年和2014年相比，2015年波兰对俄罗斯的进出口贸易额出现了明显下滑。波兰在俄罗斯对外出口对象国的货物占比中由2014年的第六位下降至2015年的第七位。2015年俄罗斯从波兰的进口额为727亿兹罗提，与2014年相比减少了26%以上，与2013年相比减少了32.5%。俄罗斯在波兰对外出口对象国的货物占比中也出现了下跌，2015年俄罗斯在波兰出口对象国中的份额仅为2.9%（2013年为5.3%）。2015年波兰对俄出口贸易额为215亿兹罗提，较2014年下跌了27%，与2013年相比减少了37%。[①]

欧盟的制裁政策也对波兰与俄罗斯的经济关系产生了重大影响。2014年，欧盟根据三项理事会条例（第269/2014号、第476/2014号和第833/2014号），与美国、加拿大和日本一起，对俄罗斯实施了部门制裁。这些制裁是对俄罗斯合并克里米亚行径的回应。作为回应，根据2014年8月6日第560号俄罗斯联邦总统令（关于实施一些特殊经济措施以确保俄罗斯联邦安全）和2014年8月7日第778号俄罗斯联邦政府决议，俄罗斯对从欧盟国家、美国和加拿大进口的某些农产品和食品、农业原料和其中的食品实行禁运。[②] 俄罗斯对欧盟施加的经济制裁给波兰经济带来了明显损失。2004—2013年，波兰对俄罗斯的出口增长了3倍多，达到81亿欧元以上，而2014年却减少了14%，回落到71亿欧元。其中，农产品和食品生产门类受到的打击最大，两类产品对俄出口减少了30%，损失近4亿欧元。排在第二位的是电气机械类，同比对俄出口降低了约15%，损失近5亿欧元。在波兰最重要的农产品和食品采购商名单中，俄罗斯2013年一度成为波兰的三大采购商之一，仅次于德国和

[①] "Obroty handlu zagranicznego ogółem i według krajów1 I - XII 2014 r.（dane wstępne），" Polski Urząd Statystyczny, https：//stat. gov. pl/obszary-tematyczne/ceny-handel/handel/obroty-handlu-zagranicznego-ogolem-i-wedlug-krajow-ixii-2014-r-dane-wstepne, 1, 29. html.

[②] *Yearbook of Polish Foreign Policy 2011 - 2015*, Polski Institut Spraw Międzynarodowych, Warszawa, 2020, p. 206.

英国，而在 2014 年之后这一位次下降到第 7 位。在受到对俄出口下滑影响的农产品中，受到冲击最大的农产品门类是苹果，2014 年波兰苹果对俄罗斯的出口量下降了 46%。虽然，波兰进一步扩大了对白俄罗斯、哈萨克斯坦和罗马尼亚等国的苹果出口，但出口量仍然下降了约 22%。①

三 对波俄关系恶化的反思

长期以来，对俄政策始终作为波兰外交政策的首要议题之一，某种程度上，波兰在安全方面"拥抱"美国的战略取向正是受到来自俄罗斯威胁态势的驱动。俄欧关系走向务实合作的发展道路时，彼此间的战略互信不断升高，波兰作为欧盟最东部的成员国之一也将从中受益。反之，当俄欧之间发生重大利益分歧甚至冲突时，首当其冲的国家同样是波兰，其他受到安全威胁的国家还包括与俄罗斯领土毗邻的波罗的海三国。当然，波俄关系也可视作俄欧关系的晴雨表，通常情况下，一旦波俄关系陷入安全困境，俄欧关系也会随之紧张起来。图斯克政府第二任期以来，两国的和解之路虽然波折不断，但总体的务实合作方向并未因此而发生逆转。双方在涉及彼此的重要关切问题上，尽量释放善意，和解的主动意愿始终都在。

虽然如此，斯摩棱斯克事件的发生还是不可避免地对波兰社会、国内政局以及中波关系带来了不可忽视的冲击。正如西科尔斯基在回忆录中所述：

> 在斯摩棱斯克之前，欧洲开始有人说，波兰与俄罗斯关系秉持实用主义理念的民族和解之路，可以成为化解俄罗斯与其他相邻国家之间不稳定关系的灵感。原因是两国在关系正常化方面的尝试正在使波兰能够克服后殖民主义的恐惧以及对俄罗斯根深蒂固的历史偏见。如果没有斯摩棱斯克事件，波俄关系解冻的时间会走得更远

---

① "Polska 2015," in Justyna Zając, *Poland's Security Policy: The West, Russia, and the Changing International Order*, London: Palgrave Macmillan, 2016, pp. 153–154.

一些。同样地，俄欧关系或许也是如此。①

然而，这种灾难的发生似乎暗示了两国关系的历史宿命，这种宿命论以其不可估量性再次将两个"正在为和解而羞于迈出步伐的国家推开"。如果这场灾难没有发生的话，时任波兰总统，民族主义者莱赫·卡钦斯基将成功飞抵卡廷，并发表关于呼吁继续波俄民族和解进程的演讲：

> 我们应该在更加紧密团结各国的道路上继续走下去，不能就此止步，也不能回头。然而，这条和解之路需要明确的标志。在这条道路上，我们需要的是伙伴关系，是平等对话，而不是帝国主义的渴望。我们需要考虑共同的价值观：民主、自由、多元化，而不是势力范围。②

需要注意的是，卡钦斯基作为一个民族主义者，与其任职反对党（法律与公正党）党魁的孪生弟弟向来对俄罗斯怀有强烈的不信任，历史问题被其当作现实的政治，挥之不去。这样一种情感在波兰具有广泛的民意基础。因此，波俄关系的和解进程要想走得更远，更需要波兰反对派的转变。可以说，如果斯摩棱斯克事件没有发生，卡钦斯基在卡廷行将发表的演讲将成为波俄关系和解进程中的一个里程碑，一种象征。但事与愿违，这一事件使波兰的部分民族主义者放弃了对俄罗斯的幻想和期望。甚至，这一事件被一些极端民族主义者及其政治反对派视为一场由图斯克政府和俄罗斯方面共同设计的政治阴谋。这也为2015年法律与公正党获胜之后的波兰外交走向埋下了伏笔。

当然，历史无法假设，也不可能假设。之所以去梳理和演绎斯摩棱斯克事件的背后故事，在于这一事件的发生与克里米亚危机的爆发以及波兰政治精英和民众看待俄罗斯的态度具有重要的关联性。由于这一事

---

① Sikorski Radosław, *Polska może być lepsza*, Kraków: Społeczny Instytut Wydawniczy Znak, 2018, s. 121–124.

② Sikorski Radosław, *Polska może być lepsza*, Kraków: Społeczny Instytut Wydawniczy Znak, 2018, s. 121–124.

件的爆发，使得原本波俄之间尚未化解的历史矛盾雪上加霜。如同波兰往届政府在卡廷事件上的态度一样，图斯克政府也要求俄罗斯归还所有与斯摩棱斯克坠机相关的资料，包括飞机黑匣子、遇难者遗物等。但俄罗斯方面出于种种考虑始终未提供飞机残骸和黑匣子等重要物件，这也是两国在此事件的分歧点。

事实上，关于西科尔斯基的对俄政治认知和政策主张值得作以简单的背景介绍，原因是他在年轻时本是激进的保守派和亲美派，在法律与公正党政府执政期间（2005—2007）曾出任国防部部长一职，与卡钦斯基兄弟的国防安全理念颇为一致，属于对俄强硬派。有意思的是，图斯克却提名了一个前任反对派政府的国防部部长为外长，事实证明西科尔斯基与图斯克的节拍非常一致，一起共事了整整七年，这是波兰转轨以来的历届政府中绝无仅有的现象。他自2007年担任外长一职起，先后参与了格鲁吉亚危机、斯摩棱斯克事件、克里米亚危机等多个横在波俄之间的重大外交危机的谈判，也先后与俄罗斯总统、总理以及外长都有过面对面的谈话或交锋，因而对图斯克政府期间（2007—2014）波俄关系的演变历程印象深刻。

西科尔斯基在回忆录中谈及波俄关系时直言不讳地指出："当前，我们与俄罗斯的关系不可能变好。因为，波俄之间存在着太多的利益冲突。我们想要乌克兰、白俄罗斯、摩尔多瓦等国加入欧盟。相反，俄罗斯想把这些国家留在自己的势力范围内。"[1] 需要说明的是，这段评述是在克里米亚危机之后写下来的，换句话说，图斯克政府一开始是希望缓解对俄关系，在其任期的七年里，波俄关系虽然经历了重启、俄格冲突和斯摩棱斯克的考验，但终因克里米亚危机的爆发而彻底毁坏。双方在其他方面的利益冲突还包括：波兰希望看到俄罗斯转型成一个民主化国家，但俄罗斯的发展方向却并不符合波兰期待。波兰想要美国增加在东欧的军备，而俄罗斯坚决反对。同时，波兰也希望俄罗斯可以成为西方社会的一员，但俄罗斯想要独立发展。能源问题和历史纠葛也是引发双方利益冲突的重要原因。

---

[1] Sikorski Radosław, *Polska może być lepsza*, Kraków: Społeczny Instytut Wydawniczy Znak, 2018, s. 90.

此外，在西科尔斯基看来，管控波俄利益分歧的三个重要原则是：第一，不能事先假设俄罗斯对波兰是一种威胁，而应该考虑俄罗斯可以给波兰带来什么好处。第二，应该以尊重的态度讨论俄罗斯问题，而不是受到负面新闻报道的干扰。第三，最好的方式是采取积极的态度，并等待对方的回应。图斯克执政以来，其外交部释放出想要与俄合作的信号。但对于波兰而言，与其他国家开展对话与合作所面临的困难不在于他者，而在于波兰看待他者的方式。[①]

第二节 对美政策：重新强化对美国的安全倚重

一 寻求扩大美国在波的军事存在

在克里米亚危机发生之后，一度降温的波美关系迅速升温。对于美国而言，中东欧盟友的安全直接关系到跨大西洋联盟的团结性，以及美国在欧洲的主导权；一旦中东欧盟国的领土完整遭受侵蚀，美国在欧洲的主导地位将受到严峻挑战。对于波兰而言，与美国保持与强化牢固的同盟关系是其安全政策的主要支柱之一。另外几个支柱还包括国防体系现代化建设、欧盟共同安全与防务政策、北大西洋公约等。

克里米亚入俄事件成为波美强化军事合作的驱动因素。一方面，波兰援引北约第五条呼吁增强联盟在东部国家的军事存在和威慑能力。另一方面，美国作为北大西洋联盟的领导者，有保证盟友安全的集体防御义务。因此，自2014年3月之后，美国在波兰进一步扩大了军事存在。主要内容包括：其一，美国和北约增加在波兰的轮换部队。其二，美国在航空支队行动框架内，为瓦斯克空军基地增派了多用途的12架F-16飞机，一架一次性执行任务的AWACS侦察机，并增派了250名美国士兵。其三，延长在波兰的轮换部队驻扎时间。其四，3月14—15日，应波兰政府的邀请，美国向波兰瓦斯克空军基地派遣了十名空军人员，涵盖了几个必不可少的职业领域，其中包括：C-130大力神和F-16猎鹰战机教练员，航空航天地面部队，机组长、维修官、合同工、后勤空军、

[①] Sikorski Radosław, *Polska może być lepsza*, Kraków：Społeczny Instytut Wydawniczy Znak，2018，s. 92-93.

两名通信飞行员和一名补给飞行员。该航空支队于 2012 年 11 月启动，由一小批空军人员组成，标志着美国军事人员在波兰土地上的首次持久存在。① 美国与波兰在瓦斯克空军基地进行联合训练演习，加强了与波兰的军事合作和互操作性。其五，美国空军支队在波兰的存在也使波兰有可能接纳其他盟国空军人员，并成为地区性的空中训练和多国演习的中心。它们还促进并实现了美国和波兰的联合训练和演习，以增加对北约的空中支援。此外，波兰还扩大了与美国的长期合作，特别是通过购买美国装备以实现其武装部队的现代化。②

2014 年 6 月，美国总统奥巴马访问了波兰，此行具有多重意义。其一，2014 年正值波兰转型 25 周年，奥巴马受邀参加了庆典仪式，彰显了美国对于其所谓的西方"自由民主世界"的坚定捍卫与大力支持。其二，此访是对中东欧盟友安全保证的再承诺，坚实了跨大西洋同盟关系的根基。其三，旨在增强对于俄罗斯的延伸威慑能力。奥巴马明确表达了对于 2014 年乌克兰新政府上台的坚定支持，并对俄罗斯的"进攻性"政策予以强烈谴责。另外，此访也标志着美国中东欧战略的重新调整，主要内容包括：增加在波兰等中东欧盟国的驻军，提高军费开支，扩大对欧洲盟国的能源出口以使其尽可能地摆脱对俄罗斯能源的高度依赖性。

第一，奥巴马在访问华沙期间做出的最重要的承诺之一就是增加美军在中东欧的存在，并要求国会批准 100 万美元用于加强美国参与北约盟国安全的计划。同时，他在接见驻波兰的美军 F16 飞行员时表示："参与波兰和中东欧其他盟国的安全保证任务是我们自身安全的基石。"另外，奥巴马援引北约第 5 条集体防卫条款再次对波兰做出了安全保证承诺，并表示美国将继续推进在波兰的导弹防御系统部署计划。另需注意的是，美国空军将首次在波兰本土实现常驻。同时，奥巴马还借机敦促北约其他成员国提高国防开支，以提高联盟的集体防御能力。对此，波兰总统科莫罗夫斯基予以积极响应。他表示将向波兰政府和议会建议将军队的

---

① Ryan Conroy, "Aviation Detachment Keeps US-Polish Training Running Smoothly," Official United States Air Force, April 1, 2014, https：//www.af.mil/News/Article-Display/Article/475155/aviation-detachment-keeps-us-polish-training-running-smoothly/.

② Ryszard Zięba, *Poland's Foreign and Security Policy*：*Problems of Compatibility with the Changing International Order*, Cham：Springer Nature Switzerland AG, 2020, p. 114.

经费水平提高到 GDP 的 2%。除此之外，奥巴马还在华沙城堡广场发表了重振波兰安全信心的演讲，内容包括"我们有神圣的责任捍卫你们的领土完整，我们会这样做。为了你们和我们的自由，我们现在和永远并肩而立。波兰将永远不会再孤独！"

第二，奥巴马在波兰强烈谴责了俄罗斯在克里米亚危机中的进攻性举动，并表示如果俄罗斯对乌政策不做出改变的话，美国将采取严厉的措施对其施加制裁。正如奥巴马在演讲中所强调的："虽然美国谋求与俄罗斯保持良好合作关系，但绝不能以牺牲基本原则作为代价。历史告诉我们，没有人比波兰人更了解这一点，那就是领土完整、主权和自由得到捍卫的基本原则，这也是欧洲半个多世纪以来享有和平与安全的基石。"

第三，乌克兰问题是奥巴马在访问波兰时谈论最多的话题之一。奥巴马在演讲中多次提及对于乌克兰的支持，也表示美国将为乌克兰的经济与政治转型提供经济援助。

第四，在访问期间，奥巴马反复强调波兰转型的重要性和波兰在历史上的作用，并对波兰抓住历史机遇获得巨大的转型成就表示钦佩。

奥巴马在华沙城堡广场发表讲话的同时，宣布启动"欧洲再保证计划"（The European Reassurance Initiative，ERI）。根据这一计划，美国在 2015 年（行动第一年）拨出 10 亿美元资金，用于开展驻扎、训练和演习、基础设施建设、装备储存、支持伙伴安全部门五个方面的军事活动。应急行动还包括从 2014 年 4 月起为"大西洋决心"行动提供资金。实际上，ERI 是通过加强北约东翼盟国的力量，以回应俄罗斯合并克里米亚的行为。在这一举措中，最重要的决定是美国武装力量将在中欧和东欧国家进行持续性的轮流驻扎。[①] 例如，美国陆军开始定期向波兰和波罗的海国家派遣轮换装甲旅和空降旅；空军为北约波罗的海空中警戒任务增加了更多的 F-15 战机；海军则不断有舰艇循环穿越黑海。与此同时，美国投入 2.5 亿美元改善欧洲军事基地，并开始在波罗的海国家增加成套训练装备。国会还同意增加对非北约伙伴的安全援助拨款，包括格鲁吉亚、

[①] *Yearbook of Polish Foreign Policy 2011–2015*, Polski Institut Spraw Międzynarodowych, Warszawa, 2020, pp. 152–153.

乌克兰和摩尔多瓦。①

作为武装力量现代化升级的一部分，波兰政府还努力开发基于美国"爱国者"导弹技术的维斯瓦防空系统。2014年9月，该方案的分析和概念阶段已经完成。在此基础上，波兰国防部向政府提交了关于实施这一举措的建议，政府于2015年4月21日通过了一份文件，为开始与美国谈判铺平了道路。该项目预计在2025年前获得8个"维斯瓦"防空导弹系统。2015年秋，波兰新政府成立后，就该系统的购买展开了进一步的谈判。按照2014年在威尔士举行的北约峰会上达成的协议，波兰的2015年国防开支将达到每年占GDP2%的水平。它与美国一起，成为履行峰会最后宣言中义务的五个联盟国家之一。②

二 重启在波部署反导系统谈判

在引入反弹道导弹系统问题上，波兰政坛分为两个阵营。一方来自政府最大的反对党——法律与公正党以及时任总统。另一方是由怀疑论者和对美务实派组成，这一阵营主要来自图斯克总理以及波兰的多数民意，他们对引入美国反导系统的项目风险与收益持谨慎态度，特别是对俄罗斯方面的潜在战略反应持有顾虑。图斯克上台时正值小布什政府末期，美国方面希望尽快完成与波兰的反导系统部署谈判，但由于波兰新政府出于对本国利益的维护没有在小布什政府任期内签署相关协定。而在民主党人奥巴马入主白宫之后，美国主动放弃了在波兰部署反导系统这一计划，至此波美双方的反导谈判暂时告一段落。转折点出现在2014年，克里米亚危机的发生使得波兰政府决定重启关于在波兰本土引入导弹防御系统的对美谈判，但依然对美国不断扩大的军事存在保持着一定的理性，这与卡钦斯基兄弟执政期间对于部署导弹防御系统的近乎狂热的态度差别较大。莱赫·卡钦斯基总统甚至说过，他宁愿不当选连任，

---

① Mark F. Cancian, "The European Reassurance Initiative," Center for Strategic and International Studies (CSIS), February 9, 2016, https://www.csis.org/analysis/european-reassurance-initiative-0.

② *Yearbook of Polish Foreign Policy 2011 – 2015*, Polski Institut Spraw Międzynarodowych, Warszawa, 2020, pp. 154 – 155.

也要有一个反导系统。①

与之相反的是,西科尔斯基在回忆录中分享了这样一段话:

> 就波兰与美国关系而言,波兰并不是独一无二的。当我在华盛顿工作的时候听闻过一个外交官的轶事,说作为美国的亲密盟友,就像抱着一只河马。一开始一切都好,河马为你遮风挡雨,给你温暖。你会感到安全和被重视。但迟早有一天,河马会转向一边。它把你压垮了,把你的骨头弄断了。你从痛苦中挣扎出来,尖叫着,陷入恐惧之中。而他甚至都没有注意到他在伤害你。②

这段话可以看出,西科尔斯基本人对将波兰安全完全寄托于美国保证之下持有一定的怀疑态度。正如他在回忆录中谈论波美关系时提到,两个半世纪以来,波兰先后追随法国和英国,但依然没有摆脱历史宿命。③

因此,在波兰本土引入美国反导系统问题上,图斯克政府更为理性一些,力求最大限度地维护波兰的国家利益,而不是不计一切代价的狂热者。在该届政府看来,为了让反导系统有效发挥作用,有必要就驻波美军的地位、军事人员的刑事及民事责任范围、增值税退税和关税等问题进行谈判。西科尔斯基指出:"开始任何谈判之前,我们围绕着反导系统存在很多误解。即使从技术—军事的角度来看,我认为波兰社会从来没有以透明的方式了解过这个项目的本质目的。小布什政府提出的版本中的反导系统是作为美国而非欧洲的战略防御要素。那么为什么不直接建在美国的东海岸呢?因为美国认为只有将其转移到欧洲,才能更早、更有效地拦截洲际导弹。换句话说,该协议将使波兰的部分领土可用于保卫美国的领土。不过,在这个项目的支持者看来,这将导致美国与波

---

① Sikorski Radosław, *Polska może być lepsza*, Kraków: Społeczny Instytut Wydawniczy Znak, 2018, s. 134 – 136.

② Sikorski Radosław, *Polska może być lepsza*, Kraków: Społeczny Instytut Wydawniczy Znak, 2018, s. 134 – 136.

③ Sikorski Radosław, *Polska może być lepsza*, Kraków: Społeczny Instytut Wydawniczy Znak, 2018, s. 129 – 130.

兰的利益相联系。他们明白，一旦波兰受到威胁，美国的防务也会受到威胁，所以美国人必须进行干预。"①

　　美国在波兰部署反导系统并不是一帆风顺的，早在 2005—2008 年，时任波兰外交部副部长维托尔德·瓦什奇科夫斯基（Witold Waszczykowski）作为卡钦斯基兄弟执政时期与美国就在波兰建造反导系统的主要谈判者，其在波兰电视台 TVN24 品牌栏目"事实后的事实"（Fakty po Faktach）中谈道："反导系统根本不是图斯克政府创建的。2008 年 7 月 4 日，图斯克新政府拒绝了已经谈判达成的波美协定。图斯克总理认为该协议并未给波兰安全带来任何新变化。"他还补充说，在俄格冲突期间，图斯克政府虽然迅速签署了该协议，但未正式批准。同样，2014 年 6 月，波兰外长西科尔斯基与财政部前部长雅采克·罗斯托夫斯基（Jacek Rostowski）交谈时直言不讳地指出："波美同盟毫无价值。它甚至有害，因为它在波兰制造了错误的安全感。我们与德国和俄罗斯发生矛盾，我们认为一切都很好，只是因为得到美国的青睐。我们是十足的傻瓜。"② 此番评论遭到不明人士的录音并由波兰周报（Wprost）披露到媒体上，引发了广泛的讨论。例如，美国著名杂志《国家利益》（The National Interest）对西科尔斯基的观点进行了评述，甚至批评。该杂志作者驳斥了西科尔斯基的观点，认为美国在军事上的支出占 GDP 的 4% 以上，占北约成员国防总支出的 3/4。北约对各成员国军费投入的期望目标是占各国 GDP 的 2%，但 2014 年各成员国军费投入平均水平仅为 1.6%。虽然波兰近年来一直在努力提高国防开支，2014 年达到了 GDP 的 1.8%。但总体而言，美国对北约直接支出的贡献几乎是波兰的十倍。然而，美国需要重新评估其对于欧洲盟友，尤其是对于波兰提供的安全公共产品。比如"西科尔斯基对波美同盟关系的评论在美国应该是一个警钟。华盛顿在欧洲和其他地方积累了许多安全方面的搭便车者。然而，那些牙齿紧紧地咬在美国奶嘴上的人似乎对美国的尊重最少。在这种安排中，真正的傻瓜是

---

①　"Obama w Polsce," Tvn 24, 1 czerwca 2014, https：//tvn24.pl/raporty/obama-w-polsce-rr846-2590058.

②　"Sikorski：Sojusz polsko-amerykański jest nic niewarty," Jest szkodliwy, 22 czerwca 2014, https：//www.rmf24.pl/raporty/raport-podsluchy-tasmy-wprost/fakty/news-sikorski-sojusz-polsko-amerykanski-jest-nic-niewarty-jest-sz, nId, 1446615.

华盛顿。美国应该重新考虑保护谁，与谁对立，为那些对美国提供有意义的东西的国家保留'有价值的'联盟。"① 撰写这篇文章的作者道格·班多（Doug Bandow），是美国著名的五大保守派智库之一卡托研究所（Cato Institute）的高级研究员，曾任美国前总统罗纳德·里根（Ronald Reagan）的特别助理。从某种程度而言，班多的观点反映了美国部分政治精英对跨大西洋同盟关系中美国安全公共产品提供中成本与收益的不对称思考。换句话说，美国是北约最大的安全公共产品提供者，但却助长了一些理所当然的"搭乘便车者"，并且对美国的意图持怀疑态度。从中也可看出，波美同盟关系的本质依然是由国家利益驱动的。当波兰的统治精英站在更理性的角度估算波兰的成本与收益时，波美同盟关系的不对称性会充分暴露出来。相对于美国而言，波兰在这对关系中的地位是毫无竞争力的，这也是为什么波兰战略家会对波美同盟做出如此赤裸的评述。

第三节 对欧政策：协调对俄的一致立场

一 呼吁对俄制裁与对乌援助

克里米亚入俄事件的发生彻底重塑了波俄、美俄以及欧俄关系。从系统论角度出发，这三组关系之间又彼此关联，相互影响。相较于波兰而言，欧盟、俄罗斯以及美国是中东欧大棋局博弈中的主要棋手。乌克兰的地缘格局变动直接牵动波兰的敏感神经，也动摇了整个中东欧棋局的稳定性。作为处在欧盟和北约最东部且与俄罗斯直接毗邻的前沿阵线国家之一，波兰对来自俄罗斯方面的威胁感知与德国、法国以及英国等老牌欧盟成员国之间存在明显差异。较之于以上几国和其他西欧国家而言，波兰和其他中东欧国家就是一条横亘在西欧与俄罗斯之间的缓冲地带，这导致来自西欧的主要大国在克里米亚危机事件上的对俄政策主张与波兰存在较多分歧。可以说，波兰是主张对俄罗斯进行最严厉制裁的

---

① Doug Bandow, "Is Poland's Alliance with America 'Worthless'?" *The National Interest*, June 25, 2014, https：//nationalinterest. org/feature/poland% E2% 80% 99s-alliance-america-worthless-10748.

坚定倡导者，也是主张对乌克兰进行全方位援助的主要支持者。

2014年克里米亚入俄事件的发生使得图斯克政府后期的对欧政策主要围绕乌克兰问题展开。总结起来，欧盟内部成员国的主要共识与分歧点聚焦在以下两个方面：

一方面，在克里米亚事件爆发的原因及其对俄的基本态度上达成了共识。欧盟成员国认为，亚努科维奇政府暂停与欧盟签署联系国协定的行为以及俄罗斯试图将乌克兰纳入其倡导的欧亚经济联盟，进而巩固和维持其在乌克兰的传统影响力，是导致危机爆发的主要原因。他们还一致认为，克里米亚入俄事件违反了国际法，并对俄罗斯幕后支持乌克兰东部亲俄分裂主义组织予以谴责。以上共识使得欧盟在对俄政策上采取了有限统一态度，比如欧盟对克里米亚归属俄罗斯的既成现实不予承认，并对该行径表达了强烈谴责。① 具体举措包括：自2014年3月起，欧盟实行不同类型的限制措施。第一，外交措施。取消2014年欧盟—俄罗斯峰会，并决定不举行定期双边峰会。与俄罗斯就签证事宜以及关于新的《欧盟—俄罗斯协议》的双边谈判均被暂停。值得注意的是，2014年6月4—5日原本计划在俄罗斯索契召开的G8峰会转变成了在布鲁塞尔召开的G7峰会，俄罗斯自此之后被排除在了G7集团之外。第二，个人限制措施。这项举措主要内容包括资产冻结和旅行限制，其中包括177人和48个实体遭到了资产冻结和旅行禁令。该措施于2014年3月开始实施，有效期至2021年3月15日。第三，与克里米亚和塞瓦斯托波尔的经济关系受到限制。这包括禁止与俄罗斯并入的克里米亚和塞瓦斯托波尔进行进出口商品交易，并限制与该地区某些经济部门和基础设施项目有关的贸易和投资。第四，针对与俄罗斯在特定经济领域的往来施加经济制裁。这些限制性措施包括：限制某些俄罗斯银行和公司进入欧盟一级和二级资本市场的机会；对武器交易颁布进出口禁令；减少俄罗斯获得某些可用于石油生产和勘探的敏感技术和服务的机会等。第五，欧盟领导人于2014年7月引入对经济合作的限制。例如，欧洲投资银行被要求中止在

---

① Justyna Zając, *Poland's Security Policy: The West, Russia, and the Changing International Order*, London: Palgrave Macmillan, 2016, p. 167.

俄罗斯联邦开展新的融资业务。①

同时,从2014年春季开始,欧盟加大了对乌克兰经济和政治改革的支持力度。其中扮演主要角色的国家是波兰、德国和法国。这三个国家通过"魏玛三角"合作机制在克里米亚危机中多次协调立场,制定危机应对之策。2014年2月,波、德、法三国外长成功地促成了时任乌克兰总统亚努科维奇与反对派代表之间的协议。但由于波兰在乌克兰问题上的立场过于激进,加之乌克兰东部局势不断升级,导致其在此后的德、法、俄、乌四方谈判中被排除在外。其中一个原因就是德、法与波兰在对俄谈判上的立场具有明显分歧。尽管新任波兰外长格热戈日·谢蒂纳(Grzegorz Schetyna)一再表示,解决乌克兰问题的最佳途径是通过"魏玛三角"展开协商与斡旋,但波兰没有再被邀请加入谈判桌。②

另一方面,在欧盟整体层面对乌克兰立场达成有限共识的背后,基于对俄地缘毗邻度、历史记忆、精英认知的不同,内部成员国之间存在的显著分歧也随着克里米亚危机局势的不断升级充分暴露了出来。在欧盟成员国中,没有任何一个国家能够像波兰一样对这场危机予以如此大规模、大力度的声援。就像2008年在格鲁吉亚危机爆发之时,波兰总统卡钦斯基飞抵格鲁吉亚首都第比利斯毫不掩饰地对俄罗斯在格鲁吉亚的军事行为进行强烈谴责,并联合中东欧国家一起声援格鲁吉亚。历史总是惊人的相似,虽然来自反对派的卡钦斯基总统在斯摩棱斯克空难中不幸去世,新上任的总统与总理图斯克在对俄政策上达成了共识,主张持续改善波俄关系,但克里米亚入俄事件之后,波兰国内的民族主义情绪和恐俄心理再度加剧,以至于主张对俄友好的统治精英的政策立场也被迫转向疑俄和制俄方向。以上使得波兰成为欧盟内部对俄政策的鹰派,持同样立场的国家还有波罗的海国家,它们强烈呼吁对俄采取果断行动,全方面施加制裁。这种久已有之的疑俄和反俄情绪,或多或少带有极度情绪化的色彩在内,从而传导到对俄政策层面,表现出矛盾不可调和的

---

① "EU Restrictive Measures in Response to the Crisis in Ukraine," 2014, https://www.consilium.europa.eu/en/policies/sanctions/ukraine-crisis/.

② "Polska, jest bezpieczna. Nie była w ZSRR," Rzeczpospolita, 2015, https://www.rp.pl/artykul/1186267-Polska-jest-bezpieczna---Nie-byla-w-ZSRR---rozmowa-z-Grzegorzem-Schetyna.html.

立场。在波兰看来，西方在解决克里米亚危机中的每一次妥协都是外交软弱的表现。2015 年 5 月，科莫罗夫斯基总统甚至将解决克里米亚危机的外交尝试与 20 世纪 30 年代西方大国对波兰推行的绥靖政策相提并论。①

具体而言，包括法国和德国在内的其他欧盟国家采取了较为温和的立场。相较于波兰一直要求俄罗斯将克里米亚归还给乌克兰而言，德国和法国似乎已经默许了这种既成事实。在它们看来，克里米亚入俄已经坐实，几无可能改变这种现状，要想与俄罗斯重回谈判桌，以外交手段解决乌克兰问题，必须互有让步。因而，它们在归还克里米亚领土问题上并没有作出坚定且不可退让的声张。最终，在德国总理默克尔和法国总统奥朗德的斡旋下达成了明斯克一号协议（2014 年 9 月 5 日）和明斯克二号协议（2015 年 2 月 12 日）。这从侧面反映了德法在克里米亚领土问题上的政治认知，那就是对乌克兰东部分离主义分子提出的某些政治诉求表示理解，比如东部地区要求自治而进行的全民公投行为，而波兰政府则反对这一行为，认为这是俄罗斯肢解乌克兰国家的行为。

在对俄制裁方面，波兰是要求对俄罗斯实施最严厉制裁的国家之一。2014 年，波兰总理图斯克和外长西科尔斯基多次呼吁对俄罗斯实施制裁，尤其是随着乌克兰东部局势的升级，波兰的诉求更加迫切。虽然，欧盟扩大了对俄制裁范围，但德国和法国在对俄施压程度上持有不同看法，它们认为过于严厉的制裁可能会破坏俄罗斯的稳定，这是不可取的。② 其他欧盟成员国，如西班牙、意大利、塞浦路斯和希腊，还有保加利亚、捷克、斯洛伐克和匈牙利，也积极看待取消对俄制裁的想法。此外，在对乌克兰提供援助的议题上，成员国内部也有分歧。波兰是少数赞成向乌克兰提供防御性武器的国家之一，虽然这种想法主要来自国内反对派政治人物。2015 年 5 月 1 日，波兰国内最大的反对党——法律与公正党的总统候选人安杰伊·杜达（Andrzej Duda）被问及是否有可能派遣波兰

---

① "Bronisław Komorowski: Lekcja historii," Rzeczpospolita, 10 maja 2015 r., https://www.rp.pl/artykul/1199878-Bronislaw-Komorowski--Lekcja-historii.html.

② "On the German Stance towards EU Sanctions against Russia," in H. Kundnani, "Leaving the West Behind," Foreign Affairs, 2015, Vol. 94, No. 1, pp. 108 – 116.

士兵介入乌克兰事务，得到的答复是"应该予以考虑"。"团结工会"的联合创始人之一比格涅夫·布扎克（Zbigniew Bujak）同样表示支持向乌克兰派遣波兰士兵。在他看来，"如果波兰士兵在乌克兰东南部的顿涅茨克作战，那就太好了。因为这将表明，波乌正在建立一个深刻、持久的战略联盟，这不仅将确保我们的安全，而且还将保证欧洲的安全"①。

相反，德国和法国坚决拒绝这一想法，担心这会导致冲突的进一步升级。两国也拒绝武装干涉乌克兰的想法（例如动用北约部队），而在波兰，有政治家对武装介入克里米亚危机持认同态度，这显然与德法的政治考量相悖。同时，在对乌克兰未来是否有可能成为北约成员国问题上，波兰也与大多数西方欧盟成员国持不同看法，积极支持乌克兰在可预见的未来加入北约。2014年12月17日，乌克兰总统波罗申科在波兰众议院宣布，乌克兰将寻求放弃与任何军事联盟无关的国家地位，波兰议员以掌声欢迎，这被解读为乌克兰加入北约的第一步。波罗申科总统代表乌克兰参加了2016年北约华沙峰会。

更重要的是，在乌克兰未来发展方向方面，即使与俄罗斯在克里米亚危机上恶化了关系，波兰仍然坚持持续推动乌克兰的入欧进程。为此，波兰政府曾努力在2015年5月的东部伙伴关系里加峰会上通过了一项宣言，声明已签署联系国协定的欧盟伙伴国（乌克兰、摩尔多瓦和格鲁吉亚）将有机会在可预见的未来成为欧盟成员国。然而，这些努力并没有获得成功，主要原因是没有得到西欧大国的支持。2015年2月以来，法国驻莫斯科大使扬·莫里斯·里珀（Jan Morris Ripper）在接受国际文传电讯社采访时，呼吁欧盟国家不要让俄罗斯完全孤立。他强调，"无论对乌克兰局势的评估有何不同，当前俄罗斯与欧盟的接触都应有所改善。俄罗斯需要我们，我们也需要俄罗斯"②。

在德国方面，默克尔对俄罗斯并入克里米亚以及对乌克兰东部的军

---

① "Polscy żołnierze na Ukrainie? Duda: należałoby to rozważyć," TVN 24, 22 stycznia 2015, https://tvn24.pl/duda-nalezaloby-rozwazyc-wyslanie-polskich-zolnierzy-na-ukrainie,508188,s.html? h = 1d94.

② "Kryzys w Rosji. Paryż obiecuje Moskwie pomoc w odbudowie kontaktów z Unią Europejską," Money.pl, 2015, https://www.money.pl/gospodarka/unia-europejska/wiadomosci/artykul/kryzys-w-rosji-paryz–obiecuje-moskwie-pomoc,145,0,1871761.html.

事介入作出了强烈反应。在克里米亚入俄事件发生后，默克尔明确表示，俄罗斯违反了国际法，欧盟需要一套共同的核心价值观，否则任何伙伴关系都将无法发挥作用。在基本政策立场上，默克尔曾试图劝说普京取消克里米亚公投，但劝说未果。随着克里米亚事件的发生，德国从欧盟的统一立场出发出台了有限的制裁政策，表示如果俄罗斯在乌克兰采取进一步的军事行动，将遭受更广泛的制裁。默克尔也曾对乌克兰新政府表示支持，支持推动乌克兰与欧盟的紧密关系。同时，在能源安全上，她也支持建立欧洲的能源联盟，采用新的方案以减少对俄罗斯的依赖。① 但这一切都未改变德国对俄政策的基本立场，即从中长期来看，与俄罗斯的合作关系仍然符合德国的战略利益。由此来看，在可预见未来，寻求与俄罗斯的务实合作关系仍然是德法在解决克里米亚危机事件上的主要立场，因而其在与俄罗斯谈判的过程中更多的是"息事宁人"的姿态，即维持现状，避免事态扩大化。从格鲁吉亚危机到克里米亚危机，德法两国从某种程度上更深刻地认识到俄罗斯在欧盟和北约东扩上的战略底线。因此，两国对未来乌克兰、格鲁吉亚、白俄罗斯等东部伙伴关系的对欧关系预期有所下调，但这一点恰恰是波兰所不能接受的。

二 倡导确立欧盟共同能源政策

波兰政府一直是欧盟共同能源政策的主要倡导者，旨在降低对俄罗斯的能源依赖。克里米亚危机的发生坚定了波兰的能源立场和政策步伐。2014年4月，时任总理图斯克建议成立欧盟"能源联盟"，即由一个欧洲机构为所有成员国购买天然气，而不是当前的双边谈判和合同制度。这种能源联盟还将包括"团结机制"，可以在成员国供应中断的情况下互相帮助。②

自2015年1月1日起，拉脱维亚接任欧盟理事会轮值主席国一职，其确定了为期半年的工作计划，包括以下优先行动：第一，促进欧盟的

---

① Tuomas Forsberg, "Merkel, Putin and German Foreign Policy towards Russia," *International Affairs*, Vol. 92, No. 1, 2016, pp. 29–30.

② "Poland and Its Relations with the United States," March 11, 2016, https://www.every-crsreport.com/reports/R44212.html.

竞争力，这是经济增长和就业的关键；第二，充分挖掘欧洲经济的数字潜力；第三，加强欧洲联盟在世界上的作用。此外，建立具有前瞻性的气候政策和能源安全联盟也是这届轮值主席国计划推动的战略重心。① 拉脱维亚倡导的实施方案是由欧盟委员会以统一身份在能源采购中发挥影响力，以加强欧洲与能源供应商在谈判中的议价地位。而投资和升级能源基础设施是促进欧洲能源独立的重要因素之一。对此，拉脱维亚以主席国身份表示，将通过支持发展波罗的海地区国家之间的天然气和电力互联，利用液化天然气（LNG）终端来创造更多元化的能源供应。②

根据欧盟的通报，能源联盟概念的发展将以五个同等重要且相辅相成的支柱为基础：基于团结和信任原则的供应安全；竞争性和完善的内部能源市场；减少能源需求（提高能源效率）；绿色经济（经济脱碳化）；创新和市场竞争力。其中波兰提出的建立能源联盟的倡议引起了广泛而深入的讨论，成为欧盟下一步能源政策的重要议程之一。在拉脱维亚担任轮值主席国期间，波兰强调欧盟面临的主要挑战是确保对欧盟的能源供应安全，特别是天然气，其供应应该由市场而不是政治因素决定。欧盟能源政策应支持欧盟各经济体的经济发展和市场竞争力，并以负担得起的价格向欧洲消费者提供安全的能源。

在建立欧洲能源联盟的议题上，波兰提出了几项重要标准：使用欧盟自己的能源资源，包括煤炭和天然气（如通过使用清洁煤炭技术）；充分挖掘欧盟成员国内具有发展潜力的可再生能源；确保成员国之间电力和天然气的互联互通；强化成员国之间在能源方面的协调与合作机制，并在危机发生时本着真正的团结精神采取统一行动；以及提高天然气市场的透明度。

2015年2月6日，针对欧洲当前的地缘政治形势和成员国对加强欧盟能源独立性的期望，欧盟在里加召开了关于"能源联盟概念"的高级

---

① Dora Boytha, "Priority Dossiers under the Latvian Presidency," European Parliament, December 2014, https：//www.europarl.europa.eu/EPRS/Briefing-Latvian-Presidency_PE% 20539.071-rev.pdf.

② Dora Boytha, "Priority Dossiers under the Latvian Presidency," European Parliament, December 2014, https：//www.europarl.europa.eu/EPRS/Briefing-Latvian-Presidency_PE% 20539.071-rev.pdf.

别部长级会议。会议期间，波兰强调，能源联盟的主要内容应该是采取统一行动加强欧盟的能源供应安全，并通过投资关键的能源基础设施，建立供应危机时的团结机制；在与供应商的谈判中利用欧盟的议价能力，利用本土能源以及加强欧盟邻国的能源安全等方式实现能源资源供应的多样化。在这方面，波兰强调，有必要修订关于天然气供应安全的第994/2010号条例[1]，以及关于建立欧盟国家与第三国之间能源领域政府间协定的信息交流机制，并建立一个新的市场结构。

同年，一个新的致力于欧洲核能发展的非正式倡议得到了许多欧洲国家的支持，首倡国家包括保加利亚、捷克、芬兰、法国、匈牙利、立陶宛、荷兰、波兰、罗马尼亚、斯洛伐克、斯洛文尼亚、西班牙和英国。波兰立足于该合作倡议框架致函欧盟委员会主管能源联盟的副主席和气候行动与能源专员，概述了在实现气候目标的背景下，发展核能给欧洲能源市场带来的好处，并提醒每个国家都有权利发展自己的能源战略。在2015年3月5日的能源理事会会议上，波兰提出的核能发展提议得到了欧盟与会成员国的正式讨论。在能源联盟的优先事项上，成员国的发言特别强调了能源安全和完成内部能源市场的问题，这与波兰的立场是一致的。此外，波兰还强调了欧盟能源向低碳经济转型的必要性，并大力强调能源效率。

各国国家元首和政府首脑强调必须加强能源市场的透明度和在市场动荡时的团结，这是欧盟理事会轮值主席国拉脱维亚的一大成就，也是波兰的成功。除此之外，欧盟理事会的结论还表明，除了扩展能源进口途径，还可以通过使用当地能源和安全、可持续的低碳技术来加强能源安全，这无疑强化了欧盟成员国，尤其强化了波兰和波罗的海国家的信心。其中，轮值主席国拉脱维亚为此付出的努力功不可没，事实上拉脱维亚在能源安全方面的积极诉求与波兰完全一致。2015年6月8日，在卢森堡能源理事会上，欧盟通过了关于能源联盟框架战略执行情况的

---

[1] 编号为994/2010的欧盟监管法规于2010年通过，旨在保障天然气供应，包括禁止天然气公司向欧洲以外出售LNG油轮，将更多天然气用于储备，以及下令工业停止使用天然气。参见《欧盟担心俄切断天然气供应 拟定能源应急计划》，2014年9月2日，https://www.reuters.com/article/eugas-idCNKBS0GX05G20140902。

结论。

在上述能源理事会会议期间,欧盟成员国还进行了关于能源供应安全的政治辩论。在辩论中,波兰主张通过使欧盟供应能源资源的路线多样化来加强能源安全,紧急修订关于天然气供应安全的第994/2010号条例,包括实行强制性的区域和欧盟预防核危机计划,分析建立联合购买天然气机制的可能性,以及在能源和第三国天然气供应合同领域实行政府间协议的事前控制义务。①

第四节 东部政策:深度介入克里米亚危机之中

一 克里米亚危机的导火索

克里米亚危机的导火索源于乌克兰总统亚努科维奇在2013年年底突然退出了经过漫长谈判之后达成的《欧盟—乌克兰联合协定》(The EU-Ukraine Association Agreement,简称"AA协定"),并宣布乌克兰将加入俄罗斯的关税同盟。② 亚努科维奇此举引发了乌克兰亲欧派的示威运动。2014年2月,亚努科维奇被示威者赶下台,被迫逃离基辅,由此激发了来自乌克兰东部和南部亲俄派的强烈反对,并引发了克里米亚自治地区的政治危机,最终该自治区以全民公投的形式宣布加入俄罗斯。2014年3月,俄罗斯修改了宪法,正式将克里米亚纳入了宪法条文之中。其后,乌克兰的顿涅茨克州和卢甘斯克州发生的骚乱演变成乌克兰政府和亲俄分子之间的战争。局势不断升级,最终在欧洲安全与合作组织、联合国等多方的调停下,俄乌达成《明斯克协议》和《新明斯克协议》,结束了此次危机。

欧乌关系是以1998年生效的《伙伴关系与合作协定》(The Partnership and Co-operation Agreement)为基础。在2008年的巴黎峰会上,欧盟和乌克兰领导人商定"AA协定"应成为《伙伴关系与合作协定》的后

---

① Ministerstwo Spraw Zagranicznych, O udziale Rzeczypospolitej Polskiej w pracach Unii Europejskiej w okresie styczeń-czerwiec 2015 r, 6 lipca 2015, Druk nr 969, s. 17 – 21.
② Molly Krasnodębska, Politics of Stigmatization: Poland as a 'Latecomer' in the European Union, Warsaw: Palgrave Macmillan, 2021, p. 205.

续协定，该协定被称为"准欧盟成员国"协定。2007年3月，欧盟与乌克兰之间就这一全面的、雄心勃勃的创新协定展开谈判。2008年2月，在乌克兰确认加入世贸组织后，欧盟和乌克兰启动了作为"AA协定"核心内容的"深度且全面的自由贸易区"（Deep and Comprehensive Free Trade Area，DCFTA）谈判。在2011年12月19日举行的第15届乌克兰—欧盟峰会上，欧盟领导人和乌克兰总统亚努科维奇就"AA协定"文本达成了共识。2012年3月30日，欧盟和乌克兰的首席谈判代表签署了"AA协定"，其中包括关于建立DCFTA的条款。在此背景下，双方首席贸易谈判代表于2012年7月19日签订了"AA协定"中的DCFTA部分。欧盟和乌克兰共同承诺采取进一步的技术步骤，为"AA协定"的最终落实做准备。① 从终极目标来看，"AA协定"致力于推动欧盟与乌克兰之间在政治与经济方面的高度一体化合作，这与俄罗斯在该地区的国家利益相背离，从而引发了俄方与之相对的战略回应。例如，2011年，时任俄罗斯总理普京宣布支持哈萨克斯坦总统努尔苏丹·纳扎尔巴耶夫创建欧亚经济联盟的构想。② 2011年11月18日，白俄罗斯、哈萨克斯坦和俄罗斯总统签署了一项协议，设定了到2015年建立欧亚经济联盟的目标。究其本质，俄罗斯主导下的欧亚经济联盟的初衷就是为了防止欧盟对其战略空间的不断挤压。

欧盟与俄罗斯在苏联空间地区展开的竞争为克里米亚危机的爆发埋下了伏笔，而亚努科维奇退出"AA协定"只是引爆这场危机的助燃剂。

二 乌克兰在波兰外交中的战略地位

冷战结束以来的波兰外交战略主要有两个方向，即向东发展与俄罗斯和夹在俄罗斯与西方之间国家的关系，向西则是发展同欧盟和美国的关系。以上两个维度不仅是地理意义上划分，更受到波兰所处的国际安

---

① "EU-Ukraine Association Agreement 'Guide to the Association Agreement'," European Commission, http://www.eeas.europa.eu/archives/docs/images/top_stories/140912_eu-ukraine-associatin-agreement-quick_guide.pdf.

② "Eurasian Economic Integration: Facts and Figures," Eurasian Economic Commission, 2013, http://www.eurasiancommission.org/ru/Documents/broshura26Body_ENGL_final2013_2.pdf.

全环境和身份认同的驱动。这两种战略取向绝非相互脱节，相反，它们是相辅相成的。"从约瑟夫·毕苏斯基到莱赫·卡钦斯基，波兰的许多国家领导人都接受了这样的外交指导原则：波兰在东方越强大，它在西方的影响力就越大。反之，波兰在西方的地位越高，就越能影响东方的国际事务。"[1] 历史上，波兰既是西方的一部分，同时又有别于西方。20世纪的遗留问题，尤其是被西方盟友抛弃的历史也起到了重要作用。因此，波兰战略文化的西方维度可以分为两个子维度——欧洲和跨大西洋维度。自伊拉克危机以来，这种区分变得更加重要。

波兰外交战略的东向维度反映了其对于后苏联空间的政策指导思想。这些思想在很大程度上受波兰—立陶宛联邦（1569—1795年）的影响，历史上波兰—立陶宛联邦涵盖了今天乌克兰和白俄罗斯的大部分地区。东向维度主要面向两个主体。一个是对俄罗斯的政策。虽然图斯克上台以来试图与俄罗斯缓和双边关系，实现民族和解，但由于格鲁吉亚危机、斯摩棱斯克事件以及克里米亚危机的发生终究还是将步履蹒跚的波俄关系拉回了现实。另一个是与波兰的东方邻国的关系，主要包括乌克兰、白俄罗斯、格鲁吉亚、阿塞拜疆、亚美尼亚和摩尔多瓦六国。2009年，波兰与瑞典联合在欧盟框架下发起的"东部伙伴关系"便是最好的例证。在欧盟的东部伙伴关系中，波兰具有得天独厚的地缘、文化以及经验优势。作为转轨成功的代表，波兰建立起来的政治制度和市场经济对东部伙伴国家产生了难以抗拒的吸引力。就目标而言，波兰的利益算盘在于让这些国家不断接近西方，甚至是加入欧盟，脱离俄罗斯的势力范围。[2]

对波兰来说，乌克兰可以说是其东方邻国中最重要的一个。乌克兰的命运对波兰的安全起着至关重要的作用。另外，在2003年伊拉克战争和2008年格鲁吉亚危机期间，波兰政府采取的政策取向与西欧伙伴国家相背离，导致其在欧盟内部留下了一个"困难伙伴"的形象，不利于波兰充分融入到欧洲一体化进程中，塑造和提高其在欧盟内部的大国地位。

---

[1] Molly Krasnodębska, *Politics of Stigmatization: Poland as a 'Latecomer' in the European Union*, Warsaw: Palgrave Macmillan, 2021, p. 82.

[2] Molly Krasnodębska, *Politics of Stigmatization: Poland as a 'Latecomer' in the European Union*, Warsaw: Palgrave Macmillan, 2021, pp. 81 – 82.

这届政府对于乌克兰问题的基本战略定位是基于保持与欧盟政策的一致性和团结性出发，在欧盟和北约框架下通过谈判形式解决冲突。在统治精英看来，只有将俄罗斯视为合作伙伴，才有助于提高波兰在西欧伙伴眼中的信誉。2010 年，波兰总理图斯克因"对欧洲一体化事业的杰出贡献"被授予著名的查理曼奖（Karlspreis）①。该奖项每年评选一次，名额仅有一个。

具体而言，图斯克政府对乌克兰的政策采取了双轨路径，即一方面通过东部伙伴关系与乌克兰建立密切联系，另一方面，通过与欧盟（尤其是德国）对俄政策保持紧密协调的同时，推进与俄罗斯的和解进程。②然而，克里米亚危机暴露了实施东部伙伴关系的同时与俄罗斯保持合作关系的局限性。原因是，东部伙伴关系计划的意图非常明显，就是要将夹在俄罗斯与欧盟之间的六个苏联国家纳入与俄罗斯截然相反的西方发展道路上。让俄罗斯更无法忍受的是地缘战略空间的挤压，一旦东部六国倒向西方怀抱，俄罗斯与西方之间的战略缓冲空间将荡然无存。这一事件除了给波兰安全造成巨大威胁之外，也给波兰深度介入俄乌关系的调停创造了一次难得的机会。同时，波兰以其在东部地区独有的历史经验、关系网络和政治影响力，使其在欧盟对俄政策的制定中发挥了难以替代的作用。

就乌克兰在波兰外交中的战略定位而言，与 2008 年发生的格鲁吉亚危机相比，此次事件对波兰造成的威胁压力更大。原因有以下几点：第一，相比于格鲁吉亚，乌克兰与波兰领土毗邻，并且有着绵长的边界线。乌克兰在历史上一直是波兰和俄罗斯之间的"角斗场"，在更广泛的东部邻国地区，对波兰的安全具有重大意义。第二，从情感上而言，波兰和乌克兰的历史紧密交织，两者关系的紧密程度要显著高于波格关系。并且，在波兰战略文化的东方层面，乌克兰扮演着特别重要的角色。这与两国共同的历史和文化遗产以及波兰作为区域强国的传统有关。历史上

---

① 查理曼奖（Karlspreis），全名亚琛国际查理曼奖（Internationaler Karlspreis zu Aachen），是 1950 年起在德国亚琛设立以表扬促进欧洲一体化人物的奖项。奖项名称来自埋葬于亚琛的查理大帝。颁奖典礼在每年的耶稣升天节于亚琛市政厅举行。

② Molly Krasnodębska, *Politics of Stigmatization: Poland as a 'Latecomer' in the European Union*, Warsaw: Palgrave Macmillan, 2021, p. 189.

的波兰—立陶宛联邦一度囊括了今天的乌克兰、立陶宛和白俄罗斯等国。至今波兰的战略文化中依然对克雷沃联合（Union of Krewo）①有一种怀恋感。正是这种特殊的历史情感塑造了波兰对该地区怀有一种特殊的责任感，进而塑造了当前波兰对于乌克兰、白俄罗斯和立陶宛三国的政治认知。②总而言之，波兰之所以深度介入乌克兰事务的主要原因有两个，一方面，一旦乌克兰彻底被俄罗斯占领，那么波兰将成为北约和欧盟的前哨；另一方面，波兰对于乌克兰在民主化和改革方面的支持还受到一种特殊的根植于两国共有历史记忆和文化遗产之上的国家信念的驱动，这种信念就是乌克兰被视作"民主转型的弟弟"③。总而言之，波兰谋求的是一个稳定的、独立的、面向西方的乌克兰国家的存在，这也是波兰安全感的关键事项之一。④

三 波兰在克里米亚事件上的介入

从政府层面看，执政精英对克里米亚危机主要采取了"双轨制"处理方式。一方面，波兰政府通过各种渠道支持反抗乌克兰总统拒绝签署"AA协定"的反政府示威者，并在第一时间对重新选举的乌克兰新政府表示支持。另一方面，波兰意识到自身力量的有限性，当局试图说服西方对俄罗斯采取果断措施，以防俄罗斯对乌克兰内政进一步干涉。对于乌克兰的支持态度上，波兰两大政党——执政党（公民纲领党）与反对党（法律与公正党）都认为有必要支持反对亚努科维奇政府的反对派势力，但两党在具体支持方式上存在分歧。其中，带有右翼民族主义标签的法律与公正党对俄罗斯向来持有强烈的不信任感，因而主张波兰应该直接介入对反对派的支持之中，为其背书。相对而言，图斯克当局对于波兰政治家直接现身基辅、力挺乌克兰反对派的方式持谨慎态度。原因

---

① 波兰—立陶宛联邦始于1385年的克雷沃联合，直到1569年正式建立。
② Molly Krasnodębska, *Politics of Stigmatization: Poland as a 'Latecomer' in the European Union*, Warsaw: Palgrave Macmillan, 2021, p. 192.
③ Kaminska, *Poland and EU Enlargement: Foreign Policy in Transformation*, New York: Palgrave Macmillan, 2014, p. 75.
④ Molly Krasnodębska, *Politics of Stigmatization: Poland as a 'Latecomer' in the European Union*, Warsaw: Palgrave Macmillan, 2021, p. 190.

是如果波兰主要领导人明目张胆地支持乌克兰反对派，势必会激发俄罗斯对波兰支持者的仇视。

在危机初始阶段，图斯克政府主要扮演了调停者的角色，力图避免乌克兰局势进一步升级。波兰外长西科尔斯基在其中发挥了领导作用，他呼吁欧盟内部团结起来反对俄罗斯破坏乌克兰的稳定。① 2014 年 2 月 21 日，西科尔斯基与法国外长洛朗·法比尤斯（Laurent Fabius）和德国外长弗兰克—瓦尔特·施泰因迈尔（Frank-Walter Steinmeier）在俄罗斯代表的参与下，与亚努科维奇及其反对派进行了会谈，在多方斡旋下达成了协议。然而，该协议被寻求全面胜利的乌克兰右翼激进组织"右翼部门"（the Right Sector）② 拒绝。由于抗议者控制了基辅，亚努科维奇被迫逃离乌克兰，前往俄罗斯。次日，乌克兰议会投票罢免了亚努科维奇的总统职位，并计划于 5 月 25 日提前举行总统选举。5 天后，议会成立了由反对派领导人之一阿尔谢尼·亚采纽克（Arseniy Yatsenyuk）领导的新政府。新政府向西方国家寻求帮助，并宣布准备迅速与欧盟签订"AA 协议"。2014 年 3 月 21 日，欧盟与基辅新政府签署了协议的政治部分，而被称为深度全面自由贸易区（DCFTA）的贸易部分于 2014 年 6 月 27 日签署。DCFTA 于 2016 年 1 月 1 日生效。

波兰从一开始就对乌克兰反对派成立的阿尔谢尼·亚采纽克政府给予了积极的政治支持，尤其在支持反对派政府加快与欧盟签署"AA 协议"方面发挥了重要的助推作用。与此同时，波兰还承诺为乌克兰国家转型与改革提供财政援助。例如，2015 年 1 月，来自公民纲领党的新任波兰总理埃娃·科帕奇（Ewa Kopacz）在访问基辅时宣布，波兰将向乌克兰提供 1 亿欧元贷款，助其重建被内战破坏的顿巴斯地区。③

---

① "Polish FM Radek Sikorski on Ukraine Crisis," BBC News, April 30, 2014, https://www.bbc.com/news/av/world-europe-27218022.

② 右翼部门（乌克兰语：Правийсектор）是乌克兰的民族主义政党和准军事运动，通常被称为极右翼运动。它起源于 2013 年 11 月，是基辅欧洲广场（Euromaidan）起义中几个激进民族主义组织的准军事同盟，那里的街头领袖参加了与防暴警察的冲突。该联盟于 2014 年 3 月 22 日成为一个政党。

③ "Premier Kopacz oferuje Ukrainie 100 milionów euro pożyczki. Na Donbas i reform," Polskieradio 24, January 19, 2015, https://www.polskieradio24.pl/5/3/Artykul/1356413, Premier-Kopacz-oferuje-Ukrainie-100-milionow-euro-pozyczki-Na-Donbas-i-reformy.

除了政治和经济支持以外,波兰还在军事武装乌克兰方面持支持态度。2015年2月,波兰新任外长格热戈日·谢蒂纳(Grzegorz Schetyna)在慕尼黑安全会议上正式宣布,波兰将为武装乌克兰提供支持。2015年春,英国、美国和加拿大联合向乌克兰派遣了军事教官,帮助乌克兰训练士兵以打击该国东部的分离主义势力。波兰虽然没有直接参与其中,但也在托伦和波兹南等城市训练了50名乌克兰教官。

一直以来,波兰不仅作为东部伙伴关系计划的倡导者,也是欧盟内部积极推动乌克兰民主转型呼声最高的国家。但由于乌克兰国内冲突的不断升级以及俄罗斯介入到克里米亚事件之中,波兰在危机中的影响力和调停能力的有限性暴露了出来。因此,波兰不得不设法在北约和欧盟的参与与支持下寻求解决克里米亚危机的方案。早在2014年3月,总统布罗尼斯瓦夫·科莫罗夫斯基就呼吁北大西洋理事会召开会议,根据关于威胁成员国安全的《北大西洋公约》第4条进行紧急磋商,讨论波兰可能会受到俄罗斯在邻国乌克兰领土上使用武力的威胁。[①] 随后,北大西洋理事会发表声明,谴责了俄罗斯议会授权在乌克兰领土上使用俄罗斯联邦武装部队,致使克里米亚危机升级的行径。此外,宣言还强调,俄罗斯部队对乌克兰的军事行动违反了国际法,以及"北约—俄罗斯理事会"和"和平伙伴关系"原则;并呼吁俄罗斯遵守1994年《布达佩斯备忘录》和1997年《俄罗斯与乌克兰之间的友好与合作条约》。

值得注意的是,自克里米亚被并入俄罗斯之后,波兰在乌克兰事务中的参与度直线下降,甚至被排除在了多方谈判桌之外,暴露了波兰在调停与解决克里米亚危机方面能力的有限性。当然,波兰被排除在外的另一个原因还与波兰长久以来的"恐俄症"息息相关。欧盟内部成员国对于克里米亚危机的处理方式以及对俄罗斯威胁的感知度大相径庭,除了地缘距离之外,另一个关键因素就是历史仇恨。

最终,俄罗斯驻乌克兰大使兼俄总统发展对乌经贸关系特别代表米哈伊尔·祖拉博夫(Mikhail Zurabov)、前乌克兰总统列昂尼德·库奇马

[①] "Możemy się czuć zagrożeni, Polska chce zwołania Rady Północnoatlantyckiej," 2014, https://tvn24.pl/wiadomosci-z-kraju, 3/mozemy-sie-czuc-zagrozeni-polska-chce-zwolania-rady-polnocno-atlantyckiej, 403505. html? h = 2792.

(Leonid Kuchma)、欧洲安全与合作组织特使海蒂·塔格丽亚维尼（Heidi Tagliavini）、顿涅茨克地区领导人亚历山大·扎哈尔琴科（Alexander Zakharchenko）和卢甘斯克地区领导人伊戈尔·普罗特尼茨基（Igor Plotnizki）等多方达成了妥协，于2014年9月5日在明斯克签署了关于乌克兰东部停火的国际协定。协定内容包括：第一，立即双向停火。第二，发挥欧安组织停火观察员的作用。第三，顿涅茨克和卢甘斯克地区的地方政府采取一种特殊的管理模式来实施权力下放。第四，在乌俄边界两侧建立安全区，并由欧安组织监测边界局势。第五，双方立即释放所有囚犯和人质。第六，通过一项法律，禁止对顿涅茨克和卢甘斯克地区与叛乱活动有关的人进行起诉和惩罚。第七，进行全国性对话。第八，改善顿巴斯的人道主义状况。第九，由于顿涅茨克州和卢甘斯克州的某些地区处于乌克兰法律的"特殊地位"，因此要尽早进行地方选举。第十，从乌克兰领土撤出非法武装部队和军事装备以及战斗人员和雇佣军。第十一，制定顿巴斯经济重建计划。第十二，为所有受访者提供人身安全保证。[1]

总而言之，波兰在此次危机中的介入程度提升了波兰在欧洲事务中的国际地位。在这场危机期间，外长西科尔斯基频繁前往基辅，与其他欧洲政治家和外交官一起，包括欧盟外交事务和安全政策高级代表凯瑟琳·阿什顿，以及德国外长弗兰克—瓦尔特·施泰因迈尔和法国外长洛朗·法比尤斯。[2] 在此期间，国际社会对波兰外长发挥的重要作用十分关注，并对他的努力表示赞赏。[3] 这充分证明，图斯克政府在职期间波兰在欧洲的国际地位得到极大的认可，其在弥合东西裂痕中扮演的联盟建设者和平衡者的角色也日益引人注目。

---

[1] "Protocol on the Results of Consultations of the Trilateral Contact Group, Signed in Minsk, 5 September, 2014," Organization for Security and Co-operation in Europe（OSCE），https：//www.osce.org/home/123257.

[2] Molly Krasnodębska, *Politics of Stigmatization: Poland as a 'Latecomer' in the European Union*, Warsaw: Palgrave Macmillan, 2021, p. 187.

[3] "John Thornhill and Jan Cienski, Radoslaw Sikorski in the Hot Seat," *Financial Times*, May 23, 2014, https：//www.ft.com/content/ccaea1fa-db04-11e3-8273-00144feabdc0.

四 克里米亚危机中的波兰民情

在欧盟成员国中，波兰通常被视为一个"非理性的仇俄者"，这与欧盟主要大国对俄罗斯的伙伴关系外交定位相悖，使其成为欧盟对俄政策中的"困难伙伴"。尤其是在法律与公正党政府时期（2005—2007）和莱赫·卡钦斯基（2005—2010）担任总统期间，波兰反对派统治精英一直充当着反俄的先锋角色，对欧俄关系的进展造成了较大的负面影响。[①] 波俄两国关系的实质性改善是在斯摩棱斯克事件之后，波兰统治精英对俄重启政策才达成了共识。此后，波兰官方话语几乎不再强调俄罗斯作为一个东部的安全威胁，而是尝试将俄罗斯定位为一个可信赖的合作伙伴。直到2014年3月克里米亚入俄之后，图斯克总理与总统科莫罗夫斯基对俄罗斯的战略定位才发生改变，重新将俄罗斯描述成潜在的威胁。其中的一个重要原因是波兰在克里米亚入俄事件上面临的民意压力，更多的人希望波兰政府对俄罗斯采取强硬态度，并明确表示应该声援乌克兰。

波兰公共舆论调查中心（CBOS）的调研数据显示，即使乌克兰东部政府军与俄罗斯支持的分离主义分子在多方努力下正式停火，局势也依然紧张。波兰人对乌克兰局势的关注度依然很高，88%的受访者都在关注这些事件。此外，波兰人越来越担心乌克兰的冲突会蔓延到其他国家。6/10的受访者认为乌克兰局势对整个世界和平构成了威胁。在公众看来，国际社会参与解决克里米亚危机的力度不够。大多数受访者认为联合国和欧盟参与不够，而半数波兰人认为美国和北约应该更多地参与，也有一些批评指向欧洲安全与合作组织。

在对克里米亚危机的具体介入方式上，79%的民众支持应该对俄罗斯施加外交压力。支持对乌克兰进行经济援助的比例达到70%，支持对俄罗斯实施经济制裁的比例高达67%，仅有20%公众反对，另外一些未发表看法。值得关注的是，在支持对乌克兰的武力援助方面，支持武装乌克兰军队的比例仅有37%，而49%的民众对此持反对态度。少数（约21%）支持直接派遣武装力量进入乌克兰，大多数（67%）民众反对武

[①] Molly Krasnodębska, *Politics of Stigmatization: Poland as a 'Latecomer' in the European Union*, Warsaw: Palgrave Macmillan, 2021, p.201.

力直接介入。① 另有民调显示，71%的波兰受访者对政府的乌克兰外交给予了积极评价，但只有43%的受访者认为政府的行动是充分的，而40%的受访者认为政府的行动不够充分。②

在国内，政府的和解政策受到了强烈批评。反对派认为，它是基于不切实际的期望和对俄罗斯政治的错误评估。他们指责现任政府的对俄和解政策不仅未能阻止反而鼓励了俄罗斯在东邻地区的扩张主义行为。在反对派看来，对俄的重启政策从2010年斯摩棱斯克空难事件的发生就已经破产了，原因是俄罗斯方面拒绝转交飞机残骸和黑匣子等物件的表现扩大了波兰对俄罗斯的不信任感。③

---

① "International Involvement in the Conflict in Ukraine," Centrum Badania Opinii Społecznej (CBOS), 2014, https://www.cbos.pl/PL/publikacje/public_opinion/2014/09_2014.pdf.

② Aleks Szczerbiak, "Ukrainian Crisis Overshadows Polish Domestic Politics," The Polish Politics Blog, March 2, 2014, https://polishpoliticsblog.wordpress.com/2014/03/02/ukrainian-crisis-overshadows-polish-domestic-politics/.

③ Molly Krasnodębska, *Politics of Stigmatization: Poland as a 'Latecomer' in the European Union*, Warsaw: Palgrave Macmillan, 2021, pp. 215 – 216.

第六章

图斯克政府的多元平衡外交评估

从重建平衡到维持平衡，再到走向失衡，图斯克政府时期的多元平衡外交格局虽然未能延续下去，但对于处在缓冲地带的波兰而言，该届政府为改善波兰外交处境所作出的种种外交尝试与努力不乏可圈可点之处。归纳起来看，图斯克政府多元平衡外交的成功之处主要体现在三个方面：其一，弥合了与欧盟主要大国之间的现实与观念分歧，重塑了波兰在欧盟中的国家形象，提升了波兰在欧洲乃至世界舞台上的地位和话语权；其二，得到了中东欧国家的赞许和支持，助推了波兰在该地区谋求领导地位的雄心；其三，获得了远高于前任政府的支持和认可度。以上成就的取得成为图斯克成功竞逐欧洲理事会主席一职的有力支撑。与此同时，需看到多元平衡外交的局限性，主要包括：大国竞争态势、地缘环境变化以及波兰国内的政党更迭等因素。这些因素深刻地影响了波兰外交的主要方向。

第一节 多元平衡外交的积极效应

一 国际地位的提升

回顾入盟以来的波兰外交，波兰成功地从一个欧盟的被动适应者（2004—2007），到积极参与者和倡议提出者（2007—2014）。以上两个阶段深刻地反映了以波兰为代表的新入盟的中东欧成员国与欧盟关系的变化。就波兰而言，这种从量变到质变的过程和结果更为显著。就外交层面而言，图斯克政府时期的波兰外交是可圈可点的，这在整个欧洲政策层面都有较高共识。虽然图斯克本人在2014年当选欧洲理事会主席之后主动卸任了波兰总理一职，但接任图斯克完成公民纲领党——人民党联盟政府最后一年任期的埃娃·科帕奇（Ewa Kopacz）与图斯克来自一个政党阵营，其外交理念的政策倾向实际上只是图斯克政府的延续。因此，从总体上可将2007—2015年的波兰政府概括为图斯克政府。

图斯克成功竞逐欧洲理事会主席一职，不仅对图斯克本人，而且对初入欧盟不久的新成员国波兰而言都是一个身份的象征。这也从侧面证明了图斯克执政以来试图重塑波兰在欧盟中国家形象的努力获得了巨大成功。这种形象的改变意味着，该届政府成功地打破了欧盟主要大国对于波兰曾经作为一个"麻烦制造者""欧俄关系破坏者"和"美国的特洛伊木马"等刻板印象，极大地改善了其与地区内主要大国的双边关系，提升了其在欧洲事务中的话语权。从疑欧主义者到欧洲一体化进程和欧洲和平发展的积极推动者及建设者，从欧盟的晚来者到后起之秀，波兰仅仅用了十年左右的时间。正如英国《卫报》（The Guardian）撰文所称赞的："唐纳德·图斯克升任欧洲理事会主席对波兰来说是一个重要时刻。"图斯克成功当选标志着欧洲的波兰时代已经到来，原因是这一职位将赋予图斯克在德国总理默克尔、法国总统奥朗德、英国首相卡梅伦以及其他欧洲领导人之间的调停者角色，为其在欧盟中发出波兰声音、提高波兰地位创造了一个划时代意义的历史机遇期。在欧洲久负盛名的查理曼奖（Karlspreis）将2010年的获奖人选锁定在了图斯克身上，这是自1950年该奖项设立以来首位获此殊荣的波兰政治家，历史上获得该奖的人物代表有舒曼、马歇尔、丘吉尔、默克尔等著名政治家，该奖主要授予那些对欧洲统一和一体化作出杰出贡献的人物，每年面向全世界仅评选一人。首任欧洲理事会主席赫尔曼·范龙佩（Herman Van Rompuy）将图斯克称为"欧洲政治家"。以上可见欧盟官方对图斯克政府过去七年里在促进欧洲一体化方面的肯定。值得一提的是，图斯克也是自1989年苏联解体以来唯一获得两任且在位时间最长的波兰总理。虽然在他上台伊始就受到了国际金融危机的严峻考验，但波兰却是唯一没有因金融危机以及随之而来的欧洲债务危机和汇率动荡而陷入衰退的欧盟国家。①

---

① Ian Traynor, "Donald Tusk's Rise to European Council President is a Big Moment for Poland," August 31, 2014, https://www.theguardian.com/world/2014/aug/31/donald-tusk-european-council-president-poland.

二 中欧国家的赞许

波兰政治学家、欧洲战略研究中心主席帕·希维博达（Paweł Świeboda）[①]表示："图斯克升任欧洲理事会主席一职，对波兰和中欧来说都是巨大的胜利。它反映了纵使欧盟经历了内外部多次危机，却在过去十年中呈现融合趋势。东西方鸿沟现在已成为过去。俄罗斯将得到一个明确的信号，那就是欧洲的和谐远不止于此。"捷克智库"国际事务协会"（AMO）研究中心主任维特·道斯塔尔（Vít Dostál）对图斯克当选作出如下评价："首先，唐纳德·图斯克是一个非常成功的政党领袖。他是将波兰从后共产主义时代引向新时代的人，他的国家在欧洲地区和国际上都有自己的发言权。图斯克就任欧洲理事会主席，得到了所有V4国家的支持，他了解该地区的需求和问题。他将能够感受到波兰和波罗的海国家对俄罗斯的恐惧以及匈牙利的内部问题。"除此之外，斯洛伐克布拉迪斯拉发夸美纽斯大学欧洲与国际关系研究所所长约瑟夫·巴托拉（Jozef Bátora）同样对图斯克的当选予以高度肯定。在他看来，图斯克作为首位来自中欧地区成功当选欧盟这一要职的事件具有十分重要的意义。它强调了中欧国家尤其是波兰，对于欧洲一体化的重要性。作为坚定的融欧主义者，图斯克一直致力于为欧盟政策建立共识。[②] 以上V4国家的知名政治家和学者对图斯克当选欧洲理事会主席的高度肯定反映了对其过去七年来融欧政策的认可。这足以表明图斯克政府对于弥合东西裂痕，提高波兰在欧洲话语权方面作出的成就。

三 国内社会的认同度高

除了欧洲政策界的高度评价之外，来自波兰国内民众的认可也是衡量图斯克政府外交成功与否的重要尺度。该部分重点考察了波兰权威民

[①] 1996—2000年，帕·希维博达担任波兰共和国总统在欧盟事务上的顾问，2000—2001年，担任波兰共和国总统府欧洲一体化办公室主任。2001—2006年，希维博达担任外交部欧洲联盟司司长，负责波兰加入欧盟的谈判工作。

[②] "A View from Central Europe: Donald Tusk," Association for International Affairs, December 5, 2014, https://www.amo.cz/en/a-view-from-central-europe-donald-tusk-2/.

调机构公共舆论调查中心对图斯克政府第一任期和第二任期在外交领域的评价数据。2011年10月9日，图斯克领导的公民纲领党再次在议会选举中获胜，图斯克本人再次出任总理一职。公众意见研究中心（CBOS）对第一任期内图斯克政府的各项表现做了一次民调，结论显示：与雅罗斯瓦夫·卡钦斯基政府（2005—2007），以及之前的莱舍克·米莱尔政府（2001—2004）和耶日·布泽克政府（1997—2001）相比，这届政府表现尤为出色。好评度最高的几个领域包括外交政策，以及图斯克政府申办的2012年在波兰和乌克兰举办的欧洲足球锦标赛项目等。在其他诸如领导力、打击犯罪和提高安全保证等方面也是好评高于差评。在保护弱者和医疗保健方面，差评比重最高。但必须指出的是，前任政府在这些领域做得也不好，相对而言图斯克政府在这些领域的评估远胜于其前任。从调查数据来看，对外交政策的评价在各项政策领域中位居第二高位，整体上认可度达到68%，其中高度认可的受访者比例为36%，比较满意的比例为32%，持负面评价的仅占到13%，另外19%未进行表态（见图6-1）。[①]

  2017年CBOS对波兰在欧盟中的政策表现和国际地位变化做了一组民调。该组民调主要包括两大部分内容：第一，对于2017年图斯克再次当选欧洲理事会主席的评价。大多数波兰民众（52%）对图斯克再次当选欧洲理事会主席表示满意，其中19%的民众表示非常满意，33%表示基本满意。表示不满意和非常不满意的人占比为30%，剩下18%的民众未进行表态。第二，对于波兰在欧盟中的影响力评价。数据显示，自2007年之后，将波兰在欧盟中视作具有中等影响力国家的受访者比例超过60%，并在2014—2015年图斯克政府末期一度达到高峰，突破70%。而将波兰视为欧盟中最具影响力国家的民众从1%升到了2%。值得注意的是，自从2015年法律与公正党上台之后，这一比例明显下跌，降至63%。关于图6-2需要说明的是，鉴于2013年11月以来克里米亚危机的爆发，波兰CBOS分别在2014年2月、9月对该议题进行了两次民调，以对比民众对于波兰在整个克里米亚危机中所发挥的影响力认知变化。事实证明，民众认为波兰在此次危机中扮演的角色增强了其在欧盟中的

[①] "Final Evaluation of the Government of Donald Tusk," Centrum Badania Opinii Społecznej (CBOS), 2011, https://www.cbos.pl/EN/publications/reports/2011/131_11.pdf.

影响力，持中等影响力观点的受访者比例也从67%首次增加到了70%（见图6-2）。① 通过以上数据比较，可以得出结论，较之于图斯克政府前后的法律与公正党政府，这届政府的外交表现最为亮眼，有力地增强了波兰在欧盟中的话语权。事实上，波兰作为一个欧洲国家，其在欧盟中的地位不断上升，意味着其外交政策的成功。

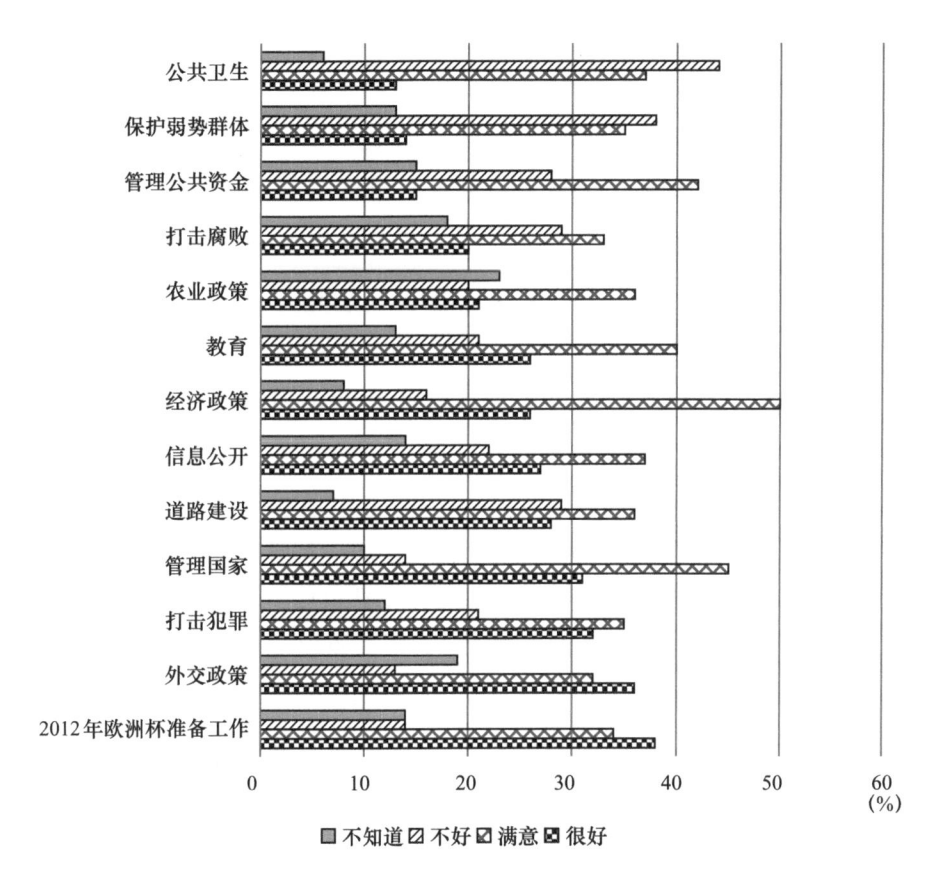

图6-1 CBOS对图斯克政府第一任期的民调

资料来源："Final Evaluation of the Government of Donald Tusk," CBOS, 2011, https://www.cbos.pl/EN/publications/reports/2011/131_11.pdf。

---

① "Reactions to Re-election of Donald Tusk as President of the European Council," CBOS, April, 2017, https://www.cbos.pl/PL/publikacje/public_opinion/2017/04_2017.pdf.

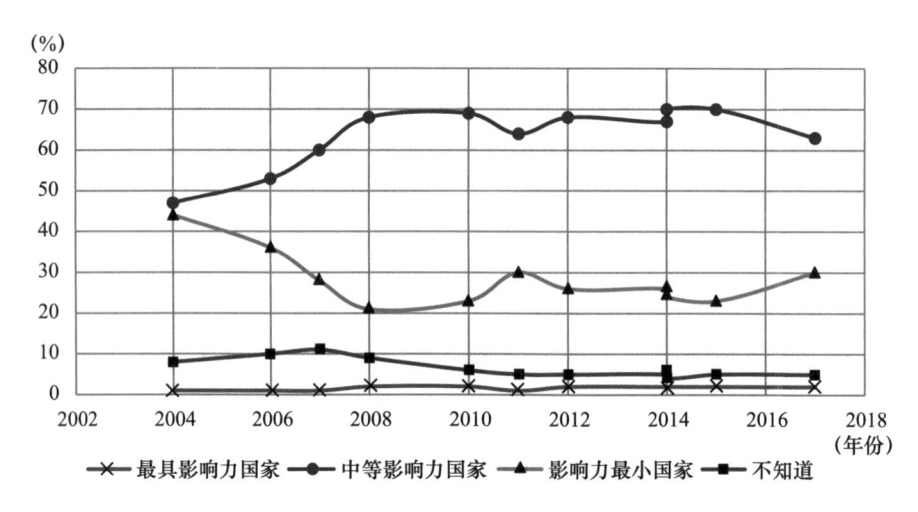

图 6-2　波兰在欧盟的影响力评估

资料来源："Reactions to Re-election of Donald Tusk as President of the European Council," CBOS, April 2017, https://www.cbos.pl/PL/publikacje/public_opinion/2017/04_2017.pdf。

一言以蔽之，图斯克政府时期的波兰外交在东西欧之间以及跨大西洋联盟之间主要扮演桥梁建设者和议题倡导者角色。这使得波兰能够最大限度地在多个行为体之间施展影响力，通过重启"魏玛三角"与德国和法国保持紧密的战略伙伴关系，为其在欧盟框架下提出"欧盟东部伙伴关系计划"创造了基本的政治基础。同时，波兰在欧盟中的强大地位也抬高了波美非对称同盟关系中的波兰身价。与法律与公正党政府对美依附性相比，图斯克领导下的公民纲领党政府对美政策明显更加理性和务实，致力于成为跨大西洋联盟的积极建设者，试图在欧美之间维持一种相对的战略平衡。另外一个维度是对俄关系的改善，图斯克政府对俄的务实主义理念使其成为欧俄务实合作关系的积极建设者，符合西欧主要大国（如德国、法国）的利益诉求，从而促使波兰成为弥合东西欧分歧的桥梁建设者。从正反两个方向看，波兰推动的东部伙伴关系计划正在让波兰的东部地缘环境变得更加稳固；而波俄关系的改善则有力地推动了东部伙伴关系计划的施展。

第二节 多元平衡外交的制约因素

一 精英共识：民族主义与实用主义之争

在波兰这样的多党制国家中，议会选举中获胜的多数党通常将获得政府的组阁权，一种是由在下议院获得席位过半数的政党单独组阁，另一种则是由在下议院获得多数席位的政党与其他政党联合组阁。不管哪一种组阁方式，获得多数（或过半）席位的政党意味着将成为主要的执掌政权者，包括任命新一任的外长，制定新的外交政策。从影响波兰外交政策的内部变量出发，政党毫无疑问将在该国的外交政策制定中扮演主导者角色。而执政党的领导者及政党的执政理念则是波兰外交政策的主要驱动因素。

步入21世纪之后，波兰两大右翼政党主政的格局逐渐形成。同时成立于2001年的法律与公正党和公民纲领党逐渐成为统治波兰的最重要的两个大党。两者思想根基的共同点都与基督教民主主义相关，不同点在于前者具有明显的民粹主义和保守的民族主义色彩；后者秉持实用主义的政治理念，并且两党之间的分歧不断扩大。如果将这两种不同的政治理念投射到外交政策的话，前者奉行外交政策的主要特征是疑欧、仇俄与无条件的亲美。后者秉持实用主义的外交理念，试图在大西洋主义和亲欧洲主义之间保持平衡，同时改善与俄罗斯的关系，为波兰的发展营造一个稳定而良好的外部环境。

最初，公民纲领党提倡现代世俗的欧洲价值观，而右翼的传统主义者法律和公正党和波兰家庭联盟（LPR）强烈反对这一价值观。公民纲领党的政治理念旨在协调"自由、传统与基督教"共同主题之下的自由主义原则、小政府以及道德和宗教价值观。一段时间后，该党试图重新塑造自己的社会保守派形象。其在政治理念上，逐步发展为中间偏右的温和的"撒切尔自由主义、反共产主义、基督教国家"，以及温和的疑欧主义和民粹主义政党。公民纲领党成立于2001年，由自由联盟领袖唐纳德·图斯克与来自中间偏右的团结工会选举运动（Akcja Wyborcza Solidarność，AWS）的安杰伊·奥莱霍夫斯基（Andrzej Olechowski）和马切伊·普瓦金斯基（Maciej Płażyński）联合成立。成立大会于2001年1月24日在格但斯克举行，普瓦金斯基成为公民纲领党的首位领导人。2003年，波兰面临艰难的入欧谈判，波兰政党之间暂时达成了"政治休战"。加入欧盟成为不同党派之间讨论的主要议题。在组建政治联盟方面，公民纲领党在2005年选举之前发布了与法律和公正党，甚至包括农民党共同组建联合政府的合作计划。在对欧政策上，公民纲领党与法律与公正党之间本应该暂时搁置分歧，制定共同的对欧发展政策。但是，两党并未达成共识，也未能走向强强联合，政治理念的分歧最终破坏了两党合作的可能性。在2005年的竞选活动中，波兰政党开始分裂为两大阵营：传统主义者和现代主义者。许多前社会民主党的支持者转向支持法律与公正党，他们的政治倾向是对欧洲一体化和全球化持怀疑态度。最终在2005年9—10月的议会选举中，法律与公正党获胜，占据了参议院和众议院的多数议席。在后来的总统竞选中，同样来自法律与公正党的候选人莱赫·卡钦斯基当选波兰总统。如此一来，波兰的总统、总理和议长职位悉数落入保守的右翼政党囊中，标志着右翼势力在波兰全面恢复政权局面的出现。

2005—2007年，即图斯克领导的公民纲领党获胜之前，波兰的政府总理、执政党以及总统都来自法律与公正党。该党结合了部分原右翼团结工会选举运动成员与基督教民主主义的中间协议党（Porozumienie Centrum，PC）。法律与公正党较早的激进主义者主要来自团结工会和后来的团结工会选举行动（包括中心协议党、社会运动党、基督教民主同盟和波兰重建运动）。以上四者在意识形态上大致都属于中间偏右，例如中心协议党和基督教民主同盟都属于基督教民主主义政党，在文化、社会和道德问题上处于中间偏右，并且是社会保守主义的支持者。此类政党的政治理念格外重视"民族利益和传统社会结构、种族观点"，是一种以捍卫民族主义元素为中心的保守主义思想。

具体而言，两者的分歧主要体现在以下领域：

第一，在安全防御方面。虽然两者都将北约视为波兰安全防御的基石，但法律与公正党比公民纲领党更关注导弹防御计划，它认为这是"波兰与美国的安全和战略伙伴关系的一个要素"，该党还认为海外军事行动是外交政策的关键要素，有助于提高波兰的"国际地位和安全"，如波兰追随美国对于伊拉克战争的介入。与法律与公正党看法有所不同的是，公民纲领党希望改变对于美国的从属地位，主张对美政策采取冷静而理性的态度，并评估波兰在双边关系中的实际收益，而不是无条件地服从。与此同时，公民纲领党的安全防御理念立足于北约、欧盟集体防御、"魏玛三角"机制、维谢格拉德集团军事合作以及波美同盟关系等多个维度之上，是一种多元安全观。尤其在欧盟集体防御能力建设方面，波兰与德国和法国站在一边，积极推动欧盟的集体防御一体化建设。

  第二，在对欧盟的看法方面。在法律与公正党看来，欧盟在某种程度上已经沦为德国的权力工具，只不过与二战时期的军事手段有所不同罢了，当前德国统治欧盟的手段是通过经济工具。反映在政策上，两党最明显的分歧是，法律与公正党对波兰加入欧元区持怀疑态度，也反对在军事和政治层面的欧洲一体化。实际上，法律与公正党疑欧主义理念的根源与其说是反对高度的欧洲一体化，不如说是对德国权力野心的恐惧与担忧。几个世纪以来，"恐俄症"一直在波兰对外政策中发挥着不可磨灭的作用，而"恐德症"同样活跃在波兰右翼政治精英的政治理念之中。对于欧盟的未来发展趋向，该党所坚持的是"国家的欧盟"，而不是"欧盟的国家"，即反对联邦主义式的欧盟。在社会文化方面，法律与公正党作为传统天主教文化和单一种族身份的捍卫者，自诩为捍卫基督教文明的矛与盾。这与欧盟内部的多元文化主义格格不入，可称为价值观冲突。

  反观公民纲领党，该党秉持积极的亲欧主义理念，认为一个团结而强大的欧盟才能让波兰变得更加强大，主张重启与德国和法国的"魏玛三角"合作机制。值得一提的是，该机制在上任政府时期一度由于波兰的疑欧态度以及与德国和法国矛盾迭起而中断。其中主要矛盾之一体现在德国和法国与波兰在介入伊拉克战争问题上的态度分歧。另外，在2008年5月7日的第一次公开演讲中，外长西科尔斯基重新定义了波兰的国家利益：波兰自己掌握国家命运的控制权。在生存权得到保证之后，波兰不得不参与到国际竞争中去。尤其是作为欧盟成员国的身份激励着波兰实现"文明的飞跃"。在西科尔斯基看来，波兰在欧盟内部借鉴、吸收和创造出的文明完全符合波兰的国家利益。换句话说，波兰的国家利益和欧洲一体化进程完全没有矛盾。①所谓"文明的飞跃"是指赶超西欧发达国家，以及在国际舞台上的强势地位，体现了这届政府的经济发展雄心和强烈的融欧主义趋向。②

第三，在对俄政策理念上。自新政府成立以来，波兰对俄政策主流基调就是改善双边关系。在图斯克政府看来，长期忽视波兰东部最大的邻国俄罗斯不符合波兰的国家利益。相反，波俄关系的持续恶化会破坏波兰的国际声望，并极大地限制了其在欧盟内部的回旋余地。但需要注意的是，来自法律与公正党的卡钦斯基总统在对俄政策上与图斯克政府背道而驰，他对俄罗斯怀有强烈的不信任感，认为俄罗斯不会珍惜民主价值观，更不会放弃帝国主义的政策偏好。③ 但从波兰宪法规定的权力架构来看，政府在外交政策的制定上享有比总统更多的实际权力。因此，在图斯克政府时期，总理在实际外交政策的制定上占据上风，主导着外交方向。图斯克在上任的第一周便在众议院发表了讲话，此次讲话指出波兰将于 2008 年 10 月之前完成从伊拉克的撤军计划。在对外关系上，图斯克强调必须与德国保持友好关系，与俄罗斯建立更加现实的关系，特别是在能源政策方面。

需要指出的是，在图斯克执政的第一任期内，民族主义理念与实用主义理念之争在波兰的对外政策中表现得尤为明显。原因是，2007 年图斯克担任政府总理时，波兰的总统职位仍由来自法律与公正党的莱赫·卡钦斯基担任。由于波兰 1997 年宪法对总统的权力作出过如下界定：总统在特殊时期可以召集部长会议，总统在外交和安全事务上可以与总理开展合作。当然最重要的一项行政权力是否决权。该项权力意味着总统可以直接对总理的提案行使否决权，一旦总理的提案遭到总统的否决，该项提案将被重新打回到下议院进行表决，二次表决需要超过 3/5 的支持票数才能推翻总统的否决权。如此一来，波兰总统可以通过行使否决

---

① Sikorski Radosław, *Polska może być lepsza*, Kraków：Społeczny Instytut Wydawniczy Znak, 2018, s. 82 – 83.

② Paweł Musiałek, *Główne kierunki polityki zagranicznej rządu Donalda Tuska w latach 2007 - 2011*, Kraków：Wydawnictwo eSPe, 2012, s. 20.

③ Jarosław Ćwiek-Karpowicz, "Poland's Policy towards Russia," in *Yearbook of Polish Foreign Policy 2009*, 2009, p. 134.

权对总理的权力形成制约。通过对比图斯克政府的第一、二任期内的外交政策变化便可窥一斑。以2008年发生的格鲁吉亚危机为例，怀有强烈民族主义情绪的反对派总统卡钦斯基在应对危机时明显表现出了非理性特征。例如，卡钦斯基在危机发生之后，不顾及欧盟主要大国以及北约的态度，主张对俄罗斯实施制裁，坚决支持格鲁吉亚的武装对抗。为此，他第一时间联合波罗的海国家和捷克等国领导人奔赴第比利斯亲自为格鲁吉亚站台。而图斯克则坚持认为应该在欧盟与北约的多边框架下，通过对话解决危机，避免冲突扩大化。其背后深刻地折射出了两个政党在安全理念以及对俄政策上的分歧。这一分歧的结束始于斯摩棱斯克事件的发生，反对派总统卡钦斯基不幸在空难中失事。2011年，来自公民纲领党的布罗尼斯瓦夫·科莫罗夫斯基当选新一届波兰总统。自此以后，波兰统治精英在对外政策上达成了共识。科莫罗夫斯基对图斯克政府的外交政策予以积极支持。例如，在对2014年年底爆发的克里米亚危机事件上，波兰总统和总理虽然对俄罗斯实施了经济制裁，并予以严厉谴责。但与格鲁吉亚危机中的处理方式相比，统治精英更倾向于与美国、德国和法国等北约盟友进行立场协调，通过多边谈判形式化解危机。

二 权力格局：美欧俄三角关系的变化

波兰作为一个处在缓冲地带的中等强国，靠自身实力根本无法抵抗来自左右强邻中任何一个大国的武力进攻，这是波兰几百年来的梦魇，"恐俄症""恐德症"心理始终挥之不去，成为影响波兰外交决策的外部因素。换句话说，无法挣脱的地缘束缚塑造了波兰对于大国持有的依附性与警惕性并存的民族心态。因此，不论是哪一个政党执政，波兰的对外政策始终会受到中东欧地区大国博弈态势的影响，并且这种影响不以波兰意志为转移。因为，主导国际关系格局的力量仍然是大国，中小国家最多只能通过充分利用其特殊的地缘条件、选择灵活的外交策略，在多个行为体之间维持一种有利于自身发展的平衡关系。但这种平衡关系通常是脆弱的，受到了国内外多种因素的影响，很难长期维持下去。

在波美欧俄四边关系中，波兰处在一个相对劣势的地位，美国则占据主导地位。美欧关系与美俄关系的调整直接对整个中东欧乃至欧洲的地缘政治局势产生全局性影响。波兰安全保证的关键来自美国主导的北约和波美同盟关系，通过紧密的波美同盟关系，波兰可将自身的国家安全与美国的国家安全绑在一条战船上，那么俄罗斯对于波兰的进攻性举动也将被视为对美国的威胁性行为。这也是前任卡钦斯基政府坚持在波兰本土引入美国反弹道导弹系统的主要原因。从美国角度而言，需要评估的是投入的经济与安全成本与收益之间的比值。其中一个关键变量在于奥巴马政府对于国际秩序的判断较之小布什政府发生了重大变化。奥巴马政府上台伊始，美国正经历着一场自"大萧条"以来最为严重的全球性经济危机，还在伊拉克和阿富汗进行着两场战争。在这三年当中，新兴大国的崛起、国际恐怖主义势力的猖獗、中东和北非地区的动荡、大规模杀伤性武器的扩散以及气候变化和能源短缺等一系列全球性问题都对现存的世界格局造成了冲击，对美国的国际地位和国家利益构成了挑战。中国崛起是奥巴马执政时期国际体系发生的最重大的变化，应对中国崛起自然成为美国外交政策的重中之重。因此，美国在全球局部领域采取了收缩战略，如结束伊拉克战争，调整美国的欧洲防御战略，以及重启美俄关系。相反，奥巴马政府加大了在亚太地区的战略部署以遏制中国的崛起。

图斯克政府初期（2007—2010）所面临的权力格局是：与波兰利益紧密相关的几个大国或国际行为体（俄、美、欧）关系发生了重大变化。这种变化主要体现在美欧和美俄关系的变化上。众所周知，民主党人奥巴马在2008年当选美国总统，2009年调整了美国在欧洲的安全战略，例如停止了小布什政府计划在东欧地区（包括波兰和罗马尼亚等国）部署反弹道导弹的计划。在奥巴马政府对前任政府的导弹防御计划的成本效益进行一番重新评估之后，认为美国将通过与北约盟友及俄罗斯进行协商的前提下向前推进。2009年9月17日，奥巴马总统致电捷克总理扬·菲舍尔（Jan Fischer）和波兰总理唐纳德·图斯克，通知他们审查已经完成。美国将不再推进在捷克和波兰的计划设施，但将加大努力，利用经过验证的、可获得的和可负担的技术，采用新方法来保护自己及其盟友免受弹道导弹的攻击。美国取消了前任政府在波兰的导弹部署计划是在没有事先通报的情况下完成的，一定程度上动摇了中东欧国家对于美国所提供的安全保证的信心。对此，波兰、捷克联合多个中东欧国家致信奥巴马总统，表达了对于中东欧地区局势的担忧并提出了希望美国加大在北约东部地区安全防御的诉求。作为回应，奥巴马政府制定了"欧洲分阶段适应方案"，计划分步骤地在欧洲地区部署舰载弹道导弹防御拦截"标准-3"（SM-3）导弹和之后的陆基宙斯盾导弹。

另外，奥巴马政府提出的对俄接触政策也是导致图斯克政府调整对美关系的一个外部推动力。奥巴马上任初期，试图重建与俄罗斯之间的关系，扭转两国关系不断恶化的趋势。为此，美国总统奥巴马于2009年7月访问了莫斯科，并与梅德韦杰夫总统达成共识，成立了美俄双边总统委员会。之后，在该委员会领导下，美俄两国开始恢复双边军事合作，如在打击海盗方面。

这些都助推了图斯克政府积极的融欧主义政策，也为波俄关系的重启创造了相对有利的国际环境。反向来看，如果图斯克政府面对的是一个不断走向恶化的美俄与美欧关系格局，波俄关系的和解深度势必受到前两者的制约，尤其是美国方面。

三 地缘环境：中东欧地区的地缘安全态势

斯蒂芬·沃尔特指出，外部威胁是推动国家选择结盟或对抗的主导因素。考虑到不同的威胁程度对国家的外交选择极其重要，他提出了影响威胁程度的四个核心变量：综合实力、地缘毗邻性、进攻实力和侵略意图。以上四个变量也可评估和衡量波兰在不同时期所面临外部威胁的程度。不同于两次世界大战期间及之前波兰所处的地缘环境，冷战后，尤其是2004年加入欧盟之后，波兰所面临的主要外部威胁来自东部，不再处于腹背受敌的凶险境地。

首先，从综合实力维度来看，波兰与俄罗斯之间在国家经济总量、军事实力、国际地位、领土大小等方面的差距依然悬殊。这就决定了单靠波兰的综合实力无法抵御来自俄罗斯方面潜在的地缘威胁。

其次，在地缘毗邻性方面，虽然苏联解体之后，波兰的东部国家乌克兰、白俄罗斯相继成为具有独立主权的国家。但是，俄罗斯对于该地区的传统影响力并未因苏联解体而结束和改变，相反，该地区又重新成为横在波兰与俄罗斯之间的战略缓冲地带。21世纪以来，围绕该地区的影响力争夺愈加激烈，从2004年乌克兰的橙色革命到2008年的俄格冲突，再到2014年的克里米亚危机，波兰始终活跃在反俄制俄的第一线。

在2004年的乌克兰橙色革命中,波兰领导人直接介入对乌克兰反俄总统候选人的声援,与俄罗斯针锋相对,引发俄罗斯的强烈指责。俄格冲突的发生引发了波兰政治精英对于俄罗斯可能复活的帝国主义野心的担忧,"恐俄症"在波兰得到急剧强化。为了应对俄罗斯可能采取的进一步进攻性举动,波兰总统莱赫·卡钦斯基联合波罗的海三国领导人直接飞抵格鲁吉亚首都第比利斯,发表了声援格鲁吉亚人民的演讲,冲在了对抗俄罗斯威胁的最前线。对于波兰而言,其对于东部伙伴国家的首要目标是支持该地区的六个国家(乌克兰、白俄罗斯、格鲁吉亚、阿塞拜疆、亚美尼亚和摩尔多瓦)尽早实现民主和社会变革,融入欧洲一体化的进程中。如果这六个国家可以加入欧盟,那么波兰将不再是欧俄关系的缓冲地带。其与俄罗斯在空间距离上的威胁感将明显下降。由于俄罗斯的加里宁格勒州与波兰领土直接接壤,这成为波兰始终无法挣脱的地缘梦魇。以上可见,与俄罗斯的地缘毗邻性是影响俄罗斯对波威胁程度的核心变量之一。虽然与加里宁格勒的地理毗邻性暂时无法改变,但波兰可以在欧盟框架下制定有效的东部政策以加快这一地区国家的民主化变革,保持这些国家的发展方向与欧盟一致。这一变量也是影响波兰2009年与瑞典联合提出的"欧盟东部伙伴关系计划"的重要动力之一。

再次,从进攻实力维度来看,俄罗斯对于波兰的进攻实力具有压倒性优势。因而,自苏联解体以来俄罗斯始终被波兰视为最大的安全威胁。为了对冲来自俄罗斯在进攻性方面的压倒性实力,波兰有多个选项可以选择。一种是完全将自身安全防御寄托在美国身上,具有明显的从属性与依附性。此种安全途径最大的缺陷或不确定性在于其受制于中东欧地区大国权力格局变化的影响。回顾波兰遭受的被瓜分的历史,从俄国、普鲁士和奥地利首次瓜分波兰开始,均势与补偿原则一直是大国之间权力冲突与妥协的本质。回到现实来看,当卡钦斯基政府全力支持与配合美国小布什政府,以期在波兰本土部署反弹道导弹防御体系之时,未料奥巴马当选美国总统后美国对中东欧地区的安全战略发生了重大变化,其中之一便是停止了小布什政府计划在波兰和捷克的反导系统部署计划。究其缘由,主要原因之一就是美国为了集中力量遏制中国崛起,试图重启美俄关系。美国此举印证了大国均势的原则在当前的国际秩序中依然重要。与卡钦斯基兄弟执政时期的波兰统治精英相比，来自公民纲领党的图斯克政府则深谙其中的大国均势逻辑，试图扭转对波兰不利的这一外交格局。该届政府秉持实用主义和融欧主义的外交理念，主张在跨大西洋联盟关系之间维持平衡，同时又与俄罗斯修复关系。在具体的安全政策上，图斯克政府采取的是多元安全观，尤其与德国和法国一道作为主要的倡导者和推动者推动了欧盟的集体防务能力建设。

最后，从战略意图维度来看，在2008年俄格冲突发生之前，站在波兰角度来看，俄罗斯表现出来的军事意图尚未暴露出来。但该事件的发生可以说为波俄关系和解进程的失败埋下了伏笔。事实上，2006—2007年，俄罗斯联邦的外交和安全政策概念一直在重新定义。俄罗斯总统普京和总理梅德韦杰夫、外长拉夫罗夫的纲领性讲话以及发布的文件都体现了这一趋势。例如，2008年7月12日《俄罗斯联邦外交政策概念》、2009年5月12日《俄罗斯联邦国家安全战略》、2010年2月5日《俄罗斯联邦战争论》和俄罗斯外交部题为《在系统基础上有效利用外交因素推动俄罗斯联邦长期发展的计划》备忘录，所阐述的新政策的实质是基于对俄罗斯在国际舞台上日益增强的实力和西方国家地位的削弱，以及对美国"单极政策"的认识，俄罗斯领导层精英们确信有必要让本国更广泛地参与其中。所以他们提出要改变冷战后形成的与西方的关系模式。这种变化的本质是要在国际舞台上取得独立地位，成为新兴多极新秩序的中心之一。

俄罗斯外交战略的调整旨在重新定位其与西方国家的关系，以及其在国际舞台上的角色。这包括重新确定俄罗斯的外交政策目标，从塑造其超级大国地位的强硬态度转向发展与西方的建设性合作。随着对波兰态度的转变，俄罗斯和波兰两国宣布了和解的意愿。对此，波兰国内的外交政策专家雷沙尔德·济恩巴指出，波兰的对俄政策应该根据不同阶段不同条件的变化而变化，避免带有沉重的历史负担来静态地看待俄罗斯的发展，应该理性地评估当前俄罗斯外交战略的本质。如此有助于波兰制定合乎时宜的对俄政策，以及制定东方政策的目标和任务。

自2007年图斯克政府组建以来，波俄双方都释放出强烈的改善双边关系的愿望。两国政府首脑和部长层级的互访日渐恢复，并且互访次数达到了苏联解体以来历史之最。波俄关系与波欧关系呈现出前所未有的良好发展态势。但是，2008年俄罗斯与格鲁吉亚之间发生武装冲突，俄罗斯方面军事力量的介入引发波兰方面的强烈反应。尤其是以卡钦斯基总统为代表的政治反对派主张对俄实施强硬政策，并将俄罗斯在格鲁吉亚的武装行动判定为侵略行为。正如卡钦斯基在第比利斯的演讲中所指出的，俄罗斯已经不是第一次暴露出这个已经为波兰人所熟知数百年的帝国主义面孔。他还认为如果波兰不采取行动来帮助东部国家一起遏制俄罗斯的进攻性行动，那么今天倒下的是格鲁吉亚，明天倒下的就是乌克兰，之后就是波兰。尽管图斯克总理对此保持了极大克制，并主张在欧盟和北约多边框架下解决格鲁吉亚危机，但此次危机还是对波俄双边关系的和解进程产生了不可估量的负面效应，尤其在政治互信方面。克里米亚危机爆发前，双方在政治、历史、人文交流等多个领域取得了巨大进展，但无法扭转克里米亚危机对两国关系带来的致命性打击。在波兰反对派看来，如果说格鲁吉亚危机只是俄罗斯的帝国主义复苏的第一次试探，那么克里米亚危机则表现出对于后苏联地区的军事意图。

第三节 多元平衡外交的特征

一 脆弱性：受到美国欧洲政策连续性的制约

从国家间竞争的本质来看，波兰作为一个处在缓冲地带的中等国家，虽然图斯克政府秉持力求与左右强邻保持睦邻友好的务实合作关系的外交理念，同时重新定位其在美欧之间的战略角色，但是其依靠自己的国防实力无法真正抵御潜在的地缘政治风险。波兰的安全观从以波美同盟关系为主要依托的单一安全观转向以北约集体防御为基石，同时推动欧盟共同外交与安全政策，兼顾本国国防能力现代化建设的多元安全观。安全观念的转变不但有利于降低波兰对美国的非对称性安全依赖，为其外交与安全政策创造更灵活的战略自主空间，同时也有助于增强欧洲的整体防务能力和欧盟团结。两者呈相辅相成的关系。并且，这种多元安全战略的布局使得波兰在欧盟中获得了更强大的国际地位，为其提出东部伙伴关系计划以及改善对俄关系增加了谈判的砝码。

波兰始终不能改变其作为一个缓冲地带国家的地缘现实，也无法彻底摆脱对于大国的安全依赖。图斯克政府上任以来积极推动的欧盟共同安全与防务政策以及建立欧洲联合防务部队举措遭到了英国的反对，未能取得实质性进展。因此，图斯克政府时期的波兰安全依然受到欧（德）俄关系、美俄关系以及美欧关系变化的影响。在美欧俄大三角关系棋局中，欧俄关系和美俄关系的变化直接影响美欧关系，即美国在欧洲的安全政策。事实上，其中的主要棋手只有美国和俄罗斯，因为欧洲的防御基本上来自美国主导下的北大西洋公约。

中东欧地区是多方利益交汇之处，波兰无法左右或掌控中东欧地区以及欧俄关系的发展态势，图斯克政府在安全方面开始倚重"魏玛三角"协调机制和欧盟共同安全与防务政策的原因也正在于此。奥巴马当选美国总统后，对美国的全球战略布局作出重大调整，提出转向亚太的战略计划。对波兰而言，影响最大的政策莫过于奥巴马政府上台便宣布停止前任政府计划在波兰部署的爱国者导弹防御系统。原因是奥巴马政府对俄罗斯制定了接触政策，谋求缓和美俄关系，而小布什政府极力推动的在东欧部署导弹防御系统计划一直遭到俄罗斯的强烈反对。以此可见，在美国的重大战略利益面前，波兰显然是排在俄罗斯之后的。直到2008年，由波兰总统、捷克总统等多个中东欧国家元首或政府首脑联名撰写了一封对奥巴马的公开信，强烈呼吁美国强化对中东欧地区盟友的安全保证，以此巩固北约东部阵线的稳固和团结性。奥巴马政府才制定了"欧洲分阶段适应方案"以替代前任政府期间的弹道导弹防御计划。美国对欧政策的转向是导致波兰寻求多元安全保证的外部驱动力。遗憾的是，图斯克政府渴望与德法联合推动欧洲防务部队的愿景未能在欧盟产生共识。

然而，克里米亚危机的爆发再次打破了波兰在欧美苦心经营起来的微妙平衡。原因是在面对来自东部的威胁时，欧盟仅能够通过经济制裁的方式对俄罗斯施加压力，没有能力在军事上回应波兰亟须的来自俄罗斯方面的安全威胁。2014年，奥巴马再次访问波兰并宣布启动"欧洲再保证计划"，这标志着美国重返中东欧。自此之后波美之间的安全合作不断强化，包括一系列的联合军事训练、扩大美军驻波规模、军售等。

二 现实性：波欧对俄政策的首要关切不同

纵观整个图斯克政府时期（2007—2014），对波兰外交乃至中东欧安全局势产生重大影响的事件主要有三件，分别是俄格冲突、斯摩棱斯克事件和克里米亚危机。或许，斯摩棱斯克事件仅是一场尚未查明真相的"意外"，但另外两场事件的发生对于波兰安全观以及中东欧地区安全局势的影响则是深刻而持久的，至今克里米亚危机的余波仍未完全消失。所谓余波是指这两场危机对波兰和与俄罗斯毗邻的中东欧国家政治精英的"俄罗斯观"的塑造作用。经历这两场危机之后，波兰对俄罗斯正在建立起来的脆弱信任再次被摧毁，伴之而来的是俄罗斯恐惧症的复苏并强化。

在波兰，由于历史、地缘以及宗教等多种因素的交织，俄罗斯成为波兰长久以来的梦魇。不论是在18—19世纪瓜分时期还是在苏联解体之后的独立发展时期，"恐俄症"始终在波兰民众心中根深蒂固。例如，对于斯摩棱斯克事件的波兰国内舆论调查显示，该事件发生之后民众对俄罗斯的恐惧明显上升。[1] 这种基于历史仇恨、地缘上的不安全感以及宗教领域的分歧，共同塑造了波兰的"俄罗斯观"，即对俄罗斯的政治认知与政策趋向。

首先，从历史维度看，波兰历史遭受左右强邻三次瓜分的主谋就是俄国。虽然德国也曾作为主谋之一，但与之不同的是，随着冷战期间欧洲一体化的起步，西德开始走向一条欧洲融合之路，盟国在德国实施的非纳粹化政策也彻底清除掉了德国的军国主义势力。直到冷战结束，两德重新统一之后，德国旋即与法国一同成为推动一体化的发动机。这为波德关系的和解创造了基本条件和契机。较之于波德关系，波俄在苏联解体后虽然建立了伙伴关系，但并非意味着俄罗斯放弃了对于苏联空间的影响力，这也成为波俄关系无法真正实现和解的现实困境。当然，更重要的分歧在于历史矛盾，尤其是卡廷事件的阴影一直在波兰人的心头挥之不去。波兰在卡廷事件上提出的移交档案、经济赔偿并公开道歉的诉求未得到俄罗斯的同意。另一个历史分歧是对二战爆发原因的分歧，波兰坚持认为苏联作为挑起二战的帮凶之一对此负有不可推卸的责任。而俄罗斯方面则认为二战的罪魁祸首就是德国，俄罗斯（苏联）在二战

---

[1] [美]雷蒙德·塔拉斯：《波兰的长期恐俄症？精英和大众态度的比较》，孙超译，《俄罗斯研究》2014年第1期。

中付出了巨大代价，俄罗斯（苏联）人民也是受害者之一。事实上，站在俄罗斯立场上审视这场战争的起源，苏联人民的确是受害者之一。但如果站在波兰的立场上，德国和苏联都是侵略者。而对于西欧多数欧盟成员国而言，它们与俄罗斯之间几无历史矛盾或仇恨。即使是德俄关系，虽然自19世纪末期以来，德国与俄罗斯争夺欧陆霸权的结构性矛盾不断激化，最终以波俄结盟组成协约国集团，德国则与奥匈帝国组建了与之相对抗的同盟国集团，最终在矛盾不可调和的时候诉诸战争。但在此之前的18—19世纪，两国曾合谋瓜分了波兰。甚至在二战爆发前，苏联与纳粹德国签订了《苏德互不侵犯条约》，目标是初步建立苏德的友谊与共识，并导致波兰被瓜分。从德俄关系历史周期来看，两国基于国家利益出发达成的共识与合作大多时候都是超过分歧与冲突的，至于法俄和英俄关系更无过多的历史纠葛，因此，以德、法为代表的老牌欧盟大国将俄罗斯视为一个可信赖的战略合作伙伴，致力于与之发展务实的经贸合作关系，最高目标则是推动欧盟东部甚至包括俄罗斯的制度与社会转型。波兰与欧盟主要大国的"俄罗斯观"的分歧在很大程度上削弱了波兰于2009年倡导发起的东部伙伴关系计划的有效性，同时也削弱了波兰的安全感。

其次，地缘毗邻性是导致波欧对俄政策分歧的又一个重要变量。俄罗斯一直反对美国在波兰和捷克部署反导系统，然而，波兰不仅极力坚持美国在其本土部署系列军事设施，而且还强烈声援北约对于后苏联国家——格鲁吉亚和乌克兰予以支持，这招致俄罗斯的强烈反对。2008年的俄格冲突就是一例。2008年8月9日，波兰、立陶宛、拉脱维亚和爱沙尼亚发表了谴责俄罗斯武力入侵行为的共同宣言，并号召北约反对俄罗斯在东欧地区的帝国主义和修正主义政策。[①] 格鲁吉亚危机发生后，波兰围绕俄罗斯的进攻性政策展开讨论，认为俄罗斯对中小国家施加的武力是一种帝国主义行径。波兰外长西科尔斯基过去常常认为在10—15年之后，俄罗斯将是一个危险的大国；而现在在他看来这种危险的到来甚至用不了10—15个月。2008年11月，西科尔斯基访问华盛顿并与美达

[①] Justyna Zając, *Poland's Security Policy: The West, Russia, and the Changing International Order*, London: Macmillan Publishers Ltd., 2016, p.108.

成了一项"西科尔斯基共识",该共识强调：对任何以武力形式试图更进一步重构欧洲政治版图的行为,应当将其视作对整个欧洲安全的威胁,整个大西洋联盟必须给予相对应的战略回应。然而,波兰的想法并未被所有欧盟成员国接受,甚至导致了对于俄罗斯态度的分歧。①

有学者在2007年对欧盟新老成员国对俄罗斯的政策取向作了一番比较研究,结论显示出五种不同的观点。第一种观点属于"特洛伊木马型",主要代表是塞浦路斯和希腊,它们通常对俄罗斯在欧盟体系内的利益持防范态度,并且倾向于支持欧盟的统一立场。第二种观点将俄罗斯视作一个可信赖的战略合作伙伴,持这一观点的国家主要有法国、德国、意大利和西班牙,它们与俄罗斯保持了一定的特殊关系,这在一定程度损害了同盟的统一政策。第三种观点属于经济利益导向型。该类国家包括奥地利、比利时、保加利亚、芬兰、匈牙利、卢森堡、葡萄牙、斯洛伐克和斯洛文尼亚,它们坚持与俄罗斯保持亲近关系,并倾向于将经济利益置于政治利益之上。第四类观点可以归纳为"冷漠的务实主义者",它们将对俄关系主要集中在商业利益上,较少担心其他国家所呼吁的人权或其他事项。这类国家有捷克、丹麦、爱沙尼亚、冰岛、拉脱维亚、荷兰、罗马尼亚、瑞典和英国。第五类观点可以称之为"新的冰冷防御型",主要是波兰和立陶宛,它们对莫斯科持有明显敌意,并希望阻碍欧盟与俄罗斯之间的谈判。② 虽然自2007年图斯克上台之后,波兰一改前任政府对俄罗斯的不信任态度,谋求与德法对俄保持一致的务实合作政策。这一度让波兰在欧盟中的形象和国际地位得到明显提升。2009年,波兰与瑞典联合在欧盟框架内提出了东部伙伴关系计划,该计划不但有利于巩固波兰东部邻国的亲欧盟发展方向,也提高了波兰在欧盟东部事务中的话语权。但是,波兰与德法达成的对俄一致政策严重受到地缘毗邻性的影响,这意味着一旦东部伙伴国家遭受来自俄罗斯方面的威胁时,波兰的威胁感知要显著高于德法等国。由于对威胁感知存在差异,双方

---

① Justyna Zając, *Poland's Security Policy: The West, Russia, and the Changing International order*, London: Macmillan Publishers Ltd., p. 109.

② Mark Leonard and Nicu Popescu, *A Power Audit of EU-Russia Relations*, London: European Council on Foreign Relations, November 2007, p. 2.

对于俄罗斯威胁的政策回应自然而然地产生分歧。

三 波动性：多党制下政府更迭频繁

苏联解体之后，波兰走向了全面的制度转轨道路，国内选举制度逐步完善。在21世纪之前，波兰政府的更迭非常频繁，执政党也在左翼和右翼政党之间变换，小党林立，政党主流共识尚未形成，政党体系波动性大。一个转折时间点出现在2005年，在该年度的议会选举中，法律与公正党以27.0%的得票率成为第一大党，拿下下议院155席与上议院49席。当时普遍认为同属右翼的公民纲领党与法律与公正党最有可能组成执政联盟。但因两党在2005年波兰总统大选中发生冲突，导致结盟谈判瓦解。最后莱赫·卡钦斯基击败唐纳德·图斯克当选波兰总统。2006—2007年，法律与公正党与价值取向相近的右翼民粹主义政党——波兰共和国自卫党（Samoobrona Rzeczpospolitej Polskiej，SRP）及波兰家庭联盟（Liga Polskich Rodzin，LPR）组成了执政联盟，即卡齐米日·马尔钦凯维奇和雅罗斯瓦夫·卡钦斯基政府。然而自卫党党魁安杰伊·雷佩尔（Andrzej Lepper）被指控涉嫌贪污与性骚扰，导致法律与公正党的声誉受损，因此法律与公正党决定解散执政联盟并提前选举。在连续两个任期（2007—2015年）中，法律与公正党败给了图斯克领导的公民纲领党，成了议会中最大的反对党。在2015年议会选举中，法律与公正党靠一己之力大获全胜，在议会中占领席位的大多数。来自该党的贝阿塔·谢德沃（Beata Szydło）和马泰乌什·莫拉维茨基（Mateusz Morawiecki）先后出任波兰总理。

从波兰政党体系发展的大致脉络，可以发现2005年之后的波兰政局基本上掌控在法律与公正党和公民纲领党手中，这两个政党的执政理念代表了波兰社会的主流趋向。本书所研究的范围主要聚焦在2007—2015年公民纲领党执政期间的波兰外交，与法律与公正党执政期间的波兰外交相比，前者具有明显的实用主义特征，具体政策主张包括重启"魏玛三角"，并将欧盟作为波兰首要的外交舞台。对美政策方面，公民纲领党政府秉持理性与务实的态度，从国家利益出发重新评估波美同盟关系，谋求在波美关系上实现一定程度的战略自主，积极改变波兰作为美国在欧洲"特洛伊木马"的负面形象。在对俄政策上，公民纲领党选择一种与前任执政党截然相反的理念，试图淡化历史问题在波俄现实政治关系中的影响，谋求与俄罗斯实现从接触到民族和解的外交目标。以上政策取向大致勾勒了图斯克政府期间的多元平衡外交轮廓。值得探究的是，这种外交格局的形成与公民纲领党的执政理念密不可分，而这种执政理念的来源则受制于政党精英或领袖的政治认知。

但现实的局限性在于，对于波兰这样一个多党制国家而言，很难会有执政党能超过两届，影响因素主要有两方面：一方面，在经济全球化背景下，波兰国内社会的分裂程度不断加剧，这种分裂包括收入差距的扩大，以及波兰市场对欧盟国家的持续开放，外国资本的涌入对本土的若干行业带来了巨大的冲击，其中一个对底层人民生活产生重大影响的行业就是农业。图斯克政府的融欧主义政策在外交上无疑取得了重大胜利，有力地增强了波兰在欧盟乃至跨大西洋联盟中的话语权。但负面效应也是存在的，比如融入欧盟市场的同时也意味着那些与西欧发达国家相比缺乏竞争力的波兰本土企业或行业将受到严峻的生存考验。毫无疑问，对于波兰的中下层民众而言，经济全球化和欧洲一体化并未让他们真正从中获益多少，相反，他们感觉到的是由于竞争的加剧，他们连最基本的生存资料也正在被剥夺。这一点在波兰农民身上体现得最为明显。以上负面效应助长了国内民粹主义势力的扩大，为反对派法律与公正党2015年的选举胜利创造了社会基础。

另一方面，基于波兰近千年的天主教文化及命运多舛的历史境遇所塑造起来的保守的社会氛围。总体而言，法律与公正党在经济上吸收了左翼的社会福利政策，在社会生活和文化方面却属于右翼，并将天主教作为其捍卫执政合法性的文化与精神武器。波兰在天主教保守派和世俗自由主义者之间存在着巨大分歧，天主教保守派在像卡尔瓦里亚——泽布日多夫斯卡这样的小城镇和农村地区占主导地位，而世俗的自由主义者则在华沙和克拉科夫这样的大城市中占主导地位。年纪大、文化程度较低和财富较少的人更倾向于投票支持法律和公正党。富人和年轻人倾向支持自由的公民纲领党联盟或左翼联盟。这种趋向在波兰造成了这样一种分裂，即公民纲领党代表的主要是精英、知识分子、社会地位较高者。而法律与公正党则主要代表了社会中下层和相对弱势群体。

以上两个因素主要解释了图斯克领导的公民纲领党在2015年议会选举中失败的原因。通过对比两个政党之间的观念差异与政策分歧，可以看到执政党的更迭对波兰外交政策理念的塑造作用，以及对于波兰外交政策可持续性的直接影响。即使在克里米亚危机发生之后，公民纲领党依然没有放弃与俄罗斯改善关系的政策理念，并在危机初期保持了一定克制，试图联合德法通过外交手段与俄罗斯和乌克兰政府展开对话。这与2008年时任波兰总统莱赫·卡钦斯基在格鲁吉亚危机的强硬态度和介入程度明显不同。来自法律与公正党的总统卡钦斯基与来自公民纲领党的图斯克在对危机的处理和介入方式上发生了严重分歧。法律与公正党一派坚持认为，即使没有德法和北约的支持，波兰也必须对格鲁吉亚进行支援，为此他联合波罗的海地区多个国家领导人亲自飞抵格鲁吉亚首都第比利斯，发表了对支持格鲁吉亚坚定捍卫领土完整的演讲。反观公民纲领党一派，从格鲁吉亚危机到克里米亚危机，始终坚持在欧盟和北约的统一行动下解决危机。

四 敏感性：高度的地缘不安全感

图斯克政府时期的外交政策制定还与其所处的地缘环境密不可分。如果说悲惨的历史遭遇建构了波兰人强烈的"恐俄症"心理，那么位于缓冲地带的地缘环境则塑造了波兰人强烈的不安全感。这种不安全感下至每一个普通大众，上至统治精英，无论是由图斯克领导的秉持实用主义理念的公民纲领党，还是由卡钦斯基领导的带有强烈民族主义色彩的法律与公正党。一个基本的逻辑关系是，处在缓冲地带的波兰对其东部地区的任何地缘政治变化都表现出极度敏感的心理，这种敏感心理正是受到地缘上不安全感的驱使。换句话说，波兰东部邻国基本上都曾属于苏联的势力范围，而冷战结束以来的欧盟和北约在该地区的不断扩展触及了俄罗斯的利益存在，导致了该地区自21世纪以来多次地缘政治危机的出现。因此，波兰所处地缘环境的一个显著特征就是地缘政治的不稳定性，这种不稳定性加剧了波兰的不安全感，进而塑造了外交政策议程的变化。回溯波兰的历史进程，我们发现不稳定性与波兰所处的地缘环境始终相随。这也解释了为什么在2015年公民纲领党政府下台之后，新上任的法律与公正党政府对俄政策迅速转向敌对。可以说，克里米亚危机彻底破坏了图斯克政府试图在中东欧地区建立起来的平衡格局，打破了中东欧地区原有的地缘政治现状，也宣布了图斯克政府对俄接触与和解政策的失败，导致该地区的不稳定性加剧。在2015年波兰的议会选举中，图斯克政府时期主张的对俄务实合作政策遭到了反对党的严重批评与指责，而克里米亚危机的爆发无疑为反对党的批评论调提供了难以反驳的证据。

从历史地理的长周期视角来看，正如英国著名地理学家麦金德所言："谁统治了东欧，谁就统治了大陆腹地；谁统治了大陆腹地，谁就统治了世界岛；谁统治了世界岛，谁就统治了世界。"[1] 其中世界岛和中心地带都是两个无可改变的地理现实，而处在东欧的波兰恰恰作为中心地带的中心，成为帝国博弈的战略要地，反映了该地区地缘政治的不稳定性特征。有学者指出，波兰多次沦亡的一个重要原因就是地理因素。波兰位于平坦开阔的平原地带，在向西的德国和向东的俄罗斯之间均无天然屏障阻隔。[2] 因此，它注定要在18世纪下半叶成为一个附庸国。[3] 波兰自1772年之后长期残存在强邻的统治之下，由此催生了高度的地缘不安全感，主要体现在长达几百年来的"恐俄症"和对于大国依附性与警惕性并存的民族特征上。

首先，波兰的不安全感源自地处大国夹缝之中的地缘环境和多次亡国的悲惨境遇。早在11—12世纪，波兰就身处德意志和蒙古帝国的地缘夹缝之间，由于波兰皮亚斯特家族的分裂，使得日耳曼人有了可乘之机。邻国基辅罗斯此时分裂成了12个公国，无法抵御来自蒙古帝国的威胁，因此波兰的地缘处境危机重重。[4] 从12世纪初起，德意志帝国侵入波兰，确立了对西波莫瑞的主权，致使波兰在波罗的海南岸的领土丧失殆尽。13世纪，波兰连续三次遭受来自东部的鞑靼蒙古的入侵，受到小波兰人

---

[1] [英]麦金德：《陆权论》，徐枫译，群言出版社2015年版，第110页。

[2] Mitchell A. Orenstein, "Poland: From Tragedy to Triumph," *Foreign Affairs*, Vol. 93, No. 1, 2014, p. 24.

[3] Donny Gluckstein, *A People's History of the Second World War*, London: Pluto Press, 2012, p. 55.

[4] [法]安德烈·瑟利耶、让·瑟利耶：《中欧人文图志》，王又新译，中国人民大学出版社2008年版，第136页。

民和骑士的抵抗。①

波兰快速走向衰落的一个外部因素在于其处在一个群强环伺的地缘环境中。在整个18世纪，波兰的西部和东部分别是野心勃勃的普鲁士和沙皇俄国，已经退居守势的瑞典和奥地利则分别位于其北部和南部。由于波兰国王没有实际权力，因而没有能力发展和壮大军队来抵御强敌。因此，自18世纪40年代起，波兰捍卫其领土安全的途径就是通过传统的皇室联姻并与法国王室结盟，将本国安全寄托在法国身上。② 事实上，单靠同盟和条约根本无法确保波兰的安全。卢梭在1771年对此明确指出，波兰的安全千万不能依赖盟国或邻国，欧洲各国的共同利益在于将波兰变成隔在它们与俄国之间的缓冲国。③ 然而，两次世界大战时期的波兰再次重蹈覆辙④，在1918年实现短暂的独立后，再次走向覆灭。而重要原因之一在于，波兰恰好处在苏德博弈的欧亚大陆的心脏地带和战略缓冲带上，同时也是苏德掠取中东欧的跳板。二战之后，苏联在处理波兰问题上的态度是："在战略方面，苏联坚持使波兰成为一个安全'缓冲地带'。"⑤ 苏联解体后，波兰虽然重新实现了独立，但其面临的不可改变的现实地缘环境仍然让波兰人深感焦虑。⑥ 坚定不移成为欧盟和美国的盟友正是这种地缘不安全感的直接表现。

---

① 刘祖熙主编：《多元与冲突：俄罗斯中东欧文明之路》，人民出版社2011年版，第40—41页。

② [美] 伊塞·沃洛克、格雷戈里·布朗：《现代欧洲史．卷三，18世纪的欧洲：传统与进步：1715—1789》，陈蕾译，中信出版集团2016年版，第80—81页。

③ [法] 卢梭：《论波兰的治国之道及波兰政府的改革方略》，李平沤译，商务印书馆2014年版，第116页。

④ 波兰历史上最惨烈的一次瓜分是在第二次世界大战期间，1939年，根据《苏德互不侵犯条约》（又称苏德条约、莫洛托夫—里宾特洛甫条约），德、苏两国对波兰进行瓜分，随着德、苏军队1939年9月18日在布格河畔的会师，揭开了人类近代史上最血腥的一幕。1939—1945年，2800万波兰人死亡了600多万，人口死亡率高达22%，比苏联（10%）都高得多，是二战中伤亡最为惨重的国家。这段血写的历史，对波兰民族性格和民族精神造成了巨大影响。参见金雁《东欧札记二种：观〈火凤凰与猫头鹰〉和〈新饿乡纪程〉》，东方出版社2015年版，第86—87页。

⑤ [英] 保罗·肯尼迪：《大国的兴衰》，蒋葆英等译，中国经济出版社1989年版，第464页。

⑥ Peter Vermeersch, "Nationalism and Political Competition in Central Europe: the Case of Poland," *Nationalities Papers*, Vol. 41, No. 1, 2013, p. 133.

其次，对俄外交举动的高度警惕性以及对于美国的依附性是波兰地缘不安全感的又一重要体现。自1772年起，作为主谋者之一，俄国前后四次参与瓜分波兰。因此，在1989年之后波兰获得了充分主权之时，对俄关系一直是波兰外交政策中最关键的因素之一。可以说俄罗斯在中东欧地区的一举一动都牵动着波兰的敏感神经。有学者指出，"在共产主义制度崩溃之后的几年，俄罗斯的外交政策仍然存在这样的观点：中欧和东欧在某种程度上应该保持在西欧的边界之外，同时该地区的政治和经济应该与俄国保持一致"[1]。这从客观上反映出俄罗斯对后苏联空间的潜在威胁，并没有因为冷战的终结而停止。因此，波兰东部所有政策的关键主题是俄罗斯的潜在威胁。步入21世纪，俄格冲突、克里米亚入俄等事件进一步强化了波兰整个国家的恐俄心态。另外，基于自身的地缘环境、历史遭遇和国家实力，使得波兰不得不选择追随战略。美国学者斯蒂芬·沃尔特在其著作《联盟的起源》中指出，当国家面临威胁时，有两种选择路径，一种是通过结盟方式去制衡威胁国，另一种是追随强者。对于波兰这样的小国而言，在不具备与他国结盟以制衡外部威胁的情况下只能采取追随战略。[2] 不论在两次世界大战期间波兰先后追随法英的外交取向，还是转型之后追随美国的战略选择，都得以印证。[3]

---

[1] Krzysztof Fedorowicz, "National Identity and National Interest in Polish Eastern Policy, 1989 – 2004," *Nationalities Papers*, Vol. 35, No. 3, 2013, pp. 541 – 542.

[2] ［美］斯蒂芬·沃尔特：《联盟的起源》，周丕启译，北京大学出版社2007年版，第16页。

[3] Krzysztof Śliwiński, "Polish National Security Dilemmas: The US Missile Defense Complex and Its Role in Polish Foreign Policy," *Democracy and Security*, Vol. 8, No. 2, 2012, p. 193.

结　　语

总体来看，秉持实用主义理念的图斯克政府上台之后，波兰大幅度地调整了对俄、美、欧的战略定位，谋求在对俄、美、欧三组关系重新建立一种动态的平衡格局。这种平衡关系的施展手段首先是通过积极融入到欧洲一体化进程之中，与德法在欧盟框架下建立亲密的政治同盟关系提高其在欧盟的话语权。其次，通过重启和改善对俄关系既有助于缓和波兰的东部安全局势，又能降低对于美国的过度安全依赖，同时也能促成波兰与欧盟在对俄政策上建立共识。最后一个支柱就是波美关系，通过与美国建立理性务实的同盟关系，一方面可以为波兰的外交创造更自主的选择空间；另一方面也可以提高在欧美和欧俄关系中的战略地位。

因循这一逻辑，图斯克在任的七年里，波兰的对外政策可以分为三个主要阶段：重建平衡、维持平衡和走向失衡。推动图斯克政府多元平衡外交形成的动力主要来自：国内精英共识、中等强国（地区大国）的身份定位、外部安全环境的变化，以及中东欧地区大国竞争态势等四方面因素。这四个因素在图斯克政府外交的不同阶段中各自发挥的作用大小不同，但彼此相互交织，共同作用，将波兰外交从一个阶段推动到下一个阶段。例如，在重建平衡的第一阶段中，波兰的外部地缘环境相对较为稳定，且中东欧地区的俄美欧大国竞争态势趋缓，因而国内政治因素成为推动重建平衡的主导性因素。在从第一阶段向第二阶段转化的过程中，虽然2008年爆发了格鲁吉亚危机，2010年又发生了总统坠机事件，两者在一定程度上恶化了当局对俄罗斯的政治认知，但鉴于中东欧地区的地缘政治局势并未发生本质性逆转，美国对俄的接触政策仍在推进之中，缓和取代对抗依旧是俄美欧关系的主旋律。更重要的是，图斯克作为一个强势总理，在与反对派总统的外交权力争夺中处于上风，始终把控着波兰实用主义外交的方向盘。即使在格鲁吉亚危机中，卡钦斯基总统与图斯克总理之间出现了严重的外交分歧，但波俄和解的进程仍然按照原计划井然有序地推进着。当然，不可否认的是，由于波兰总统在宪法上享有的否决权一度成为图斯克政府外交政策的主要掣肘，导致波兰的对外政策时不时地出现两种不同的声音，以至于图斯克政府陷入尴尬境地。基于此，本书将第二阶段外交的开始划定在2011年，原因是2010年来自公民纲领党的科莫罗夫斯基成功当选为波兰新一届总统。这位与图斯克来自同一党派的政治家在对外政策上与图斯克拥有共同的外交理念，作为波兰最重要的两个权力中心——总统与总理间共识的达成为多元平衡外交的持续推进注入了强心剂。以此可见，在第二阶段中，国内因素依然是波兰外交走向的主导性变量。

虽然第二阶段的持续时间仅有三年（2011—2013），却是图斯克政府多元平衡外交迈向全方位、宽领域、多层级务实合作的黄金期。在这一阶段里，波俄关系一度达到冷战结束之后的最好时期，两国经贸额和政治互访频率达到历史新高，人文交流和地方合作活跃，在波兰的俄罗斯文化年以及在俄罗斯举办的波兰文化年相互呼应。更重要的是，两国在宗教领域和历史疑难问题上的和解也取得了重大进展，波兰全国天主教会大主教和俄罗斯东正教大牧首举行了会晤，共同呼吁两个国家、两个民族之间的宽容与谅解。在历史问题上，双方成立了相关小组，共同编制历史出版物，试图用双方都能接受的历史叙事阐释两国历史上的疑难问题。在与欧盟关系上，波兰同样取得了重大突破，通过重启与德法的"魏玛三角"显著地提高了其在欧盟的话语权。并且在2011年，波兰自入欧以来首次担任欧盟理事会轮值主席国。依托该角色，波兰推动了"魏玛三角"战斗群的建立，强化了欧盟在东部伙伴关系计划和地中海伙伴关系中的政策立场，在俄欧关系以及欧盟框架内不断提高国际地位和话语权，为波兰寻求摆脱对美国的屈从性地位，追求独立自主的外交政策创造了必要条件。这一阶段的对美关系与前任政府具有明显的差异性，该届政府将实现波兰利益最大化置于外交的首要目标。理性与务实成为该届政府对美政策的最大特征。这一时期的多层级外交还体现在以下几个方面：在次区域持续巩固和推动维谢格拉德集团经济、政治和军事合作；在全球领域积极响应中国发起的"一带一路"倡议和"中国—中东欧国家合作"。

然而，身处缓冲地带的波兰在过去几百年中始终未能彻底摆脱这一地理诅咒，其在历史上的数次灭亡都与地理位置有密不可分的联系。从重建平衡到维持平衡，图斯克政府用了六年时间逐步改变并改善了波兰外部的地缘安全环境，让波兰从一个欧盟的麻烦制造者逐步转变成为联盟的积极建设者，提高了在欧洲的国际声誉和国家地位，同时也在一定程度上赢得了更大的外交主动权，更多的国际尊重，包括来自美国方面。缓冲地带国家的地缘政治不稳定性是塑造一国外交政策的最大突变性因素。2013年年底克里米亚危机的爆发就是波兰多元平衡外交的最大突变性因素，直接摧毁了图斯克政府多元平衡外交的东部支柱。不得不承认的是，克里米亚危机的爆发是推动波兰多元平衡外交走向失衡一个重锤。这场危机引发波兰东部局势的不断恶化，双方在克里米亚危机上持截然相反的政策立场让横在两国的地缘政治矛盾彻底暴露。波兰地缘不安全感的加剧，使其不得不寻求扩大与美国的安全合作，包括来自美国的安全保证承诺、扩大在波兰的美军部署、重启反导系统部署谈判等，但以上举动几乎都得到了俄罗斯方面同等规模的回应，如加强西部军区的军事部署，一度引发大国在中东欧地区的军备竞赛。另外，为了尽可能地降低俄罗斯对波兰的影响力，图斯克政府加快能源进口多元化战略，如扩大从美国的液化天然气进口。虽然亲美是波兰外交一以贯之的重要方向之一，但与俄罗斯关系的恶化无疑使得波兰加重了在安全和能源等领域对美国的依赖程度。导致的后果是，图斯克政府试图改变的对美屈从地位的外交目标将前功尽弃，波兰不得不再次"鞍前马后"地追随美国，以换取美国为其承诺的安全保证，即使这个安全承诺尚未得到检验。

所谓"成也萧何，败也萧何"，波兰多元平衡外交的关键支柱在于对俄接触政策的成功与否，对俄接触政策的成功一方面有助于波兰推动乌克兰和白俄罗斯等东部国家的民主化转型，另一方面也有助于欧盟对俄政策一致性的达成，成为欧盟团结的积极建设者。通过以上两方面，波兰可将自身塑造成为欧盟内部的东部问题专家，在欧盟的东部政策上扮演不可替代的角色，正如其在2009年与瑞典联合发起的"东部伙伴关系计划"，成为欧盟地区政策的一个重要方向，这也是波兰自入欧以来在欧盟框架下首次提出倡议并获得了成功。以上成就的取得为波兰巩固其在中东欧乃至欧洲地区的大国身份提供了有力支撑。图斯克政府对美敢于谋求战略自主性的信心也正来自于此。不过，该届政府试图构筑起来的多元平衡外交格局随着克里米亚公投入俄事件后走向失衡。但不容否认的是，图斯克作为苏联解体后在任时间最长的总理，其倡导和推动的外交政策可圈可点。地处缓冲地带的地缘位置是任何一届政府也无法改变的状况，但图斯克政府试图将这一地缘劣势转化为沟通东西欧以及跨大西洋关系之间的桥梁，将腹背受敌的地缘劣势转化成左右逢源的相对优势。虽然在2015年的议会选举中，图斯克所在的政党公民纲领党输给了右翼民族主义政党法律与公正党，波兰的外交加速右转，开始带有很强的民族主义色彩，民族情绪相对于外交理性而言占据了上风；但公民纲领党作为波兰最大的反对党依然活跃在波兰政坛，与当局的"反俄疑欧"外交理念形成鲜明对比，不失为波兰外交的一面镜子。时至当下，公民纲领党和法律与公正党阵营代表了波兰外交的两种理念。从波兰政坛的未来走向看，新一届的议会和总统选举分别在2019和2020年落幕，输掉选举的公民纲领党阵营已经为下一届的议会选举和总统选举积蓄能量，依然有东山再起的可能性。值得一提的是，这一可能性已在2023年11月得到印证，图斯克领导下的政党联盟再次获得新一届政府组阁政，将开启其在波兰总理一职上的2.0时期。因而，研究波兰外交仅仅观察当局的外交政策及其理念是远远不够的，需要通过比较两个主流政党之间的外交主张去管窥波兰外交的全貌，把握其外交的深层历史与地缘政治逻辑。

附录　　1990年以来波兰历届总统、总理、外长及其所属党派

时间(年)	波兰总统	波兰总理	波兰外长
1990		塔德乌什·马佐维耶茨基（Tadeusz Mazowiecki）（1989.12—1991.1） 自由联盟	
1991	莱赫·瓦文萨（Lech Wałęsa）（1990.12—1995.12） 团结工会	扬·克日什托夫·别莱茨基（Jan Krzysztof Bielecki）（1991.1—1991.12） 自由民主国民大会/自由联盟	克日什托夫·斯库比舍夫斯基（Krzysztof Skubiszewski）（1989.9—1993.10） 无党派
1992		扬·奥尔谢夫斯基（Jan Ferdynand Olszewski）（1991.12—1992.6） 中心协议党 瓦尔德马·帕夫拉克（Waldemar Pawlak）（1992.6—1992.7） 波兰人民党	
1993		汉娜·苏霍茨卡（Hanna Suchocka）（1992.7—1993.10） 民主联盟	安杰伊·奥莱霍夫斯基（Andrzej Olechowski）（1993.10—1995.3） 公民纲领党
1994		瓦尔德马·帕夫拉克（Waldemar Pawlak）（1993.10—1995.3） 波兰人民党	
1995	亚历山大·克瓦希涅夫斯基（Aleksander Kwaśniewski）（1995.12—2005.12） 民主左派联盟/社会民主党	约瑟夫·奥莱克西（Józef Oleksy）（1995.3—1996.2） 民主左派联盟	瓦迪斯瓦夫·巴托舍夫斯基（Władysław Bartoszewski）（1995.3—1995.12） 团结工会

续表

时间（年）	波兰总统	波兰总理	波兰外长
1996	亚历山大·克瓦希涅夫斯基（Aleksander Kwaśniewski）（1995.12—2005.12）民主左派联盟/社会民主党	沃基米日·齐莫舍维奇（Włodzimierz Cimoszewicz）（1996.2—1997.10）民主左派联盟	达里乌什·罗萨蒂（Dariusz Rosati）（1995.12—1997.10）民主左翼联盟
1997			布罗尼斯瓦夫·盖雷梅克（Bronisław Geremek）（1997.10—2000.6）自由联盟/波兰民主党
1998		耶日·布泽克（Jerzy Karol Buzek）（1997.10—2001.10）团结工联选举行动	
1999			
2000			瓦迪斯瓦夫·巴托舍夫斯基（Władysław Bartoszewski）（2000.6—2001.10）团结工会/无党派
2001			
2002		莱舍克·米莱尔（Leszek Cezary Miller）（2001.10—2004.5）民主左派联盟	沃基米日·齐莫舍维奇（Włodzimierz Cimoszewicz）（2001.10—2005.1）民主左派联盟
2003			
2004		马雷克·贝尔卡（Marek Marian Belka）（2004.5—2005.10）民主左派联盟	
2005	莱赫·卡钦斯基（Lech Kaczyński）（2005.12—2010.4）法律与公正党	卡齐米日·马尔钦凯维奇（Kazimierz Marcinkiewicz）（2005.10—2006.7）法律与公正党	亚当·丹尼尔·罗特菲尔德（Adam Daniel Rotfeld）（2005.1—2005.10）无党派
2006		雅罗斯瓦夫·卡钦斯基（Jarosław Aleksander Kaczyński）（2006.7—2007.11）法律与公正党	斯特凡·梅莱尔（Stefan Meller）（2005.10—2006.5）无党派 安娜·福蒂加（Anna Fotyga）（2006.5—2007.11）法律与公正党

续表

时间(年)	波兰总统	波兰总理	波兰外长
2007	莱赫·卡钦斯基（Lech Kaczyński）（2005.12—2010.4）法律与公正党		
2008			
2009		唐纳德·图斯克（Donald Tusk）（2007.11—2014.9）公民纲领党	拉多斯瓦夫·西科尔斯基（Radosław Sikorski）（2007.11—2014.9）公民纲领党
2010			
2011			
2012	布罗尼斯瓦夫·科莫罗夫斯基（Bronisław Komorowski）（2010.8—2015.8）公民纲领党		
2013			
2014			
2015		埃娃·科帕奇（Ewa Kopacz）（2014.9—2015.11）公民纲领党	格热戈日·谢蒂纳（Grzegorz Schetyna）（2014.9—2015.11）公民纲领党
2016	安杰伊·杜达（Andrzej Duda）（2015.8至今）法律与公正党	贝阿塔·希德沃（Beata Maria Szydło）（2015.11—2017.12）法律与公正党	维托尔德·瓦什奇科夫斯基（Witold Waszczykowski）（2015.11—2018.1）法律与公正党
2017			
2018		马泰乌什·莫拉维茨基（Mateusz Morawiecki）（2017.12—2023.12）法律与公正党	雅采克·查普托维奇（Jacek Czaputowicz）（2018.1—2020.8）法律与公正党
2019			
2020			
2021			兹比格涅夫·拉乌（Zbigniew Rau）（2020.8—2023.12）法律与公正党
2022			
2023			
2024		唐纳德·图斯克（Donald Tusk）（2023.12至今）公民纲领党	拉多斯瓦夫·西科尔斯基（Radosław Sikorski）（2023.12至今）公民纲领党

参考文献

一 中文文献

（一）专著

［波］斯坦尼斯瓦夫·阿尔诺耳德、马里安·瑞霍夫斯基:《波兰简史》，史波译，商务印书馆1974年版。

［波］耶日·卢克瓦斯基、赫伯特·扎瓦德斯基:《波兰史》，常程译，东方出版中心2011年版。

［丹麦］德里克·比奇、拉斯穆斯·布伦·佩德森:《过程追踪法：基本原理与指导方针》，汪卫华译，格致出版社、上海人民出版社2020年版。

［俄］安德烈·P. 齐甘科夫:《俄罗斯与西方：从亚历山大一世到普京——国际关系中的荣誉》，关贵海、戴惟静译，上海人民出版社2017年版。

［法］安德烈·瑟利耶、让·瑟利耶:《中欧人文图志》，王又新译，中国人民大学出版社2008年版。

［法］卢梭:《论波兰的治国之道及波兰政府的改革方略》，李平沤译，商务印书馆2014年版。

［美］尼古拉斯·斯皮克曼:《和平地理学：边缘地带的战略》，俞海杰译，上海人民出版社2016年版。

［美］保罗·肯尼迪:《大国的兴衰》，蒋葆英等译，中国经济出版社1989年版。

［美］汉斯·摩根索:《国家间政治：权力斗争与和平》，徐昕、郝望、李保平译，北京大学出版社2005年版。

［美］亨利·基辛格:《大外交》，顾淑馨、林添贵译，海南出版社2012

年版。

［美］兰德尔·施韦勒：《没有应答的威胁：均势的政治制约》，刘丰、陈永译，北京大学出版社2015年版。

［美］斯蒂芬·沃尔特：《联盟的起源》，周丕启译，北京大学出版社2007年版。

［美］伊塞·沃洛克、格雷戈里·布朗：《现代欧洲史．卷三，18世纪的欧洲：传统与进步：1715—1789》，陈蕾译，中信出版集团2016年版。

［美］蒂莫西·斯奈德：《民族的重建：波兰、乌克兰、立陶宛、白俄罗斯，1569—1999》，潘梦琦译，南京大学出版社2020年版。

［匈］彼得·斯坦普主编：《中欧与维谢格拉德合作：历史和政策的视角》，宋黎磊译，中国社会科学出版社2020年版。

［英］麦金德：《陆权论》，徐枫译，群言出版社2015年版。

［英］乔治·肖—勒费弗：《瓜分波兰1772—1795：不理性共谋、地缘争霸、欧洲革命与民族消亡》，王静译，中国画报出版社2018年版。

孔寒冰：《东欧史》，上海人民出版社2010年版。

孔田平：《冷战后俄罗斯的中东欧政策及其影响》，社会科学文献出版社2018年版。

刘德斌主编：《国际关系史》，高等教育出版社2003年版。

刘敏茹：《转型国家的政党制度变迁——俄罗斯与波兰的比较分析》，中央编译出版社2013年版。

刘祖熙主编：《多元与冲突：俄罗斯中东欧文明之路》，人民出版社2011年版。

刘祖熙：《波兰通史》，商务印书馆2006年版。

马细谱、李少捷主编：《中东欧转轨25年：观察与思考》，中央编译出版社2014年版。

马细谱：《追梦与现实——中东欧转轨25年研究文集》，中国社会科学出版社2016年版。

王会花：《维谢格拉德集团与欧盟互动关系研究——基于次区域合作的视角》，人民日报出版社2019年版。

韦民：《小国与国际关系》，北京大学出版社2014年版。

朱晓中主编：《中东欧转型20年》，社会科学文献出版社2013年版。

（二）期刊论文

［美］雷蒙德·塔拉斯：《波兰的长期恐俄症？精英和大众态度的比较》，孙超译，《俄罗斯研究》2014 年第 1 期。

姬文刚：《东欧剧变 30 年来波兰的外交与安全转型》，《山西大学学报》（哲学社会科学版）2019 年第 2 期。

姜琍：《维谢格拉德集团合作的演变与发展前景》，《俄罗斯中亚东欧研究》2011 年第 4 期。

鞠维伟：《维谢格拉德集团军事防务合作初探——从欧盟战斗群的视角》，《俄罗斯东欧中亚研究》2019 年第 1 期。

孔田平：《波兰在乌克兰危机中的行为及其根源》，《俄罗斯学刊》2018 年第 4 期。

李斌：《新世纪俄罗斯与中东欧国家关系探析》，《西伯利亚研究》2012 年第 4 期。

李意：《埃及塞西政府的平衡外交政策述评》，《西亚非洲》2019 年第 5 期。

潘迎春：《"中等国家"理论的缘起》，《世界经济与政治论坛》2009 年第 5 期。

曲博：《因果机制与过程追踪法》，《世界经济与政治》2010 年第 4 期。

孙西辉、金灿荣：《小国的"大国平衡外交"机理与马来西亚的中美"平衡外交"》，《当代亚太》2017 年第 2 期。

孙西辉：《中等强国的"大国平衡外交"——以印度尼西亚的中美"平衡外交"为例》，《印度洋经济体研究》2019 年第 6 期。

熊昊：《变与不变间的波兰——图斯克新政府外交政策走向》，《俄罗斯中亚东欧研究》2008 年第 4 期。

熊昊：《空难事件后波兰对美欧俄政策走向》，《现代国际关系》2010 年第 4 期。

熊昊：《入盟三年后的波兰对欧盟共同外交政策的影响》，《欧洲研究》2007 年第 4 期。

杨烨：《欧盟东扩中的"波兰现象"评析》，《俄罗斯中亚东欧研究》2004 年第 4 期。

姚勤华、戴轶尘、朱雯霞:《从"魏玛三角"到"波兰现象"——欧盟东扩与整合中的利益博弈》,《现代国际关系》2004年第5期。

张丽娟:《波兰和乌克兰关于历史记忆的冲突》,《俄罗斯研究》2018年第6期。

朱晓中:《波兰:在三组关系中塑造国家形象》,《世界知识》2017年第16期。

朱晓中:《冷战后中东欧与美国关系》,《俄罗斯学刊》2014年第6期。

曾向红:《欧亚地区的套娃秩序:地区分化及其影响》,《世界经济与政治》2019年第5期。

二 外文文献

(一) 档案文献

1. 外交咨文

Donald Tusk, Exposé premiera, Sejm, 18 listopada 2007.

Donald Tusk, Exposé premiera, Sejm, 18 listopada 2011.

Informacja minister spraw zagranicznych Anny Fotygi na temat polityki zagranicznej RP w 2007 roku.

Informacja ministra spraw zagranicznych Radosława Sikorskiego na temat polityki zagranicznej RP w 2008 roku.

Informacja ministra spraw zagranicznych Radosława Sikorskiego na temat polityki zagranicznej RP w 2009 roku.

Informacja ministra spraw zagranicznych Radosława Sikorskiego na temat polityki zagranicznej RP w 2010 roku.

Informacja ministra spraw zagranicznych Radosława Sikorskiego na temat polityki zagranicznej RP w 2011 roku.

Informacja ministra spraw zagranicznych Radosława Sikorskiego na temat polityki zagranicznej RP w 2012 roku.

Informacja ministra spraw zagranicznych Radosława Sikorskiego na temat polityki zagranicznej RP w 2013 roku.

Informacja ministra spraw zagranicznych Radosława Sikorskiego na temat polityki zagranicznej RP w 2014 roku.

Informacja ministra spraw zagranicznych Stefana Mellera na temat polityki zagranicznej RP w 2006 roku.

2. 政要演讲

Minister Sikorski, "Polska a przyszłość Unii Europejskiej?" Berlin speech, 28 listopada 2011 r., https://www.tokfm.pl/Tokfm/1,103086,10726365,_Polska_a_przyszlosc_Unii_Europejskiej___PRZEMOWIENIE.html.

"Sikorski: Sojusz polsko-amerykański jest nic niewarty," Jest szkodliwy, 22 czerwca 2014, https://www.rmf24.pl/raporty/raport-podsluchy-tasmy-wprost/fakty/news-sikorski-sojusz-polsko-amerykanski-jest-nic-niewarty-jest-sz,nId,1446615.

"Przemówienie Prezydenta na obchodach 70. rocznicy wybuchu II wojny œwiatowej," Prezydent.pl, 1 września 2009, https://www.prezydent.pl/archiwum-lecha-kaczynskiego/aktualnosci/rok-2009/art,14,671.

"Premier: trzeba dążyć do zachowania integralności terytorialnej Gruzji," August 12, 2008, https://archiwum.premier.gov.pl/mobile/wydarzenia/aktualnosci/premier-trzeba-dazyc-do-zachowania-integralnosci-terytorialnej-gruzji.html.

"Premier o kryzysie gruzińskim," 11 sierpnia 2008, https://rodzinometr.premier.gov.pl/mobile/wydarzenia/aktualnosci/premier-o-kryzysie-gruzinskim.html.

3. 政府文件及出版物

An Open Letter to the Obama Administration from Central and Eastern Europe, Gazeta Wyborcza, July 15, 2009.

Diplomatic Academy of the Ministry of Foreign Affairs of the Republic of Poland, *The History of Polish Diplomacy X-XX c.*, Warsaw: Sejm Publishing Office, 2005.

G. Kuczyński, "*Strategia Rosji wobec Zachodu*," Bezpieczeństwo Narodowe 9/10, 2009.

"Joint Declaration of the Prague Eastern Partnership Summit Prague," May 7,

Council of the European Union, May 7, 2009.

"Między Rzeczpospolitą Polską a Chińską Republiką Ludową," Monitor Polski, 14 grudnia 2012 r.

"National Security Strategy of the Republic of Poland," Ministry of National Defence, 2014.

"Priorytety polskiej polityki zagranicznej 2012 – 2016," Ministerstwo Spraw Zagranicznych, marzec 2012.

"Rocznik Strategiczny 2006/2007," 2007.

"Joint Statement of the Visegrad Group on the Western Balkans," Visegrad group, October 25, 2012.

"The Bratislava Declaration of the Prime Ministers of the Czech Republic, the Republic of Hungary, the Republic of Poland and the Slovak Republic on the occasion of the 20th anniversary of the Visegrad Group," Bratislava, February 15, 2011.

4. 外交年鉴

Yearbook of Polish Foreign Policy 2006, Polski Institut Spraw Międzynarodowych, Warszawa, 2006.

Yearbook of Polish Foreign Policy 2007, Polski Institut Spraw Międzynarodowych, Warszawa, 2007.

Yearbook of Polish Foreign Policy 2008, Polski Institut Spraw Międzynarodowych, Warszawa, 2008.

Yearbook of Polish Foreign Policy 2009, Polski Institut Spraw Międzynarodowych, Warszawa, 2009.

Yearbook of Polish Foreign Policy 2010, Polski Institut Spraw Międzynarodowych, Warszawa, 2010.

Yearbook of Polish Foreign Policy 2011 – 2015, Polski Institut Spraw Międzynarodowych, Warszawa, 2020.

(二) 外文论著

1. 回忆录

Sikorski Radosław, *Polska może być lepsza*, Kraków: Społeczny Instytut

Wydawniczy Znak, 2018.

2. 专著

Andrew Cooper, ed., *Niche Diplomacy: Middle Powers after the Cold War*, UK: Macmillan Press, 1997.

Carine Germond and Henning Türk, eds., *A History of Franco-German Relations in Europe: From "Hereditary Enemies" to Partners*, New York: St. Martin's Press, 2008.

Donny Gluckstein, *A People's History of the Second World War*, London: Pluto Press, 2012.

Erharda Cziomera, *Polityka zagraniczna i bezpieczeństwa Polski-po 1989 roku*, Kraków: Oficyna Wydawnicza AFM, 2015.

Frances Millard, *Polish Politics and Society*, London: Routledge, 1999.

Grzegorz Motyka, *Od Rzezi Wołyńskiej do Akcji Wisła. Konflikt Polsko-Ukraiński 1943–1947*, Kraków: Wydawnictwo Literackie, 2011.

Henryk Chałupczak, Ewa Pogorzała, Piotr Tosiek, *Poland in the European Union: Ten Years of Active Membership*, Zamościu: Wydawnictwo Officina Simonidis, 2014.

Ryszard JakubczakJ, *Bezpieczeństwo Narodowe Polski w XXI wieku*, Warszawa: Dom Wydawniczy BELLONA, 2006.

John Desemeres, "Heading West, Heading East: Impressions from Warsaw and Moscow," in *A Difficult Neighbourhood: Essays on Russia and East-Central Europe since World War II*, ANU Press, 2016.

Joshua B. Spero, *Middle Powers and Regional Influence: Critical Foreign Policy Junctures for Poland, and Bolivia*, Lanham: Rowman & Littlefield, 2019.

Justyna Zając, *Poland's Security Policy: The West, Russia, and the Changing International Order*, London: Palgrave Macmillan, 2016.

Joanna Kaminska, *Poland and EU Enlargement: Foreign Policy in Transformation*, New York: Palgrave Macmillan, 2014.

Krystyna Gomółka Izabela Borucińska-Dereszkiewicz, *Stosunki Polski z Armenią, Azerbejdżanem i Gruzją na przełomie XX i XXI wieku*, Toruń: Wydawnictwo Adam Marszałek, 2015.

Krzysztof Baczkowski, *Dzieje Polski późnośredniowiecznej (1370 – 1506)* [*History of Late Medieval Poland (1370 – 1506)*], Kraków: Fogra Oficyna Wydawnicza, 1999.

Molly Krasnodębska, *Politics of Stigmatization: Poland as a 'Latecomer' in the European Union*, Warsaw: Palgrave Macmillan, 2021.

Olgierd Terlecki, *Pułkownik Beck*, Kraków: Krajowa Agencja Wydawnicza, 1985.

Paweł Musiałek, *Główne kierunki polityki zagranicznej rządu Donalda Tuska w latach 2007 – 2011*, Kraków: Wydawnictwo eSPe, 2012.

Polski Instytut Spraw Międzynarodowych, *Rocznik Polskiej Polityki Zagranicznej*, Warszawa, 1991.

Ryszard Zięba, *Poland's Foreign and Security Policy: Problems of Compatibility with the Changing International Order*, Switzerland: Springer Nature Switzerland AG, 2020.

Roman Kuźniar, *Polska polityka bezpieczeństwa 1989 – 2000*, Warszawa: Wydawnictwo Naukowe SCHOLAR, 2001.

Randall L. Schweller, *Unanswered Threats*, Princeton: Princeton University Press, 2006.

Richard M. Watt, *Bitter Glory: Poland and Its Fate 1918 – 1939*, New York: Simon and Schuster, 1979.

Roman Kuzniar, *Poland's Foreign Policy after 1989*, Warsaw: Wydawnictwo Naukowe Scholar, 2009.

Roman Kuzniar, Krzysztof Szczepanik, *Polityka zagraniczna RP 1989 – 2002*, Warszawa: Askon-Fundacja Studiow Miedzynarodowych, 2002.

Roman Kuźniar, *Droga do wolności. Polityka zagraniczna III Rzeczy Pospolitej*, Warszawa: Wydawnictwo Naukowe Scholar, 2008.

Saadia Touval and I. William Zartman, eds, *International Mediation in Theory and Practice (SAIS Papers in International Affairs)*, Boulder: Westview Press, 1985.

Stanisław Bieleń, *Poland's Foreign Policy in the 21st Century*, Warsaw: Difin SA, 2011.

Şuhnaz Yilmaz, *Middle Powers and Regional Powers*, New York: Oxford University Press, 2017.

W. F. Reddaway et al., eds., *The Cambridge History of Poland: From Augustus II to Pilsudski (1697–1935)*, Cambridge University Press, 2016.

Winston S. Churchill, *The Second World War. The Gathering Storm*, London: Cassell company limited, Boston, 1949.

Witold Rodkiewicz, *Comparing US Alliances in the 21st Century*, ANU Press, 2017.

3. 期刊论文

Adam Chapnick, "The Middle Power," *Canadian Foreign Policy Journal*, Vol. 7, No. 2, 1999.

Amine Bennis, "Middle Power Diplomacy: From State to Thematic Diplomacy," *Global Policy Journal*, April 6, 2020.

Bruce Gilley, "Reawakening Canada's China Policy," *Canadian Foreign Policy Journal*, Vol. 14, 2008.

Cameron Thies, "International Socialization Processes vs. Israeli National Role Conceptions: Can Role Theory Integrate IR Theory and Foreign Policy Analysis?" *Foreign Policy Analysis*, Vol. 8, No. 1, 2012.

Daniel Möckli, "US Missile Defense: A Strategic Challenge for Europe," *CSS Analyses in Security Policy*, No. 12, April 2007.

Dariusz Milczarek, "Stosunki transatlantyckie w sferze polityki zagranicznej i bezpieczeń ń stwa: kontynuacja czy przełom? Polski punkt widzenia," *Studia Europejskie*, No. 2, s. 56, 2008.

Hans Kundnani, "Leaving the West Behind," *Foreign Affairs*, Vol. 94, No. 1, 2015.

Jennifer M. Welsh, "Canada in the 21st Century: Beyond Dominion and Middle Power," *The Commonwealth Journal of International Affairs*, Vol. 93, No. 376, 2004.

Joshua B. Spero, "Great Power Security Dilemmas for Pivotal Middle Power-Bridging," *Contemporary Security Policy*, Vol. 30, No. 1, 2009.

Karol B. Janowski, "The Dilemmas of the Eastern Policy of the Republic of Poland. From Dynamic Equilibrium to Imbalance," *Przegląd Politologiczny*, Vol. 3, No. 3, 2014.

Kejda Gjermani, "The Missile-Defense Betrayal: The President's Abrogation of His Predecessor's Agreements with Poland and the Czech Republic inaugurates A New Era in Which America's Word Will Not Be Its Bondl," *Commentary*, Vol. 24, 2009.

Kerry Longhurst, "All Change? Polish Foreign and Security Policy after the Elections," *Politique étrangère*, No. 1, 2008.

Krzysztof Fedorowicz, "National Identity and National Interest in Polish Eastern Policy, 1989 – 2004," *Nationalities Papers*, Vol. 35, No. 3, 2013.

Krzysztof Śliwiński, "Polish National Security Dilemmas: The US Missile Defense Complex and Its Role in Polish Foreign Policy," *Democracy and Security*, Vol. 8, No. 2, 2012.

Mirosław Habowski, "Polityka wschodnia rządu Donalda Tuska," *Wschodnioznawstwo*, tom 5, 2011.

Mitchell A. Orenstein, "Poland: From Tragedy to Triumph," *Foreign Affairs*, Vol. 93, No. 1, 2014.

Moch Faisal Karim, "Middle Power, Status-seeking and Role Conceptions: the Cases of Indonesia and South Korea," *Australian Journal of International Affairs*, No. 4, Vol. 72, 2018.

Peter Vermeersch, "Nationalism and Political Competition in Central Europe: the Case of Poland," *Nationalities Papers*, Vol. 41, No. 1, 2013.

Pierre G. Goad, "Middle Powers to the Rescue?" *Far Eastern Economic Review*, Vol. 163, No. 24, 2000.

Rachel Vanderhill, Sandra F. Joireman and Roza Tulepbayeva, "Between the Bear and the Dragon: Multivectorism in Kazakhstan as a Model Strategy for Secondary Powers," *International Affairs*, Vol. 96, No. 4, 2020.

Randall L. Schweller, "Unanswered Threats: A Neoclassical Realist Theory of Underbalancing," *International Security*, Vol. 29, No. 2, 2004.

Richard Woytak, "The Promethean Movement in Interwar Poland," *East European Quarterly*, Vol. 18, No. 3, 1984.

Robert Keohane, "Lilliputians' Dilemmas: Small States in International Politics," *International Organization*, No. 2, Vol. 23, 1969.

Roman Kuźniar, "Bezpieczeąstwo—po pierwsze nie szkodzicą," *Polski Przeglaęd Dyplomatyczny*, Vol. 33, No. 5, 2006.

Ryszard Stemplowski, "The Weimar Triangle and Its Strategic Goals," *The Polish Institute of International Affairs*, Vol. 3, No. 8, 2003.

Stanislaw Domaniewski and Dominika Studzińska, "The Small Border Traffic Zone between Poland and Kaliningrad Region (Russia): The Impact of a Local Visa-Free Border Regime," *Geopolitics*, Vol. 21, No. 3, 2016.

Stephen R. Burant, "Poland's Eastern Policy, 1990 – 95: The Limits of the Possible," *Problems of Post-Communism*, Vol. 43, No. 2, 1996.

Stolarczyk, Mieczysław, "Kontrowersje wokół militarnego zaangażowania Polski w Iraku," *Przeglaęd Zachodni*, No. 1, 2005.

Viktória Jančošekovà, "Regional Cooperation in Central and Eastern Europe and Its Implications for the EU," *European View*, Vol. 16, 2017.

Вершинин А. О., 《Исторические и политические проблемы в современном аспекте взаимоотношений России и Польши》, *Символ науки*, 2016.

Гомулка Кристина., "Польская пресса о российско-украинских отношениях и событиях в Крыму," *Историческая и социально-образовательная мысль*, No. 2, 2014.

Корэйба Якуб Войчехович., "Концептуальные основы внешней политики Польши в отношении европейских стран постсоветского пространства," *Вестник МГИМО Университета*, No. 6, 2011.

Лисякевич Р., "Основные причины обострения отношений между польшей и Россией," *Современная Европа*, No, 6 (66), 2015.

Постников Н. Д., 《Этноцентризм как исторический императив Польши в отношении с восточными соседями》, *Вестник ассоциации вузов туризма и сервиса*, No. 3, 2009.

Чернова Анна Валерьевна., "《Восточная политика》Польши: от концепции《УЛБ》до《Восточного партнерства》," *Вестник МГИМО Университета*, Vol. 33, No. 6, 2013.

后　　记

　　本书是在我的博士学位论文基础上修改而来的，也是我的第一本学术专著，具有特别且长远的意义。特别在于本书所讨论的研究主题是我从事波兰政治与外交研究领域的开端，打开了我进入区域国别学研究的学术之门。长远则在于影响了我毕业之后的人生轨迹和生活状态。博士学位的取得通常意味着从学生到学者身份的过渡，而后长期的安身立命之基也将紧密围绕知识生产展开，朝着未来一日或成"一家一言"的人生目标奔去。在漫长又短暂的一生里，每个人都有独属于自己的人生道路，正如托克维尔所言"在人短暂的一生里，有人立行，有人立言。立行的人发明方法，立言的人创造理论。人类就是如此，一边向前，一边将个人各种经验成果收集起来，各门科学才得以建立"。博士学位论文的撰写及其之后的学术人生犹如立言之路。

　　而走上这条立言之路则是缘起于三个"一"的召唤：一种缘分，一份情怀和一个期待。

　　一种缘分是指在世界近两百个国家中与波兰国别和中东欧区域结缘。这是一份神奇又幸福的缘分。在博士论文开题之后的日子里，时常会有人问：你的论文选题是什么？每当我回答"波兰外交"，尤其还是聚焦于一任政府时期的对外政策时，总会听到下一个问题：你怎么想到选择波兰以及波兰外交这个并不引人注目的国别问题呢？我常常会严肃地娓娓道来，首先是由于我导师潘兴明教授的宽容和前瞻性学术眼光。恩师虽然长于英国研究，但觉中东欧研究在中国—中东欧国家合作机制的驱动下，正在焕发新的活力，因此没有将我局限在他的精通领域之内，而是从我学术生涯的未来着眼，鼓励我迈上中东欧研究之路。这里也不得不提一下，如同我的小导师一般的捷克研究专家高晓川老师，事实上高老师也是我同门的师兄。正是"高师兄"将我引入中东欧研究的学术大门。在两位导师指引和助力下，我于2019年8月至2020年7月，顺利前往波兰华沙大学，展开了为期一年的访学，在此期间沉浸式地游走了波兰华沙、格但斯克、克拉科夫、弗罗茨瓦夫、罗兹多个城市。

读万卷书不如行万里路。华沙是我到访波兰的第一个城市，也是我停留时间最长，感触最深刻的城市。据肉眼可见的观察，平均每五百米之内必有一个天主教教堂，周末总是凑拥着虔诚的人们。华沙城街区不大，可以放任自由地来一场City walk，但往往会被阴晴不定的狂风骤雨袭击。漫步中总会在街道旁、公园里看到波兰历史人物或事件的纪念碑，其密集程度与阴晴不定的天气变化叠加在一起，使我不由自主地勾连起这座城市曾经的创伤经历。这是一种仿佛历史照进现实的奇幻感。因为在进入波兰研究之前，我对于华沙的种种印象都来自高中历史教科书或其他历史读物，为数不多的印象就是这是一个命运多舛的国家。而当下华沙起义纪念馆里的历史遗物，街头的一个个纪念碑刻，甚至是残存建筑外墙的累累弹痕，使我对这里有了教科书之外的立体印象，更多了一份难以诉说的情怀和探索欲。带着这份情怀，我只身一身登上了位于波兰格但斯克的西盘半岛，这是拉开第二次世界大战欧洲战场序幕的地方，这里也是波兰人抵抗侵略的不屈意志的象征。格但斯克还见证了另一个历史转折事件的发生，那就是20世纪80年代末波兰圆桌谈判的举行，掀开了波兰制度转轨的帷幕。一度名噪一时的波兰团结工会也是在格但斯克列宁造船厂建立的。

游访完格但斯克之后，我逐渐着迷，急切地去解锁波兰更多城市的前世今生。带着对新闻作品《奥斯维辛没有什么新闻》和电影《辛德勒的名单》的好奇，我来到了波兰旧都克拉科夫。深秋的空气夹杂着不期而遇的冰雹，走在奥斯维辛集中营的营房展览间里，一幕幕还原的悲惨画面和历史遗物，仿佛将我拉回到了二战阴云之下。从未有过的关于人性之恶的思考在我脑海里久久无法平复。在辛德勒工厂的外墙上，数百个被辛德勒救下的犹太人照片映入眼帘，人性之善的光辉似乎又开始显现。善与恶的人性之问从未让我如此分裂。而后依次去了弗罗茨瓦夫和罗兹，前者相继遭受神圣罗马帝国、奥地利、普鲁士等国统治的帝国遗存依然鲜活，大量普鲁士、奥地利乃至波希米亚风格的历史建筑使其形成了多民族、多元文化的特色。在罗兹，既可以看见转型之前锈迹斑斑的老工业厂房，也可以见到转型以来富有时尚感的工业基础设施。五座城市，五个画面，当把他们连接起来时，便勾勒出了一个保守又多元、悲凉又治愈、渺小又伟大的立体的波兰形象。

这种似乎注定的缘分使我这个现实的理想主义者，渐渐地对波兰外交研究拥有了一份独特的情怀。这份情怀来自对于国际社会中相对弱者和边缘地带的关注，以期弥补大国与小国之间关注的不对称性。这使我不自觉地开始思考波兰亡国的缘由。有人说，地理决定命运，历史决定性格。那么究竟是先天的地理因素决定了波兰十八世纪以来的悲惨命运，抑或是其国内政治因素导致如此呢？历史固然无法重新演绎，但历史却是一面镜子，值得从波兰数次沦亡的演化过程及其原因中探究是非所以，以为后来者提供镜鉴。虽然，当前的波兰综合实力和国际地位早已不可与16、17世纪时期作为欧洲大国俱乐部成员的地位同日而语。中东欧地区也时常被西方学者冠之以边缘地区，中东欧国家的命运常常不能掌握在自己的手里。

然而，一个值得深思的问题是，边缘是中心的边缘，中心是边缘的中心，那么如何定义中心，谁来定义中心？无"边缘"何以"中心"？在大国占据主导地位的国际社会里，人们常常习惯以中心视角审视国际政治和经济的运转逻辑，中小国家均被"理所当然"地作为规则承受者。这一惯性思维窠臼一方面限制了理论研究者的创新视角，另一方面也固化了政策制定者的强者通吃的思维逻辑，陷入西方数个世纪以来的大国均势外交逻辑，无益于人类命运共同体的真正实现。一如中东欧地区在麦金德笔下作为战略中心，而在斯皮克曼的地缘政治理论中则转身成了战略边缘。以上论调的转化，让我们清晰地看到了边缘与中心的相对意义。放置于欧盟框架下，在经济维度上法德为代表的西欧国家仍然作为欧洲经济中心，而在地缘政治和安全维度上，这个未必成立，至少波兰不会接受。

因此，选择波兰外交，尤其是入盟以来历经两次地缘政治危机和斯摩棱斯克总统坠机等事件的波兰对外关系无疑具有独特的政策和理论意义。原因在于图斯克政府时期的波兰外交既体现了波兰在欧洲主义和大西洋主义之间的平衡性，更彰显了波兰跻身于中等强国之列的战略自主性。而这与从事大国研究者的思维惯性有所偏差。本书试图弥补这一认知不对称性带来的偏差。为了探究长期处在大国夹缝之间的波兰外交的生存之道，本书还专门在第二章中梳理了波兰平衡外交的历史流变与表征，并探讨了每一阶段中波兰平衡外交的失衡原因，以此作为研究和评价图斯克政府时期波兰平衡外交的铺陈。因此，阅读本书，相信读者不仅可以看到图斯克执政7年时期里多元平衡外交的策略、路径、局限和失衡之因，也能从波兰不同历史时期的平衡外交得失中找到关于"地理抑或外交决定命运"的些许答案。

一个期待则是希望本书的出版，能够为中东欧乃至欧洲学界理解波兰外交运转的历史规律与当代逻辑提供一个新的政策和理论视角。本书在开题时曾遭受一些从事俄罗斯研究学者的质疑，这种质疑主要聚焦"波兰存在平衡外交吗"?！该论调实际上是站在一个大国视角下对波兰外交的一种不对称审判，其背后之意是波兰难道不是一直作为美国的忠实追随者吗？其外交特征应该是一边倒才对。本书通过考察波兰平衡外交的历史流变与当代呈现发现，平衡不仅在历史上，并且在转型初期以及21世纪以来都曾主导过波兰对外政策的总体方向。换句话说，波兰并不一直是人们通常所认为的一个完全没有战略自主性的国家，而是周而复始地在险恶的地缘环境之中谋求战略平衡，这种平衡不仅包括在德国（欧盟）、俄罗斯、美国、中国等几个大国之间，也包括在经济、安全和政治等多个维度之间。不论从图斯克政府（2007—2014）试图构筑的多元平衡外交，还是到2015年之后新政府在中美欧之间的战略平衡，如在经济和安全政策之间，均在某种程度上体现出了波兰的战略自主性。

落笔之前，需要特别感激为本书的立意、框架和内容撰写提供了丰厚且专业意见与建议的老师们，他们是来自中国社会科学院的孔田平研究员、朱晓中研究员和刘作奎研究员，几位老师都在本书撰写过程及完稿之后第一时间阅读过，且毫不吝惜地提供过真知灼见和精神鼓励。还要特别感谢我的工作单位北京外国语大学为本书出版提供的慷慨资助，以及中国社会科学出版社智库成果出版中心副主任（主持工作）喻苗老师和责任编辑范娟荣老师认真细致的审校工作，使得本书能够尽可能地减少错误。最后，最想感谢和感激的是我的父母，二老作为我攻读博士学位以及完成书稿的大后方，给予了我无畏向前、无问东西的力量和勇气。

路漫漫其修远兮，吾愿带着这份力量和勇气继续探索，为中小国家外交理论研究和中东欧研究贡献更多的学术作品。

王弘毅

2024年7月20日于北京